누리과정에 기초한

유아 교과교육론

고문숙 김은심 유향선 임영심 황정숙

창지사

국립중앙도서관 출판시도서목록(CIP)

(누리과정에 기초한) 유아 교과교육론 / 지은이: 고문숙,
김은심, 유향선, 임영심, 황정숙. -- 서울 : 창지사, 2013
p. ; cm

ISBN 978-89-426-0734-1 93370 : ₩22000

유아 교육[幼兒敎育]

375.1-KDC5
372.21-DDC21 CIP2013016411

:: 머리말

유아교육은 사회 변화와 교육계의 변혁으로 교육과정 변천사에 한 획을 긋고 있다. 변화의 큰 축으로 이원화되어 있던 유치원 교육과정과 표준보육과정이 통합 과정을 거쳐 2011년 9월 5일 보육과 교육을 위해 5세 누리과정이 고시되었다. 이어 2013년에는 3-5세 연령별 누리과정이 개발됨에 따라 유치원 어린이집의 통합 논의와 유아·초등 연계 교육 문제까지 거론되고 있는 실정이다.

유아교육 전문가로서 유아교육의 질적인 변화와 유아교사의 전문성 향상을 위해 노력해야 할 부분이 많다고 여겨진다. 이에 변화된 교육과정과 사회 변혁에 발맞추기 위해 5인의 유아교육 전문가들이 뜻을 모아 교과교육론을 집필하게 되었다.

유아교육에서 교과교육은 분리되어 이루어지는 것이 아니라, 매일의 유아 생활에 서로 유기적으로 통합되어 이루어지는 것이다. 유아들은 태어날 때부터 통합적이고 전체적인 특성을 가지고 있기 때문에 이들이 어떻게 여러 분야에서의 경험을 효과적으로 연결하여 그 속에서 의미를 축적해 가는지 탐색하며, 이를 도울 수 있는 최선의 방법이 무엇인지를 고민하고 밝히는 것이 유아 교과교육의 핵심이다.

유아 교과교육론 및 교수·학습 방법에 관한 과목은 대부분 유아 발달과 영역별, 교과별 여러 분야와 관련된 과목들을 두루 배운 이후에 접하게 되어 있다. 이런 이유로 자칫하면 다른 교과목들에서 배운 것을 복습하는 형식으로 수박 겉 핥기 식으로 끝나 버릴 수 있기도 하다. 우리는 이 부분을 심각하게 걱정하면서 교과별 교수·학습 방법에 초점을 맞추면서도 이들이 일과에서 하나로 녹아들어서 유아의 발달과 생활주제와 통합되는 것을 강조하고자 하였다.

이 책은 3부로 나누어져 있다. 제1부에서는 교과교육론의 개념과 관련된 이론적 기초를 다루고 제2부에서는 누리과정과 유아 교과교육의 내용 및 구성을 다루었다. 그리고 마지막 제3부에는 일과 운영의 실제를 실었다. 구체적으로, 제1부 유아 교과교육론의 이론적 기초 부분은 교과교육론의 개념과 교과교육학의 원리, 유아교육과 교과교육학, 유아교육과 교과교육학 지식을 제시하였다. 제2부에서는 누리과정 교과를 각과 영역을 중심으로 각 분야의 동향, 교육 목적과 내용, 교수·학습 방법, 활동의 예를 제시하였으며, 제3부에서는 통합적 일과 운영으로 마무리하는 것으로 구성하였다.

유난히 더운 여름날에 어렵게 모여 작업했던 책이라 더 많은 애정이 실렸으며, 이 책을 통해 현장 교사들이 유아교육의 실천을 더 잘 이해하는 데 도움이 될 것이라고 믿는다.

이 책이 잘 만들어질 수 있도록 여러모로 협조해 주신 도서출판 창지사에 깊은 감사를 드린다.

2013년 8월 여름
저자

차례

제 1 부

유아 교과교육의 이론적 기초

제1장 유아 교과교육의 이해

제 1 장

유아 교과교육의 이해

1 교과교육의 개념과 교과교육학의 원리

1) 교과교육의 개념

학교교육의 장면에서 가장 기본적이며 핵심적인 것은 가르치며 배우는 과정이라고 할 수 있다. 일반적으로, 가르치는 주체를 교사, 배우는 주체를 아동이라고 할 때, 교사와 아동 간의 사회 · 정서적이고 교육적인 상호작용은 교육의 질을 결정하는 중요한 요소가 된다(교육부, 2000). 이러한 과정에서 교과(subject matter)란 가르치는 입장에서 계통을 세워 조직한 일정한 과목을 뜻하는 것으로 국어, 사회, 수학 등의 교과목이 그 예이다. 교과들은 학문의 추세와 분화 때문에 통합, 개폐, 증감되어 왔으나, 교과의 개념은 아직도 학문의 내용을 조직하는 기본적인 단위로서의 성격을 유지하려는 경향이 강하다(이돈희, 1994).

교과교육학의 위치를 이해하기 위해서는 교육학의 구조 모형을 이해할 필요가 있다. 연구자들(이돈희, 1994; 황정규, 1991)이 제시한 교육학의 구조 모형(그림 1-1)에 의

하면, 교육학의 핵심 구조는 중심부로부터 '제1층에 교수 이론', '제2층에 교육 상황 이론', '제3층에 교육 적합성 이론'으로 배치하고, 가장 바깥 둘레의 주변학은 교과별 교육 이론과 행동별 교육 이론을 배치시키고 있다.

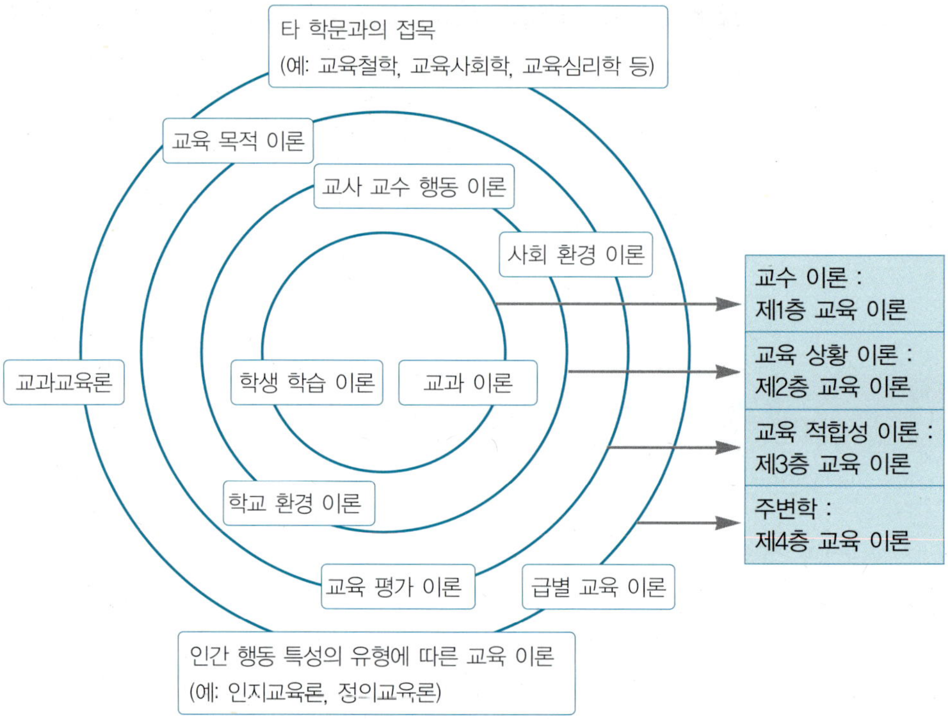

| 그림 1-1 | **교육학의 구조 모형**

출처: 박화윤, 김영애, 이선원, 이희자, 안라리(2000).

[그림 1-1]에 따르면, 교과교육학은 교과목과 교육학이 접목되는 경계에서 형성된 영역으로, 해당 교과에 관한 기초과학을 포함하며, 그 교과의 목표, 내용 및 방법을 명확히 하여 교수·학습 과정의 이론 및 실천적 연구를 수행하는 과학을 의미한다. 교과교육학이라는 말은 물리학이나 생물학과 같은 개별 과학의 명칭이 아니라, 어떤 특징을 공유하는 여러 가지의 개별적 교육 활동들의 연구를 통

칭하는 말로서 물리교육학, 생물교육학, 역사교육학 등을 통칭하는 것이다(박화윤, 김영애, 이선원, 이희자, 안라리, 2000).

전통적 교과교육론에서는 교육 내용을 이해하는 일과 교육의 방법적 원리를 획득하는 일을 별개의 것으로 생각해 왔으나, 최근에는 교육 내용을 이해하는 것은 교과를 어떻게 가르치느냐 하는 방법적인 것 못지않게 중요하다고 본다. 우리나라의 교과교육학회에서는 가르치는 방법적 원리뿐 아니라 교과 내용에 대한 이해를 포함한 더욱 포괄적 학문으로 교과교육론을 정립해야 한다는 주장을 제기한 바 있다(이돈희, 최석진, 허경철, 1997).

Dewey는 교육 목적을 달성하기 위하여 학습해야 할 교과로부터 학습자의 마음이 분리되어 있는 상태를 경계해야 한다고 보았다. 19세기 말에서 20세기에 걸쳐 교과교육이 교과 내용의 지도임과 동시에 인간 지도의 성격도 동시에 가짐을 인정하고, 통합적이고 전인적인 인간을 형성하는 역할로서 교과 간의 관련성이나 구조에 대한 연구가 이루어져야 한다는 관점이 지속되어 왔으며, 통합 교과에 대한 연구와 실행이 이루어져 왔다. 이러한 견해를 종합해 보면, 교과교육학은 교과의 핵심적인 내용을 탐구하고 그 의미를 학생들에게 전달할 뿐만 아니라 그 일의 가치를 자신의 삶과 관련하여 이론적으로 설명하고 정당화함으로써 교과를 가르치고 배우는 일이 개인의 삶의 이상을 구현하는 일과 결코 다른 일이 아님을 구체적으로 보여 주는 일이라고 말할 수 있다(유한구, 장성모, 송광용, 조주연, 이학주, 1997).

선행연구를 토대로 박화윤 등(2000)은 교과교육학의 특징을 다음과 같이 제시하였다.

첫째, 교과교육학은 복합적 성격을 가진다. 교과교육학은 해당 교과 또는 학문과 교육과학과의 접점에서 이루어지는 학문이기 때문에 그 자체 면에서 본다면 복합적 내지는 이중적 성격을 지니고 있다.

둘째, 교과교육학은 독창적 성격을 가진다. 교과교육학이 응용을 전제로 한 학문이라는 사실을 부정할 수는 없으나, 일반 교육학이나 일반 교수학 또는 교육방법학에 예속되어 응용과학으로 변질되어서는 안 된다. 교과교육학은 교과의 핵심적인 내용을 탐구하고 그 의미를 학생들에게 전달하기 위한 방안을 모색하는 과정을 함께 고려할 수 있는 고유의 영역을 확보하여야 한다.

셋째, 교과교육학은 실용적·실천적 성격을 지닌다. 교과교육의 이론과 원리를 제공해 주는 교과교육학은 실천을 전제로 함으로 교육의 실천 속에서 응용되고 활용되는 실천적·실용적 성격을 지니고 있다.

결론적으로, 교과교육학은 한 교과의 교육에 관계되는 제 분야를 다루는 종합 응용과학으로서 교과 지식 영역 및 그 인접 보조 과학 분야와 교육학 영역의 지식을 각 교과의 교육을 중심으로 재구성한 것이다.

2) 교과교육학의 원리

Silberman(1966)은 교육이란 아동이 바람직한 방향으로 성장, 변화하도록 돕는 데 의미가 있으므로, 교사는 의사와 같은 자질과 태도로 임해야 한다고 피력하였다. 즉, 의사가 과학적 이론과 연구에 근거를 두되, 환자의 차이에 따라 판단, 직관, 창의성을 동원하여 치료를 하듯이 교사 역시 발달과 교육에 관한 이론들을 근거로 하면서 아동의 개별적 성향, 능력 등을 잘 판단하여 이에 적합한 교수·학습 방법과 상호작용을 할 수 있어야 한다는 것이다(교육부, 2000 재인용). 교사의 가장 중요한 직무인 유아를 교육하기 위해, 교사는 유아를 위한 교육의 목적과 내용을 알고 유아의 특성에 맞게 교수 활동을 해야 한다. 유치원 교사가 유아를 교육하는 것은 교사가 운영하는 교육과정을 통해 드러나며, 교육과정의 운영은 유치원 교사의 훈련과 경험을 통해 축적된 지식이 드러나는 전문적인 활동이다(Hoyle & John, 1995: 이성희, 박은혜, 2012 재인용).

교육과정은 교사와 학습자가 교수 활동을 통해 상호작용하는 유기적 · 전체적 · 통합적인 성격을 가진다(이경진, 김경자, 2005). 무엇을 가르칠 것인가의 문제는 어떻게 계획할 것인가로, 어떻게 계획할 것인가는 어떻게 실행하는가로, 어떻게 실행하는가는 어떤 학습 경험이 성취되는가로 연결된다(Ornstein & Hunkins, 2004).

교육과정은 계획의 과정이고, 학습 지도는 집행의 과정이며, 가르치는 것은 교사의 고유의 영역이며, 학습은 학생들의 고유한 영역이지만 이 4영역은 서로 독립된 것이기보다는 서로 상관 관계를 형성한다. 교육과정, 학습 지도, 교수, 학습의 관계를 보면 [그림 1-2]와 같이 결국 하나의 점에서 만난다(이해명, 피재성, 손춘자, 이은주, 김현주, 2006; MacDonald, 1966). 4개의 영역이 만나는 곳을, MacDonald는 '전체 교육과정(total curriculum)'으로, Dewey는 '교육 현장'으로, Lewis와 Meil은 '만남의 장소'를 의미하는 것으로 설명하고 있다(박향원, 임부연, 2012).

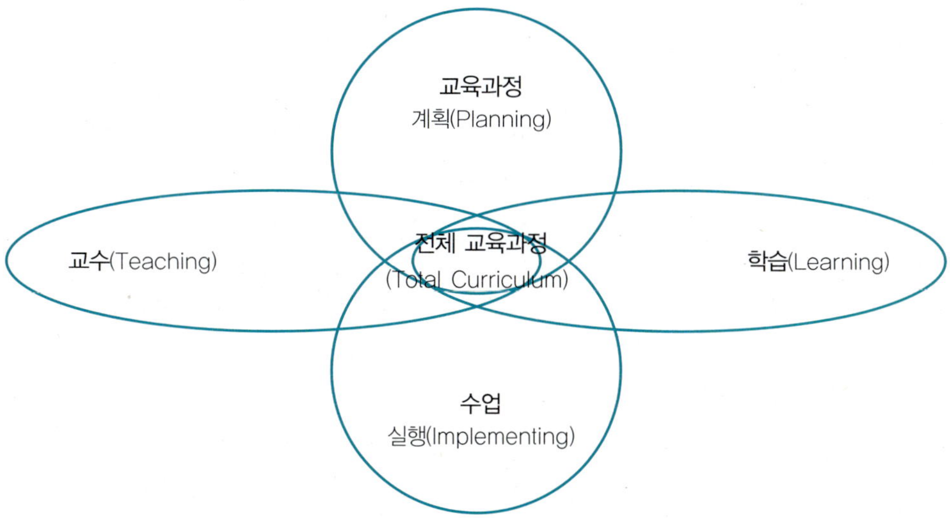

| 그림 1-2 | 교육과정과 수업의 상호 관계

출처: 이해명, 피재성, 손춘자, 이은주, 김현주(2006).

교수(teaching)는 '가르친다'는 뜻으로 지식을 전달하고 학습자의 특정한 태도와 행동을 형성하기 위한 의도적이고 조직적인 활동을 의미한다. 또한 좁은 의미에서 교수란 '학문이나 기술을 가르치는 행위'이지만, 넓은 의미로는 '교사가 의도적으로 계획한 모든 활동'을 의미한다. 이러한 교수를 통해 유아는 학습하게 된다. 학습(learning)은 자극과 반응 간의 관계에서 일어나는 관찰 가능한 행동의 변화를 의미한다. 또한 학습이란 유의미한 경험의 결과 때문에 개인의 지식, 행동, 또는 태도가 긍정적이고 지속적으로 변화하는 것을 말한다. 학습의 가장 큰 의미는 환경으로부터의 자극을 새로운 정보처리 능력으로 변형시키는 일련의 '인지구조의 변화' 로 볼 수 있다. 이러한 학습은 학습 경험 이후 즉시 행동으로 나타날 수도 있지만 잠재력으로 남아 있다가 특정의 상황에서 학습된 행동으로 나타날 수도 있다.

교육과정(curriculum)은 교육기관이 학습자에게 제공하는 계획된 모든 학습 기회이며, 교육과정이 실행되는 과정을 통해서 학습자가 획득하는 학습 경험이기 때문에(Print, 2006), 유치원 교사의 교육과정은 유아에게 제공하는 문서화된 교육 계획, 교육 활동이 실행되는 과정, 그 결과로 나타난 유아의 학습 경험이 통합된 것으로 볼 수 있다(홍용희, 김향자, 황보영, 2009). 교육과정은 가르치거나 전달하는 데 목적이 있는 것이 아니라 유아의 성장·발달에 목적이 있다. 따라서 교육과정은 유치원의 지도하에 이루어지는 유아의 학습 활동의 총체 또는 경험의 총체라고 할 수 있다(한국유아교육학회, 1996).

교과교육이 실천되는 지점인 수업(implementation)은 잘 가르치는 행위를 포함하여 학생들의 학습, 즉, 행동의 변화가 이루어질 수 있도록 이에 필요한 학습자의 내·외적 환경을 의도적이고 체계적으로 조정하는 과정이다(Gagne, 1976). 유아를 대상으로 이루어지는 수업은 유아의 발달, 흥미, 요구와 사회적 맥락이 민감하게 반영되어야 하며, 전인적 성장을 위한 기초 교육으로서의 기본 능력과 태도를 길러 주기 위하여 유치원의 실내·외놀이(활동) 영역에서 바람직한 학습 경험을 하거나 변화시킬 목적으로 제공되는 다양한 상호작용(유아-교사, 유아-유아, 유아-교구 및 환경)이 일어나도록 해야 한다(김영옥, 2003).

유아를 대상으로 하는 수업이 가지는 의미를 임부연, 최계령, 류미향(2010)은 다음과 같이 정리하였다.

첫째, 넓은 의미에서 수업이란 교사와 유아와의 '유의미한 만남' 을 의미한다. 즉, 교수 방법에 있어서 주체는 전달하는 지식이나 교육 내용이 아니라 교사와 유아이고, 서로 간의 상호작용을 통해서 의미 있는 결과를 산출하는 것이다.

둘째, 좁은 의미에서 수업이란 교사가 교수 계획을 가지고 체계적으로 조직한 시간 내에서 교수 방법을 실천하는 것을 의미한다. 유아교육에서는 하루 일과 중 교사가 의도된 교육 계획을 가지고 이끌게 되는 대 · 소집단 활동을 수업이라 보며, 특히 지식이 가장 효율적으로 전달되는 '이야기 나누기' 시간을 수업으로 보는 경향이 있다.

셋째, 유아교육에서 수업은 교과가 아닌 하루 일과에서 '활동'의 형태로 나타난다.

넷째, 유아교육에서 수업은 유아의 특성상 '놀이'의 특성을 가지고 있다.

다섯째, 유아교육에서 수업은 교과와 생활 영역이 주제를 중심으로 통합되는 주제 중심 통합교육의 형태를 가지고 있다.

따라서 유아교사는 유아가 어떻게 학습하고 발달하는지에 대한 이해를 가진 교과 내용 전문가이며 다양한 교수 전략과 매체를 사용하는 기술을 갖고 있고, 다양한 배경을 가진 유아들과 생활함에 있어 민감성을 보이며, 부모와 동료들 간의 효율적인 협력 관계를 유지하여 유아가 무엇을 하는지, 무엇이 필요한지, 어떻게 잘하는지를 분별할 수 있는 평가 전문가이어야 한다(배소연, 1999: 김안나, 2011 재인용).

2 유아교육과 교과교육학

1) 유아교과교육의 개념 및 목표

(1) 유아교과교육의 개념

한국유아교육학회(1996)에서는 교과교육(subject matter education)을 '교육 활동 중에서 생활 지도나 특별 활동과 구분되는 부분' 으로 정의하였다. 이에 따라 '교과교육은 유·초·중등교육을 위해 국가가 교육과정령으로 정하며, 교육과정령에 의하여 특별히 지정된 교과를 지정된 시간 수만큼 이수하도록 하는 교육 활동' 으로 보았다.

| 표 1-1 | **교육과정의 변천**

유형	특 징	배경 사상 및 시기
교과 중심 교육과정	교육과정의 개념을 교수 요목(course of study)으로 보는 견해로 학교교육은 변하고 있는 잠정적인 것보다 항구적인 것을, 현상적인 것보다 본질적인 것을, 단편적 사실보다 원리·원칙을, 실제적인 것보다 이론적인 것을 중심으로 한다. 문화유산의 전달이 주된 교육 내용이 되며, 교사 중심·설명 위주의 교수법·한정된 교과 영역 내에서의 학습 활동이 이루어진다.	본질주의 교육사상 (학교 시작~ 1920년대까지)
경험 중심 교육과정	교육과정의 개념을 '학교의 지도하에 학습자가 가지게 되는 모든 경험' 으로 보는 견해이다. 학습자 개개인에 따라서 다르게 나타나는 경험 자체에 의미를 두고, 교육과정 조직에 있어서 교과목을 중요시하지 않은 것은 아니나 그보다는 인간 생활의 모든 영역에서의 문제점들을 중심으로 조직한다. 교사는 조력자, 안내자, 상담자의 위치에서 학습자가 사회 변화에 따른 다양한 문제들을 현명하게 해결해 나갈 수 있는 능력을 배양토록 하는 데 중점을 둔다.	진보주의 교육사상 (1930년대~ 1950년대)
학문 중심 교육과정	1960년을 전후로 발생한 교육과정 이론으로서 생활 적응을 목적으로 하는 경험 중심 교육과정이 체계적인 지식 교육을 소홀히 한 결과로 생겨난 교육과정이다. 경험 중심 교육과정이 팽배해 있던 당시에 스푸트니크 쇼크라는 충격적인 사건이 일어났다. 당시의 학교교육을 지배하던 교육과정은 생활 적응을 목적으로 학습자의 흥미와 필요, 사회 적응, 생활의 유용성 등을 강조하는 교육과정이었다. 이러한 위기감을 극복하기 위한 방안으로서 더욱 철저하고 체계적인 지식 교육이 필요하다는 인식에서 비롯된 교육과정이다.	인지주의, 구조주의 교육사상 (1960년대)
인간 중심 교육과정	인간 중심 교육과정은 교육에서 각 개인에게 만족스럽고 의미 있는 경험을 제공해 주어야 한다는 것을 강조한다. 또한 교육이 지나치게 인지적 측면과 정의적 측면을 강조한 결과, 지적 교육으로 편중되는 것에서 탈피하여 정의적 측면에서의 교육과 건전한 자아개념의 형성, 올바른 태도와 가치관의 발달, 정서교육 등을 실시할 것을 제안한다.	인본주의, 민주주의 교육사상 (1970년대)

〈표 1-1〉에 제시되어 있는 것처럼 교육과정의 중심이 되는 내용을 교과로 하는 교과 중심 교육과정은 역사적으로 가장 오랜 전통을 가지고 있는 교육과정이다(한국유아교육학회, 1996). 교과가 교육의 중심이 되는 전통적인 교육관에 따라 교과교육론은 '각 교과를 어떻게 효율적으로 지도하는가' 하는 방법적 원리에 초점을 맞추어 조망되었으며, 한때는 '각과 지도' 라는 과목으로 지칭되기도 하였다. 이렇듯 전통적인 교육에서 교과라는 것은 전적으로 학생들이 학습해야 할 내용을 의미하는 것으로 생각되었다. 그러나 교육을 교과서에 적혀 있는 지식을 중심으로 아동의 개별적인 흥미와는 관계 없이 구성하는 것은 학습자의 학습 태도를 수동적으로 만들고 학습에 대한 흥미도 떨어뜨릴 수 있다. 특히 연령이 어린 유아들의 교육에 있어서는 아동 중심, 놀이 중심, 흥미 중심, 그리고 통합교육을 강조한다. 물론 인간이 성장함에 따라 지식은 분리된다. 따라서 유아기에 통합교과로 구성되었던 것이 학년이 올라갈수록 점차 분화되는 과정을 거치게 된다. 우리나라 국가 수준의 유치원 교육과정은 교육의 단위를 교과로 나누어 지도하기보다 교과를 통합하여 지도할 것을 권고하고 있다. 이는 7차에 걸쳐 개정된 유치원 교육과정과 3-5세 연령별 누리과정에서 공통적으로 지향하는 것이다.

이에 따라 유아교육 현장에서는 초·중등학교와는 달리 국어, 수학, 도덕과 같은 단일 교과로 가르치지 않으며, 발달 영역별, 교과 영역별, 흥미 영역별로 통합하여 통합된 전체 경험 속에서 학습하도록 도와주는 통합적 유아교육과정을 운영하는 것이 일반적이다. 즉, 주제를 중심으로 필요한 자료를 각 교과 영역에서 끌어다가 이용하는 것이다. 이를 통해 학습 활동에 대한 학습자의 자발적인 참여를 강조함으로써 학습 경험이 더욱 유의미하게 통합될 수 있다(한국유아교육학회, 1996).

시간 개념을 알려주기 위해 유아들이 직접 시곗바늘이 되어 움직여 보도록 하는 활동은 발달 영역별, 교과 영역별, 흥미 영역별 통합의 예가 될 수 있다.

교육과정의 인격화(personalization)[1]를 주장한 Pinar, Wolfson, Grumet 등은 교육과정에서 학습자 개인의 발달, 개인의 고유한 의미 창출을 강조하고 있다. 이들은 기존의 교육과정에서 몇 개의 교과목을 정해 놓고 그것이 가장 중요하고 전부인 양 학습자들에게 투입하는 것에 대하여 비판한다. 반 지성적이거나 누적된 지혜, 지식을 과소평가하는 것이 아니라 그런 방식으로는 학습자의 지적 계발이 이루어지지 않는다는 것이다. 교육과정은 안(inside)으로부터 도출되어야 하는 것이지 밖(outside)의 어떤 권위로부터 학생들에게 부과될 수는 없다는 것으로, 교사와 학습자들 간의 협동적인 계획 과정을 통하여 만들어져야 한다는 것이다(박향원, 임부연, 2012).

✻ 교육과정이 안으로부터 도출되기 위해서는 유아의 흥미를 이끌어 내는 것이 중요하다.

1) 교육과정의 인격화는 학습자가 교육과정을 통해서 학습할 때, 각자 자신의 의미를 성취할 수 있게 되는 내용(경험)으로 교육과정을 구성하는 것이다.

유아교육에서 각과 지도를 통한 분절된 지식의 형태로 교육하는 것을 지양하고, 유아에게 적합한 방법으로 교과 내용에 대한 지식을 실천하는 것이 교과교육학이라고 할 때, 교사가 알고 있는 지식과 경험을 교과교육학으로 전환시키기 위해서 교사는 지식의 적용 결과에 대해 끊임없이 반성적 사고를 하고 그에 대해 해석하여야 한다(Gudmundsdottir, 1991: 이돈희, 최석진, 허경철, 1997 재인용). 결국 교사는 교과 내용뿐 아니라 교과에 대한 안목을 지닐 수 있도록 교과 발전사, 교육 원리 개발, 교과 내용 설정, 교수 방법론 등에 대한 지식을 가지고 있어야 한다. 또한 교과 내용에 관한 지식을 단순히 암기하는 것이 아니라 개념적으로 이해해야 하며, 어떤 개념이 유아들에게 필요한지, 그 개념을 가르치는 목적은 무엇인지, 왜 그 개념이 중요한지를 알고 있어야 한다(이돈희, 최석진, 허경철, 1997).

이러한 맥락에서 유아 교과교육론의 개념을 다음과 같이 정의할 수 있다.

- 유아 교과교육론은 교육 내용을 이해함과 동시에 교과를 가르치는 방법적 원리를 이해하는 것이다.
- 유아 교과교육론은 지식뿐 아니라 학습자 개개인의 인성 형성까지도 지도하는 기능을 가진다.
- 유아 교과교육론은 주제를 중심으로 각 교과를 통합하여 접근하여야 한다.

(2) 유아 교과교육의 목표

21세기 사회는 정보화가 주축이 되어 국제화, 개방화, 다양화, 인간화 등 여러 특징이 포함되는 총체적인 사회이며, 교육도 그런 사회에 총체적으로 대응해야 할 것이 요구된다(정범모, 1995). 이러한 사회에서는 '학위 취득과 학벌을 중시하는 교육에서 능력과 자아 실현을 중시하는 교육, 수동적 지식의 전래에서 능동적 문제 해결을 키워 주는 교육, 단편적 사고를 기르는 교육에서 통합적 사고 신장을 위한 교육, 암기 및 회상 능력을 중시하는 교육에서 창의적 사고를 중시하는 교육' 으로의 전면적인 교육 패러다임 전환이 요구된다(곽노의, 1999: 박화윤, 김영애, 이선원, 이희자, 안라리, 2000 재인용).

누리과정의 제도 도입에 따라 현재 이원화되어 있던 유치원 교육과정과 어린이집 표준보육과정을 '3-5세 연령별 누리과정'으로 일원화하여 모든 유치원과 어린이집의 만 3, 4, 5세 유아에게 공통적으로 적용할 수 있는 공통 과정이 개발되어 2013년 3월부터 시행되고 있다(교육과학기술부, 보건복지부, 2013). 누리과정에서도 전인 발달을 지향하고 있으며, 유아의 심신의 건강과 조화로운 발달을 도와 민주 시민의 기초를 형성하는 것을 목적으로 누리과정의 주요 구성 방향을 다음과 같은 여섯 가지로 설정하고 있다.

첫째, 사회라는 공동체 안에서 건강하고 행복한 구성원으로 살아가기 위해 유아기부터 질서, 배려, 협력 등 실천 위주의 기본생활습관 지도와 인성 교육이 실시되어야 함을 강조한다.

둘째, 급속히 다원화되어 가는 우리 사회의 구성원으로 잘 적응하기 위해서는 새로운 환경이나 문제에 당면했을 때 스스로 노력하여 해결하고자 하는 태도가 필요함을 강조하였다. 이를 위해 어렸을 때부터 하고 싶은 일을 스스로 선택하여 실천해 보는 가운데 자기 자신을 통제하거나 조절할 수 있는 자율성을 길러 주고, 기초적인 사고 능력을 토대로 유연하고 창의적인 사고 능력을 기르는 데 중점을 둘 것을 강조하였다.

셋째, 지식 정보화 시대에는 지식 정보 능력을 넘어서서 시대적 문제인 인간의 소외 및 환경 문제까지도 미래 지향적으로 해결하고자 하는 가치관에 기초하는 것이 중요함을 강조하였다. 이를 위해 유아기부터 사람과 자연을 존중하고 사랑하는 세계관을 길러 줄 필요가 있다.

넷째, 만 3-5세아의 발달 특성을 고려하여 연령별로 구성하였다. 이는 만 3-5세 유아가 동일한 발달 단계에 속하지만, 구체적인 학습 및 행동 특성은 연령별로 차이가 있음을 고려한 것이다. 즉, 만 3-5세 유아를 위한 내용을 선정할 때 유아의 연령별 발달 수준에 따른 위계성, 계열성 및 연속성을 고려해야 함을 의미한다. 또한 3-5세 연령별 누리과정의 세부 내용은 학문적 지식 구조, 유아의 인지 발달 및 생활 경험 등을 종합적으로 고려하여 선정하였다.

다섯째, 3-5세 연령별 누리과정에서는 신체운동·건강, 의사소통, 사회관계, 예술경험, 자연탐구의 5개 영역을 중심으로 구성하고, 유아의 주도적인 경험과 놀이가 통합적으로 이루어지도록 하였다.

여섯째, 초등학교 교육과정과 0-2세 표준보육과정과의 연계성을 고려하여 구성하였다.

이러한 구성의 방향은 유아 교과교육학이 지향하는 것과 일치하는 것이다. 누리과정의 목적을 달성하기 위해 설정된 목표는 다음과 같다.

첫째, 기본운동 능력과 건강하고 안전한 생활 습관을 기른다.

둘째, 일상생활에 필요한 의사소통 능력과 바른 언어 사용 습관을 기른다.

셋째, 자신을 존중하고 다른 사람과 더불어 생활하는 능력과 태도를 기른다.

넷째, 아름다움에 관심을 가지고 예술경험을 즐기며, 창의적으로 표현하는 능력을 기른다.

다섯째, 호기심을 가지고 주변 세계를 탐구하며, 일상생활에서 수학적·과학적으로 생각하는 능력과 태도를 기른다.

이상에서 살펴본 바와 같이 누리과정의 구성 방향과 목적 및 목표에서 강조하는 내용을 종합하면, 앞으로의 시대에서 필요로 하는 인간은 인성과 창의성을 균형 있게 갖추고 자연과 사람을 존중하고 사랑하는 세계관을 갖추고 있어야 한다는 것을 알 수 있다. 이를 위해 전인 발달의 기초가 형성되는 유아기의 교육이 유아의 주도적인 경험과 놀이를 중심으로 통합적으로 이루어져야 한다.

2) 유아 교과교육학의 내용

교육의 목표가 결정되면 교사는 수많은 교육 내용 중 어떤 내용을 가르쳐야 할지 결정해야 한다. 교육 내용이란 매우 다양한 의미를 지니지만 일반적으로 지식·기능·가치(태도) 등으로 정의되기도 하고, 지식 · 기능 · 가치(태도)를 담은 그릇으로 정의되기도 하는데(김대현, 2011: 이성희, 박은혜, 2012 재인용), 이런 의미에서 우리나라 유치원의 생활주제는 교육 내용이면서 교육 내용을 담은 그릇이 된다. 무엇을 가르치고 배울 것인가를 결정하는 '교육 내용' 의 선정과 선정된 내용을 일정한 원칙 혹은 원리에 따라 배열하는 '교육 내용의 조직' 은 수업 목표를 달성하는 데 있어 매우 중요한 부분이다. 유아 교과교육학에서 다루어야 할 주요 내용은 유아 교과교육학의 목적 및 목표로부터 나온다. 유아가 학습할 영역을 교과로 나누는 것은 교사가 그 교과의 필수적인 기능이나 구조 등을 익히기 위한 것이다. 이러한 분리는 인위적인 것이며, 유아에게 제시될 때는 통합적인 접근법으로 제시되어야 한다(박화윤, 김영애, 이선원, 이희자, 안라리, 2000).

주제를 중심으로 통합적 교육과정을 운영하기 위해 유치원 교사는 만 3세부터 만 5세까지의 어린 유아들을 대상으로 유아의 발달 수준 및 흥미를 고려하여 교육의 내용을 재구성해야 한다. 그러나 교육과정의 운영이 통합적으로 이루어진다고 해서 교사가 각각의 교과를 기본으로 하는 교육의 내용에 대해 몰라도 된다는 것은 아니다. 각 과의 교육 내용에 대한 지식을 기반으로 유아의 발달적 특성에 따라 교육의 내용을 재구성해야 하기 때문에 유치원 교사에게는 교과 내용에 대한 풍부한 지식 외에 교육과정에 대한 지식, 학습자에 대한 지식, 교수 · 학습 방법에 대한 지식 등 교수 상황에 대한 전반적인 이해와 관련된 지식이 함께 요구된다(신은수, 김현진, 2007). 다음 [그림 1-3]은 유치원과 초등학교 교육과정의 편제를 보여 주는 것이다. 유아교육의 교사 양성 과정에서 이루어지는 교과는 누리과정과 초등학교와의 편제를 통해, '유아 언어교육' , '유아 수학교육' , '유아 사회교육' , '유아 과학교육' , '유아 문학교육' , '유아 미술교육' , '유아 동작(체육)교육' , '유아 음악교육' 의 8개 교과임을 알 수 있다. 다음에서 8개 교과에서 다루어야 할 내용에 대해 간단히 살펴보겠다.

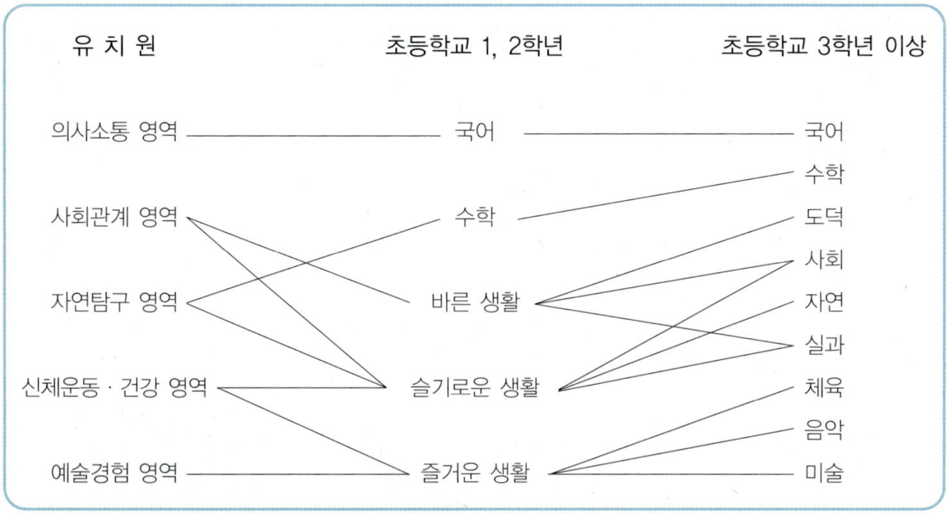

| 그림 1-3 | 유치원과 초등학교의 교육과정 편제 연관

(1) 유아동작교육

유아는 동작을 통해 주변 사물이나 자신과 타인에 대한 느낌과 생각을 표현하고, 신체를 이용한 다양한 활동(스포츠, 체육)을 하게 된다. 따라서 인간의 움직임에 수반되는 동작의 기본 요소와 기본적인 동작을 배우고, 이를 토대로 유아의 느낌이나 감정을 표현하는 도구로서 자신의 신체를 효과적으로 사용하는 방법과 기술을 익히도록 한다.

(2) 유아언어교육

유아가 듣기, 말하기, 읽기, 쓰기와 관련된 활동을 통해 언어 능력을 향상시키고 올바른 의사소통 능력 및 태도

를 길러야 한다. 언어의 기본 형태인 구어와 문어를 활용하여 나와 다른 사람의 느낌이나, 생각, 경험을 상황과 상대방에 알맞게 소통할 수 있는 능력을 기른다. 또한 말과 글의 관계를 알고 읽기와 쓰기에 흥미를 가져 언어 사용을 즐기도록 한다.

(3) 유아 문학교육

유아기부터 문학적 감수성과 성향을 발달시키고, 책 읽는 습관을 형성하도록 도움으로써 책을 통하여 자신과 세계에 대해 탐색하도록 하는 것이다. 따라서 다양한 장르의 책, 감상 · 표현 · 창작 활동을 위한 책 보기, 극화 활동 등의 다양한 문학 활동을 제공하여 유아들의 문학적 이해력, 표현력, 창의력을 길러 주도록 한다.

(4) 유아 사회교육

유아는 성장해 가면서 사회적 존재로서의 자신에 대한 이해, 자신과 다른 사람들과의 관계에 대한 이해 그리고 자신이 살고 있는 사회에 대한 기본적인 이해 및 지식을 발달시키는 것이 필요하다. 또한 다른 사람들과 사회적인 관계를 형성하며 더불어 살아가는 데 필요한 사회적 지식, 사회적 기술과 민주사회의 시민으로 살아가는 데 필요한 태도와 가치를 발달시키도록 한다.

(5) 유아 미술교육

유아는 미술 활동을 통해 자신의 생각과 느낌을 창의적으로, 자발적으로 표현할 수 있다. 따라서 다양한 미술 활동을 통하여 주변 세계의 아름다움을 느끼며 향유할 수 있는 심미적인 태도와 상상력, 창의성, 비판적 사고력을 길러 주고, 미술 문화를 이해하며 계승·발전시킬 수 있는 능력을 갖추도록 한다.

(6) 유아 음악교육

유아기 음악교육은 기능을 연습하고 훈련하는 것이 아니라 음악에 친숙하게 함으로써, 유아가 생활 속에서 자연스럽게 음악을 받아들이는 습관을 기르고, 소리나 신체 리듬을 이용하여 생각이나 느낌을 자유롭게 표현할 수 있도록 하는 것이다. 유아에게 다양한 음악적 경험을 제공하여 유아의 사고를 촉진하고, 유아의 감성을 풍부하게 하여 전인적인 유아로 성장시키도록 한다.

(7) 유아 과학교육

유아들이 주변의 사물과 생명체 및 자연현상에 대하여 능동적으로 탐구하는 경험을 통하여 자연을 존중하는 마음과 과학적으로 사고하는 능력을 기르도록 한다.

(8) 유아 수학교육

유아기의 수학적 능력은 유아가 일상생활 경험에서 구성한 수학적 지식을 기초로 주변 사물과 현상에 대해 호기심을 갖고 자발적으로 탐구하는 과정을 통해서 발달하게 된다. 따라서 수학에 대한 개념과 기술을 단순히 전달하는 것이 아니라 유아 스스로 일상생활의 탐색, 발견, 의미 있는 문제 해결의 과정에서 수를 사용할 수 있도록 한다.

교사는 적절한 학습 경험을 제공하려는 교육적 의도를 가지고 있으며, 교육적 의도는 교육 목표, 교육 계획, 교수 전략, 상호작용, 평가 등을 통해 목적적으로 실현된다. 유의미한 학습이 실현되도록 가르친다는 것은 교수 활동을 통해 기대되는 결과에 대한 분명한 이해를 가지고 유아와의 상호작용에 의도성을 가진다는 의미가 된다. 그러나 학습 경험을 위한 교사 자신의 실천적 지식을 반성하고 검토하는 작업이 부족할 경우 교사 주도의 교실은 오히려 유아의 놀이로 학습할 권리가 무시되거나(엄정애, 2004), 교사 자신이 중요하다고 생각하는 개념과 기술이 일방적으로 전달될 수도 있다(박찬옥, 정미라, 김영옥, 1997). 가르쳐야 한다는 신념이 지나치다 보면 교사는 되도록 많은 내용을 다루기 위해 바빠지고 유아의 관심과 흥미보다는 교사가 계획한 지식과 내용을 배우도록 강요하게 된다(곽향림, 안경숙, 2010). 유치원 교사는 성인의 입장에서 교육 내용이 학문적으로 가치가 있기 때문에 가르쳐야 한다기보다는 유아의 관심과 흥미를 고려할 때 유아에게 학습이 일어나고 유아의 경험의 성장에 도움을 줄 수 있기 때문에 가르쳐야 한다는 교육적 가치 기준을 적용할 필요가 있다(김재춘, 2005).

3) 유아 교과교육학의 교수 방법

유아기는 고등 인식 능력을 향해 나아가는 출발점에 서 있지만 처음부터 유아의 인식이 고차원적이고 추상적이지는 못하다는 점에서 다른 교육에 비해 교육과정이나 내용에서 차별성을 가진다(임부연, 최계령, 류미향, 2010). 따라서 교수 방법을 효율적으로 운영하기 위해서 교육의 주체인 유아에 대한 이해가 선행되어야 한다. NAEYC(1991)에서는 유아를 위한 교수 방법을 계획하기 전에 기본적으로 고려해야 할 점을 다음과 같이 제시하였다.

① 유아는 신체적 욕구가 충족되고 심리적으로 안전하다고 느낄 때 가장 효율적으로 학습한다.
② 유아는 스스로 지식을 구성한다.
③ 유아는 성인과 다른 유아와의 사회적 상호작용을 통해 학습한다.
④ 유아는 놀이를 통해 배운다.
⑤ 유아의 흥미와 알고자 하는 욕구는 학습을 자극한다.
⑥ 인간의 발달과 학습은 개개인에 따라 다양하다.
⑦ 유아의 학습 과정은 인식에서부터 시작하여 탐색, 조사, 활용의 단계로 나아가는 순환적 주기를 따른다.

유아교육과정이 실제적으로 활용되는 영역은 교수 방법을 통해서이다. 유아를 위한 교수 방법은 구체성, 다양성 및 융통성의 원리, 다양한 선택의 경험, 주제를 근거로 한 통합성, 활동의 균형성, 상호작용, 동기 유발의 중요성을 근거로 마련되어야 한다. 유아를 위한 교수 방법의 원리는 다음과 같다(이기숙, 2008).

① 유아교육은 활동 중심 교육이어야 한다.
② 유아교육의 교수 방법은 놀이를 중심으로 할 때 가장 효율적으로 이루어진다.
③ 유아교육기관의 하루 일과는 균형 있게 이루어져야 한다.

④ 유아와 교사, 유아와 유아, 유아와 환경 간의 상호작용이 다양하게 일어날 수 있도록 교육 활동을 제시해야 한다.
⑤ 교육 활동은 발표, 토의, 관찰, 실험, 조사, 견학 등 유아들이 직접 참여할 수 있는 다양한 수업 방법들을 활용하도록 한다.
⑥ 놀이 활동 자료는 유아교육의 효과를 가늠할 수 있는 매우 중요한 요소이다.
⑦ 멀티미디어의 활용은 21세기 정보화 사회의 주역이 될 유아들에게 필수적이다.
⑧ 흥미 영역의 구성은 유아교육기관의 공간 구성에 일반화된 원리이다.

이러한 교수 방법의 원리는 유아교육기관에서 운영하고 있는 프로그램 및 원장과 교사의 교육적 신념에 따라 다소 상이할 수 있다. 예를 들어, 성숙주의적 관점에서 유아의 발달을 이해하는 교사들은 관찰법, 놀이법, 질문법, 시청각법, 탐색법을 자주 사용하고, 구성주의 관점을 가진 교사들은 발견법, 문제해결법, 프로젝트법, 협동학습법 등의 교수 방법을 선호한다. 또한 행동주의적 관점을 지지하는 교사들은 설명법, 모델링법, 강화법 등을 사용한다(이영석, 임명희, 이정화, 2003).

교육과학기술부(2009)는 유치원교육에서 활용 가능한 교수·학습 방법으로 다음의 4가지를 들고 있다.

① 탐구하기

탐구하기는 유아가 어떤 사건, 사태, 현상, 사물, 사람 등을 자세하게 살펴서 무엇을 찾아가는 과정을 위미한다. 즉, 탐구하기는 어떤 것을 인식하고 탐색하며 추론하는 과정이다. 유아는 탐구하는 과정에서 호기심을 발휘할 수 있으며, 보고 듣고 만지고 냄새 맡는 등 감각을 활용하여 적극적으로 관찰하고, 몸으로 느끼며 유추하고 예측하고 관계 짓고 감정이입하는 등의 다양한 사고를 경험한다. 또한 유아는 이러한 경험을 기초로 새로운 사실이나 방법을 이해하며 사건, 사물, 사람 또는 개념들이 가지고 있는 일반적이고 객관화된 의미를 이해해 간다.

② 자기 표현하기

유아가 자연적인 발달 또는 의도적인 교수·학습의 결과로 얻게 된 느낌과 생각을 다양한 활동 형태로 표현하는 것이다. 자기 표현의 방식으로는 역할놀이, 게임, 신체 표현 등의 행동적 표현, 그리기, 만들기, 꾸미기, 전시하기 등의 조형적 표현, 지식이나 정보, 감정이나 문제 해결 방안을 말로 표현하기, 이야기 나누기 등의 언어적 표현이 있다. 유아는 자기 표현을 통해 자기의 생각과 감정을 명료화하고 재확인하게 되며 타인의 생각도 공유하게 된다.

③ 토의하기

두 사람 이상이 어떠한 주제 또는 갈등 상황에 대하여 서로 의견을 나누고, 이 의견들 사이의 유사점이나 차이점을 살펴보며, 궁극적으로 상황을 해결하는 데 어떻게 해야 하는가를 논의해 보는 과정을 말한다. 토의 결과 구성원들은 합의에 도달하거나 갈등 상황이 지속되는 상태로 들어갈 수 있다. 그러나 갈등 상황이 지속되더라도 다시 토의 과정을 거쳐 합의에 도달해야 한다. 토의의 질적 수준은 집단 크기, 구성원의 자질, 구성원 간 친밀도, 의사소통 형태, 교사의 지도력 등에 의하여 영향을 받는다.

④ 문제 해결하기

학습자와 교사가 함께 문제 상황에 대하여 그 원인과 해결책을 모색해 보는 방법이다. 유아들이 부딪치는 문제 상황은 신체와 관련된 문제, 정서와 관련된 문제, 대인 관계 문제, 물리적인 문제 등이 있으며, 이들을 해결하기까지의 전개 과정은 문제의 정의, 문제 해결과 관련된 정보 수집, 해결 방안의 선정 및 적용, 해결 방법에 대한 장단점의 평가 및 새로운 방법의 재적용 등으로 이루어진다. 교사는 가능하면 유아가 스스로 문제를 알아차리고 해결할 수 있도록 우선 유아에게 일어난 문제를 인정하고 지원하며 함께 해결해 가도록 해야 한다.

4) 유아 교과교육학의 평가

유아 교과교육에서의 평가는 각 유아가 지닌 잠재력을 발달시키기 위해 유아에게 필요한 지원의 순간, 지원의 종류와 정도를 파악하기 위한 것이어야 한다. 교사는 학습 장면에서 관찰을 통해 유아의 가능성을 확인하고 잠재적인 발달 수준의 향상도를 파악할 수 있다. 유아의 진보에 대한 평가는 각 교과 경험의 결과로서 유아에게 무엇이 일어나고 있으며, 이것은 목적과 어떻게 관련되는지를 결정하도록 구성되어야 한다. 특히 유아를 대상으로 하는 평가는 수업이 완전히 끝난 후에 이루어지는 어떤 것이라기보다는 하나의 통합된 교수·학습 과정으로 이루어져야 한다(박화윤, 김영애, 이선원, 이희자, 안라리, 2000).

2007년 개정 유치원 교육과정에 제시된 유아 평가에 대한 내용은 다음과 같다(교육과학기술부, 2008).

첫째, 교육과정 목표와 내용을 준거로 유아의 특성과 변화 정도를 평가한다.

둘째, 유아의 태도, 지식, 기능 등이 종합적으로 포함되도록 평가한다.

셋째, 유치원 일과 속에서 생활과 교육 활동 전반에 걸쳐 포괄적으로 평가가 이루어지도록 한다.

넷째, 관찰, 활동 결과물 분석, 면담 등 다양한 방법을 사용하여 종합적으로 평가하고, 그 결과를 기록한다.

다섯째, 평가 결과는 유아에 대한 이해와 유아 지원을 위한 의사 결정, 교수·학습 방법 개선, 교육과정의 편성과 운영, 부모 면담, 생활기록부 작성 등을 위한 기초 자료로 활용한다.

3 유아교사와 교과교육학 지식

1) 유아교사의 교과교육학 지식(Pedagogical Content Knowing: PCK)

유아교사의 지식을 연구하는 것은 지식과 사고를 어떻게 정의할 것인가에 따라 매우 달라질 수 있다. Clark과 Peterson(1986)은 교사들의 사고를 연구하는 것은 곧 교사들이 아는 것(knowledge), 생각하는 것(thought), 그리고 믿는 것(belief)을 연구하는 것이라고 규정하며, 교사의 지식이라는 것이 교사들의 앎, 지식, 신념을 모두 포괄할 수 있음을 보여 주었다(박은혜, 2002 재인용). 유치원 교사가 자신의 수업을 이해하고 해석하여 반성적으로 실천하는 과정은 교사의 지식에 따라 달라지고 교육과정의 운영 역시 교사가 어떤 지식을 형성하고 있느냐에 따라 그 결과가 달라지기 때문에(강현석, 2007), 교과교육학을 이해함에 있어 교사의 사고나 지식을 벗어나서 논의하기 어렵다.

전통적으로 유아교육 분야에서는 교사교육 실제의 근거로서 유아 발달에 대한 이해를 강조하여 왔다. 유아교사는 유아 발달에 대한 전문적 지식을 지니고 있어야 하며 이는 유아교육 분야에서 가장 빈번히 언급되고 지지되어 왔다. 유아 발달에 초점을 맞추는 이러한 경향은 발달 중심의 교육과정으로 발전하였고, 유아의 발달을 아는 것이 곧 교육 내용과 방법을 어떻게 조직해야 되는지를 알 수 있는 준거가 된다고 보았다(남궁선혜, 박은혜, 2008). 또한 유아들에게 흥미 있도록 하는 것이 중요하다는 주장과 함께 발달은 유아에게 어떠한 경험을 제공할 것인가에 대한 단서를 제공하는 것이 되었고, 그 결과 발달의 내용이 교과의 내용으로 대치되는 결과를 가져왔다(정선아, 김희연, 2006). 반면 한편에서는 교과 내용에 근거하여 접근되는 교육과정은 자칫 유아들이 학습하고 생각하는 것을 형식화시키고 억압하며 학문 중심으로 흐를 수 있다고 생각하였다(Curtis, 1998; Corrie, 1999; Nutbrown, 1999; 남궁선혜, 박은혜, 2008 재인용).

지금까지 유아교사의 지식은 영유아의 발달적 이해가 주로 강조되어 왔기 때문에 발달에 적합한 실제에 대한 실천적 지식에만 초점을 두어 왔다. 최근 유아교육 분야에서도 유아교사의 교과교육학 지식이 강조되고 있고, 유아교사가 지닌 교과교육학 지식의 중요성에 대한 논의가 이루어지고 있다(신은수, 김현진, 2007).

Shulman(1986)은 교사 지식의 유형 중 하나로서 교과교육학 지식을 강조한다. 그는 교과 내용 지식의 중요성을 간과하고 일반적인 교수 방법 지식을 강조해 온 기존의 교육체제를 비판하면서, 교과 내용 지식과 일반적인 교수 방법 지식의 독특하고 특별한 합성체인 교과교육학 지식이 교사 전문성의 기반이 되어야 한다고 주장하였다. 교과교육학 지식은 특정 교과를 어떻게 가르칠 것인가에 대한 특별한 이해이며, 특정 교과에 따른 교수 목표, 교수 내용의 선택 및 조직에 대한 지식, 학습자의 교과 이해에 대한 지식, 특정 주제를 가르치기 위한 교수 전략에 대한 지식을 모두 포함하는 것이다(신은수, 김현진, 2007). Carter(1990)는 교사가 가진 교과 내용에 기초하여 이를 학습자에게 어떻게 전달하는가에 중점을 두는 것을 교과교육학 지식이라고 정의하고, 이는 교과 내용에 대한 지식과 교육학 지식이 혼합된 독특한 형태의 교사 지식이라고 보았다.

교과교육학 지식을 구성하는 요소는 연구자에 따라 다소 차이가 있으나, 공통적으로 교육과정에 대한 지식, 학습자에 대한 지식, 교과 내용에 대한 지식, 교수·학습 방법에 대한 지식, 교수 상황과 환경 상황에 대한 지식의 내용이 포함되며, 이 중 교수·학습 방법에 대한 지식이 가장 강조되고 있다(신은수, 김현진, 2007). 특정 교과, 예컨대 과학교육에서 교과교육학 지식이란 교사들이 가지고 있는 과학 내용학적 지식을 다양한 수준의 학생들에게 어떻게 이해 가능한 유의미한 지식으로 질적인 전환을 시키느냐 하는 것으로, 이는 곧 교사의 내용학적 지식을 교육학적 기능을 통하여 학생들에게 전이시키는 것을 의미한다(임청환, 2003).

다시 말해, 각각의 교과에 대해 교사가 가지고 있는 교과 내용 지식을 설명, 유추, 예, 표상, 시범 등과 같이 지식을 표현할 수 있는 다양한 방법을 찾아서 학습자의 능력, 성, 선행 지식 등에 적합하게 수정하여 계획하고 적용함으로써 유의미한 지식으로 전환시키는 것이다(박은혜, 2002). 이러한 과정을 그림으로 나타내면 다음 [그림 1-4]와 같다(Ebert, 1993).

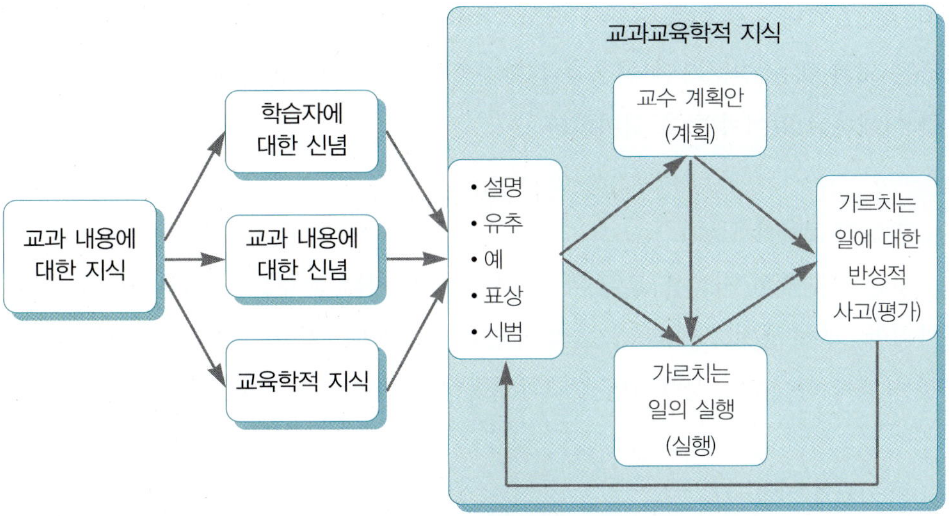

| 그림 1-4 | 교과교육학의 교육학적 지식으로의 변환

출처: 박은혜(2002).

2) 교과교육학적 지식 형성에 영향을 미치는 요인

교과교육학 지식은 유아교육 현장이라는 독특한 공간 속에서 유아와 교사의 역동적인 상호작용을 통해 나타나는 교육 현상을 끊임없이 의문시하고, 이를 해결하기 위해 사고하고 탐색하며, 탐색의 결과를 반성적으로 사고하는 과정에서 형성된다(홍용희, 박은혜, 김희진, 이지현, 1997). 박은혜(2002)는 교과교육학적 지식 형성에 영향을 미치는 요인을 다음과 같이 6가지로 정리하고 있다.

① 교과 내용에 관한 지식

교과목 지식은 예비 교사들이 단순히 암기하는 것이 아니라 개념적으로 이해하는 것으로 교사들은 어떤 개념이 필요한지 그 개념을 가르치는 목적은 무엇인지, 왜 그 개념이 중요한지 등을 알고 있어야 한다(이돈희, 최석진, 허경철, 1997). 즉, 교사들은 교과 내용 전문가인 연구자나 학자들이 그 학문을 이해하는 방식으로 교과를 이해하고 있어야 함을 의미한다.

② 일반 교육학 지식

일반 교육학의 지식은 교직 과목에서 다루어지는 교육철학, 교육심리학, 교육사회학, 교육 행정, 교육과정 등의 개념을 의미한다. 일반적인 교육학 지식은 특정한 맥락 속에서 특성화되면서 교과교육학적 개념으로 변환된다.

③ 가치와 신념

같은 교과 내용 지식과 교육학 지식을 가진 교사라고 해서 모두 동일한 교과교육학적 지식을 발달시키지는 않는다. 이는 교수와 학습에 교사의 가치와 철학이 어떤 형태로든지 영향을 미치기 때문이다. 교과교육학적 지식의 형성과 발달에는 교사가 가지고 있는 아동, 교수 행위, 교과목, 학습에 관해 가지고 있는 가치나 신념이 많은 영향을 미친다. 특히 Gudmundsdottir(1990)는 가치는 마치 잠재적 교육과정과 같아서 교사가 내용 지식을 교과교육학적 지식으로 바꾸어 낼 때 막대한 영향을 미친다고 하였다.

④ 환경적 맥락과 학습자에 대한 이해

Cochran, DeReuiter와 King(1993)은 교과 내용으로부터 교과교육학적 지식을 구성해 낼 때 교사를 다른 전문가와 구별 짓게 하는 두 가지 요소로 학생들에 관한 교사의 지식과 학습이 일어나는 사회, 정치, 문화, 물리적인 환경에 대한 지식을 지적한다. 즉, 학생들이 어떤 과정을 통해 가장 잘 이해하는지, 교과 내용에 대해 가지고 있는 사전 지식이 어느 정도인지, 학습자의 수준에 따라 이해 정도가 어떻게 다른지 등에 대한 지식이 교과교육학적 지식을 구성하는 데 영향을 미치기 때문에 교과교육학적 지식은 매우 맥락화되어 있다고 볼 수 있다.

⑤ 현장 경험에서 얻은 지식

교과교육학적 지식을 형성하는 과정은 교육적인 상황을 교육학적인 시각으로 볼 수 있어야 하며, 가장 적절한 교수 방법을 찾아야 하고, 가변적인 상황에서 적용할 수 있는 의사 결정 능력이 있어야 하는데 이러한 지식은 현장 경험을 통해서만이 얻을 수 있는 것들이다.

⑥ 교사의 반성적 사고 능력

교수 행위란 단순한 것이 아니다. 교실 상황은 늘 가변적이고 유아의 흥미와 능력도 다양하다. 교실에서 효율적인 교육을 수행하지 못하는 것은 교수 활동에 대한 목적과 목표를 잘 알지 못하기 때문이라고 교사교육 전문가들은 지적하고 있다. 왜냐하면 교수 활동은 매우 복잡하고 불확실한 상황에서 발생하며 언제 어디서나 적용될 수 있는 정답이 없어 어떠한 예비교사교육 프로그램도 완전한 교사를 양성할 수는 없다. 그럼에도 불구하고 교직에 필요한 전문적 판단력과 의사 결정 능력은 적절한 교수 활동을 통해 훈련되어야 한다.

지금까지 교과교육학적 지식이 형성되는 과정에 영향을 미치는 요인을 살펴보았다. 교육 현장에서 교사는 교육 대상의 특성을 이해하고 바람직한 교육의 효과를 가져올 수 있도록 교육 목표를 선정하고, 그에 따른 교육 내용을 계획 · 실행하며 교육 환경을 구성하는 의사 결정을 하게 된다. 이와 같은 의사 결정을 하기 위해서 교사는 복잡한 인지 과정을 거쳐야 하는데, 이때 교사에게는 전문적인 지식 기반이 필요하다. 교육은 저절로 되는 것이 아니라 교육의 기초가 되는 지식 체계가 정립되어 있어야 하는 것이다(Silin, 1985). 교사가 교수 실행에서의 경험을 통해 얻은 지식인 실천적 지식은, 교사의 교수 행동을 결정하고 안내하며, 교수 실제에 표현된다. 이에 Gudmundsdottir(1991)는 교사가 알고 있는 지식과 경험을 교과교육학으로 전환시키기 위해서 교사는 지식의 적용 결과에 대해 끊임없이 반성적으로 사고하고 그에 대해 해석해 보는 경험이 필요함(이돈희, 최석진, 허경철, 1997 재인용)을 강조하였다.

참고문헌

강현석(2007). 교사의 실천적 지식으로서의 내러티브에 의한 수업 비평의 지평과 가치탐색. 교육과정연구, 25(2), 1-35.

곽노의(1999). 유아교육과정의 과제와 전망. 2000년대 한국유아교육의 발전방향. 한국유아교육학회.

곽향림, 안경숙(2010). 교사 주도적 교수학습에 대한 반성적 제고: 교사와 유아의 삶의 관점에서. 유아교육연구, 30(2), 309-337.

교육과학기술부(2008). 유치원교육과정해설 1: 총론. 서울: 교육과학기술부.

교육과학기술부(2009). 유치원지도서, 1~13. ㈜두산.

교육과학기술부, 보건복지부(2013). 3-5세 연령별 누리과정 해설서. 서울: 교육과학기술부, 보건복지부.

교육부(2000). 유치원 교육활동 지도자료 1, 총론. 서울: 대한교과서 주식회사.

김안나(2011). 수업에 대한 유아교사의 이야기-좋은 수업을 찾아서-. 유아교육연구, 31(4), 229-258.

김영옥(2003). 유치원 교육과 교사의 수업전문성. 교육발전, 22(3), 65-97.

김재춘(2005). 듀이의 '교과의 심리화' 와 '교과의 진보적 조직' 논의가 교육내용의 선정 및 조직에 주는 시사점 탐색. 교육과정연구, 23(2), 1-15.

남궁선혜, 박은혜(2008). 주제중심 수업에서 나타난 유치원 교사의 교과내용지식에 대한 이해. 한국교원교육연구, 25(3), 25-50.

박은혜(2002). 지식 기반 사회에서의 유아 교사의 지식. 서울: 창지사.

박찬옥, 정미라, 김영옥(1997). 제5차 유치원 교육과정 평가 연구. 유아교육연구, 17(2), 27-53.

박향원, 임부연(2012). 심미적 유아교육과정 개발을 위한 기초연구. 유아교육연구, 32(5), 495-524.

박화윤, 김영애, 이선원, 이희자, 안라리(2000). 유아를 위한 창의적 교과교육. 서울: 동문사.

배소연(1999). 유아교사교육의 과제와 발전방향에 대한 토론. "2000년대 한국유아교육의 발전 방향". 한국유아교육학회 연차 학술대회, 84-88, 한국유아교육학회.

신은수, 김현진(2007). 유아교사의 과학 교과교육학지식 측정도구 개발. 한국교원교육연구, 24(3), 221-250.

엄정애(2004). 놀이와 교육과정 연계에 대한 유치원 교사의 인식과 현황. 유아교육연구,

24(1), 145-164.

유한구, 장성모, 송광용, 조주연, 이학주(1997). 초등 교과교육학의 성격과 내용구조 연구. 초등교육연구, 11, 135-160.

이경진, 김경자(2005). '실행'을 중심으로 본 교육과정의 의미와 교사의 역할. 교육과정연구, 23(3), 57-80.

이기숙(2008). 유아교육과정. 경기: 교문사.

이돈희(1994). 교과교육학 탐구. 서울: 교육과학사.

이돈희, 최석진, 허경철(1997). 제7차 교육과정 개정에 따른 교과교육과정개발 체제에 관한 연구. '97 교육부 위탁 연구과제 답신보고서, 13-27.

이성희, 박은혜(2012). 유치원 교사의 교육과정 계획 · 실행 · 평가에 나타난 실천적 지식 분석. 열린유아교육연구, 17(4), 319-353.

이영석, 임명희, 이정화(2003). 현대 유아교육과정. 서울: 형설출판사.

이해명, 피재성, 손춘자, 이은주, 김현주(2006). 현대교육과정 및 평가. 서울: 교육아카데미.

임부연, 최계령, 류미향(2010). 유아교실에서 교수자료의 의미와 활용에 관한 교사의 인식 연구. 유아교육학논집, 14(6), 203-226.

임청환(2003). 초등교사의 과학교과교육학 지식의 발달이 과학교수 실제와 교수 효능감에 미치는 영향. 한국지구과학학회지, 24(4), 258-272.

정범모(1995). 정보화 사회와 교육. 서울: 소화.

정선아, 김희연(2006). 어린이의 삶의 관점에서 본 보육, 교육과정의 본질: '발달'과 '교과'에 대한 재해석을 중심으로. 한국유아교육학회 2006 정기총회 및 정기학술대회 자료집, pp. 31-47.

한국유아교육학회편(1996). 유아교육사전(용어편). 서울: 한국사전연구사.

홍용희, 김향자, 황보영(2009). 유치원 평가의 실제 1: 교육과정. 유치원 교육과정제정 40주년 기념 유아교육과정의 어제와 내일. 2009 한국육아지원학회 춘계학술대회 자료집, 51-80.

황정규(1991). 교육학의 성격과 교육학 교육. 교육학연구, 29(3), 1-10.

Carter, K. (1990). Teachers knowledge and learning to teach. In W. R. Houson(Ed.), *Handbook of research on teacher education*(pp. 291-310). New York: Macmillan.

Cochran, K. F., DeReuiter, J. A., & King, R. A. (1993). Pedagogical content knowing: An integrative model for teacher preparation. *Journal of teacher Education,*

41, 263-272.

Ebert, C. L. (1993). *An assessment of prospective secondary teachers' pedagogical content knowledge about functions and graphs*. (ERIC Document Reproduction Service No. 366 580).

Gagne, R. M. (1976). *The condition of learning*(3rd. ed). N.Y.: Holt Rinehart & Winston.

Hoyle, E., & John, P. D. (1995). *Professional knowledge and professional practice*. London: Cassell.

MacDonald, J. B. (1966). The Person in the Curriculum. Helen R. F.(eds.) *Precedents and Promise in the Curriculum Field*. New York: Teacher College Press. pp. 38-52.

NAEYC(1991). Guidelines for appropriate curriculum content and assesment in programs serving children ages 3 through 8. *Young Children, 30*, 21-38.

Ornstein, A. C., & Hunkins, F. P. (2004). *Curriculum: foundations, principles, and issues*(4th ed.). Boston: Allyn & Bacon.

Print, M. (2006). 교육과정 개발과 설계.(강현석, 박영무, 박창언, 손충기, 이원희, 최호성 역). 서울: 교육과학사.(원본 발간일 1993년).

Shulman, L. (1986). Those who understand: Knowledge Growth in teaching. *Educational Researcher, 15*(2), 4-14.

Silin, J. G. (1985). Authority as knowledge: A problem of professionalization. *Young Children, 40*(3), 41-46.

제 2 부

누리과정과 유아 교과교육

제 1 장

유아 동작교육

1 유아 동작교육의 목적 및 목표

동작교육은 인간의 움직임에 수반되는 동작의 기본 원리와 요소를 배우도록 하고 이를 토대로 유아의 느낌이나 감정을 '표현' 하거나, 신체를 이용한 다양한 스포츠(체육) 활동을 할 수 있는 방법을 교수하는 것이다. 동작교육의 특징은 수업 지도 방법과 관련하여 찾아볼 수 있다. 동작교육은 교사 주도의 시범과 설명으로 수업이 진행되는 전통적인 체육수업 방식에 비해 '문제 해결 방법, 유도 발견 방법, 동작 탐색' 등 탐구 중심의 방법을 강조하고 있으며 아이들의 독립심과 문제 해결 능력 발달에 초점을 두고 있다. 또한 동작이 가지는 심미적 의미와 개인적 의미를 찾아내는 것을 강조하고 경쟁보다는 협동을 더욱 중요시한다(최의창, 2002, 한국유아교육학회, 1996).

교육과학기술부와 보건복지부(2013b)에서 제시한 3-5세 연령별 누리과정 해설서의 신체운동·건강 영역과 예술경험 영역에 유아들의 신체 운동과 신체적 표현 관련 내용을 제시하고 이를 통해 유아 동작교육의 목표, 내용, 방법, 평가에 대한 지침을 마련한 바 있다. 이에 따르면 기본 운동과 신체 활동에의 적극적 참여, 그리고 움직임에 대한 요소와 창의적 표현 및 감상 능력이 강조되고 있다. 이는 기본 운동 능력과 움직임의 요소가 반영된 활동을 통해 유아들의 동작 능력을 증진시키고 이를 표현 활동과 운동 활동에 모두 반영하여야 한다는 선행연구들의 주장과 맥을 같이 하는 것이라 할 수 있다.

실제로 만 3-5세 유아에게 있어서 동작 활동은 경험적인 지식이며, 특별한 교육적 가치를 지니고 있는 활동임은 많은 연구자들에 의해 강조된 바 있다. 인지 중심·지식 위주의 교육 때문에 신체를 움직이는 활동에 대한 중요성이 강조되지 않고 있는 현재의 교육과정 운영은 항상 몸을 움직이고, 몸의 움직임을 통해 학습한다는 유아의 생래적 특성을 무시하는 것이다. 따라서 유아의 인지적 · 신체적 · 사회적 · 정서적 측면을 통합적으로 다룰 수 있도록 계획하고, 활동에 참여하는 동안 유아가 여러 가지 동작 기술을 탐색하고 실행하며 연습해 볼 수 있는 기회를 갖게 하여 자기 나름대로의 유연하고 자연스러운 움직임으로 효과적으로 움직이는 방법에 대한 지식을 발전시키도록 도와주는 것은 대단히 중요하다(김은심, 2004).

Barrett(1977)는 동작교육의 목표를 "표현 수단으로 자신의 신체를 사용하는 능력을 증진시키는 것, 동작 표현을 통해 자기 만족감을 얻는 것, 움직이는 것에 대한 즐거움을 이해하고 감상하는 것, 여러 가지 다양한 리듬을 해석하고 그에 반응하는 능력을 발달시키는 것"이라고 제시하고 있다. Graham, Holt-Hale과 Parker(1993)는 "자신과 타인에 대한 느낌과 태도를 표현하기 위해 자신의 신체를 사용하는 능력을 증진시키는 것, 표현의 도구로서 자신의 신체를 효과적으로 사용하여 자기 만족감을 증진시키는 것, 움직이는 것에 대한 즐거움을 인식하는 것, 참여자와 관람자 모두에게 가치로운 것으로서 움직임 활동을 인식하는 것, 다양한 리듬에 따라 움직이고 이를 이해하는 능력을 증진시키는 것" 등을 동작교육의 목표로 제시하고 있다. Seefeldt(1976)도 "신체 움직임을 통하여 자아 인식을 기르고 사회적으로 협동하는 능력을 기르며, 심미감을 발달시키고, 자신의 몸을 점차 복합적인 방법으로 활용하는 능력을 기르며, 사고하고 상징적으로 표상화할 수 있는 능력을 기르는 것" 이 동작교육의 목적이라고 밝힌 바 있다.

2 누리과정과 유아 동작교육의 내용

1) 누리과정의 동작교육 내용

5세 누리과정에 따른 교사용 지침서(교육과학기술부, 보건복지부, 2012)에는 동작 활동을 신체 활동으로 명명하고, 이 활동을 대·소집단 활동에 포함시키고 있으며, '기본 운동 활동과 창의적 신체표현을 포함' 한다고 하였다. 또 바깥놀이 환경에 운동놀이 영역을 구성하도록 하면서, '대근육을 기르고 기구를 이용하는 방법을 습득할 수 있도록 하기 위해 기어오르기, 매달리기 등 다양한 운동놀이를 할 수 있는 놀이 시설을 설치' 하도록 하였다. 운동놀이 영역에는 크기가 다른 공, 풍선, 후프, 스카프, 줄 등의 놀이 기구와 그네, 평균대, 뜀틀, 매트 등의 운동놀이 기구 및 시소, 그네, 미끄럼틀, 정글짐 등의 복합 놀이 시설을 설치하도록 하였다. 이러한 내용을 통해 동작 활동에는 '기본 운동 활동, 창의적 신체표현, 작은 놀이 기구를 이용한 놀이, 운동놀이 기구 및 복합 놀이 시설을 이용한 놀이' 가 포함됨을 알 수 있다.

한편 3-5세 연령별 누리과정(교육과학기술부, 보건복지부, 2013a)에는 신체운동·건강 영역과 예술경험 영역에 유아를 위한 동작교육과 관련된 내용을 제시하고 있다.

먼저 신체운동·건강 영역의 동작교육 관련 내용을 살펴보기로 한다. 동작교육과 관련 있는 내용은 신체 인식하기, 신체 조절과 기본 운동하기, 신체 활동에 참여하기 등이며, 안전하게 생활하기의 일부 내용이 포함된다(표 1-1). 이와 관련 있는 동작교육의 내용은 동작의 기본 요소, 기본 운동, 운동놀이 기구 및 복합 놀이 시설 활용 놀이, 동작 활동의 규칙 등이다.

| 표 1-1 | 3-5세 연령별 누리과정의 신체운동 · 건강 영역의 내용과 동작교육 내용

내용 범주	내 용	동작교육 내용
신체 인식하기	• 감각 능력 기르고 활용하기 • 신체를 인식하고 움직이기	• 동작의 기본 요소 – 신체 인식
신체 조절과 기본 운동하기	• 신체 조절하기 • 기본 운동하기	• 동작의 기본 요소 – 노력(공간, 시간, 힘, 흐름) • 기본 운동 활동 – 이동운동 – 비이동운동
신체 활동에 참여하기	• 자발적으로 신체 활동에 참여하기 • 바깥에서 신체 활동하기 • 기구를 이용하여 신체 활동하기	• 운동놀이 기구 및 복합 놀이 시설을 이용한 놀이
안전하게 생활하기	• 안전하게 놀이하기	• 동작 활동의 규칙 알기

예술경험 영역의 내용 체계는 〈표 1-2〉와 같으며, 아름다움 찾아보기, 예술적 표현하기, 예술 감상하기가 포함되어 있다. 역시 동작의 기본 요소, 움직임과 춤, 춤 감상 등이 관련 있는 교육 내용이라 할 수 있겠다.

| 표 1-2 | 3-5세 연령별 누리과정의 예술경험 영역의 내용과 동작교육 내용

내용 범주	내 용	동작교육 내용
아름다움 찾아보기	• 움직임과 춤 요소 탐색하기	• 동작의 기본 요소
예술적 표현하기	• 움직임과 춤으로 표현하기 • 통합적으로 표현하기	• 움직임과 춤 – 창의적 신체표현 – 모방적 동작 – 율동
예술 감상하기	• 다양한 예술 감상하기 • 전통예술 감상하기	• 다양한 춤 감상하기

다음에서는 3-5세 연령별 누리과정의 신체운동·건강 영역과 예술경험 영역을 중심으로 하고, 부분적으로 2007년 개정 유치원 교육과정(교육과학기술부, 2008)과 동작교육 관련 선행연구를 통해 동작교육의 내용을 살펴보기로 하겠다.

(1) 신체운동·건강 영역의 내용

'신체운동·건강 영역'은 소근육과 대근육 발달을 위한 다양한 신체 활동을 경험하게 하는 내용과 함께 청결, 건강 및 안전생활을 위한 일상적인 기본생활습관을 자연스럽게 습득하는 내용을 포함하여 모두 다섯 가지 범주로 구성되며 신체의 건강 및 신체 활동이라는 차원에서 상호 통합된다. 동작교육과 직접적인 관련이 있는 내용은 '신체 인식하기', '신체 조절과 기본 운동하기' 그리고 '신체 활동에 참여하기'이며, 기본 운동 능력과 신체 활동의 내용으로 구성된다.

① 신체 인식하기

'신체 인식하기'는 감각 능력과 감각기관의 활용 능력을 기르고 다양한 신체 움직임을 통하여 자신의 신체를 긍정적으로 인식하도록 돕는 내용으로 구성되어 있다. 따라서 신체의 여러 감각기관을 인식할 수 있도록 시각, 촉각, 청각, 미각, 후각 등 오감각을 모두 활용할 수 있게 하는 데 초점을 두며, 다양한 움직임과 활동을 통해 자신의 신체 능력에 대해 자부심을 느끼게 하는 데 주안점을 둔다.

내용	활동의 예
감각 능력 기르고 활용하기	• 비의도적인 자연스러운 일상생활에서도 감각을 활용하는 기회를 제공한다. 예를 들어 "어! 어디서 고소한 냄새가 나네. 이게 무슨 냄새일까?", "이게 무슨 소리지? 가만히 들어 보자."
신체를 인식하고 움직이기	• 움직임이 표현된 이야기를 듣거나, 움직임이 표현된 그림 카드를 본 후 이야기나 그림에 있는 움직임을 구현해 보도록 한다. 이러한 과정에서 교사는 교사의 움직임을 따라 하기보다는 여러 가지 방법으로 다양하게 표현해 보도록 지도한다. 예를 들어 올챙이처럼 꼬리를 움직여 보게 하는 활동의 경우 "어떻게 올챙이처럼 움직일 수 있을까?", "어떻게 하면 친구와 다르게 움직일 수 있을까?"와 같은 질문을 하여 새로운 활동 방법을 상상할 수 있도록 유도한다.

② 신체 조절과 기본 운동하기

가. 신체 조절하기

'신체 조절하기'는 정지 또는 이동 시 무게, 움직이는 속도, 힘, 연속성 등을 고려한 몸의 조정 및 균형 유지 능력을 키우는 것으로 이를 통해 유아는 바른 자세, 여러 가지 운동 기능 발달에 필요한 지식과 기술, 태도를 기를 수 있다. 유아가 신체를 조절하고 신체 각 부분을 움직이는 기술을 발달시키고 균형감을 기르도록 하는 내용으로 구성해야 한다. 이를 위해 다양한 움직임을 통해 신체를 조절하고 균형을 유지하며 신체 각 부분의 움직임과 협응력을 증진하는 데 초점을 두며, 제자리에서의 몸 움직임과 다양한 이동운동을 하여 표현력과 창의적인 동작을 만들기 위한 기초 능력을 배양하는 데 주안점을 둔다.

내용	활동의 예
신체 조절하기	• 빠르게 · 느리게, 높게 · 낮게, 크게 · 작게, 강하게 · 부드럽게 등과 같은 다양한 조건을 제시하면서 유아들이 여러 움직임을 경험하고 시도할 수 있게 한다. 예를 들어, "음악이 느려졌네. 이번에는 음악 소리를 잘 듣고 음악에 맞추어 걸어 볼까?", "사자 모습을 만들어서 무겁고 빠르게 달려 보자" 등을 통해 다양한 이동동작을 경험하고 창의적인 표현에 적용하도록 할 수 있다.

나. 기본 운동하기

유아기에는 몸을 한 곳에서 다른 곳으로 이동하면서 움직이는 달리기, 미끄러지기, 점프하기 등의 운동과 제자리에서 몸을 축으로 하여 장소를 옮기지 않고 움직여 보는 구부리기, 뻗기, 구르기, 흔들기 등의 운동에 활발하게 참여하면서 운동 능력의 토대를 갖추게 된다. 연령별, 개인별로 신체 발달과 성장에 따라 기본 운동 능력의 토대가 다르므로 각자의 신체 발달 특성을 고려하여 여러 가지 이동운동과 제자리에서의 움직임 활동을 경험해 보도록 하는 데 중점을 둔다.

내용	활동의 예
이동운동하기	• 빠르게, 느리게 걸어 보기, 앞으로 뒤로 미끄러지기, 옆으로 걷기, 방향 바꾸어 뛰기, 연속적으로 깡총 뛰기, 달려와 멀리뛰기 등 이동동작과 움직임의 개념을 결합하여 다양한 동작을 해 본다. • 혀를 내밀고 개구리를 잡아먹는 모습, 빠르게 느리게 기어 다니는 모습, 여러 가지 모양을 삼킨 모습, 이리저리로 기어 다니는 모습 등 여러 가지 뱀의 모습을 흉내 내어 표현해 본다.
제자리에서 몸을 움직여 보는 활동하기	• 교사의 언어적 지시나 그림, 신체표현 등 다양한 제시 조건에 따라 동작을 따라 하거나 모방해 본다. • 팔과 다리 몸통을 이용하여 제자리에서 움식이는 동작을 결합한다. "몸을 구부렸다 펴기", "팔을 흔들고 돌리기, 다시 반대로 흔들고 돌리기", "몸을 꼬았다 펴기", "몸 전체를 흔들어 보기, 몸을 돌려 보기", "바나나 껍질을 벗겨 보자.", "바나나 껍질이 벗겨지는 것처럼 미끄러져 보자.", "벗겨진 바나나처럼 바닥에 누워 손을 위로 뻗어 보자.", "팔을 머리 위로 높이 뻗어 보세요.", "몸을 공처럼 작게 만들어 보세요." 등의 활동을 해 본다. • 언어적 지시, 그림이나 신체표현 등의 지시와 아울러 적절한 음악을 같이 사용한다. 유치원의 생활주제를 활용하여 동작 내용을 제시한다. 활동에 적합한 음악을 준비한 다음, 준비된 음악을 들려주면서 활동을 지시한다.

③ 신체 활동에 참여하기

유아는 개인 또는 집단으로 하는 다양한 신체 활동에 참여하면서 신체운동을 즐기는 습관을 갖게 된다. '자발적으로 신체 활동에 참여하기' 는 유아가 신체 활동에 자발적으로 참여하여 이를 즐김으로써 기쁨과 만족감을 느끼고 자신의 신체운동 능력에 자신감을 느끼도록 하는 데 중점을 둔다. 유아의 신체 운동 능력은 연령별, 개인별 차이가 있을 뿐만 아니라 유아 스스로도 운동의 종류에 따라 흥미나 능력에 차이를 보이므로 발달적 특성에 적합한 신체 활동을 경험하도록 지원한다. 이를 위해서 첫째, 즐거운 신체 활동을 제공함으로써 지속적으로 신체 활동에 참여할 수 있도록 하는 데 초점을 둔다. 둘째, 다양한 능력을 가진 친구와 함께 신체 활동을 하면서 운동 능력에 차이가 있음을 알고 다양한 방법으로 활동할 수 있다는 것을 이해하도록 한다. 셋째, 바깥에서 자유롭게 움직임으로써 심신을 건강하게 하고 대근육 발달을 돕는 데 주안점을 둔다. 마지막으로, 기구를 이용한 신체 활동을 하면서, 기구를 탐색하고 활용하여 신체 협응력을 발달시키는 데 중점을 둔다.

내용	활동의 예
자발적으로 신체 활동에 참여하기	• 주변에서 흔히 볼 수 있는 것에 대하여 관찰하고 실제 그 물건들에 대하여 표현해 본다. 예를 들어 농구공을 튀겨 보고 농구공이 튀는 것처럼 몸을 튀어 보거나, 개구리나 토끼의 뛰는 모습을 관찰한 다음 흉내 내어 동작을 해 본다. • '고양이와 쥐', '우리 집에 왜 왔니', '무궁화 꽃이 피었습니다'와 같은 집단 게임을 통해 즐겁게 활동에 참여하도록 하는 동시에, '운동장에서 멀리뛰기하기'나 '고무줄로 모양 만들기'와 같이 혼자서도 할 수 있는 신체놀이를 제공한다.
바깥에서 신체 활동하기	• 가능한 한 매일 규칙적으로 실시하며(1일 60분 이상 대근육 활동을 포함한 바깥놀이 시간을 확보), 계절의 특징을 고려해서 여름에는 한낮을 피하는 등 시간을 조정하여 바깥놀이 시간을 제공한다.
기구를 이용하여 신체 활동하기	• 리본, 공, 훌라후프, 자전거, 평균대, 뜀틀, 유니바 등의 다양한 기구를 활용하여 신체 활동을 함으로써 대근육운동 능력을 기르고, 기구를 이용하는 방법을 습득하도록 한다. • 기구를 사용하기 전에 탐색하는 경험을 통하여 기구의 무게, 질감, 색 등을 느껴 보고 탐색해 보도록 한다. • 유아의 발달에 적합한 기구를 사용하고, 난이도를 조절하여 안전에 유의한다.

(2) 예술경험 영역의 내용

예술경험 영역의 '아름다움 찾아보기', '예술적 표현하기', '예술 감상하기'의 세 가지 내용 범주는 아름다움과 예술이라는 큰 체제 속에서 통합적인 경험이 될 수 있도록 해야 한다. 이 세 가지 범주는 구분되기보다는 서로 밀접하게 연관되어 있어, 서로 연계되고 순환되면서 유아의 예술 경험을 새롭게 재구성한다는 특징이 있다. 따라서 인위적인 구분에 따라 별개의 독립된 활동으로 다루기보다 수시로 일상생활 속에서 다양한 예술 매체와의 친숙한 경험을 통해 아름다움을 찾고 표현하며 감상하는 활동이 순환되고 통합되도록 하는 것이 중요하다. 예술경험 영역의 내용 중 동작교육과 관련 있는 부분은 '움직임과 춤 요소 탐색하기', '움직임과 춤으로 표현하기', '다양한 춤 감상하기' 와 '우리나라의 전통예술 감상하기' 이다.

① 움직임과 춤 요소 탐색하기

'움직임과 춤 요소 탐색하기' 는 유아가 자신이나 다른 사람의 몸의 움직임 혹은 자연과 주변 사물의 여러 움직임에 주의를 기울이고 반응하면서 움직임과 춤의 아름다움을 느끼고, 움직임과 춤 요소들의 특징을 자연스럽게 발견하며 탐색하는 능력을 기르기 위한 내용이다. 유아의 다양한 움직임과 춤 요소 탐색 능력은 유아가 움직임과 춤의 아름다움을 느끼고 즐기며, 아름다움을 움직임과 춤으로 표현하고 감상할 수 있는 능력을 기르는 데 기초가 된다.

내용	활동의 예
움직임과 춤 요소 탐색하기	• 교사는 유아가 주변의 다양한 움직임과 춤에 관심을 갖고 그 아름다움을 인식할 수 있도록, 교사 자신이 일상적인 자연의 변화에 민감해야 하며, 유아와 이를 소재로 한 대화를 즐길 수 있어야 한다. 이때 움직임의 요소인 모양, 힘, 세기, 빠르기 등의 요소에 따라 각 움직임이 어떻게 같고 다른지를 인식할 수 있도록 도와준다.

② 움직임과 춤으로 표현하기

'움직임과 춤으로 표현하기' 는 유아가 움직임에 영향을 주는 모양, 힘, 빠르기, 흐름 등과 같은 요소에 대해 인식하고 이를 적절히 조합하고 응용함으로써 자신의 생각과 느낌을 더욱 아름답고 창의적인 움직임이나 춤으로 표현해 보는 내용이다. 이러한 움직임과 춤 활동은 유아에게 풍부한 상상의 기회를 제공하여 새로운 동작의 가능성을 발견하도록 하며, 자유로운 표현을 통해 자기표현 욕구를 충족시킬 수 있도록 하는 점에서 가치가 있다.

내용	활동의 예
움직임과 춤 요소 표현하기	• 만 3–4세는 생활 주변의 동물, 식물, 탈것 등 자신이 경험한 친숙한 것을 신체를 이용하여 자유롭게 움직여 보도록 한다. 만 5세는 더욱 세밀한 탐색 과정을 통해 발견한 다양한 동작과 움직임의 요소를 여러 가지 방법으로 조합해 봄으로써 초기의 사실적인 표현에서 상상력을 활용하여 새롭고 다양한 움직임으로 표현하도록 한다. 예를 들어 "토끼를 본 적이 있니? 토끼처럼 움직여 보자.", "5명이 함께 큰 구름을 만들려면 어떻게 해야 할까?" • 여러 가지 도구를 사용하여 다양하고 창의적인 움직임으로 표현해 보도록 한다. 만 3–4세는 도구와 친밀감을 갖도록 도구를 직접 탐색하고 다루어 보는 기회를 제공한다. 만 5세는 더욱 복잡한 제시 조건에 따라 도구를 다양한 방법으로 움직여 보게 하여 속도, 방향, 높이, 모양 등에 자연스럽게 변화를 주며 표현하도록 한다. 예를 들어 "스카프를 흔들어 보자. 위로 높이 던졌다 떨어뜨려 보자. 8자 모양을 만들어 보자.", "후프 속에 들어가 비눗방울이 되어 공중을 둥둥 날아다녀 보자."

③ 다양한 춤 감상하기

'다양한 춤 감상하기'는 유아가 다양한 예술 영역, 즉 음악, 춤, 미술 작품, 극놀이 중 하나인 춤을 보고 즐기는 활동을 통하여 아름다움을 느끼고 각자의 표현을 존중하며 예술 감상에 지속적인 관심과 흥미를 갖도록 하기 위한 내용이다. 또한 '전통예술 감상하기'는 과거로부터 현재까지 전해져 내려오는 우리나라 고유의 전통예술에 관심을 갖고, 이와 친숙해질 수 있도록 하기 위한 내용이다. 유아기는 우리 전통예술에 관심을 갖고 받아들이며 친숙해지기 위한 중요한 시기이므로, 전통예술을 접할 수 있는 다양한 기회를 충분히 제공해 주어야 한다. 이를 위해 전통 춤을 자연스럽게 경험해 볼 수 있는 기회를 제공하는 것이 필요하다.

내용	활동의 예
다양한 춤 감상하기	• 일상적으로 움직임과 춤을 자유롭게 만들고 즐겨 보는 과정에서 교사나 또래 간에 서로의 표현을 감상하는 경험을 하도록 한다. • 우리나라와 다른 나라의 춤 등 움직임과 춤에 관한 더욱 다양한 자료를 준비하여 제공하면 유아들은 단순히 춤을 감상하는 것에서 그치지 않고, 다른 문화권의 문화적 특성을 이해하고 경험하게 된다.

내용	활동의 예
다양한 춤 감상하기	• 예술 작품을 직접 가서 보고, 느끼는 경험을 할 수 없을 경우에는 파워포인트나 책자, 동영상, 오디오 등 작품의 특성을 잘 살리면서도 질 높은 감상이 가능한 매체를 선택하여 감상할 수 있는 기회를 제공하고 이야기를 나눈 후 유아가 스스로 춤을 추어 보도록 한다. "('백조의 호수' 발레 공연 영상을 감상한 후) 내가 백조라면 어떻게 춤을 추었을까? 음악에 맞춰 몸을 움직여 보자."
전통예술 감상하기	• 계절이나 주제에 따라 지역사회에서 이루어지고 있는 공연을 관람할 수 있는 기회를 제공한다.

2) 유아 동작교육의 내용

(1) 기본 동작

기본 동작은 일상생활에서 매일 또는 자주 실행하는 움직임들로서 노력하지 않아도 저절로 익혀지는 것으로 생각하기 쉬우나, 상황에 적합하게 효율적으로 움직이고, 또 다른 사람의 움직임을 더욱 정확하게 이해하기 위해서는 여러 가지 기본 동작에 대한 지식과 다양한 경험이 필요하다.

2세 말경이 되면, 영아기 동안 발달시킨 초보적인 동작 능력(rudimentary movement abilities)을 완성하게 된다. 이러한 동작 능력은 각각의 유아가 발달시키고 정제시킬 초기 아동기의 기본 동작 능력(fundamental movement abilities)과 후기 아동기 및 청소년기의 특별한 동작 기술의 기초가 된다. 유아들은 계속해서 움직이면서(이동 동작, locomotor movement) 자신들의 동작 가능성을 탐색하고, 중력에 반하여 자신들의 근육 조직을 통제할 수 있게 된다(안정성 혹은 비이동 동작, stability or nonlocomotor movement). 뿐만 아니라 미숙하고 비효율적으로 물건에 손을 뻗치거나, 물건을 잡거나, 물건을 놓는 것 등에 만족하지 않고 주변에 놓여 있는 물체를 조절하는 능력을 빠르게 발달시켜 나간다(조작적 동작, manipulation). 즉, 유아들은 기본 동작을 발달시키고 정제시키는 과정에 참여하게 되는 것이다. 이는 신체에 대한 지식과 동작에 대한 신체의 잠재력을 증진시키도록 고안된 통합적이고 발달적으로 적합한 경험에 참여하여야 한다는 것을 의미하는 것이다.

동작 유형의 발달은 제한된 수의 상황에서 높은 정도의 기술을 발달시키는 것이 아니라 다양한 동작 상황에서 능숙하며 효율적인 신체 기술을 적절히 발달시키는 것을 의미하는 것이다. 기본적인 달리기, 점프하기, 뛰어넘기 등의 이동 동작이나 던지기, 잡기, 차기 등의 조작적인 동작은 우선 개개의 동작이 분리되어 수행된 후 점차 다양한 방법으로 조합되고 발달시켜 스포츠 및 표현 활동에 필요한 기술로 적용되도록 하여야 한다. 이러한 과정에서 기본 동작 능력의 발달은 유아의 동작 활동에 기초적인 것이므로 다양한 동작 경험을 계획하여, 지속적으로 제공하여야 한다.

(2) 동작의 기본 요소

동작교육에 있어 예술적 요소, 즉 동작의 기본 요소는 Laban(1948)이 인간의 움직임을 분석하였던 네 가지 기준으로 설명된다(표 1-4). 네 가지 기준은 인간이 움직이는 데 필요한 '신체', 몸을 움직이려는 '노력', 몸이 움직이는 '공간' 그리고 몸이 움직이면서 이루는 '관계' 이다. North(1973)는 동작을 언어와 비교하여 글, 시 혹은 노래와 마찬가지로 동작에도 구(phrase)나 문장(sentence)이 있으며, 어휘 · 문장 · 구가 연합하여 동작 활동이 일어난다고 설명하고 있다. Pica(2010) 역시 동작 활동을 문장 구조와 비유하면서 동작 기술은 동사(verbs)에, 동작 요소는 부사(adverbs)에 해당되며, 동작 요소는 공간(space), 형태(shape), 시간(time), 힘(force), 흐름(flow), 리듬(rhythm)으로 구성된다고 하였다.

이들의 주장은 유아가 각각의 개별 동작을 통합하여 하나의 이야기로 전개해 나가기 위해 동작교육에서 동작의 기본 요소가 고려되어야 함을 강조한 것이라 할 수 있다. 2007년 개정 유치원교육과정은 물론 3-5세 연령별 누리과정에서도 동작의 기본 요소를 강조하였다. 인간은 동작의 기초가 되는 요소들을 이용하여 움직이므로, 동작의 구성 요소인 기본 요소를 이해함을 통해 유아는 자신의 신체의 부분들을 이용하여 더 잘 움직일 수 있게 된다는 것이다. 특히 유아의 동작은 처음에는 단순하고 자연스러우며 비형식적인 것이 특징이나, 동작의 기초가 되는 기본 요소가 무엇인지를 경험하게 될수록 적절히 공간을 이용하여 자신의 생각이나 느낌을 표현하는 방법을 알게 되고 더욱 구조적인 동작도 발달하게 된다.

| 표 1-4 | 동작의 기본 요소

신체 인식	신체 인식(body awareness)이란 '무엇이 움직이는가?'를 의미하는 것으로, 신체 부분들의 명칭과 위치를 알 수 있는 능력과 여러 가지 다른 방법, 즉 신체 각 부분들을 독립적으로 움직이거나(신체 부분들의 움직임) 혹은 전신을 움직일 수 있는 능력(전신의 움직임과 신체 모양)을 말한다. 신체 탐색을 위한 활동에는 신체의 각 부분에 대한 강조, 특정한 신체 부분을 사용해서 동작하기, 대칭 모양과 비대칭 모양 만들기, 접촉하는 신체의 부분 알기, 제스처·스텝·이동하기·도약하기·돌기·정지하기 등이 포함된다.
공간 인식	동작에 있어서 공간(space)의 의미는 '어디로 움직일 수 있는가?'를 이해하는 것을 뜻한다. 공간 인식(space awareness)이 발달한 사람은 다른 사람들과 충돌하지 않으면서 공간 속에서 움직일 수 있고, 움직이면서 신속히 높이를 변화시킬 수 있으며, 자기의 짝과 함께 움직이거나 혹은 물체를 가지고 더욱 복잡해지는 여러 공간 관계에서 잘 움직일 수 있을 뿐 아니라, 신체 부분의 공간 관계를 섬세히 변화시킬 수 있게 된다. 공간은 개인 공간(personal space or self space)과 일반 공간(general space or shared space)이라는 두 개의 영역으로 구성된다. 개인 공간이란 유아의 신체와 아주 가까이 있는 영역을 말한다. 일반 공간이란 신체가 도달할 수 없는 주변 영역을 뜻하며 이동하면서 집단이 함께 사용하는 공간을 말한다. 공간에는 크기, 높낮이(수준), 방향, 경로 등이 포함된다.
노력	노력(effort)은 공간(space), 시간(time), 힘(force), 흐름(flow)을 통해 동작이 어떻게 확장되는지를 설명하는 4개의 요소로 구성된다. 노력의 4요소는 모든 동작에 존재하는 것으로 무겁고(강하고) 가벼운(약하고) 것[무게 혹은 힘], 빠르고 느린 것[시간], 직접적 공간과 간접적 공간[공간], 탄력 있는 동작과 유연한 동작[흐름]으로 세분화할 수 있다.
관계	동작에 있어서 관계(relationship)란 신체 어느 한 부분과 다른 부분과의 관계, 사람과 사람의 관계, 신체 어느 부분과 물체와의 관계를 의미하는 것이다(Hoffman et al., 1981). 관계는 다른 유아들과 하나의 공간을 사용하는 것을 알게 할 뿐만 아니라, 유아들에게 다른 유아들과 함께 하나의 공간을 공유하고, 유도하며, 따라 해볼 수 있는 기회를 준다. 따라서 혼자서, 둘이서(짝과 함께), 셋이서, 소그룹으로 그리고 대그룹으로 움직여 볼 수 있는 기회를 어린이들에게 부여하는 일이 필요하다. 또한 물체와 신체 부분 간의 관계는 공간 속에서 물체를 조정하는 능력을 의미하는 것으로 공을 던지기, 잡기, 치기 같은 활동을 통해 공을 다루는 방법을 익히는 것이다. 이러한 활동을 통해 물체와의 관계에서 나타나는 '가까이-멀리, 앞-뒤, 위-아래, 나란히-비스듬히, 안에-밖에'와 같은 개념도 익힐 수 있게 된다.

친구들과 함께 파라슈트를 이용하여 공을 움직여 보는 활동을 해 봄으로써 유아들은 물체와의 관계, 다른 사람과의 관계에 대해 이해하게 된다.

(3) 모방 동작

신체로 다양하게 사물의 형태와 움직임을 표현하기 위해서는 사물의 여러 형태와 움직임을 관심 있게 볼 수 있는 분위기와 기회가 먼저 주어져야 한다. 유아들은 자신의 신체에 대한 인식과 더불어 자연과 주위 환경에서 볼 수 있는 움직임을 탐색한 것을 기초로 자신의 신체를 이용하여 주변의 여러 가지 모양과 움직임을 따라 해볼 수 있다. 모방 동작은 친구들의 움직임, 선생님의 움직임은 물론 주변 환경에서 발견되는 여러 가지 움직임을 모방하는 것으로 확대될 수 있다. 교사는 "ㅇㅇ이가 움직이는 것처럼 양팔을 옆으로 쫙 편 채 위아래로 천천히 움직여 보자", "선생님은 달팽이의 움직임을 이렇게 배를 바닥에 대고 천천히 앞으로 기어가는 것처럼 해볼 거야. 너희들도 한 번 해 보자", "나뭇잎이 바람에 어떻게 흔들리는지 보자. 우리 머리로 나뭇잎이 흔들리는 모습을 흉내 내 보자" 등과 같은 상호작용을 함으로써 유아들이 다양한 방식으로 움직이는 방법을 따라 해 보고, 그러한 경험을 바탕으로 창의적인 신체표현이 이루어질 수 있도록 도와주어야 할 것이다. 또한 말뛰기와 같은 기본 동작을 유아들이 다양한 방법으로 탐색한 후 스스로 발견해 보도록 할 수 있지만, 경우에 따라서 교사와 유아가 다 같이 손을 잡고, 교사의 움직임을 모방해 보도록 함으로써 좀 더 짧은 시간에 말뛰기를 학습할 수 있도록 도와 줄 수 있다. 교사는 동작 활동을 하는 과정에서 가만히 자리에 앉아 언어적인 기술만을 해줄 것이 아니라, 함께 움직이며 움직임의 모델이 되어 주어야 한다.

교사는 동작 활동의 과정에서
유아의 흥미를 이끌어 내는 역할을 하여야 한다.

교사는 함께 움직이며
움직임의 모델이 되어 주어야 한다.

(4) 창의적 신체표현

창의적 신체표현 활동은 유아에게 생각과 상상을 할 수 있는 다양한 기회를 제공해 주며, 자신의 생각과 느낌을 자유롭게 표현할 수 있는 기회를 제공하는 교육 활동이라 할 수 있다. 그러므로 창의적 신체표현 활동을 실시할 때 교사는 유아가 자기표현을 할 수 있도록 허용해 주고, 다양한 방법을 모색해 볼 수 있도록 안내해 주며, 유아의 시도와 도전을 격려해 주어야 한다. 즉, 유아가 창의적으로 움직일 수 있도록 유아의 상상력을 자극하는 이야기나 사건 등 다양한 소재를 활용하고, 창의적으로 움직일 수 있도록 적절한 질문을 해서 생각한 것을 신체로 어떻게 표현할 수 있을지 깨닫도록 도와주어야 한다.

이러한 과정에서 교사는 교육적 개념을 능동적인 학습 과정을 통해 이해하고 내면화하는 방법인 인식-탐색-탐구-적용의 4단계 학습 주기에 따라 신체표현 활동을 실시할 수 있다[그림 1-1]. 이에 따르면 인식의 단계에서 유아들에게 그림책이나 유아들의 상상을 촉진시킬 수 있는 여러 가지 자료를 제공하고, 탐색의 단계에서는 제시된 자료에 포함되어 있는 개념을 유아 스스로 발견해 볼 수 있는 능동적 탐색의 과정을 도대로 동작 요소를 적용할 수 있는 방법을 모색해 본 후(탐구 단계), 신체를 이용하여 자신이 발견하고 구안한 표현을 적극적으로 실행(적용 단계)해 볼 수 있을 것이다(문선영, 김은심, 2013).

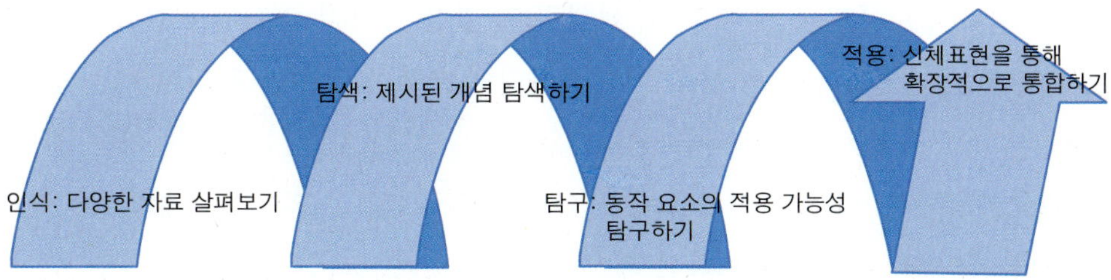

| 그림 1-1 | 학습 주기에 따른 신체표현 활동의 교수·학습 방법 구성

3 유아 동작 교수 · 학습 방법

창의적인 신체표현 활동에서, 교사는 유아들의 생각을 수업에 포함시킬 수 있는 다양한 상황을 고안하여 제시한다. 이러한 상황은 정답이나 오답이 없는 것이므로, 유아들은 자기 나름대로 독특한 방법을 사용하여 주어진 문제나 상황에 반응하게 된다. 유아의 창의적 표현을 요하는 동작 활동 내용은 대부분 유아들이 '~처럼 해 보기'와 같은 가장 행동(pretending behavior)이 일어나도록 하는 극적인 접근(dramatic approach)으로 이루어질 수 있다. 이때 유아들의 흥미와 상상력을 자극하기 위하여 음악과 동작 활동을 통합하여 진행하거나 혹은 문학작품 특히 유아들이 흥미 있어 하는 그림책과 동작 활동을 통합하여 진행할 수 있다.

1) 음악과 동작 활동의 통합

유아들이 음악에 초점을 두고 창의적 표현을 하는 신체 활동이다. 이는 다시 리듬(박동, 장단, 악센트, 박자, 리듬 패턴), 가락(고저, 음 흐름), 음색(음악적 소리/비음악적 소리, 음성의 유형, 악기의 유형), 형식(반복, 변형, 대조), 조직(단성, 화성, 다성), 표현적 질(빠르기, 셈여림)과 같은 음악적 요소에 초점을 맞추어 움직여 보는 방법과 음악의 분위기나 줄거리에 초점을 맞추어 움직여 보는 방법으로 나누어 볼 수 있다. 음악을 중심으로 하는 신체표현 활동도 처음에는 간단한 리듬에 맞추어 유아 자신의 느낌을 단순하게 표현하는 활동을 경험하도록 하고, 차츰 음악의 요소들이 조화된 더 긴 음악을 들려주고 그에 따라 다양한 상상을 신체로 표현해 보도록 한다.

음악과 동작 활동 통합의 예

* 애니매이션 인어공주 중 'Under the sea'를 감상한 후 협동화를 그리고, 줄거리를 생각하며 신체로 움직이는 모습

음악을 들으면서 유아들이 함께 바다 속 장면을 그리고 있어요.

유아들이 그린 그림을 보며 이야기를 나누고 있어요.

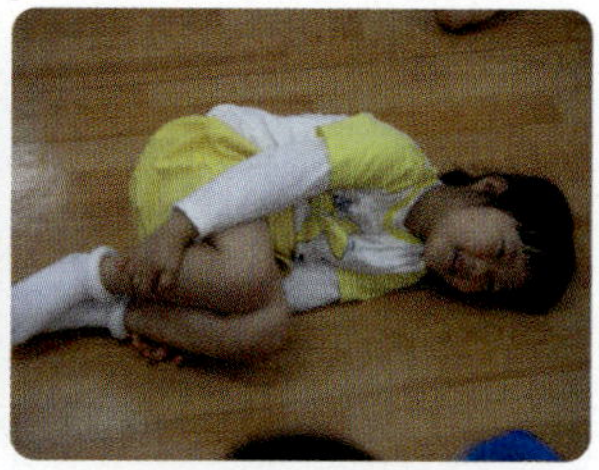

입을 벌렸다 오므렸다 하는 조개가 되었어요.

2) 문학과 동작 활동의 통합

유아들이 짧은 이야기나 동시 등을 듣고 상상하여 동작으로 표현하는 활동이다. 문학작품이나 이야기를 중심으로 하는 창의적 동작 활동의 경우에 활동의 소재는 사람, 사물, 동물, 자연현상 등 매우 다양하다. 동작 활동에 사용되는 문학작품이나 이야기는 유아가 이해할 수 있는 내용이어야 하며, 초기에는 단순한 행동이나 상황을 표현하는 활동들을 경험하도록 하고, 익숙해지면 더 긴 내용의 이야기를 중심으로 창의적 표현을 하도록 이끌어야 한다. 예를 들어 존 버닝햄의 『구름 나라』라는 그림책을 함께 읽고, 구름이라고 하는 소재를 선택하여, 혼자서 혹은 친구와 함께 다양한 구름의 모양을 신체로 표현해 보거나, 점점 커지거나 작아지는 구름의 모습을 표현해 볼 수 있을 것이다. 혹은 『먹물 통에 빠진 쐐기벌레』 그림책을 보고, 쐐기벌레가 물감 통에 빠져 물감이 듬뿍 묻은 채 여기저기로 움직이며 다양한 경로를 만들다가 비가 와서 물감이 다 지워져 기뻐하는 전체 이야기의 내용을 그대로 신체로 표현해 볼 수도 있을 것이다.

그림책과 동작 활동을 통합하는 방법은 그림책의 줄거리를 활용하는 방법, 그

림책의 주인공이나 등장물을 활용하는 방법, 그림책의 동작적 상황을 활용하는 방법, 그림책의 분위기나 느낌을 활용하는 방법 및 그림책을 개작하는 방법 등이 있다.

문학과 동작 활동 통합의 예

✲ 그림책의 동작적 상황을 활용하여 신체표현한 예

『낙엽이 춤을 춰요』 동화를 듣고 있어요

손을 이용하여 낙엽을 만들어 보았어요.

우리는 멋진 낙엽들이죠.

4 유아 동작교육의 평가

활동이 끝난 후에 교사는 평가 기록하는 역할을 해야 한다. 평가란 단순히 기억한 사실을 재생할 수 있는 능력을 평가하는 것이 아니라, 이해한 정도의 깊이, 배웠던 것을 적용할 수 있는 능력과 궁극적인 성숙을 살펴보는 것을 의미한다. 이러한 평가는 학습 목표가 얼마나 잘 이루어지고 있는가를 점검하는 지속적인 과정으로서 동작 활동을 계획하고 전개해 나가는 일련의 과정만큼이나 중요하다 (그림 1-2).

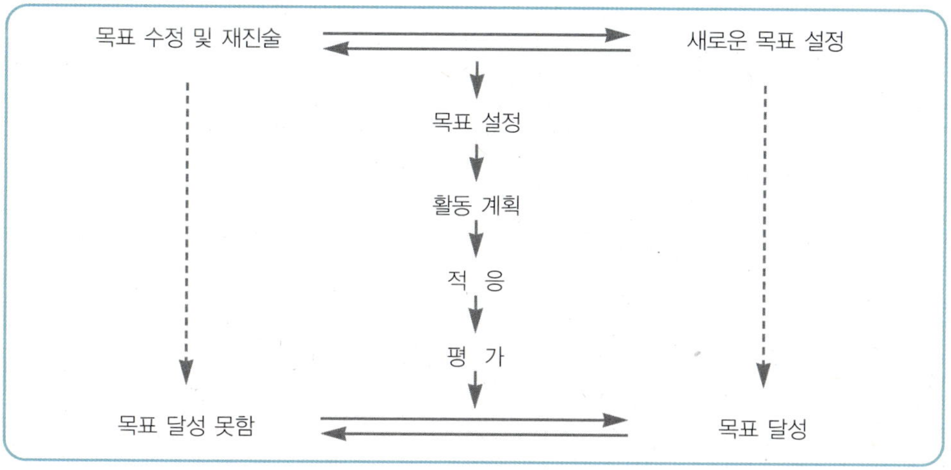

| 그림 1-2 | **동작 활동의 이행 순서**

배인자와 한규령(1996)은 동작 활동에 대한 평가는 두 가지 측면에서 작성될 수 있다고 하였다. 하나는 동작 활동 계획에 따라 교육 활동이 실행되었는지를 평가 기록하는 것이며, 다른 하나는 유아 개개인에 대한 관찰 평가 기록이다. 우선 동작 활동 실행에 대한 평가 기록은 활동 계획에서 설정하였던 목표를 성취하였는가에 대한 평가 기록, 활동 전개 과정에서 계획과 다르게 진행된 점의 평가 기록, 그리고 동작 활동에 사용된 소도구나 자료가 유용하게 활용되었는지를 평가 기록하는 것으로 세분화할 수 있다. 두 번째로 유아 개인에 대한 평가 기록은 동작 활동 전개 시 유아의 동작 표현을 관찰하여 평가 기록하는 것과 유아의 인지, 사회, 정서, 신체, 언어 발달 영역, 즉 전체적인 발달 과정을 관찰하여 평가 기록하는 것을 말한다. 특히 동작교육은 유아의 전인적 발달을 돕는 것에 목적을 두므로, 교사는 신체적 능력만을 관찰하는 것이 아니라 개념이나 창의적 사고 등 언어·인지 발달 외에도 여러 친구들과 함께 활동하며 나타내는 사회성 발달 측면, 자아 성취와 자아 확신 등을 나타내는 정서 발달 측면을 관찰하여 기록하여야 한다.

평가는 다음 교육 계획을 구성할 때 중요한 역할을 한다. 그러나 우리나라의 경우 동작 활동이 대부분 대그룹 활동으로 진행되므로 교사가 평가·기록하는 데 어려움이 있을 수 있다. 그러므로 교사가 관찰할 수 있는 소수의 인원을 계획하여 하루에 몇 명씩만이라도 간단한 관찰 기록을 하여야 한다. 또한 보조 교사나 교육 실습생을 적극 활용하고, 이를 위해 체크리스트를 작성해 두는 것도 도움이 될 것이다.

| 표 1-5 | 기본 동작 기술(전신) 체크리스트의 예

학급 ______________ 관찰자 ______________ 관찰 연월일 ______________

각 항목에 대해 (I·E·M·S)로 표시할 것 I=초기 단계 E=중기 단계 M=성숙 단계 S=응용 단계	안정적·비이동 기술								이동 기술										조작적 기술							
이름	정적인 균형	역동적 균형	구르기	살짝 피하기	착지하기	도약하기	무게중심 이동하기	중축적인 움직임	달리기	멀리뛰기	높이뛰기	높은 곳에서 뛰어내리기	홉핑	스킵	미끄러지기	말뛰기	건너뛰기	기어오르기	던지기	잡기	차기	땅에 떨어지기 전에 잡기	연속적으로 치기	되받아 치기	치기	공 굴리기

| 표 1-6 | 기본 동작 기술(신체 부분별) 체크리스트의 예

학급 ______________ 관찰자 ______________ 관찰 연월일 ______________

각 항목에 대해 (I·E·M·S)로 표시할 것 I=초기 단계 E=중기 단계 M=성숙 단계 S=응용 단계	달리기				점프하기				던지기				잡기			
이름	다리 동작	몸통 동작	팔 동작	전신의 움직임	다리 동작	몸통 동작	팔 동작	전신의 움직임	다리 동작	몸통 동작	팔 동작	전신의 움직임	다리 동작	몸통 동작	팔 동작	전신의 움직임

5 활동의 실제

활동 1 애벌레처럼 꿈틀꿈틀 (창의적 신체표현)

연령	활동 형태	영역
3세	대·소집단	신체

목 표	3세 누리과정 관련 요소
• 애벌레의 움직임을 다양하게 표현한다. • 애벌레의 움직임에 관심을 갖는다.	• 신체운동 · 건강: 신체 인식하기 – 신체를 인식하고 움직이기 • 예술경험: 예술적 표현하기 – 움직임과 춤으로 표현하기 • 자연탐구: 과학적 탐구하기 – 생명체와 자연환경 알아보기

창의·인성 관련
- 창의성: 동기적 요소 – 호기심·흥미
- 인성: 존중 – 생명과 환경에 대한 존중

활동 자료

'꿈틀아! 어디 가니?' 플래시 자료, 다양한 모습의 애벌레 사진 또는 움직임 동영상, 애벌레 옷(주머니 모양의 애벌레 옷)

다양한 모습의 애벌레

활동 방법

1. 애벌레의 움직임을 보며 이야기 나눈다.
   - 애벌레는 어떻게 움직였니?
2. 유아들과 애벌레 옷을 입고 애벌레처럼 움직여 본다.
   - 내가 애벌레라면 어떻게 움직일까?
   - 애벌레의 움직임을 몸으로 표현해 볼까?
   - 애벌레 옷을 입고 어떻게 움직일 수 있을까?
   - 애벌레처럼 움직여 볼까?
3. 음악에 맞춰 애벌레의 다양한 움직임을 표현해 본다.
   - 음악에 맞춰 애벌레처럼 움직여 볼까?
   - 기분이 좋은 애벌레는 어떻게 움직일까?
   - 친구를 만난 애벌레는 어떻게 움직일까? (비를 피하는 애벌레, 배고픈 애벌레, 먹이를 먹는 애벌레 등 다양한 상황의 애벌레의 모습을 표현해 본다.)

애벌레처럼 꿈틀꿈틀 활동 모습

활동의 유의점

1. 사전 활동으로 플래시 동화 '꿈틀아! 어디 가니?'를 감상한다.
2. 애벌레의 움직임을 충분히 탐색한 후 활동한다.
3. 처음에는 손을 자유롭게 사용하여 움직임을 표현해 보고, 능숙한 유아는 손을 애벌레 옷 속에 집어넣고 움직임을 표현해 본다.

4. 유아들이 애벌레의 움직임을 다양하게 표현해 볼 수 있도록 격려한다.
   - 비를 피하는 애벌레, 배고픈 애벌레, 먹이를 먹는 애벌레 등 다양한 상황의 애벌레의 모습을 그림이나 사진 자료로 제공한다.

활동 평가

1. 애벌레의 움직임을 다양하게 표현하는지 평가한다.
   - 애벌레 움직임의 특징을 알고 이를 신체로 표현하는가?
   - 여러 상황에서 애벌레의 움직임을 다양하게 표현하는가?
2. 애벌레의 움직임에 관심을 가지는지 평가한다.
   - 애벌레의 움직임에 관심을 가지고 살펴보는가?

확장 활동

1. 애벌레 구슬 꿰기 패턴 놀이를 한다.
2. 아이클레이를 이용해 애벌레 만들기 미술 활동을 한다.
3. 종이컵 애벌레 만들기 활동을 한다.
   ① 종이컵에 실이 들어갈 만한 크기로 구멍을 뚫는다.
   ② 구멍이 뚫린 곳에 종이컵을 하나씩 끼운다.
   ③ 적당한 간격으로 실이 끼워진 구멍을 테이프로 붙인다.
   ④ 맨 밑으로 통과된 실 끝에 구슬이나 추를 감아 무게중심을 잡아 완성한다.
   ⑤ 실을 위로 당겨 애벌레 놀이를 해 본다.

활동 2 등원 길 따라 리듬 맞춰 걷기 (기본 동작)

연령	활동 형태	영역
4세	대·소집단	신체

목 표	4세 누리과정 관련 요소
• 리듬에 맞춰 신체를 조절하며 다양한 동작으로 걸어 보는 경험을 한다. • 등원할 때의 걷는 모습을 이동 동작으로 적절히 표현한다.	• 신체운동·건강: 신체 조절과 기본 운동하기 – 신체 조절하기 • 신체운동·건강: 신체 조절과 기본 운동하기 – 기본 운동하기 • 신체운동·건강: 신체 활동에 참여하기 – 자발적으로 신체 활동에 참여하기

창의·인성 관련

- 창의성: 인지적 요소 – 사고의 확장
- 인성: 질서 – 기초 질서

활동 자료

리듬 막대, 길을 만들 여러 가지 블록(벽돌 블록, 기다란 유니트 블록, 우레탄 블록 등), 노영심의 '학교 가는 길' 음악 자료, CD 플레이어

활동 방법

1. 리듬 막대로 치는 여러 가지 리듬에 맞춰 발을 굴러 본다.
   – 리듬 막대 소리에 맞춰 발로 걸어 볼 수 있겠니?

여러 가지 리듬의 예

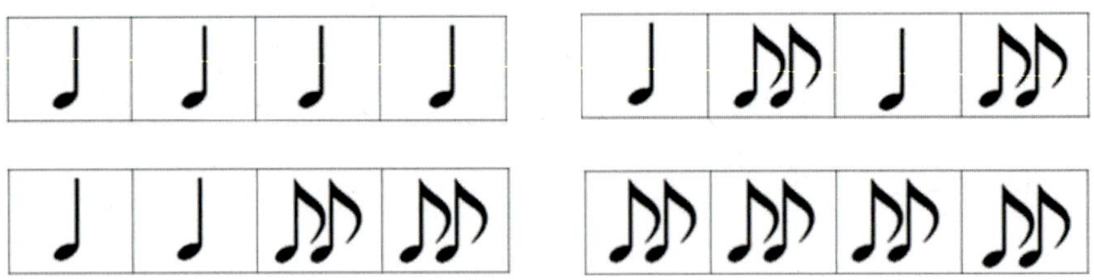

2. 교사의 시범에 따라 다양한 방법(홉핑, 스키핑, 갤로핑 등)으로 걸어 본다.
   - 이번에는 선생님을 따라 걸어 볼 수 있겠니?
   - 먼저 한 발씩 뛰는 것(호핑)처럼 걸어 보자.
   - 선생님처럼 걸음을 짧게 끊어서(스키핑) 걸어 볼까?
   - 이번에는 선생님과 말이 걷는 것(갤로핑)처럼 해 볼까?
3. 교사와 블록으로 구성한 길을 따라 다양한 방법으로 걸어 본다.
   - 선생님이 연주하는 리듬에 맞춰 블록 길을 걸어 보자.
   - 점점 더 빠르게 걸어 볼까?
   - 선생님을 따라 느리게 걸어 볼까?
   - 이번에는 한 발씩 뛰어(호핑) 보자.
   - 걸음을 짧게 끊어서(스키핑) 걸어 볼까?
4. 유아들이 원하는 길(구불구불한 길, 반듯한 길 등)을 자유롭게 구성해 본다.
   - 너희들은 어떤 길을 만들어 걸어 보고 싶니?
5. 유아들이 구성한 블록 길에서 교사와 함께 다양한 방법으로 길을 걸어 본다.
   - 우리가 함께 만든 길을 어떤 방법으로 걸어 보고 싶니?
6. '학교 가는 길' 음악을 들으며 다양한 방법으로 걸어 본다.
   - 이번에는 선생님이 들려주는 음악을 들으며 어떻게 걸어 보고 싶은지 생각해 보자.
   - 이 음악은 노영심 작곡가 선생님이 학교 가는 길의 느낌을 피아노로 표현한 곡이래.
   - 너희들은 이 음악을 들으며 어떤 방법으로 걸어 보고 싶니?
   - 우리가 만든 길을 따라서 음악에 맞춰 너희들이 걷고 싶은 방법을 선택해 걸어 보자.

활동의 유의점

1. 여러 가지 리듬에 맞춰 이동 동작을 충분히 시도해 볼 수 있도록 한다.

2. 여러 가지 이동 동작에 대한 시도를 격려하며 적극적으로 참여하도록 한다.
3. 장애 통합으로 활동을 할 경우, 이동이 불편한 장애 유아는 보장구를 활용하여 이동 동작을 표현해 보도록 한다.

활동 평가

1. 리듬에 맞춰 신체를 조절하여 다양한 동작으로 걸어 보는 경험을 하는지 평가한다.
2. 등원할 때의 걷는 모습을 이동 동작으로 적절히 표현하는지 평가한다.

확장 활동

1. 여러 가지 리듬 챈트를 활용하여 손뼉이나 악기로 리듬을 표현하는 활동을 해 본다.
2. 유아들이 다양한 방법으로 걷기를 해 보고 다른 유아들이 함께 해 보는 활동을 해 본다.
3. 노영심의 '학교 가는 길' 음악을 들으며 느낌을 신체로 표현해 본다.

활동 3 여러 가지 춤이 있어요 (감상하기)

연령	활동 형태	영역
5세	대·소집단	신체

목 표	5세 누리과정 관련 요소
• 세계 여러 나라의 춤에 대해 관심을 갖고 알아본다. • 세계 여러 나라의 다양한 춤을 존중하는 마음을 갖고 감상한다.	• 사회관계: 사회에 관심 갖기 – 세계와 여러 문화에 관심 가지기 • 예술경험: 예술 감상하기 – 다양한 예술 감상하기

초등학교 교육과정 관련

- 슬기로운 생활: 우리나라 – 이웃 나라와 알고 싶은 나라에 대해 조사하면서 우리의 주변국에 대해 관심을 갖는다.
- 즐거운 생활: 학교와 나 – 여러 가지 방법으로 몸을 표현하면서 자신의 신체를 느껴 본다.

활동 자료

'세계 여러 나라의 춤' 사진, '세계 여러 나라의 춤' 동영상

발레

탄누라

탱고

훌라춤

플라멩코

활동 방법

1. 한국의 부채춤 사진을 보고 이야기를 나눈다.
   - 어떤 모습이니?
   - 부채춤은 어느 나라에서 추는 춤일까?
   - 우리나라 사람들이 옛날부터 추었던 춤을 왜 요즘에도 배우고, 공연할까?
     (옛날 것이 소중해서, 예쁘니까 계속하고 싶어서 등)
   - 옛날부터 전해져 내려오는 춤은 우리나라에만 있을까?
   - 다른 나라에도 예전부터 소중하게 전해져 내려오는 아름다운 춤들이 있단다.
2. 세계 여러 나라의 춤 사진(발레, 탄누라, 탱고, 훌라춤, 플라멩코 등)을 보고 이야기를 나눈다.
   - 이런 춤을 본 적이 있니? 어떤 춤인 것 같니? 어느 나라의 춤일까?
   - 어떤 음악에 맞추어서 춤을 출 것 같니?
     (조용한 음악, 신나는 음악, 북을 치는 음악 등)
3. 세계 여러 나라의 춤 동영상을 시청한다.
   - 방금 보았던 춤은 ○○나라의 △△춤이야.
   - △△춤은 어떤 느낌이 드니?
   - 이 춤을 추려면 무엇이 필요할까?
   - 어떻게 움직이면서 춤을 추었니? 앉은 자리에서 같이 한 번 해 보자.
4. 세계 여러 나라의 춤을 본 소감에 대해 이야기 나눈다.
   - 제일 기억에 남는 춤은 어떤 춤이었니?
   - 너희들이 춤을 춘다면 어떤 춤을 추고 싶니?
   - 놀이 시간에 음률 영역에서 음악에 맞추어 춤을 춰 볼 수 있으니, 해 보고 싶은 사람은 해 보도록 하자.

활동의 유의점

1. 동영상을 교사가 미리 확인하고 유아와 함께 시청할 중요한 부분을 체크해

두어 관람하는 데 차질이 생기지 않도록 유의한다.

2. 유아들이 세계 여러 나라의 춤을 접하면서 각 나라마다 춤을 출 때의 의상과 음악, 방법 등이 모두 다르지만 각각의 춤은 그 민족에게 소중하게 전해져 내려오는 것임을 이해할 수 있도록 지도한다.

활동 평가

1. 세계 여러 나라의 춤에 관심을 갖고 다른 나라의 춤을 존중하는 마음을 갖는지 평가한다.
    - 세계 여러 나라의 춤에 대해 관심을 갖고 감상하는가?
    - 각 나라에서 전해져 내려오는 문화유산인 춤에 대해 소중히 여기는 마음을 갖는가?

확장 활동

1. 활동 시 사용했던 영상과 간단한 의상 및 소품 등을 음률 영역에 제시해 주어 유아들이 자유롭게 춤을 표현해 볼 수 있도록 한다.
2. 자유 선택 활동 시간에 유아들이 추고 싶은 춤을 선정하여 함께 소품도 만들고 연습하여 공연하는 놀이를 해볼 수 있다.

참고문헌

교육과학기술부(2008). 2007년 개정 유치원교육과정 해설. 서울: 교육과학기술부.

교육과학기술부(2012). 5세 누리과정 교사용 지침서. 서울: 교육과학기술부.

교육과학기술부, 보건복지부(2013a). 3-5세 연령별 누리과정 교사용 지침서. 서울: 교육과학기술부, 보건복지부.

교육과학기술부, 보건복지부(2013b). 3-5세 연령별 누리과정 해설서. 서울: 교육과학기술부, 보건복지부.

김은심(2004). 유아동작교육의 이론과 실제. 서울: 창지사.

문선영, 김은심(2013). 신체표현활동이 통합된 정보그림책읽기가 유아의 과학적 홍미도와 과학과정기술에 미치는 영향. 어린이문학교육연구, 14(2), 233-251.

배인자, 한규령(1996). 유아를 위한 동작교육의 이론과 실제. 서울: 양서원.

최의창(2002). 중등학교 체육 수업 개선을 위한 통합적 교과조직 및 지도방법 개발. 한국스포츠교육학회지, 9(1), 1~23.

한국유아교육학회(1996). 유아교육사전(용어편). 서울: 한국사전연구사.

Barret, K. (1977). *Physical education for children*. Philadelphia: Lea & Febiger.

Graham, G., Holt-Hale, S., & Parker, M. (1993). *Children moving* (3rd ed.). USA: Mayfield publishing company.

Hoffman, G., Young, J., & Klesius, S.(1981). *Meaningful movement for children*. London: Allyn & Bacon, Inc.

Laban, R. (1948). *Modern educational dance*. London: MacDonald & Evans.

North, M. (1973). *Movement education*. London: Ebenezer Baylis & Sons Ltd.

Pica, R. (2010). 출생부터 8세까지 유아를 위한 동작 · 음악교육(김은심 역). 서울: 정민사(원본발간일 2010년).

Seefeldt, C. (Ed.). (1976). Curriculum for the preschool-primary child: A review of the research. Ohio: Charles E. Merill Publishing Co.를 인용한 이영(1993). 유아를 위한 창의적 동작교육에서 재인용.

제 2 장

유아 언어교육

1 유아 언어교육의 목적 및 목표

2007년 개정 유치원 교육과정의 언어생활 영역과 표준보육과정의 의사소통 영역이 통합되어 누리과정의 의사소통 영역으로 일원화되었다. 일반적으로 언어와 의사소통은 유사한 개념으로 혼동하여 사용하는 경우가 많지만 그 의미는 구분이 가능하다. 언어(Language)는 의사를 전달하는 기호들의 체계로 사람들 간의 의사소통을 위해 사용할 수 있도록 사회적으로 합의된 부호를 말한다. 이는 임의적 성격을 지닌 소통을 위한 기호, 상징, 규칙을 갖는 체계를 의미한다. 반면, 의사소통(Communication)은 화자와 청자 사이의 정보 전달 과정에서 여러 가지 소통의 수단을 사용하여 나타나는 역동적 현상들을 의미한다. 유아들은 언어 이외에도 얼굴 표정이나 행동 및 목소리 등과 같은 여러 가지 소통의 수단을 사용함으로써 자신을 다양하게 표현하기도 한다. 소통의 수단은 글, 그림, 손짓, 표정, 목소리, 동작 등 다양하다. 따라서 의사소통은 화자의 의도를 잘 이해하기 위해 화자와 청자 간의 역동적 소통 과정을 이해할 필요가 있다. 의사소통의 과정에는 메시지의 부호화 전달하기와 부호 풀이하기와 같은 일련의 능동적 활동이 일어난다. 의사소통 영역은 언어의 기호체계를 더욱 광범위하게 연결하여 사용하는 가능성을 열어 주고, 의사소통의 의미를 해석하는 과정에 발생하는 소통의 수단을 다양하게 이해하고 해석할 필요성이 강조된다.

유아기는 언어 발달이 급속도로 이루어지는 시기이다. 만 3세가 되면 어휘가 약 1,000개 정도로 발달되다가 만 5세가 되면 2,200개 정도로 습득할 수 있게 되어 무려 2배 이상으로 급증한다. 만 3세가 되면 3-4개 낱말로 된 단문의 문장을 만들 수 있지만 만 5세가 되면 점차 복잡한 문장을 만들 수 있고 이해할 수 있게 된다(교육과학기술부, 보건복지부, 2013b). 유아기가 언어 발달의 결정적 시기라고 할 수 있는 것도 이와 같은 엄청난 언어 능력이 유아기에 발달되기 때문이다. 만 3세경이 되면 어순에 따라 문장을 이해할 수 있게 되고 만 4세경이면 언어 발달이 거의 완성되어 친구들과 편안한 의사소통이 가능해진다. 만 5세에서 만 8세경이 되면 언어 능력은 성인이 사용하는 수준으로까지 향상되어 타인과 무리 없이 의사소통하기에 이른다. 유아들은 끊임없이 질문을 하게 되고 문장은 더욱 복잡해지며 문법을 사용하는 능력이 생기게 된다. 만 5세경에는 성인의 언어와 거의 유사해지며, 만 5세 이후에는 새로운 언어 기술을 습득하기보다 문법적인 발달과 어휘력의 발달이 계속되면서 이미 습득한 언어 기술을 연마해 가는 성격을 띠게 된다(이연섭, 강문희, 1990; 최정미, 2009). 이처럼 유아기는 어휘력이 증가하고 구사하는 문장의 길이도 길어지며, 주어와 동사뿐만 아니라 부사와 형용사를 사용할 수 있게 된다. 두 단어를 결합하여 의사소통을 하는 두 단어 시기가 지나는 유아기부터 차츰 세 단어를 조합하여 사용하게 된다. 이에 따라 만 3-4세의 유아는 질문을 많이 하고, 간단한 명령을 하고, 친숙한 사물의 이름을 부를 수 있게 되고, 만 5-6세가 되면 6-8개의 단어로 된 문장을 구사하며 어휘 구사의 범위도 2,000-2,500개의 단어에 이르게 된다. 생애 초기에 유아들이 겪는 언어 경험은 후에 전 생애 동안 읽기, 쓰기의 성공을 위한 기초가 된다. 언어 경험의 누적적 효과가 어휘의 성장과 언어적 지적 능력에 결정적인 변인이 된다. 즉, 언어 발달은 학업의 결정적인 기술 중 하나인 것이다. 유아기에 언어 문제가 있는 아동은 나중 학업 성취력이 낮고, 정서적 행동 장애를 보일 확률이 높다(Baker & Cantwell, 1987). 유아기에 말과 언어 장애를 보인 유아들은 나중 의사소통 장애와 학습 지체아가 될 확률이 높다(Howlin & Rutter, 1987). 이와 같이 언어에 관련된 여러 연구들이 모두 일관성 있게 주장하는 것은 형식적 교육이 시작되기 전에 유아들의 언어 능력의 기초가 탄탄할 수 있도록 지도해야 이후 학교의 학업이 성공적이라는 것이다. 이 시기에 뒤처진 언어 능력은 일생을 두고 극복하기가 매우 어렵다고 한다.

3-5세 연령별 누리과정에서 제시하고 있는 의사소통 영역의 목표는 일상생활에 필요한 의사소통 능력과 바른 언어 사용 습관을 기르는 데 있다. 즉, 일상생활에서 말과 글의 의미 있는 경험을 통해서 자신의 느낌과 생각, 경험을 타인에게 표현하는 것을 즐기며, 타인이 말과 글로 전달하는 의미를 바르게 이해하는 능력과 태도를 기르는 데 중점을 두며, 구체적 목표는 다음과 같다.

| 표 2-1 | **의사소통 영역의 목표**

영역	목 표
의사소통	일상생활에 필요한 의사소통 능력과 바른 언어 사용 습관을 기른다. 1. 다른 사람의 말을 주의 깊게 듣는 태도와 이해하는 능력을 기른다. 2. 자신의 생각과 느낌을 말하는 능력을 기른다. 3. 글자와 책에 친숙해지는 경험을 통하여 글자 모양을 인식하고 읽기에 흥미를 가진다. 4. 말과 글의 관계를 알고 자신의 생각, 느낌, 경험을 글로 표현하는 데 관심을 가진다.

의사소통 영역은 바른 언어 사용 능력과 태도를 기르기를 강조하는데, 바르게 듣고 말하는 것은 인간관계 속에서 상대방을 존중하고 있다는 것을 보여 주는 것으로 이러한 태도는 곧 민주 시민으로서의 인성 등 기본 자질을 기르는 것이다. 따라서 바른 언어 사용 능력 및 태도가 형성될 수 있도록 유아기 때부터 자연스럽게 일상생활 속에서 바르게 듣고 말하는 습관을 갖도록 지도해야 한다. 의사소통을 위한 활동에서는 이야기 나누기, 동화 읽어 주기 등의 교사 주도적인 활동

과 또래와의 역할놀이, 동극 등 유아 주도적인 활동 간의 균형을 고려하며, 이러한 활동을 통하여 말과 글에 자연스럽게 친숙해지도록 한다.

만 3-5세 의사소통 영역은 모두 '듣기', '말하기', '읽기', '쓰기'의 네 가지 내용범주에 대한 세부 목표를 설정하고 있다. 그러나 듣기, 말하기, 읽기, 쓰기는 역동적인 관계 속에 함께 발달해 나가므로 언어라는 큰 틀에서 상호 통합될 수 있도록 지도해야 한다. 특히 유아기 읽기, 쓰기는 초등학교 단계의 글자교육처럼 생각해서는 안 된다. 읽기, 쓰기에 관심을 가지고, 긁적거리기, 그림책 보고 이야기하기 등의 활동을 통하여 말과 글에 자연스럽게 친숙해지도록 한다. '말과 글을 즐겁고 바르게 사용하기 위한 기초 능력'이란 유아가 일상생활에서 말과 글의 의미 있는 경험을 통해 자신의 삶 속에서 기초적 수준의 말과 글을 즐겁고 바르게 사용할 수 있는 능력을 기르게 하는 것이다. 또한 '말과 글을 즐겁고 바르게 사용하기 위한 태도'란 유아들이 일상생활에 관련된 각각의 상황에서 대상과 상황에 적절한 언어 사용 태도를 가지는 것을 의미한다. 이는 사회관계 속에서 살아가는 인간의 기본적 자질이며 민주 시민의 기본적 자질이라 할 수 있다.

2 누리과정과 유아 언어교육의 내용

1) 누리과정 의사소통 영역의 유아 언어교육 내용

의사소통 영역은 언어의 기본 형태인 구어와 문어를 활용하여 나와 다른 사람의 느낌, 생각, 경험을 상황에 맞게 소통하는 능력을 기르는 영역이다. 의사소통 영역의 4가지 내용범주는 '듣기', '말하기', '읽기', '쓰기'로 구성되며 이는 유아 언어교육 내용의 범주와 일치한다. 유치원 교육과정 생활 영역의 타 영역에 비해 의사소통 영역은 유아 언어교육과 유아 문학교육의 두 교과가 융합하여 이루어진 영역이며 주로 언어교육 내용이 그 중심을 이룬다. '듣기' 에서는 영유아가 주변의 소리에 관심을 가지고 구분하여 들을 수 있는 기회와 환경을 제공하고, 일상적인 대화나 동요, 동시, 동화 등을 잘 듣고 이해할 수 있도록 한다. '말하기' 에서는 영유아가 언어적·비언어적 의사소통을 할 수 있는 기회와 환경을 제공하고, 바른 태도와 정확한 발음으로 자신의 생각이나 경험을 대상과 상황에 맞게 표현할 수 있도록 한다. '읽기' 에서는 영유아가 주변의 글자나 그림책에 흥미를 가지고 이해하는 능력을 길러 읽기에 흥미를 느낄 수 있도록 한다. '쓰기' 에서는 영유아가 소근육을 사용하여 긁적거리기를 해 보며 글자의 느낌을 경험하고, 쓰기 도구와 매체를 사용하여 자신의 느낌, 생각, 경험을 쓰기로 표현하는 것에 흥미를 가지고 참여할 수 있도록 한다.

3-5세 연령별 누리과정의 의사소통 영역의 내용은 다음 〈표 2-2〉와 같다.

| 표 2-2 | 3-5세 연령별 누리과정 의사소통 영역의 내용

내용 범주	내 용	언어교육 내용
듣기	낱말과 문장 듣고 이해하기	듣기
	이야기 듣고 이해하기	
	동요, 동시, 동화 듣고 이해하기	
	바른 태도로 듣기	
말하기	낱말과 문장으로 말하기	말하기
	느낌, 생각, 경험 말하기	
	상황에 맞게 바른 태도로 말하기	
읽기	읽기에 흥미 가지기	읽기
	책 읽기에 관심 가지기	
쓰기	쓰기에 관심 가지기	쓰기
	쓰기 도구 사용하기	

'듣기' 는 일상적인 이야기와 문학작품을 듣는 가운데, 바르게 듣고 이해하는 능

력을 기르고, 문학적 흥미와 우리말의 재미를 느끼도록 하는 데 중점을 둔다. 남의 말을 듣고 이해하는 것으로, 먼저 말소리를 듣는 것에서부터 시작될 수 있다.

'말하기' 는 자신의 생각과 느낌을 바르게 말하는 능력을 기르며, 상대방을 배려하여 말하는 태도를 기르는 데 중점을 둔다. 자신의 생각이나 느낌을 표현하는 능력으로, 타인에게 자신의 의사를 전달하는 과정이라 할 수 있다.

'읽기' 는 주변의 친숙한 글자나 책의 내용에 대해 궁금해하며 글의 의미에 관심을 가지도록 하는 데 중점을 둔다. 글을 바르게 읽고 이해하는 것으로 이후의 읽기를 위한 기초가 되므로 일상생활에서 다양한 경험을 통하여 유아로 하여금 책을 많이 접하게 하여 읽기에 관심과 흥미를 가질 수 있도록 한다.

'쓰기' 는 자신의 생각과 느낌을 그림이나 긁적거리기 등 다양한 형태로 나타내기를 즐기며, 여러 가지 쓰기 도구에 관심을 가지는 데 중점을 둔다. 자신의 생각이나 느낌을 그림이나 글로 표현하는 것으로 유아기에는 일상과 관련된 다양한 맥락에서 쓰기에 관심을 가지게 하며 다양한 쓰기 도구를 활용하는 경험을 통해 쓰기에 흥미를 가지게 하는 것이 중요하다.

언어는 유아의 내적 심리상태와 정신세계를 표현하는 도구이다. Vygotsky는 유아기에 잘 나타나는 혼잣말은 유아가 스스로 자신의 행동을 통제하고 생각을 정리하는 능력을 나타내는 징후로 보아야 한다고 했다. 언어는 유아들의 생각을 명료해지도록 정리하거나 스스로의 행동을 통제할 수 있도록 돕는 기능을 한다고 보는 것이다. 나아가 언어는 유아들의 관계를 형성하게 만드는 기능을 만들어 줌으로써 유아기 사회성 발달의 기초를 형성하도록 돕는 수단이 되기도 한다. 유아기부터 발달시켜 가는 언어를 통해 인간은 세대를 거쳐 지속적으로 문화를 전승 발전시켜 간다.

언어를 사용하는 즐거움을 경험한 유아들은 능동적이고 적극적인 언어 사용자가 될 수 있다. 이를 위해 교사는 유아들의 언어 능력을 발견하고 존중해 주어 자신감을 갖고 언어를 사용할 수 있도록 도와야 한다. 또한 더욱 유능한 사회 구성원으로 성장하기 위해서는 자신의 의사를 표현하고 타인의 의사를 수용할 줄 아는 의사소통 능력을 갖추어 가도록 지도하는 것이 중요하다. 이러한 의사소통 능력은 사회적 관계 속에서 실제 상호작용 경험을 통해서 형성되므로 유아가 또래나 성인과 활발한 관계를 맺어 갈 수 있도록 다양한 방법으로 지원해야 한다(교육과학기술부, 보건복지부, 2012).

① 낱말과 문장 듣고 이해하기

유아가 낱말의 발음을 더 잘 구별하여 듣고 비슷한 발음을 점차 구별할 수 있는 내용을 포함하며, 일상생활 및 여러 상황에서 관련된 낱말과 문장을 듣고 유아가 그 낱말과 문장이 나타내는 뜻을 이해할 수 있는 내용이다.

내용	활동의 예
낱말과 문장 듣고 이해하기	• '낱말 발음을 주의 깊게 듣기' 활동에서 만 3세는 원형으로 앉아서 귓속말로 반 이름, 친구 이름, 어제 불렀던 노래 등 친근한 한두 개의 낱말을 옆 친구에게 전달하는 활동을 할 수 있고 만 4세는 새로운 낱말이 포함되어 있는 짧은 문장을 전달하는 활동이 가능하다. '낱말과 문장 듣고 이해하기' 활동에서 만 3세는 일상생활에서 일어날 수 있거나 일어났던 다양한 사진 감상 활동, 자신이 알고 있는 낱말이나 문장을 사용하여 사진 속의 사건에 대해 친구들에게 말하기 활동이 가능하고, 만 4세는 일상생활에서 본 적이 있거나 경험한 내용의 사진을 보고 다양한 문장으로 말하거나 듣기 활동이 가능하다. 이때 교사는, "사진에 있는 사람들은 무엇을 하고 있니?", "왜 우산을 쓰고 가는 걸까? 어디에 가는 걸까?"를 질문할 수 있다. 만 5세는 연속하여 일어난 사건, 여러 사건이 복합적으로 연결된 상황이 포함된 사진을 감상하거나 탐색하면서 말하기 활동이 가능하다. 교사 상호작용의 예로는 "저 열매를 무엇이라고 부르는지 아니?", "누가 저 열매를 가꾸었을까? 어떻게 우리에게까지 올 수 있었을까?" 등이 있다.

② 이야기 듣고 이해하기

'이야기 듣고 이해하기'는 교사나 친구, 주변 사람이 말을 전할 때 유아가 좀 더 긴 이야기의 내용을 관심 있게 듣고 그 속의 사건이나 주인공의 느낌 등을 이해하는 내용이다. 만 4–5세 유아가 이야기를 듣는 중에 궁금한 사물, 사람, 사건 등에 대해서 자연스럽게 질문하도록 하는 내용이다.

내용	활동의 예
이야기 듣고 이해하기	• '함께 경험한 이야기 듣고 이해하기' 활동에서 만 3세 유아는 돌 사진이나 생일잔치 사진 등을 화면에 띄워 누구의 모습인지 알아맞히기 활동이 가능하고, 만 4세는 쌓기놀이 영역에서 구성물이 완성되면 무엇을 만들었는지, 이것을 만들고 나서 무엇이 가장 기뻤는지, 왜 만들었는지 등을 서로 묻고 대답하며 다른사람의 이야기를 듣는 활동이 가능하다. 만 5세는 협력해서 만든 구성물을 누가, 무엇을, 어떻게, 왜 만들었는지 다른 친구들에게 이야기하고 궁금한 점이 있으면 질문하고 대답을 듣는 기회를 갖는 활동을 할 수 있다. • '함께 경험하며 궁금한 것 질문하기' 활동에서 만 5세 유아들이 함께 만든 구성물을 만 4세 유아들을 초청하여 보여 주면서 만 4세 유아는 '어떻게 만들었어요' 질문하고 만 5세 유아들은 질문에 답하는 활동을 할 수 있다.

③ 바른 태도로 듣기

'바른 태도로 듣기'는 유아가 다른 사람이 말을 할 때, 말하는 사람을 바라보며 주의 깊게 끝까지 듣는 내용이다. 이러한 태도로 듣는다면 상대방의 이야기를 더 잘 이해할 수 있다.

내용	활동의 예
바른 태도로 듣기	• '바르게 듣기' 활동에서 만 3세는 일상생활에서 두 사람이 말을 주고받는 경험을 자주 한다. 대소집단보다는 개별적으로 함께 어떤 자료에 공동으로 주의 집중하거나 같은 놀이를 하면서 두 유아가 시선을 교환하며 이야기를 주고받는다. 만 4세는 친구와 함께 놀이나 활동을 하고 있으면 그 친구의 이야기를 집중하여 잘 들을 수 있다. 만 5세는 대소집단으로 함께 동일한 활동을 하거나 같이 경험한 주제에 대해서 서로 느낌과 생각을 나누며 이야기할 때 다른 친구의 이야기를 끝까지 집중하여 듣도록 한다.

④ 낱말과 문장으로 말하기

'낱말과 문장으로 말하기'는 주변에서 들었거나 자신이 알고 있는 낱말을 정확하게 조음하여 발음하는 것과 여러 사물과 주변에서 일어나는 일이나 상황을 다양한 낱말과 문장을 사용하여 말하도록 하는 내용이다. 또한 다양한 낱말을 사용하여 정확하고 상황에 맞는 문장으로 말하도록 하는 내용을 포함한다. 일상생활에서 접하는 다양한 낱말을 상황에 맞게 사용하되 간단한 문장에서 복잡하고 다양한 문장으로 말할 수 있도록 하는 내용이다.

내용	활동의 예
낱말과 문장으로 말하기	• '낱말을 발음해 보는 활동'에서 만 3세는 '닮은 곳이 있대요' 노래를 부르면서 눈, 코, 입 등 자신의 신체 부위를 가리키며 말하는 활동, 만 4세는 주제에 따라 그림 카드로 제시된 여러 가지 사물, 대상을 정확하게 말해 본다. 만 5세는 수수께끼 놀이를 하며 정확한 발음으로 설명해 보는 활동을 할 수 있다. • '낱말을 사용하여 말하기'에서 만 3세는 봄에 피는 여러 가지 꽃의 진달래, 개나리, 목련 등 꽃 이름에 관심 갖기가 가능하고, 만 4세는 봄에 피는 다양한 꽃의 이름을 말해 보며 언제 어디서 보았는지 자신의 경험 이야기하기를 할 수 있다. 만 5세는 식물 구조의 명칭을 사용하여 봄이 되어 변화된 꽃과 나무의 모습에 대해 설명하는 활동이 가능하다. • '일상생활에서 일어난 일을 문장으로 말하기' 활동에서 만 3세는 놀이 중에 발생한 친구와의 갈등 상황을 선생님에게 간단히 문장으로 말하기가 가능하고, 만 4세는 실외놀이시간이나 산책을 하며 주변 환경과 날씨, 감각적 느낌 말하기를 할 수 있고, 만 5세는 여행을 하고 난 후 그림 카드를 단서로 육하원칙에 따른 문장을 만들어 말하기를 할 수 있다.

⑤ 느낌, 생각, 경험 말하기

자신의 의사를 적절하게 표현하기 위해서 유아가 경험한 것에 기초해서 자신의 느낌, 생각, 경험을 주제, 상황, 대상에 적합하게 적절한 낱말과 문장으로 말하는 능력을 기르는 내용이다. 또한 만 4-5세 유아가 주제를 정해 함께 이야기 나누고 자신의 생각을 이야기로 지어 말하고 즐기는 것을 통해 언어적 표현력을 기르는 내용을 포함한다.

내용	활동의 예
느낌, 생각, 경험 말하기	• '자신의 느낌, 생각, 경험을 말하기' 활동에서 만 3세는 놀이 중 상황에 따른 감정을 나타내는 활동판 교구를 조작하면서 자신의 느낌, 생각, 경험 이야기해 보기 활동이 가능하고, 만 4세는 하루 일과 동안 특별한 일을 소개하거나 현장체험 활동, 주말 지낸 활동을 그림 그린 후 자신의 경험을 소개하는 활동이 가능하며, 만 5세는 주제와 관련된 여러 가지 경험을 짧은 문장으로 표현해 보고 이를 동화나 동시로 꾸미기 활동이 가능하다. • '주제를 정하여 함께 이야기 나누기'에서 만 4세는 주제와 관련되는 음악을 듣고 느낌 말하기 활동을 하고, 만 5세는 현장체험에서 보았던 것들이나 체험했던 것에 대해 말할 수 있고 다른 친구가 말한 내용 중 궁금한 것을 질문하는 활동이 가능하다. • '이야기 지어 말하기'에서 만 4세는 글자 없는 그림책을 보며 상황을 유추하여 이야기 지어 보기 활동을 할 수 있고, 만 5세는 다양한 형태의 책 만들기 활동, 동화 짓기나 주제 관련 동시 짓기를 한 후 발표하기가 가능하다.

⑥ 상황에 맞게 바른 태도로 말하기

유아가 때와 장소, 대상과 상황을 고려하고 바르고 고운 말을 사용하여 말하는 내용이다. 말할 때는 상대방을 바라보며 차례를 지켜 말하고, 만 5세가 되면 듣는 사람의 생각과 느낌을 고려하여 말할 수 있는 능력을 기르도록 하는 내용이다. 또한 만 3세부터 만 5세까지의 유아 모두가 바르고 고운 말을 사용하도록 하는 내용을 포함한다.

내용	활동의 예
상황에 맞게 바른 태도로 말하기	• '듣는 사람의 느낌을 고려하여 말하기'에서 만 4세는 울고 있는 친구에게 위로의 말('괜찮아? 울지마' 등)하기를 할 수 있고, 만 5세는 놀이 중 불편함을 호소하는 친구의 감정을 읽어 주며 적절한 대안(잘 안 돼? 이걸로 해 볼래? 등의 제시가 가능하다. • '상황에 맞게 바른 태도로 말하기'에서 만 3세는 상대방의 눈을 보며 말할 수 있고, 만 4세는 의견 나누기 소그룹 활동, 언어 전달하기 게임 활동이 가능하며, 만 5세는 주제와 관련된 공연이나 작품 전시회를 준비한 후 동생반을 초대하여 적절한 언어로 소개하는 활동이 가능하다.

내용	활동의 예
상황에 맞게 바른 태도로 말하기	• '바르고 고운 말 사용하기' 활동에서 3세는 일상생활의 바르고 고운 말에 대한 이야기 나누기가 가능하고 4세는 일상생활의 여러 가지 상황 사진을 보고 연상하여 바르게 말해 보기 활동이 가능하며 5세는 구체적 장면을 보고 연관되는 예삿말, 높임말을 사용하는 활동을 할 수 있다.

⑦ 읽기에 흥미 가지기

'읽기에 흥미 가지기'는 유아에게 글자 자체를 가르치는 것이 아니라 일상생활 속에서 밀접하게 자주 접하는 친숙한 글자를 찾아보고 이러한 글자에 흥미를 가지고 읽어 보려고 시도하는 내용이다. 또한 글로 된 인쇄물이나 그림책을 교사가 자주 읽어 주는 기회를 제공하여 유아가 그 내용에 관심을 가지고 읽었던 글을 자신도 읽어 보려고 시도하는 내용이다.

내용	활동의 예
읽기에 흥미 가지기	• '주변에서 친숙한 글자를 찾아보기' 활동으로 만 3세는 교실 환경의 그림이 있는 인쇄물, 편지, 간식 메뉴 등 다양한 읽기 자료에서 유아가 좋아하는 친숙한 글자, 만화 캐릭터, 간판, 친구 이름 찾기가 가능하고, 만 4세는 잡지나 신문에서 그림을 보며 상품 이름 말해 보고 그중에서 자신의 이름이나 익숙한 글자 찾기가 가능하며, 만 5세는 자기 이름, 친구 이름, 오늘의 식단 등 읽기가 가능하다. • '읽어 주는 글이나 이야기에 관심 가지기'로 만 3세는 교사가 읽어 주는 글이나 이야기에 관심 갖기, 만 4세는 교사가 읽어 주는 이야기 내용을 주의 깊게 들으며 이야기 줄거리에 관련된 사건이나 사물에 대해 궁금한 것 물어보기가 가능하며, 만 5세는 흥미 있는 주제 이야기, 관심 있는 신문기사 등을 교사가 읽어 주기, 또는 유아가 알고 있는 선수 이름이나 팀 이름 스스로 읽기 활동이 가능하다.

⑧ 쓰기에 관심 가지기

'쓰기에 관심 가지기'는 말을 글로 나타내는 쓰기 과정에 관심을 갖고 그 과정을 알며, 자기 이름이나 주변의 친숙한 글자를 써 보거나 자신의 느낌이나 생각,

경험을 글자 비슷한 형태나 글자로 표현해 보는 내용이다.

내용	활동의 예
쓰기에 관심 가지기	• '말이나 생각이 글로 나타남을 알기'를 위한 활동으로 만 3세는 유아가 좋아하는 그림책을 읽어 주고 느낌을 그림이나 끄적거리기로 표현해 보거나 교사가 유아의 말을 받아 적어 주는 활동 할 수 있고, 만 4세는 잡지나 신문에서 마음에 드는 그림이나 사진을 오려 붙인 후 그것에 대해 유아가 이야기하면 교사가 받아 적어 주는 활동이 가능하고, 만 5세는 잡지나 신문 등에서 마음에 드는 사진이나 그림을 연결하여 친구들과 함께 이야기를 짓고, 그 내용을 교사가 받아 적어 주고 다시 읽어 보는 활동이 가능하다. • '자기 이름 써 보기' 활동으로 만 3세는 자기 이름이 미리 씌인 글자판 꾸미기 활동을 통해 자신의 이름 글자에 관심 갖도록 하고 만, 4세는 자기 이름 글자가 친구들의 이름에도 있는지 찾기 활동이 가능하며, 만 5세는 자신이 완성한 구성물이나 '오늘 온 친구들 이름 쓰기', '요리에 참여하고 싶은 사람 이름 쓰기'의 이름표 종이에 자기 이름 써 보기 활동을 할 수 있다. '자신의 느낌, 생각, 경험을 글자와 비슷한 형태나 글자로 표현하기' 활동으로 만 4세는 자기 이름이나 좋아하는 것들을 글자나 글자와 비슷한 형태로 써 보는 활동이 가능하고, 만 5세는 각 흥미 영역에서 필요한 글자를 자주 보았던 그림책이나 친구들끼리 함께 만든 신문에서 찾아서 써 보기, 짧은 이야기책 만들기, 책표지 꾸미기, 간단한 관찰 일지 쓰기 등 일상의 다양한 쓰기 활동을 할 수 있다.

⑨ 쓰기 도구 사용하기

만 4세부터 다양한 쓰기 도구에 관심을 가지고 사용해 보고, 점차 쓰기에 필요한 다양한 도구를 자연스럽게 경험해 보고 쓰기 도구의 바른 사용법을 아는 내용을 포함한다.

내용	활동의 예
쓰기 도구 사용하기	• 만 4세 유아가 여러 가지 쓰기 도구를 일상생활에서 자연스럽게 사용할 수 있도록 크레파스, 색연필, 4B연필, 사인펜, 볼펜, 파스텔, 형광펜, 유성 매직펜, 유성 네임펜, 붓펜, 붓, 목탄, 분필 등을 경험하도록 한다. 처음에는 쓰기 도구에 흥미를 갖고 자연스럽게 경험하는 활동하기, 만 5세는 여러 가지 쓰기 도구와 쓰기 매체의 특성을 탐색하기, 땅바닥에 나뭇가지, 자갈 등으로 쓰고 싶은 말 써보기 등을 할 수 있다.

3 유아 언어 교수·학습 방법

유아기의 언어 능력은 듣기, 말하기, 읽기, 쓰기 기술들이 상보적인 관계를 가지면서 발달한다. 언어교육 중 읽기 · 쓰기, 즉 문해 교육은 무엇보다 유아가 실제적으로 느끼고 스스로 참여하고 싶도록 만들 때 의미 있는 교육이 이루어진다. 그림책이나 동화, 동시를 비롯한 문학작품을 활용한 언어교육 방법은 유아의 관심을 모으고 의미 있는 맥락을 제시하기가 용이하여 오래전부터 유아 언어교육에서 다양하게 활용되어 오고 있다.

유아기 언어 사용 능력을 신장시키고 효과적인 의사소통 능력을 길러 주기 위하여 교사는 듣기, 말하기, 읽기, 쓰기 각 영역 간의 지도법에 대한 기본 이해가 있어야 한다. 특히 문해 교육에 대한 부모의 요구가 더욱 커지는 우리나라의 현실에서 실제적 의미를 가지지 않은 언어적 경험은 유아들의 학습 의욕을 불러일으키기 힘들고 부적절한 문해 교육은 유아에게 실패나 좌절감만을 안겨 주기 때문에 효과적인 문해 교육 방법에 대해서도 다각적인 접근이 필요하다.

1) 유아 언어 교수 방법

(1) 발음 중심 교수법

발음 중심 교수법은 행동주의에 기초한 접근 방법으로서 언어 습득에 대한 행동주의적 설명 기제는 강화와 모방 두 요인으로 요약될 수 있다. 이 교수법은 기능적인 접근 방식이라고도 하는데 설명과 지시, 반복적인 훈련 등을 핵심으로 하는 교사 중심적 성격을 가진 직접적 수업 형태에 의한 언어 수업 방식이다 (Worthan, 1998). 행동주의 이론에 의한 읽기 과정 이론은 읽기를 글자에서 단어로 단어에서 문장으로 문장에서 문단으로 문단에서 텍스트로 이루어지는 계열식 과정으로 보고 맨 마지막에 텍스트의 의미가 이해된다고 설명하기 때문에 상향식 접근(bottom-up approach)이라고도 한다(주영희, 2001).

이와 같이 발음 중심 교수법은 유아의 자발적이고 실질적인 읽기나 쓰기보다는 맞춤법에 맞는 읽기, 쓰기 학습을 강조한다. 또한 읽기, 쓰기 학습을 하기 위해서는 위계적인 학습 계획과 반복적인 연습이 필요하다고 본다. 그러기 위해서 발음 중심 교수법은 일련의 기술을 지시적 활동을 통해 습득함으로써 읽기 능력을 기르는 방법을 사용한다. 유아들은 읽은 단어에 밑줄 긋기, 한 단어나 한 문장 안에서 같은 글자 지적하기, 한 이야기 안에서 다양한 글자들로 시작되는 단어 지적해 보기, 글자 이름 인식하기, 글자와 음성 연결시켜 보기 등에 의한 방법으로 읽기 학습을 한다. 이로 인하여 교사는 자음과 모음이 결합하여 하나의 글자를 이루는 한글의 구조를 체계적이고 논리적으로 지도할 수 있다.

발음 중심 교수법은 학습의 전이 효과가 높고 문자 해독 측면에서 효과적인 방법이지만 유아들에게 지나치게 분석적이고 논리적이며, 단지 읽기와 쓰기만을 강조하는 지루하고 의미 없는 학습이 될 수도 있다.

미국 NLTA(National Langage Teachers Association)에서는 유아들이 직접적인 경험을 통해 세계를 인식할 수 있어야 하며, 발달에 적합한 경험을 제공함으로써 유아들이 언어의 과정, 대화 기술에 대한 긍정적인 태도를 습득하도록 도와야 한다고 한다. 즉, 유아기 언어교육은 유아들이 스스로 흥미를 갖고 관심을 유지하면서 다양한 경험을 통해 환경을 탐색하고, 의사소통을 하며, 바람직한 인간으로 성장하기 위한 밑거름을 만들어 주어야 한다. 또한 유아들은 생활 속에서 경험한 언어로부터 호기심을 끌어 내고, 습득된 개념을 정리할 수 있기 때문에 유아 언어교육이 중요하다고 밝히고 있다.

다음 〈표 2-3〉은 발음 중심 교수법으 적용한 수업의 예를 제시한 것이다.

| 표 2-3 | 발음 중심 교수법을 적용한 활동 계획안

<table>
<tr><td colspan="2">활동명</td><td colspan="6">자음 익히기</td></tr>
<tr><td>시간</td><td>25분</td><td>날짜</td><td>6월 19일</td><td>대상 연령</td><td>5세</td><td>차시</td><td>13/20</td></tr>
<tr><td colspan="2">생활 주제</td><td colspan="2">이웃과 고장</td><td colspan="2">주제</td><td colspan="2">슈퍼마켓</td></tr>
<tr><td colspan="2">활동 목표</td><td colspan="6">• 'ㅁ'과 'ㅂ'을 바르게 읽고 쓸 수 있다.</td></tr>
<tr><td colspan="2">활동 형태</td><td colspan="6">이야기 나누기</td></tr>
<tr><td colspan="2">활동 자료</td><td colspan="6">지혜동산(문자지도 책), 자석글자</td></tr>
<tr><td rowspan="3">단계</td><td>도입
(5분)</td><td colspan="6">• 수수께끼로 'ㅁ'과 'ㅂ'이 들어 있는 물건의 이름을 알아맞혀 본다.
T: 우리가 아는 글자 중에서 'ㅁ'과 'ㅂ'이 들어 있는 글자를 이야기해 볼 수 있겠니?
–미역, 미나리, 바구니, 바나나우유…</td></tr>
<tr><td>전개
(15분)</td><td colspan="6">• 유아가 나와서 내가 아는 글자 중 'ㅁ'과 'ㅂ'이 들어 있는 글자를 자석글자를 이용하여 만들어 보자.
T: 지혜동산에 있는 'ㅁ'과 'ㅂ'의 쓰는 순서를 알아보고, 단어 중에서 'ㅁ'과 'ㅂ'을 찾아 'O' 해 보자.
• 각자의 자리에서 'ㅁ'과 'ㅂ'이 들어 있는 단어를 바르게 따라 써 보자.</td></tr>
<tr><td>마무리
(5분)</td><td colspan="6">• 수업에 대한 정리와 평가를 한다.
– 'ㅁ'과 'ㅂ' 글자의 생김새를 살펴보고 구분해 보자.</td></tr>
<tr><td colspan="2">유의점</td><td colspan="6">오늘의 활동만 할 수 있도록 유아들에게 알려준다.</td></tr>
</table>

출처: 서윤정(2005).

(2) 총체적 언어 접근법

총체적 언어 접근법에서는 읽기 · 쓰기 발달을 통합적이고 의미 있는 과정으로 본다. 유아들은 언어의 기본 단위인 음소나 낱말을 하나하나 따로따로 구분하여 언어의 의미를 습득하기보다 언어를 사용의 맥락에서 자신들에게 의미 있는 '의미덩어리' 로서의 언어를 습득한다. 이는 유아들의 일상생활 속에서 발생하는 자생적이고도 맥락적인 이야기 속에서 내재된 의미들의 총체라고 보아야 할 것 같다. 누리과정에서 의사소통 영역 내용범주를 말하기, 듣기, 읽기, 쓰기로 편의상 구분하고 있지만, 유아들은 이들을 따로따로 구분하여 습득하지는 않는다. 따라서 교사는 이들을 구분하여 가르치기보다 유아들에게 의미 있는 맥락적 상황에서 총체적으로 또는 통합적으로 지도해야 함을 의미한다.

따라서 유아는 친근한 생활 문해 자료가 풍부한 문해 환경 속에서 가장 자연스럽게 듣기, 말하기, 읽기, 쓰기를 배울 수 있게 된다. 유아들은 의미 있는 맥락적 이야기, 전체적 이야기에서 의미 있는 부분적 에피소드, 문장, 단어를 발견하고 부분적 의미를 상세하게 파악하려 한다. 유아들의 의미 발견의 방향은 전체에서 부분으로 나아가며 맥락에서 의미 있는 부호나 기호, 상징 체계들을 발견한다. 숲을 발견하고 숲 속에 있는 나무, 꽃, 풀, 새, 곤충, 돌, 계곡, 흙을 발견하게 되며, 더욱 섬세한 나무 이름, 꽃 이름, 새 이름, 곤충 이름 등을 구분하길 원하게 되고, 각각의 이름에 걸맞는 특징을 세분화시켜 나가게 된다. 이는 발달의 일반적 원리와 유사하여 총체적 접근 방식이 유아기 발달적 특성에 부합되는 방식이라고 보는 관점이다. 이는 기호나 부호의 낱자를 우선적으로 습득하기를 강조하는 접근법과는 상충된다. 이런 의미에서 총체적 언어 접근법을 하향식 접근법(top-down approach)이라고도 한다.

이 접근법은 학습자 중심 교육에서 비롯되는, 문자의 해독(decoding)에 초점을 두어 기술 및 부호화(encoding), 문법, 어휘, 낱말 인식(word recognition), 음철법(phonics) 등의 요소를 개별적으로 가르치지 않고, 언어를 총체적·종합적으로 가르치는 방법이다. 총체적 언어교육 접근법의 근본 철학은 읽기나 쓰기가 말하기를 배우는 것과 같이 자연스러운 과정이라는 것이다(이숙희, 2008).

총체적 언어 접근법은 반복적으로 훈련시키는 인위적인 방법을 배제하고, 실생활 속에서 읽기나 쓰기가 어떻게 사용되는가와 같이 실제적 목적을 가진 생활 속에서의 읽기와 쓰기가 강조된다. 그러나 지도 방법이 체계적이지 못하여 지도 과정에서 애로 사항이 적지 않다.

| 표 2-4 | 전통적 언어 교수법과 총체적 언어 접근법 간 교수·학습 방법의 차이

구분	전통적 교수법	총체적 언어 접근법
학습 과정의 흐름	부분 → 전체	전체 → 부분
교수의 강조점	지식 전달	협동
구문 학습 방법	분리해서 가르침	분리하지 않고 가르침
교사의 역할	지식 전달자	조력자
언어 교수·학습 방법	문법 중심	의미 중심
교수법	교사 중심 교수법	학생 중심 교수법
학생 태도	수동적	능동적
주요 목표	문법 수정	의미 전달

(3) 균형적 문해 교수법

Holdway(1979)와 Moonye(1990)가 제안한 균형적 문해 교수법은 총체적 언어 접근법과 발음 중심 교수법의 강점을 합하여 새로운 시너지를 창출하는 언어 교수·학습법이다(pressley, 1998). 이는 유아의 환경, 관심, 장점, 요구 등을 사려 깊게 배려한 계획적 교수법으로 유아들의 환경과 일상생활을 고려하고 개별 유아들의 수준과 문학에 몰입하도록 돕는 경험을 중시한다. 이는 총체적 언어 교수를 전개하는 가운데 필요한 경우에 읽기와 쓰기에 대한 명확한 기술을 가르치기도 한다. 즉, 모든 언어교육 활동은 유아들에게 의미가 있는 것이어야 하기 때문에 유아들이 관심을 가지고 스스로 활동할 수 있도록 동기화되어야 함을 우선적으로 중시하면서도 필요한 경우에 체계적이고 명확한 교수, 단어 해독, 이해에 초점을 맞춘 실제를 포함하는 활동을 전개할 수 있어야 한다(Pressley, 1998). 이를 위해 첫째, 학습자로서의 아동을 존중하기, 둘째, 읽기와 쓰기에 대한 기능적 사용에 대한 신념, 셋째, 읽기와 쓰기의 총체적인 과정으로 시작해야 한다는 믿음, 넷째, 학습에서 유아들의 수준과 흥미를 고려하고, 다섯째, 총체적인 언어 프로그램의 한 부분이 되지 못했던 음소 인식(phonemic awareness), 단어 인식(word recognition),

철자 이해를 위한 기술과 전략들을 중요하게 다루어야 한다(Mcintyre & Pressley, 1996).

균형적 문해 교수는 아동, 특히 읽기와 쓰기를 시작하려는 유아들에게 효과적이다. 음소론적 인식, 단어 식별 기술, 자음과 모음의 규칙 등을 가르칠 것을 강조하는 발음 중심 교수법과 문학을 통한 읽기, 쓰기를 통합적으로 해야 한다는 총체적인 접근 방법을 균형 있게 적용하여야 한다는 것이다.

Adams와 Bruck(1995)은 균형적 문해 프로그램은 교사가 음소론적 인식(phonemic awareness)과 단어의 구조, 시각적 변별, 문자와 소리와의 관계, 알파벳 법칙 등을 명확하게 가르칠 것이라는 점에서 읽기를 가르치고, 평가하고, 훈련하는 구조화된 프로그램으로 해석하기도 한다(Weaver, 1998). Adams와 Bruck(1995)은 단어 식별 기술이 부족한 유아는 읽기 이해력도 부족하며, 유아들의 글자 하나하나를 읽는 속도와 정확도가 문자를 이해하는 유아들의 능력을 나타내는 것이라고 지적한다. 이들은 학교에 입학하는 유아의 음소론적 인식 수준은 그 유아가 학교에 들어가서 읽기를 성공적으로 학습할지 실패할지를 가장 강력하게 예언해 주는 것이라고 하면서 여러 연구들을 예로 들고 있다(Blachman, 1984; Stanovich, 1986; Juel, 1991; Weaver, 1998).

Sander(2003)는 "균형적 문해란 무엇인가"에서 소리 내어 모델화된 읽기, 나누어 읽기, 상호작용적 읽기, 읽기 지도, 독립적 읽기 등이 효과적인 읽기 교수법이 된다고 소개하였다. 읽기 지도는 무엇보다 유아의 선택을 존중하고, 흥미 위주로 진행해 나가며 필요에 따라 소그룹으로 지도할 수 있다. 교실 환경은 다양한 읽을 자료가 풍부하다. 이곳에서 유아들은 방해받지 않고 읽기에 집중할 수 있도록 충분한 시간이 주어지며 필요 시에는 타 교과와 통합된 교육과정을 제공하기도 한다. 뿐만 아니라 가정에서의 경험을 유아교육기관에서의 활동과 연결하도록 돕는 교수법도 장려한다. 일반적 교실 상황에서도 아주 소수이긴 하지만 음소 인식이 서툰 탓에 어휘 인식에 곤란을 겪는 유아도 있다. 때문에 총체적 언어 접근법과 발음 중심 교수법 양자 간의 균형점을 찾기가 쉽지 않은 경우가 있다(National

Reading Panel, 2000). 우리나라의 유아들이 학습해야 할 언어는 한글이므로 먼저 한글의 특성을 알아보고 이에 적절한 교수법을 찾아 대응하는 것이 옳다고 할 수 있다.

다음 〈표 2-5〉는 균형적 읽기 프로그램을 적용한 수업의 예를 제시한 것이다.

| 표 2-5 | 균형적 읽기 교수법을 적용한 활동 계획안

<table>
<tr><td colspan="2">활동명</td><td colspan="6">과자 글자 만들어 읽어 보기</td></tr>
<tr><td>시간</td><td>25분</td><td>날짜</td><td>6월 19일</td><td>대상 연령</td><td>5세</td><td>차시</td><td>13/20</td></tr>
<tr><td colspan="2">생활 주제</td><td colspan="2">이웃과 고장</td><td colspan="2">주제</td><td colspan="2">슈퍼마켓</td></tr>
<tr><td colspan="2">활동 목표</td><td colspan="6">1. 동시를 듣고 내용을 이해하며 즐긴다.
2. 슈퍼마켓에는 다양한 물건이 있음을 안다.
3. 슈퍼마켓에서 볼 수 있는 것에 관하여 노랫말을 만들 수 있다.
4. 일상생활을 통하여 익숙한 글자를 읽을 수 있다.</td></tr>
<tr><td colspan="2">활동 형태</td><td colspan="6">동시 듣기, 함께 동시 읊어 보기, 요리 활동</td></tr>
<tr><td colspan="2">활동 자료</td><td colspan="6">동시 내용을 담은 융판 자료, 뻥튀기, 여러 가지 모양의 과자(새우깡, 양파링, 빼빼로 칸쵸, 자음 모음 모양의 과자 등등), 생크림</td></tr>
<tr><td rowspan="2">활동 단계</td><td>도입 (5분)</td><td colspan="6">• 융판 자료(슈퍼마켓, 우유, 사탕, 초콜릿, 콩나물, 양파, 두부)를 융판에 붙이면서 이야기를 나눈다.
T: 이런 것을 사려면 어디로 가야 할까?
– 시장, 슈퍼마켓, 마트
• 슈퍼마켓에서 엄마와 아이들이 물건을 사는 것을 보고 지은 동시가 있음을 알려주고, 교사가 동시를 들려준다.
• 동시를 들은 느낌에 대해 서로의 생각을 이야기한다.
• 동시 자료를 융판에 붙이면서 다시 한 번 동시를 들려준다.
• 유아들과 함께 동시를 읊어 본다.</td></tr>
<tr><td>전개 (15분)</td><td colspan="6">• 동시 내용과 슈퍼마켓에 있는 실물 자료를 유아들에게 보여 주면서 유아가 흥미를 가질 수 있도록 한다.
T: 슈퍼마켓에는 무엇이 있을까?
– 슈퍼마켓에서 본 물건들을 순서 잇기 노래로 개사하여 불러 보자.
(슈퍼마켓에 가면 우유가 있고, 슈퍼마켓에 가면 우유가 있고 과자도 있고, 슈퍼마켓에 가면 우유가 있고 과자도 있고 음료수도 있고…)</td></tr>
</table>

활동 단계	전개 (15분)	• 여러 가지 과자를 관찰해 보자. T: 어떤 모양의 과자가 있니? – 과자로도 글자를 만들 수 있을까? – 여러 가지 과자 모양을 가지고 어떤 글자를 만들 수 있니? – 내가 알고 있는 글자를 만들 수 있을까? – 무슨 글자가 되었니? – 혜영이는 과자를 2개 붙여서 글자를 만들었구나. – 선영이는 과자를 세 개 붙여서 만들었구나. T: 여러 가지 과자를 붙여서 내가 알고 있는 글자를 만들어 읽어 보자. – 글자는 왼쪽 글자와 오른쪽 글자가 있단다. 또 왼쪽 글자(초성)와 오른쪽 글자(중성), 받침 글자(종성)가 있단다. – 만들고 싶은 글자 과자에 생크림을 발라 뻥튀기 위에 붙여 보자. – 어떤 글자가 되었니? – 슈퍼마켓에 있는 물건 중에서 내가 아는 글자를 만들어 보자. – 글자를 만든 후 한 사람씩 나와서 어떤 글자를 만들었는지 다 같이 읽어 보자. – 친구들과 함께 글자를 결합하여 아는 단어를 만들어 읽어 보자. T: 다 같이 만든 과자 글자를 이용하여 우리가 아는 단어를 만들어 읽어 보자. – 과자 글자로 만들어진 단어끼리 모아서 교실에 전시해 보자.
	마무리 (5분)	• 수업에 대한 정리와 평가를 한다. – 글자 만드는 방법에 대하여 생각해 본다.
유의점		활동 진행 시 과자를 가지고 장난하지 않도록 한다.

출처: 서윤정(2005).

최근, 이상의 접근법을 우리나라 유아들에게 적용할 때 무엇보다 한글의 특성을 잘 인식하여야 할 필요성이 제기되고 있다. 한글은 음소 문자이면서 동시에 음 절문자라는 언어의 양면성을 가지고 있는 특성을 고려하여 어느 한 가지 접근법만을 적용하기보다 유아들의 수준과 교육 상황에 따라 다양한 교수법을 사용할 수 있어야 할 것이다.

2) 누리과정 내용별 언어 교수 방법

(1) 듣기 지도

듣기는 아주 초기부터 자연스러운 성장의 일면으로 이루어지는데 그 중요성을 소홀히 하기 쉬우므로 체계적인 지도가 필요하다. 유아기의 듣기 능력은 다양한 듣기 학습 기회를 통해 습득된다. 유아가 정상적인 청각 기능을 가졌다 해도 듣기 능력을 증진시키기 위해서는 많은 학습 기회를 필요로 한다.

3-5세 연령별 누리과정 교사용 지침서(교육과학기술부, 보건복지부, 2013a)에 제시되어 있는 의사소통 영역의 듣기는 "일상생활에서 사용하는 낱말과 문장, 좀 더 긴 구조로 이루어진 이야기, 동요·동시·동화 등 문학적 요소가 담긴 이야기를 집중하여 듣고 이를 즐기는 데 중점을 두고, 다른 사람이 말한 낱말, 문장, 이야기 내용을 주의 깊게 듣고 그 내용을 이해하는 데 주안점을 둔다"이다.

유아교육기관에 들어온 유아가 지나치게 많은 것을 들을 필요는 없다. 단지 좀 더 잘 주의를 기울여 듣는 경험이 필요하며, 무엇을 어떻게 들어야 할지 지도해야 한다.

교사를 위한 TIP

- 좋은 듣기 환경을 마련해 준다.
- 듣기 활동을 다른 영역 활동과 통합시킨다.
- 유아가 듣고 지시에 따르는 행동을 해 보도록 한다.
- 교사 자신이 주의를 집중해서 듣는 모범을 보여 준다.
- 유아에게 언어를 들을 수 있는 편안한 분위기를 제공한다.

(2) 말하기 지도

말은 사람이 의사소통하는 매개가 되므로 말하는 사람과 듣는 사람의 상호 이해를 전제로 한다. 유아기의 말하기 능력은 생활 속에서 자연스럽게 이루어지는 여러 가지 대화를 통해 쉽게 길러질 수 있다. 질문을 하고 답을 하는 기회를 많이 제공해 주고, 자연스러운 대화, 토의, 지시, 발표 등 다양한 형태의 말을 해볼 수 있게 하는 것이 말하기 지도의 가장 좋은 방법이다.

3–5세 연령별 누리과정 교사용 지침서(교육과학기술부, 보건복지부, 2013a)에 제시되어 있는 의사소통 영역의 말하기는 "일상생활에서 일어나는 일들을 다양한 낱말과 문장으로 말하고, 자신의 느낌, 생각, 경험을 잘 전달할 수 있도록 하는 데 초점을 둔다. 주제를 정하여 이야기 나누기와 이야기 지어 말하기를 통해 의사소통 능력과 언어적 표현력을 기르는 데 주안점을 둔다. 상황에 맞게 바른 태도로 말할 수 있도록 의사소통의 기본예절을 기르는 데 주안점을 둔다"이다.

교사를 위한 TIP

- 화에 대한 기본 예의가 습관화되도록 한다.
- 다양한 이야깃거리와 자료를 준비하여 말하기를 자극한다.
- 자신의 경험을 발표하고 토의하는 시간을 갖도록 지도한다.
- 교사가 적절한 질문을 하여 유아의 표현 능력을 돕도록 한다.
- 다른 사람이 알아들을 수 있는 방법으로 의사소통하도록 격려해 준다.
- 어휘를 증가시킬 수 있는 기회 제공과 유아의 발달 단계에 맞게 완전한 문장으로 말하도록 격려한다.
- 자신의 능력에 맞는 언어를 사용할 수 있는 기회를 제공해 주고, 의사소통하고자 하는 유아의 바람이 받아들여지는 분위기를 제공한다.

(3) 읽기 지도

교사는 읽기 지도를 할 때 단순히 글자나 음성만을 연결시키는 것보다는 유아가 인쇄된 글자의 의미를 파악하고 전체적인 문장과 맥락에 대해 이해하도록 지도해야 한다. 유아가 교실 속에서 충분한 문식적 경험을 할 수 있도록 교실 환경에 많은 배려를 해야 하며, 유아가 읽기에 흥미를 가질 수 있도록 읽기 의욕을 고취시키고 유아의 발달 단계에 따른 읽기 과정에 대한 안내와 조정을 해야 한다.

3-5세 연령별 누리과정 교사용 지침서(교육과학기술부, 보건복지부, 2013a)에 제시되어 있는 의사소통 영역의 읽기는 "읽기에 흥미를 가지도록 환경 인쇄물이나 일상생활 속 인쇄물에서 친숙한 글자를 찾고 읽어 보거나, 읽어 주는 글의 내용에 관심을 가지는 데 초점을 둔다. 책의 그림을 단서로 내용을 이해하고 필요한 정보를 책에서 찾아보면서, 책에 흥미를 가지고 책 보는 것을 즐기는 태도를 기르는 데 주안점을 둔다"이다.

교사를 위한 TIP

- 읽기를 즐기는 습관과 태도를 갖도록 지도한다.
- 가정과 연계한 읽기 활동이 이루어지도록 지도한다.
- 읽기에 대한 적극적인 태도와 책에 대한 기본 이해를 할 수 있도록 지도한다.
- 이야기 이해를 위해 추리하고 생각하는 정신적 활동을 하도록 유도해야 한다.
- 읽기 과정에 필요한 다양한 기능들이 균형적, 동시적으로 습득되도록 지도한다.
- 읽기는 사회생활에 꼭 필요한 활동이라는 것을 인식시켜 읽기에 대한 의욕이 생길 수 있도록 한다.

(4) 쓰기 지도

글을 쓰는 과정은 단순하게 글자와 단어를 결합하여 문장을 엮어 나가는 행위가 아니라 글 쓰는 사람의 생각과 경험을 일정한 형태의 의미 단위들로 표상하는 복잡한 정신 과정을 요한다.

쓰기는 특별한 글자 모양을 손으로 쓰는 기술뿐 아니라 메시지를 구성하는 것과 관련된 많은 기술을 포함한다. 그러나 이러한 기술 습득을 위해 교사가 유아에게 특별한 글자를 반복적으로 쓰도록 강요한다면 유아는 쓰기 활동에 싫증을 내게 되며, 학습 효과도 일시적인 것에 그치기 쉽다. 따라서 교사는 반복, 강요에 의한 지도보다는 자발적인 쓰기 활동이 이루어지도록 지도해야 한다.

3-5세 연령별 누리과정 교사용 지침서(교육과학기술부, 보건복지부, 2013a)에 제시되어

있는 의사소통 영역의 쓰기는 "글자의 기능을 인식하고 자신의 생각을 그림, 글자와 비슷한 형태나 글자로 나타내는 데 흥미를 갖도록 하는 데 중점을 둔다. 쓰기가 자신의 느낌과 생각을 주도적으로 표현하는 중요한 방법임을 알고 쓰기의 즐거움을 경험할 수 있도록 하는 데 주안점을 둔다. 다양한 쓰기 도구를 사용하는 경험을 하는 데 초점을 둔다"이다.

교사를 위한 TIP

- 유아 주변 환경이 많은 종류의 글자에 노출되도록 한다.
- 유아가 즐거움과 기쁨을 주는 매체로 글자를 경험하도록 한다.
- 쓰기 지도는 유아의 개별성이 인정되도록 계획하고 통합적인 방법으로 지도한다.
- 유아가 무엇을 쓸 것인가를 결정하는 일에 도움을 주며, 일단 쓸거리가 정해지면 혼자 할 수 있도록 내버려 둔다.
- 유아 스스로 쓰기 자료를 선택하게 하고, 무언가 쓰기를 하려고 할 때 노력을 인정해 주고 쓴 내용에 관심을 가지고 격려해 준다.
- 유아가 목록을 작성하거나 카드, 편지, 초대장, 책 등을 만들기 위해, 즉 개인적 혹은 사회적 목적을 위해 쓰기를 하도록 격려해 준다.

4 유아 언어교육의 평가

평가는 교육의 개선을 가져오기 위해 하는 것이다. 그러기 위해서는 유아의 시발 행동과 종착 행동을 측정하는 일에 그쳐서는 안 된다. 따라서 평가는 단순히 행동의 결과를 측정하는 정태적 평가가 아니라 교수·학습의 과정을 이해하는 데 도움이 되는 역동적인 평가가 되어야 한다. 이를 위해 개인차, 학습 환경, 교사의 자질 등 여러 가지 변인들의 작용에 관한 이해가 포함되어야 한다.

유아의 흥미와 학습 스타일, 그리고 개인별 능력 수준에 관심을 갖고 있는 초기 문해 교육자들은 평가 방법에 대해 여러 가지를 고려해 보도록 권유한다. 분명한 것은 똑같은 표준화된 지필식 검사 도구를 사용하여 유아를 평가하는 것은 초기 문해 발달을 정확하게 측정하지 못한다는 것이다. 한 가지 도구만 사용하여 유아의 발달 과정을 평가하는 것은 무리라는 이야기이다. 틀에 맞추어진 형식적 평가로 유아를 평가하는 것보다, 다양한 상황 속에서 다방면에 걸쳐 성장하는 과정을 알아보기 위해 유아가 해 놓은 작업을 평가하는 것이 필요하다.

이러한 목표를 달성하기 위해서는 지속적으로 그리고 다양한 형태의 평가가 이루어져야 한다. 평가 방법은 다음과 같다.

- 수행 과제 평가: 수행 과제 평가는 실제 생활에서 학습자의 수행을 직접적으로 평가해서 교수·학습 과정을 돕고 개선하는 기능을 중시하는 방법으로, 실제 삶에 적용할 수 있는 능력에 기초를 두고 평가하는 데 역점을 둔다.
- 포트폴리오 평가: 포트폴리오 평가는 어떤 분야에서 학습자가 기울인 노력, 이룩한 발전 또는 성취를 나타내 주는 학습자의 작품 모음에 대한 평가를 뜻한다.
- 일화기록법: 유아의 언어 사용에서 독특한 내용, 흥미 있는 표현 등의 상황을 구체적으로 기록하는 방법으로, 한 가지 상황이나 언어 행동에 초점을 맞추어 기록한다.
- 체크리스트 기록표(행동목록표): 유아의 언어 사용 능력 중에서 파악하고자 하는 언어 행동에 관한 목록을 만들어 특정 언어 행동이 나타나는가의 여부를 알고 싶을 때 사용하는 방법이다.
- 평정 척도법: 유아의 특정 언어 행동이 어떤 특성으로 나타나는가를 평가하는 방법으로 사전에 관찰하려는 행동 영역에 대해 알고 있을 때 사용된다.
- 녹음 및 녹화 방법: 녹음은 음성을 기록할 때, 녹화법은 유아의 대화 맥락이나 읽기·쓰기 장면 평가에서 자주 사용된다. 녹화 방법은 언어 활동 상황을 세밀히 관찰할 수 있고, 부모들이 활용할 수도 있으며, 유아 자신의 언어 사용 모습을 관찰할 수 있고, 교사가 교수 자료로 활용할 수 있다.

- 이야기 다시 말하기: 이야기 다시 말하기는 유아가 언어 구조를 내면화하고 청각적 기억을 이끌어 내는 등 듣기의 여러 가지 수준을 나타내는 활동이다. 필요 시 이야기 다시 말하기를 녹화해 두었다가 분석 자료로 활용한다.
- 교사 제작 평가: 교사가 언어 사용 능력에 관련되는 평가를 제작하여 사용하는 것이다. 교수·학습 과정의 필요에 따라 그림 보고 이름 말하기, 첫(또는 끝) 글자가 같은 그림 카드 찾기, 모양이 다른 것 찾기 등 평가 도구를 만들어서 언어 사용 능력을 파악할 수 있다.

1) 관찰법

관찰법은 실험적으로 조작된 상황이 아닌 자연적인 상황 속에서 자연스럽게 일어나는 행동을 관찰, 기록, 분석을 함으로써 개인 또는 집단의 행동 상황을 이해하는 방법이다. 관찰을 기록하는 방법은 기술적인 방법(일화 기록법)과 체크리스트를 사용하여 분석하는 방법이 있다.

(1) 일화 기록

일화 기록은 한 가지 행동이나 상황에 초점을 맞추어, 신문 기사 쓰듯이 사실적으로 무슨 상황이 언제 어디서 일어났으며, 유아가 그 상황에서 무슨 말을 하고 행동했는지를 적는다. 일화 기록은 사건이 관찰된 직후에 적는 것이 좋지만 가능하지 않을 때에는 메모지에다 간단히 메모해 두었다가 수업이 끝난 후 기록하거나 녹음기를 이용하여 적는 것도 한 방법이 될 수 있다. 잘 기록된 일화 기록은 사건이 일어난 장소, 일어난 사건에 대한 간단한 요약, 그리고 유아가 어떤 말을 했고, 어떤 행동을 했는지가 구체적으로 명료하게 적혀 있어야 한다.

| 표 2-6 | **일화 기록 관찰 양식의 예**

[일화 기록 관찰 양식]
관찰 아동 : 이현빈 (남)
생년 월일 : ○○○○. 5. 28
관 찰 일 : ○○○○년 10월 16일 금요일 오전 09:40
관 찰 자 : 윤영애
장 면 : 언어 영역에서 작은 책 만들기
기 록 : 현빈이가 도서 영역에서 '옛날 옛날에는 무엇을 입었을까요?'를 보다가 벗은 모습을 보고는 "창피해."라고 이야기했다. 그리고는 책을 넘기다가 옛날 옷(전통 두루마기)를 보고는 색깔이 이상하다고 고개를 갸우뚱했다. 잠시 후 작은 책 만들기 바구니를 보고는 그림과 글씨를 맞추기 시작했다. 갓의 그림과 글씨, 한복의 그림과 글씨, 고무신의 그림과 글씨를 버선 모양의 작은 책에 자기 이름을 먼저 쓰고 붙였다. 연필로 글씨 밑에 '갓'을 쓰더니 "이건 하지 말아야지." 하면서 다음 그림부터는 쓰지 않았다. 친구가 다가와 쌓기놀이를 하자고 제안했으나 끝내야 한다고 거절했다.

(2) 체크리스트

체크리스트는 교사나 관찰자가 단순히 어떤 기술이나 행동 혹은 발달 특성이 나타나는지를 알아보고 싶을 때 하는 관찰 방법으로, 미리 정해져 있는 항목에서 사실 여부를 표시하는 것이다. 체크리스트는 관찰하고자 하는 대상의 현재 상태를 평가하고자 할 때 사용하며, 시간에 따른 발달의 변화를 알고자 할 때도 사용된다. 잘 구성된 체크리스트는 관찰자의 주관적인 평가를 배제하여야 하며, 관찰 가능한 행동에 초점이 모아져 있어야 한다. 즉, 관찰자가 정확하게 평가할 수 있도록 체크리스트 지침이 정확하고 명료하게 기록되어 있어야 하며, 관찰자는 각 항목을 잘 이해하고 있어야 한다.

| 표 2-7 | **체크리스트의 예**

[자발적인 책 읽기 행동과 읽기에 대한 태도]			
	항상	가끔	전혀
자발적으로 책을 읽거나 보려고 한다.			
책을 읽어 주는 동안 주의 깊게 듣는다.			
말하거나 질문을 한다.			
집으로 책을 빌려 간다.			
집에서 자발적으로 읽는다.			

2) 포트폴리오

포트폴리오는 전통적인 평가 방식(상대평가와 지필검사, 선택형 평가 문항 구성 등)의 단점을 보완한 대안적인 평가 방법으로 유아의 경험이나 노력, 성취, 진보를 보여 주는 다양한 자료들을 장시간에 걸쳐 체계적으로 수집하여 유아의 수행 정도뿐만 아니라 발달 과정을 종합적이고 지속적으로 평가하는 방법을 말한다.

포트폴리오에 포함되는 다양한 자료로는 유아가 그린 그림, 낙서, 읽기 · 쓰기, 결과물, 저널, 보고서, 동극, 유아가 지은 동시, 이야기 등 유아가 가장 잘한 작품이나 흥미 있어 하는 것, 학습 과정을 보여 주는 것, 다양성을 나타내는 것, 쉬운 작품, 어려운 작품, 실패한 작품이 포함된다. 이 밖에도 표준화 검사 결과, 교사의 관찰 기록, 유아 면담 및 부모 상담 자료, 평정 척도, 관찰 척도, 음성 녹음 자료, 전자 매체(디지털 카메라, 캠코더, 스캐너 자료 등)를 이용한 유아의 작품이나 활동 기록물 등이 포함된다.

유아들은 매일의 일상생활에서 느끼고, 바라고, 생각하고, 배우며 자란다. 언어는 바로 이런 느낌, 바람, 생각에 없어서는 안 될 도구이다. 언어는 또한 새로운 정보, 새로운 문제에 직면했을 때 그 문제를 탐구하고 해결하는 도구이기도 하다. 이런 점에서 언어 교육은 바로 삶의 교육이라 할 수 있다(이차숙 · 노명완, 1994).

5 활동의 실제

활동 1 신문의 뉴스거리에 대한 우리의 생각들

연령	활동 형태	영역
5세	대·소집단	언어

목 표	5세 누리과정 관련 요소
• 최근 뉴스거리에 관심을 갖고 이야기를 나눈다. • 최근 뉴스거리에 대한 자신의 생각을 글로 표현해 본다.	• 의사소통: 쓰기 – 쓰기에 관심 가지기 • 자연탐구: 과학적 탐구하기 – 자연현상 알아보기

창의 · 인성 관련
- 창의성: 인지적 요소 – 사고의 확장
- 창의성: 동기적 요소 – 호기심·흥미
- 인성: 협력 – 긍정적인 상호 의존성

활동 자료

다양한 뉴스거리의 사진이 담긴 신문, 잡지

활동 방법

1. 소집단 유아들이 교실 언어 영역에 비치된 잡지나 신문을 탐색한다.
   - 어떤 뉴스에 관심이 많니? 신문 속에 너희들이 알고 있는 어떤 뉴스가 있니?
2. 모두가 관심 있어 하는 뉴스거리를 선정하여 기사에 대해 이야기 나눈다.
   - 홍수에 대해 관심이 많구나. 요즘 비가 무척 많이 와서 홍수가 난 지역이 많아서 그렇구나. 홍수가 난 마을에는 어떤 일들이 생길 수 있는지 생각해 보자.
   - 사람이나 동물이 떠내려가기도 하고 과수원의 과일들이 다 떨어지기도 하는구나.
3. 유아들은 신문에서 오린 사진을 도화지에 붙이고 신문 기사 옆에 자신의 생

각을 글로 써 본다.

- 홍수에 대한 느낌이나 생각들을 사진 옆에 글로 적어 보자.
- 글쓰기가 어려운 친구들은 자기 생각을 이야기하면 선생님이 적어 줄 수 있단다.

4. 완성한 신문 기사 구성물에 대한 자신의 생각을 친구들 앞에서 발표해 본다.
   - 신문 기사에 대한 느낌이나 생각들을 서로 이야기 나누어 볼까?

활동의 유의점

1. 글자가 정확하지 않더라도 유아에게 의미 있는 느낌이나 생각을 표현하면 이를 격려하고 표현 내용을 존중한다.
2. 어떤 글자를 썼는지 묻기보다 유아가 쓴 내용을 읽어 달라고 부탁한다. 유아가 불러 준 내용을 교사가 받아써 주는 기회를 통해 말과 글의 관계에 대해 자연스럽고 지속적으로 관심을 갖도록 한다.

활동 평가

1. 최근 뉴스거리에 관심을 갖고 이야기를 나누는가?
2. 최근 뉴스거리에 대한 자신의 생각을 글로 표현하는가?

활동 2 자연의 소리를 이야기해요

연령	활동 형태	영역
5세	대·소집단	실외

목 표	5세 누리과정 관련 요소
• 여러 가지 자연의 소리를 듣고 생각과 느낌을 이야기해 본다. • 자연의 소리에 대한 아름다움을 느끼고 즐긴다.	• 의사소통: 말하기 – 느낌, 생각, 경험 말하기 • 자연탐구: 탐구하는 태도 기르기 – 탐구과정 즐기기

창의 · 인성 관련
- 창의성: 인지적 요소 – 사고의 확장
- 창의성: 동기적 요소 – 호기심 · 흥미
- 인성: 존중 – 생명과 자연에 대한 존중

활동 자료

산책에 필요한 소품들, 그리기 도구

활동 방법

1. 유아들과 함께 주변의 공원이나 바다, 강, 냇가, 들판, 숲 등 자연의 소리를 탐색할 수 있는 장소로 산책을 나간다.
2. 유아들과 함께 눈을 감고 들리는 주변의 자연의 소리들을 탐색한다.
   – 눈을 감아 보자. 어떤 소리들이 들리는지 조용히 들어 보자.
3. 어떤 소리를 들었는지 말해 보고 자연의 소리에 대한 자신의 느낌, 생각, 경험을 말해 본다.
   – 어떤 소리를 들었니?
   – 새소리를 들었구나, 새소리의 느낌은 어떠니? 새가 뭐라고 하는 것 같니?
   – 바람 소리를 들었구나. 바람 소리의 느낌은 어떠니? 바람이 뭐라고 말하는 것 같니?
   – 새소리와 바람 소리는 어떻게 다르니?

4. 자연의 소리를 자신만의 독특한 목소리로 만들어 본다.
   - 새소리, 바람 소리, 시냇물 소리를 만들어 볼 수 있니? 소리들을 어떻게 다르게 만들었니?
5. 자신이 발견한 소리들에 대한 느낌이나 생각을 몸으로 표현해 본다.
   - 우리 몸을 이용해서 소리들의 느낌이나 생각을 표현해 보자. 목소리로 표현했을 때와 몸으로 표현했을 때 어떻게 다르니?

활동의 유의점

1. 유아가 들은 자연의 소리를 표현해 보게 하고 점차 상상력과 창의력을 발휘하여 들은 소리들을 엮어서 재미있는 이야기를 지어 말하도록 격려한다.
2. 고정관념화된 소리(예: 새는 짹짹, 시냇물은 졸졸 등)로 표현하기보다 자신의 목소리를 사용하여 독특하고 창의적인 방법으로 소리를 탐색하고 만들어 보도록 격려하고 기회를 제공한다.

활동 평가

1. 여러 가지 자연의 소리를 듣고 자신만의 생각과 느낌을 이야기하는가?
2. 자연의 소리를 탐색하고 소리에 대한 아름다움을 느끼고 즐기는가?

확장 활동

1. 소집단 유아들이 자연의 소리에 대한 자신의 느낌이나 생각을 글이나 그림으로 표현한다.
2. 표지에 제목(예: '자연의 소리 이야기'), 글 작가, 그림 작가, 출판사명을 구상하여 책을 제작한다.
3. 유아들이 함께 만든 책을 도서 영역에 비치한 후 친구들의 생각들을 공유한다.

활동 3 주변의 친숙한 글자 찾아 읽어 보기

연령	활동 형태	영역
5세	자유선택	언어

목 표	5세 누리과정 관련 요소
• 주변에서 친숙한 글자를 찾아본다. • 교사가 읽어 주는 낱말과 문장을 듣고 뜻을 이해한다.	• 의사소통: 읽기 – 읽기에 흥미 가지기 • 의사소통: 듣기 – 낱말과 문장 듣고 이해하기
➲ 창의 · 인성 관련 • 창의성: 인지적 요소 – 수렴적 사고	

활동 자료

과자 이름·만화 캐릭터·가게 이름·친구 이름이 적힌 글자 카드, 다양한 상품이 표기된 전단지, 잡지, 생활 광고지 등 다양한 인쇄물

활동 방법

1. 언어 영역에 비치된 자료에 쓰인 친숙한 글자를 찾아본다.
   - 어떤 자료를 찾았니? 너희들이 아는 글자가 있니?
2. 전단지, 잡지 등에서 그림을 보며 상품 이름을 말해 보고 그중에서 지신의 이름과 익숙한 글자를 찾아본다.
   - ○○가 좋아하는 상표구나. 상표에 어떤 글이 있니? 읽어 볼 수 있니?

활동의 유의점

1. 언어 영역에 유아가 좋아하는 과자 이름, 만화 캐릭터, 간판, 친구 이름 등에 쓰인 글자에서 친숙한 글자를 미리 비치해 둔다.
2. 일상생활 관련 환경 인쇄물, 생활 광고지 등 주변에서 쉽게 볼 수 있는 친숙한 인쇄물을 유아들과 함께 찾아보고 유아가 읽어 보려고 할 때 격려한다.
3. 글자를 상황이나 맥락 없이 학습지나 카드로 분절하여 가르친다면 유아는

글자의 기능을 모르고 글자 읽기에 흥미를 잃을 수 있으므로 유의한다.

활동 평가

1. 일상생활 관련 환경 인쇄물, 생활 광고지 등의 인쇄물에서 친숙한 글자를 찾으려고 하는가?
2. 유아가 관심을 갖는 인쇄물을 교사가 읽어 줄 때 유아가 그 내용을 듣고 낱말과 문장의 뜻을 이해하는가?

참고문헌

교육과학기술부, 보건복지부(2012). 5세 누리과정 해설서.

교육과학기술부, 보건복지부(2013a). 3-5세 연령별 누리과정 교사용 지침서.

교육과학기술부, 보건복지부(2013b). 3-5세 연령별 누리과정 해설서.

서윤정(2005). 총체적 언어접근법과 발음중심 교수법을 병행한 언어교육 프로그램의 효과. 배재대학교 대학원 석사학위논문.

이숙희(2008). 균형적 유아 읽기 프로그램의 개발과 적용 효과. 동덕여자대학교 대학원 아동학과 박사학위논문.

이연섭, 강문희(1990). 유아언어교육. 서울: 창지사.

이차숙, 노명완(1994). 유아언어교육론. 서울: 동문사.

주영희(2001). 유아언어 발달과 교육. 경기: 교문사.

최정미(2009). 예측동화읽기수업과 낱말읽기수업이 유아의 언어능력에 미치는 영향. 동아대학교 교육대학원 유아교육전공 석사학위논문.

Adams, M. J., & Bruck, M. (1995). Resolving the "Great Debate". *American Ducation, 19*(7), 10-20.

Baker, L., & Cantwell, D. P. (1987). Comparison of well, emotionally disordered, and behaviorally disordered children with linguistic problems. *Journal of the American Academy of child and Adolescent Psychiatry, 26*, 193-196.

Blachman, B A.(1984). Relationship of rapid naming ability and language analysis skills to kindergarten and first grade reading achievement. *Journal of Educational Psychology, 76*, 610-622.

Harris, T., & Hodge, R.(Eds.) (1995). *The literacy dictionary*. New York, DE: International Reading Association.

Holdaway, D.(1979). *The Foundations of Literacy*. Auckland: AshtonEducation. Sydney: Scholastic.

Howlin, P., & Rutter, M. (1987). The consequences oflanguage delay for other aspects of development. In W. Yule & M. Rutter (Eds.), *Language development and disorders*. London: MacKeith.

Juel, C. (1991). Beginning reading. in R. Bass, M. L. Kamil, D. Mosenthal, & P. D.

Person(Eds.), *Handbook of reading research, 2*, 759-788. New York' Longman.

McIntyre, E. & Pressley, M. (1996). *Balanced instruction:Strategiesand skillsin wholelanguage*. Norwood, MA: Christopher-Gordon.

Mooney, M. E. (1990). *Reading to, with and by Children katonah*. New York: Richard, C. Owens.

National Reading panel (2000). *Teaching children to read: An evidence-based assessment of the implications for reading instruction*. Washington, DC: National Institute of Child Health and Human Development.

Pressley, M. (1998). *Effective reading instruction: The case for balanced teaching*. NewYork: Guilford Press.

Sanders, J, (2003). Balanced Approach to Literacy: A Guide to Successful Implementation. ED:296.

Stanovich, K. E. (1986). Mattew effects in reading: Soe consequences of individual differences in the acquisition of literacy. *Reading Research Quarerly, 21*, 360-407.

Weaver, C. (1998). Reconsidering a balanced approach to reading. ERIC No. ED418388.

Worthan, S. C. (1998). *Early childhood curriculum: Decelopmental bases for learning and teaching*(2nd Ed.). Upper Saddle River, NJ: Merrill/ Prentice-Hall.

유아 문학교육

제 3 장

1 유아 문학교육의 목적 및 목표

유아 문학교육은 언어교육과 동일시되기도 하는데 이는 유아 문학교육이 유아 언어교육으로 대치될 수 있는 외적 조건, 즉 언어를 매개로 하기 때문이다. 누리과정에는 유아 문학교육 영역이 독립적으로 다루어지고 있지 않고 의사소통 영역과 예술경험 영역에서 통합적으로 다루고 있다. 의사소통 영역에는 동화 · 동요 · 동시 듣기, 말과 글의 관계 알기, 글자에 관심 가지기 등과 같은 내용이 있다. 이들은 유아 문학 활동과 통합적으로 전개 가능함을 내포한다. 동화, 동요, 동시 활동을 하면서 이야기 꾸미기 활동을 하는 동안 유아들은 글자에 관심을 가지게 되며 글과 말의 관계를 알게 된다. 책 속에서 자신이 알고 있는 글자를 찾아보거나 생각이나 느낌을 글로 적어 보는 활동을 계획하고 전개할 수도 있다. 이러한 과정에서 유아들은 책에 관심을 가지게 되고 책에 대한 개념을 형성하게 되면서 책 읽기를 즐기게 된다.

유아기 초기의 경험이 지속적으로 영향을 미친다는 점에서 유아 문학의 올바른 교육적 목표 설정은 중요하다. 유아 문학의 교육 목적은 유아에게 지식과 기술을 익히도록 하기보다는 문학작품을 즐겁게 경험하는 가운데 숨은 의미를 깨닫도록 하는 것이 되어야 한다. 유아 문학의 교육적 가치가 유아들의 순수하고 자발적인 문학 활동 속에 내재해 있듯이 유아 문학의 교육 목표 역시 자발적이고 순수한 문학적 반응을 격려함으로써 자연스럽게 달성할 수 있어야 한다. 유아 문학의 우선적인 교육 목표는 다양한 문학을 경험함으로써 문학적 태도를 기르고 감상하는 방법을 알게 하는 데 있다. 유아들의 순수한 문학적 반응을 중시하는 교육 목표를 강조하는 교과과정을 문학에 기초하는 교과과정 또는 반응 중심적 문학 교과과정(response-centered litera-ture curriculum)이라고 한다. 이러한 교과과정의 목표는 문학적 기술을 증진시키는 데 있는 것이 아니라 유아들의 문학적 반응을 격려해 줌으로써 교육적으로 가치 있는 활동이 되도록 하는 것이다.

유아 문학의 진정한 목표는 순수하고 자발적인 유아들의 문학적 반응의 결과로서 자연스럽게 달성되도록 계획하여야 한다. 이를 위해 유아 문학의 교육 목표는 다음 3가지 측면을 고려할 필요가 있다(Cullinan & Galda, 1994).

첫째, 유아들은 즐거운 마음으로 문학 활동에 참여해야 한다. 유아교사는 유아들의 개성과 다양성을 존중하여야 하며 다양한 책을 제공하여 탐색할 시간을 주어서 유아들끼리 서로 이야기를 나누도록 격려해야 한다. 또한 감상 활동, 표현 활동, 창작 활동을 위한 책 보기, 그림 그리기, 극화 활동 등의 다양한 문학 활동을 경험하도록 안내해야 한다. 즐거움을 기초로 참여한 문학 활동들은 유아들의 문학적 이해력, 표현력, 창의력을 길러 주기 때문에 중요하다.

둘째, 이야기는 전체적 맥락 속에서 이해될 수 있도록 안내해야 한다. 문학적 경험이 적은 유아들의 책 보기 활동을 관찰해 보면 책의 내용이나 그림의 일부분에 집착하는 경우를 볼 수 있다. 교사는 그림과 내용을 전체적으로 보고 들을 수 있도록 안내해 주어야 한다. 이야기는 시작, 중간, 끝의 이야기 구조를 갖고, 이야기는 시작과 끝이 있으며 이야기에는 사건이 발생하고 문제 해결의 방법이 내재해 있음을 체득할 수 있도록 일련의 연속성을 갖고 이야기 감상을 하는 것이 좋다.

셋째, 책을 통하여 자신과 세계에 대해 탐색하도록 한다. 교사는 유아들의 반응을 중요시해야 한다. 교사가 유아들의 반응을 존중해 주게 되면 유아는 유아 스스로 자신의 잠재 능력을 인식하게 된다. 따라서 교사는 유아들의 반응이 더욱 정교해질 수 있도록 다양한 활동을 준비하고 누리과정의 다른 영역에까지 폭넓게 적용될 수 있도록 안내하면 좋다. 문학이 중심이 되는 반응 중심의 문학 교과과정을 운영하는 기관의 교실에는 생활주제와 관련되는 다양한 책, 순수아동문학적 감수성을 기를 수 있게 하는 다양한 장르의 책이 비치되어 있어야 한다. 유아들은 스스로 문학 활동을 즐기기도 하지만 다른 유아의 활동을 관찰하면서 말하는 기술, 조직, 순서, 극적인 표현 등을 배우기도 한다.

2 누리과정과 유아 문학교육의 내용

1) 누리과정 의사소통 영역의 유아 문학교육 내용

① 동요, 동시, 동화 듣고 이해하기

'동요, 동시, 동화 듣고 이해하기' 는 유아가 자유롭게 동요, 동시, 동화와 전래동요를 자주 접하는 경험을 하도록 하되, 다양한 방법으로 들려주어 이를 즐기도록 하며, 반복하여 듣는 경험을 통해 들었던 내용을 이해하고 우리말의 재미를 느끼게 하는 내용이다.

내용	활동의 예
동요, 동시, 동화 듣고 이해하기	• 만 3세는 동화, 동요, 동시를 반복적으로 듣는 경험을 즐긴다. 동화, 동요, 동시는 정해진 시간에 대집단으로 듣기보다 개별, 소집단으로 일상생활 시간과 장소에 구애됨이 없이 자유롭게 듣도록 하는 활동이다. 만 4세는 동화를 즐겁게 반복적으로 듣고 그 내용을 즐기도록 문학작품의 특성을 잘 나타낼 수 있는 매체로 전환하는 활동, 만 5세는 흥미롭게 들었던 동화를 그림자동화나 막대동화 등으로 바꾸어서 친구들과 자유롭게 이야기 꾸미기 활동 등을 할 수 있다.

내용	활동의 예
전래 동요, 동시, 동화 듣고 우리말의 재미 즐기기	• 만 4세는 전래동요나 동시, 동화를 듣되, 반복적 구절과 함께 나오는 문장은 함께 동작을 해 보며 우리말의 재미를 느끼는 활동이 가능하다. 실외에서 '우리 집에 왜 왔니, 왜 왔니 왜 왔니?'를 놀이로 하며 전래동요를 부른다. 만 5세는 탈춤을 추며 '강강술래 강강술래, 뛰어 보세 뛰어나 보세 강강술래, 달떠 온다 달떠 온다 강강술래' 가사에 맞춰 몸을 움직이고 강강술래라는 우리말의 재미를 느끼는 활동을 할 수 있다.

② 책 읽기에 관심 가지기

'책 읽기에 관심 가지기'는 유아가 그림책에 흥미를 가지도록 돕고 그 흥미를 바탕으로 책 보는 것을 즐기며 책을 소중히 다루는 태도를 기르는 내용이다. 또한 유아가 읽었던 내용을 그림을 단서로 이해하며 필요한 정보를 책에서 찾아보는 내용이다.

내용	활동의 예
책과 책 읽기에 흥미 가지기	• 만 3세는 제시된 다양한 책에 관심을 가지고 선택하여 선생님에세 읽어 달라고 요구하거나 그림을 살피며 본다. 만 4세는 내가 좋아하는 책 소개하기, 책을 소중하게 다루는 방법을 이야기하고 약속 정하기를 해 본다. 만 5세는 스스로 읽고 싶은 책을 골라 도서를 대여해 보거나 친구에게 읽어 주기, 파손된 책 함께 보수하기를 해 본다.
그림을 단서로 내용 이해하기	• 상황이 잘 표현되어 있는 짧은 그림책을 보며 장면 그림이나 내용에 대해서 교사에게 질문하고 충분히 이야기를 나눈다. 만 4세는 또래가 함께 그림책을 보며 주인공과 다른 등장인물들이 한 일을 이야기 나누고 그 다음에 어떤 일이 일어날지 서로 이야기해 본다. 만 5세는 책을 읽어 주면 유아는 사건 속에서 주인공의 기분이 어떠했는지 이야기 나누거나 이야기 결과가 어떻게 될지 추측해 본다.
궁금한 것 책에서 찾아보기	• 만 4세는 주제와 관련된 다양한 종류의 도서를 비치하되, 언어 영역뿐 아니라 수·조작 영역, 미술 영역 등 주제 관련 책이 필요한 여러 영역에 구비하여 유아가 궁금한 것을 수시로 찾아본다. 만 5세는 백과사전류나 잡지, 개념책, 친구들과 함께 만든 주제 책 등을 비치하여 궁금한 것을 수시로 찾아볼 수 있도록 하며, 책에서 알게 된 내용을 다른 친구들에게 소개하기로 연결해 본다.

'책의 그림을 단서로 내용을 추측해 본다.'는 책의 내용 요소인 그림을 통하여 책의 내용을 추측해 보며 책 읽기를 친근하게 즐길 수 있는 내용이다. 만 3세 유아는 책 속의 그림을 보며 이야기 구성을 하고 이야기 줄거리를 추측하기도 한다. '책의 그림을 단서로 내용을 이해한다.'는 책의 그림은 내용을 이해하는 중요한 요소임을 알고 그림을 단서로 이야기 줄거리를 이해하는 내용이다. 만 4, 5세는 책의 그림을 단서로 주인공, 사건과 사건의 연결, 배경, 사건 해결 과정 등을 이해할 수 있다. 만 5세 유아는 그림은 물론 책에 써 있는 친숙한 글자를 조금씩 읽을 수 있다. '궁금한 것을 책에서 찾아본다.'는 유아가 필요로 하는 새로운 정보를 얻기 위해 자연스럽게 책을 활용하는 내용이다. 만 4, 5세 유아는 책 읽기를 통해 책이 주는 다양한 가치를 경험한다. 교사는 주제와 관련된 책, 백과사전 등 다양한 유형의 책, 유아가 흥미 있어 하는 주제의 책, 동시나 언어놀이 책, 음악 및 미술 관련 책, 과학 관련 책 등을 여러 흥미 영역에 비치하여 놀이 중 궁금한 내용을 찾아보거나 수시로 활용하도록 격려한다. 이 과정을 통해 책은 필요한 정보를 얻고 즐거움을 주는 유익한 도구임을 알게 된다.

2) 유아 문학교육 내용

유아 문학이 주는 즐거움은 매우 다양하다. 언어 자체의 즐거움, 감정을 이끌어 내는 즐거움, 문학 레퍼토리나 문학 이해의 전략을 쓰도록 만드는 즐거움, 레퍼토리 안에 있는 공란을 깨닫는 즐거움, 단어나 텍스트가 불러일으키는 그림, 생각의 즐거움, 스토리의 즐거움, 공식의 즐거움, 새로움의 즐거움, 스토리텔링의 즐거움, 구조의 즐거움, 문학의 여러 요소가 어울려 전체를 형성해 내는 방법을 깨닫는 즐거움, 우리 자신을 비추는 거울을 발견하는 즐거움, 벗어남의 즐거움, 이해의 즐거움, 문학을 통해 보는 즐거움, 형식과 장르를 알아보는 즐거움, 문학을 통해 역사와 문화에 대한 통찰력을 얻는 즐거움, 텍스트에 대한 반응을 더 깊이 있게 발전시키는 즐거움 등이다(Perry Nodelman, 김서정 역, 2006; 57). 유치원 교육과정에서 제시하고 있는 수준별 유아 문학교육 내용을 계획할 때, 문학의 근원적인 즐거움을 고려하여 계획한다면 유아들의 흥미를 고조시킬 수 있는 좋은 유아 문학교육 내용이 될 수 있을 것이다.

좋은 문학작품에는 아름다운 모국어의 다양한 어휘와 짜임새와 좋은 문장이 있고, 이야기의 시작과 끝이 있으며, 이야기의 논리와 인과성을 내포하고 있다. 유아기에 문학작품을 감상한다는 것은 독자인 유아가 직접적으로 작가와 만나기보다 교사가 읽어 주는 이야기를 귀로 들으면서 눈으로 감상하는 경우가 대부분이다. 유아들은 일반적으로 교사를 통해 문학작품과 작가를 만날 수 있는 것이다. 따라서 유아기 문학은 유아가 직접 읽거나 쓰는 방식보다는 교사가 읽어 주는 문학작품을 들으면서 이야기를 감상하고 글과 그림을 시각적으로 탐색하거나 문학작품에 대한 유아의 느낌이나 작품을 통한 아이디어로 새롭게 창안한 이야기를 교사가 기록해 주는 방식으로 이루어지는 것이 적절하다. 좋은 유아 문학의 내용은 문학의 구성 요소를 통해 그 특징이 잘 나타난다.

(1) 등장인물

이야기 속에 등장하는 인물을 얼마나 믿을 만한가? 유아들은 어떤 인물에 매료되는가? 대부분 좋은 유아 문학에 등장하는 인물은 어린이다움을 잃지 않는다. 이야기 속의 역할을 충실하게 수행하면서 진실을 말하고 행동하는 정의로운 인물에 감동을 받는다. 성인들은 일반적으로 유능하고 위대한 업적을 남기는 위인들이 등장하는 이야기를 추천하면서 유아들이 그러한 인물들을 닮기를 희망한다. 그러나 유아들은 자신과 크게 다르지 않은 주변에서 흔히 접할 수 있는 친숙한 인물이지만 자신만의 독특한 개성을 지닌 인물을 선호한다. 유아 문학에는 사람 등장인물 이외에도 의인화된 동물과 물건, 장난감 등이 등장한다. 이혼, 인종, 장애와 같은 민감한 주제를 다룰 때 이야기를 간접적으로 전달하는 기능을 하기 때문에 상처가 있는 유아들에게 심리적 상처를 직접적으로 건드리지 않으면서 자신의 문제를 반추하도록 돕는다.

(2) 배경

배경은 이야기의 시간과 공간을 말한다. 장르에 따라 배경은 구체적으로 제시되기도 하지만 애매모호하여 막연한 시간과 공간이 펼쳐지기도 한다. 전통문학의 시간과 공간의 배경은 단순하고 애매모호하지만 생활동화에서는 더욱 실제적이고 구체적으로 제시된다. 환상동화의 배경은 현실과 환상을 넘나드는 시간과 공간을 제시함으로써 유아의 상상력의 폭을 넓혀 준다. 배경은 이야기의 분위기를 연출하는 데 크게 기여한다. 인물이 어느 시간에 어느 장소에 등장하느냐에 따라 같은 배고픈 행동을 다르게 연출하기 때문이다. 이는 상황에 적합한 행위의 사회적 기대치가 작동하기 때문이다. 등장인물이 상황적 배경에 적합하지 않은 행동을 하게 될 경우 유아들은 재미와 흥분을 느끼게 된다.

(3) 플롯

플롯은 구성이라고도 한다. 이는 이야기를 구성하는 일종의 이야기 지도와 같은 기능을 한다. 좋은 작품의 플롯은 이야기가 전개되는 동안 갈등이나 긴장을 내포하는 문제가 나타나고 클라이맥스에서 갈등과 긴장이 최고조에 달한다. 등장인물의 기지가 발휘되면서 문제가 해결되는 시점에서 갈등과 긴장이 감소되고 팽팽한 문제는 해결되면서 이야기가 끝맺음을 하게 되는 경우가 많다. 유아 문학 속에 내재된 문제는 유아 스스로 발견하고 문제의 해결책을 이해할 수 있는 내용이면 좋다. 이야기 에피소드는 서로 원인과 결과의 관계성 속에서 짜임새 있게 엮어져서 응집력 있는 이야기 줄거리를 만들어 낸다. 좋은 플롯은 유아들이 생활 속에서 만나고 경험하는 다양한 등장인물과 갈등을 사용함으로써 이야기를 흥미롭게 만들고 유아들로 하여금 이야기에 몰입하도록 한다.

(4) 결말

유아 문학의 대부분의 결말에는 이야기의 문제가 해결되고 긴장이나 갈등이 해소되면서 안정감과 행복감의 여운을 남기는 경우가 많다. 그러나 최근 창작 유아문학에는 열린 결말의 형식을 갖는 경우가 많다. 이는 작가가 독자에게 결말을 예측하도록 맡겨 두는 방식이다. 열린 결말은 이야기에 전개되었던 문제들이 다양한 방식으로 해결될 수 있음을 추측하게 만든다. 유아들은 열린 결말을 단서로 하여 자신의 상상력을 바탕으로 창의적으로 후속 이야기를 재미있게 구성하기도 한다.

(5) 문체와 언어

유아기는 언어가 완성되어 가는 과정에 있다. 따라서 유아 문학의 문체와 언어는 유아기 언어 발달을 자극하는 좋은 기능을 한다. 유아 문학의 언어는 일반적으로 간결하고 정확하며 경쾌하다. 우리말의 재미와 아름다움을 느낄 수 있는 의성어나 의태어를 잘 살리게 되면 재미와 즐거움이 더해진다. 유아 문학에는 단어, 구절, 문장, 사건 등이 자주 반복된다. 반복은 리듬을 갖기 때문에 재미와 즐거움을 동반하는 기능을 한다. '우리 엄마 어디 있어요?', '두드려 보아요. 똑똑 파란문이에요, 들어가도 될까요?' 식으로 유아들의 호기심과 창의력, 상상력을 자극하는 의문형 표현 방식도 있다.

(6) 주제와 소재

주제는 이야기의 핵심 생각이다. 유아 문학의 주제는 단순하지만 보편적 진리를 담고 있다. 유아들이 일상생활을 통해 경험할 수 있는 것이면 어떤 주제이든지 가능하다. 주제를 통해 유아의 욕구, 이해, 흥미를 드러내고 유아기 생활을 탐구하고 의미와 가치를 발견하도록 돕는다. 유아 문학의 주제는 가족, 친구, 자연, 생활 적응, 애완동물, 장애, 환경, 농촌과 도시, 꿈, 상상, 유머 등 다양하다.

3 유아 문학 교수·학습 방법

1) 감상하기 지도법

(1) 문학작품 즐겨 듣기

유아들은 교사가 읽어 주는 이야기를 감상하거나 친구들과 함께 이야기를 읽으면서 문학작품을 듣고 즐기게 된다. 문학 감상 활동은 유아들의 문학적 자질을 길러 주는 기초 활동이 되며 이는 그림책 감상하기와 동시 감상하기로 나눌 수 있다.

① 그림책 감상하기

유아들은 이야기를 들으면서 청각적 즐거움을 느끼게 되고, 이야기의 지식을 습득하게 된다. 교사가 이야기를 들려주는 태도와 방법은 유아들의 문학적 감상 능력에 영향을 미친다. 교사는 이야기 속에 내재한 작가의 의도를 잘 파악할 필요가 있다. 이야기의 분위기에 적합한 속도, 빠르기, 음성의 강·약, 억양을 조절하여 들려주어야 한다. 유아는 교사가 들려주는 이야기를 통하여 작품의 분위기를 알게 되고, 문학적 감수성을 키워 나갈 수 있다. 교사는 모든 유아들이 심리적으로 안정된 분위기 속에서 이야기를 경험할 수 있도록 배려하여야 한다.

교사는 유아와 함께 그림책을 감상하는 동안 유아들은 교사가 들려주는 이야기를 글과 그림으로 표현하며 글과 그림은 상호 연관이 있음을 알게 된다. 특히, 글을 모르는 유아들은 그림을 통하여 이야기를 이해하게 된다. 예술성이 뛰어난 그림은 본문의 내용을 잘 나타내고 있을 뿐만 아니라 미술을 감상하는 안목을 길러 준다. 좋은 그림책을 다양하게 경험함으로써 유아들은 그림을 감상하는 방법, 미술적 표현 양식의 다양성, 그림에 사용된 소재 등과 같은 미술적 감각을 기르게 된다. 교사는 다양한 그림 이야기 책을 통하여 유아들이 미적 아름다움을 느낄 수 있도록 지도하여야 한다. 유아와 함께 글과 그림의 상호 보완적 이야기를 읽는 동안 유아들은 책을 읽을 때는 왼쪽에서 오른쪽으로, 위에서 아래로 읽어 내려가야 하며, 책은 한 장씩 넘겨서 보아야 한다는 것을 알게 된다.

② 동시 감상하기

유아는 동시를 감상함으로써 시의 음악성, 언어의 아름다움, 시가 함축하고 있는 메시지 등을 파악하게 된다. 동시를 감상하는 방법으로는 교사가 들려주는 동시를 듣거나, 모두 함께 읽는 방법이 있다. 동시를 감상한 후에 교사는 유아들에게 어떠한 느낌이 드는지, 어떠한 이미지가 연상되는지에 관한 질문을 하여 정서적인 반응을 알아볼 수 있다.

(2) 책에 관심 갖기

유아들에게 책에 관심을 갖도록 돕는 방법은 다양하다. 유아들은 읽은 책의 내용을 서로 이야기해 봄으로써 각자 자신이 터득한 이야기에 대한 지식을 함께 공유하게 되는데 이때 서로가 발견한 지식을 공유함으로써 몰랐던 정보를 알게 되고 새로운 책에 대한 관심을 갖게 된다. 책 공유의 경험은 자신의 생각과 느낌을 명료하게 정리할 수 있도록 해 주어, 책을 더욱 잘 이해하도록 한다. 교사는 유아들이 이야기를 할 때 서로의 생각을 비교해 볼 수 있도록 격려하며 서로 다른 견해를 공유하는 경험이 교육적으로 가치 있음을 발견하도록 한다. 책에 관심을 갖도록 돕는 활동은 유아들이 듣거나 읽으며 감상한 이야기를 다른 친구들과 함께 공유하는 동안 이루어지는 경우가 많은데 이야기를 공유하는 방법은 다음과 같이 다양하다.

- 책에 대한 제목 또는 그림이 나타나도록 책의 광고 고안하기
- 등장인물의 중요성 말하기
- 작가와 삽화가에 대해 말하기
- 작가나 책에 대해 좋고 싫은 점 말하기

- 주제가 같은 두 권의 책을 비교해 보기
- 작가가 같은 두 권의 책을 비교해 보기
- 이야기 중에서 재미있는 인물이나 사건 말하기

주제가 같은 두 권의 책을 비교하기

책이 많는 공간을 접하게 하여 책에 관심을 유도할 수 있다.

2) 표현하기 지도법

(1) 그림이나 글로 이야기 표현하기

유아들은 그림이나 글로써 자신을 잘 표현한다. 말, 그림, 글은 유아들이 문학에 대한 반응을 하는 수단이다. 유아들은 자신이 듣거나 읽은 책을 통하여 무엇을 알게 되었는지, 어떻게 느끼고 있는지를 그림을 그리거나 글로 쓰면서 발견한다. 연령이 어릴수록 유아들은 글과 그림을 거의 구별하지 않고 사용한다. 그러나 유아들은 의미 있게 듣거나 읽은 책의 내용을 그림이나 글로 표현하기 때문에 이러한 쓰기는 자신이 생각하고 느끼는 바를 발견하는 데 도움을 준다.

(2) 동작이나 몸짓으로 이야기 표현하기

이야기의 의미를 얼굴 표정이나 몸짓으로 나타내는 방법이다. 언어적 표현력이 부족한 유아들은 언어적 표현보다 동작적 표현에 더 익숙하다. 유아들은 이야기를 듣기만 했을 경우에는 그 내용을 쉽게 잊어버리지만, 몸으로 표현해 본 이야기 내용은 잘 기억해 낸다(Lucky, 1990). 유아들은 이야기의 등장인물이 사용한 몸짓, 표정, 행동을 표상함으로써 인물의 역할이나 이야기 줄거리를 잘 이해할 수 있으므로 언어적 표현 능력이 풍부하지 못한 유아에게 이러한 동작적 표현 활동은 의사소통의 좋은 수단이 되며, 언어 발달의 기초가 된다(Hickman, 1981). 또한 유아들의 동작적 표현은 이야기를 더욱 잘 이해할 수 있게 하며, 등장인물의 성격에 대해 깊이 탐색할 수 있는 계기를 만들어 준다.

다양한 자료를 활용하면 표현이 더욱 풍부해진다.

(3) 목소리 연기하기

유아들이 재미있어 하는 이야기를 목소리로 연기해 보는 방법이다. 그러기 위하여 유아들은 등장인물, 인물의 성격, 이야기의 여러 가지 상황에 대해 토의하여야 한다. 이런 활동은 책에 대한 열정을 가질 수 있도록 해 주므로 읽기 기술을 증진시킨다.

유아들은 활동적 표현 양식 중 음성을 변조(變調)시킴으로써 문학을 표현하기도 한다. Applebee(1978)는 유아들이 문학적 반응을 할 때 '자신의 음성(speaking voice)' 에 극적인 '이야기 음성(story voice)' 을 사용한다는 사실을 알아내었다. 들은 이야기를 다시 재현하는 유아들은 등장인물의 역할이나 이야기의 상황에 따라 음성을 변조시켜 가며 이야기하기도 한다. 물론 처음에는 이야기를 들려준 성인의 목소리를 흉내 내기도 하지만 등장인물의 역할이나 특징을 인식함으로써 차츰 독특한 느낌을 전하기 위하여 특별한 음성을 사용한다. 등장인물의 역할과 분위기에 어울리는 음성을 표상하고자 할 때 유아는 독특한 상상이나 느낌을 자신의 목소리로 표현한다.

(4) 반복과 리듬 언어를 노래로 이야기하기

리듬이 풍부한 동화의 이야기를 노래에 맞춰 이야기를 주고받는 활동이 가능하다. 리듬감은 이야기 속에 내재해 있는 반복의 요소와 밀접한 연관을 맺고 있다. 반복의 유형은 일반적으로 어휘, 문장, 사건이 반복되거나 때로는 이야기 전체가 반복되기도 한다. 이렇게 반복되는 부분에 노래를 삽입하여 극화를 할 수 있다. 노래를 선정할 때는 유아들이 이미 알고 있는 곡 중에서 이야기의 반복되는 부분(노랫말)의 분위기에 어울리는 곡을 유아와 교사가 함께 선정하는 것이 좋다.

(5) 이야기 분위기를 분장으로 표현하기

분장은 유아가 맡은 역할의 특징적 부분을 잘 살려 표현함으로써 자신의 역할을 남에게 알리는 방법이다. 유아들은 이야기 속에 등장하는 인물들을 분장해 봄으로써 인물에 대한 역할을 인식하게 된다. 교사는 유아들이 분장을 할 때 자신의 역할 중 가장 특징적 부분을 잘 표현할 수 있도록 격려한다. 완벽한 가면, 도구, 소품을 만들기 위해 지나치게 에너지를 소모하는 일은 바람직하지 못하다. 교사는 짧은 시간에 유아가 맡은 역할을 분장으로 쉽게 표현해 낼 수 있도록 분장할 수 있는 도구를 적절히 준비해 주어야 한다.

활동을 위한 분장의 예

3) 창작하기 지도법

(1) 이야기 지어 말하기

재미있는 이야기책을 경험한 유아들은 다양한 방법으로 문학적 반응을 나타낸다. 유아교사는 유아들의 여러 가지 문학적 반응을 고무시켜 줌으로써 그들의 문학적 표현력을 길러 줄 수 있다. 문학적 경험을 하기 시작하는 어린 유아들은 언어적 표현 능력이 부족한 탓으로 처음에는 서로 관련이 없는 단편적인 이야기를 나열해 놓다가 문학적 경험이 풍부해짐에 따라 차츰 이야기를 순서에 맞추어 짜임새 있게 말하게 된다. 유아들은 "옛날 옛날에…"로 시작하여 "…행복하게 잘 살았습니다"라고 끝맺음하는 이야기의 시작과 끝의 형식을 사용하면서 이야기를 회상할 수 있으며, 간혹 과거 시제의 형식을 사용할 수도 있다(Applebee, 1978). 유아는 자신이 들은 이야기를 자신의 언어로 다시 재구성해 보거나 그림이나 글로 표상해 봄으로써 이야기를 지어 낼 수 있는 독창적인 지식을 획득해 나간다.

(2) 동시 짓기

동시는 언어의 아름다움을 느끼게 해 주며, 청각적 즐거움을 더해 준다. 동시를 들으면서 시에 대한 즐거운 경험을 해 온 유아들은 생활에서 일어나는 즐거운 경험을 시의 형태로 표현할 수 있다.

집단 동시 짓기 활동을 하는 단계는 다음과 같다.

① 즐거운 활동을 회상하게 한다.
② 개개 유아의 느낌을 그림이나 글로 적는다.
④ 유아들이 표현한 생각들을 나열해 본다.
⑤ 여러 유아가 표현한 시어(詩語)들을 잘 구성하여 학급 공동 시를 완성한다.
⑥ 다 함께 제목을 결정한다.

(3) 동화 만들기

이야기를 즐겁게 경험한 유아들은 그 즐거움을 지속시키기 위하여 동화를 짓기도 한다. 동화 만들기 활동에는 이야기 재구성하기, 뒷이야기 만들기, 창의적 이야기 만들기 등이 있다.

① 이야기 재구성하기

이는 동화 속에 등장하는 인물과 사건의 중요한 맥락은 살리면서 이야기를 더욱 흥미롭게 다시 구성하는 창작 활동을 말한다.

활동지를 활용한 이야기 재구성하기의 예

② 뒷이야기 만들기

개방적으로 끝나는 이야기의 결말은 유아들에게 동화를 창작하도록 하는 동기를 제공한다. 유아들은 이런 유형의 이야기를 다 들은 후, 이야기의 다음 내용이 어떻게 전개될 것인지를 궁금하게 생각하여 뒷이야기에 대한 많은 상상을 하게 된다. 교사는 결말이 개방적으로 끝나는 동화를 선정하여 상상적인 이야기 후편 만들기 활동을 진행시킬 수 있다.

이야기에 대한 경험이 많이 쌓이게 되면 유아들은 기존에 있는 이야기에서 소재를 찾지 않고서도 창의적 이야기 만들기 활동을 할 수 있게 된다. 재미있는 주인공, 소품, 배경 등을 제시해 주어 이야기를 꾸며 보게 하는 방법으로 동기를 유발시킬 수도 있다.

③ 창의적 극본 만들기

창의적으로 극본을 만드는 방법에는 기존에 있는 이야기를 극화할 수 있도록 대본을 결정하는 방법과 역할놀이 영역에서 자연발생적으로 생길 수 있는 놀이 장면을 대본으로 만드는 방법이 있다.

이야기를 통한 극본 만들기는 우선 이야기 구조를 만들어야 한다. 이야기 구조를 형성하기 위해 우선 이야기의 주요 장면을 정하고 다음으로 각각의 장면에 적합한 대사를 구성한다.

놀이를 통한 극본 만들기는 유아들의 자연발생적 놀이 상황을 녹음해 두었다가 그대로 번안하여 극본을 만들어 보면 놀이가 재미있는 유아들의 창작 이야기로 새로 탄생할 수 있다. 놀이의 상황을 녹음한 것을 유아와 함께 들으면서 어떤 놀이를 했는지, 누가 어떤 역할을 맡았는지 등에 관하여 질문한다. 이러한 질문을 통하여 이야기의 주요 인물, 사건이 드러나게 되고 이야기 주제에 적합한 제목이 결정될 수 있다. 그 후 이야기의 재미를 더하려면 어떤 사람이 어떤 대사를 사용하는 것이 좋은지 유아와 함께 토의하여 극본에 더욱 재미있는 대사를 삽입하여 주면 될 것이다.

이상의 감상하기, 표현하기, 창작하기 활동을 진행할 때 교사는 그림이야기책을 선정하고 환경 구성을 하는 단계에서부터 중요한 역할을 수행해야 한다. 그림이야기책 선정과 환경 구성은 그림이야기책 읽기 활동 이전에 이루어져야 하며, 전문적 지식을 필요로 하는 중요한 역할 중 하나이다. 교사의 가장 중요한 역할은 유아-교사와 함께 하는 그림이야기책 읽기 활동의 진행 과정을 어떻게 전개하느냐가 될 것이다. 그림책 보기 활동을 전개할 때 교사의 역할은 다음과 같다.

첫째, 교사는 앞에서 소개한 좋은 그림이야기책의 기준에 따라 질 높은 좋은 도서를 선정해야 한다. 이때, 교사는 유아의 연령, 흥미, 집단의 크기를 고려해야 한다.

둘째, 교사는 선정한 그림이야기책을 유아들과 함께 활동하기 전에 미리 충분히 읽은 후 등장인물과 이야기 맥락에 대해 교사 자신의 감정을 우선 살펴보아야 한다. 목소리를 어떻게 조절하여 이야기를 어떻게 전달하는 것이 책의 메시지를 잘 전달할 수 있을 것인지, 책 읽기의 동기 유발은 어떻게 시킬 것인지 등을 생각하면서 읽기에 대한 준비를 한다.

셋째, 교사는 유아와 교사의 마음을 편안하게 만드는 따뜻하고 친근한 환경을 구성한다. 유아의 눈높이에 그림을 배치하거나 부드러운 재질의 편안한 의자를 적절히 배치하는 것은 유아들에게 심리적 안정감을 준다. 방석이나 쿠션을 활용할 수도 있다. 교실의 조용한 곳을 선정하여 다른 사람의 통행이나 외부 소리로부터 방해를 받지 않도록 하기 위해 칸막이, 커튼, 가구를 배치할 수 있다.

넷째, 유아와 함께 그림이야기책 읽기를 시작하기 전에 교사가 그림이야기책에 대한 동기 유발을 어떻게 시키느냐 하는 문제도 아주 중요하다. 한 가지 방법으로 교사가 동기 유발을 위한 대화를 유도하는 것이 좋다. 듣기에 대한 소망을 표현하는 말이나 듣기를 격려하는 말을 창안하는 것은 좋은 방법이 될 수 있다. 예를 들면, “책 속에는 한 소년이 살고 있단다. 소년은 자기 엄마에게 생일 선물을 주려고 하는데 갑자기 생각지도 못할 어떤 일이 일어났어? 글쎄, 어떤 일일까?”, “이 책에 나오는 원숭이는 정말 재미있는 원숭인데…”, “동물들은 밤이 되면 어디로 잠자러 간다고 생각하니? 이 책 속의 동물들은 어떨까?”, “이 책에는 귀신이 등장하는데, 정말 특별한 귀신이야.” 등의 말로 흥미를 고조시킬 수 있다. 이때, 저자와 삽화가를 간단히 소개할 수도 있다. 그림이야기책을 읽을 때 교사의 태도도 중요하다. 교사는 책을 왼편 또는 오른편에 쥐고 유아들이 펼친 면 두 쪽을 다 볼 수 있도록 하고 그림이야기책의 위치는 유아들의 눈높이에 맞게 유지하는 것이 좋다.

다섯째, 문학교육에 대한 교사의 역할이 유치원 교육과정 안에서 이루어질 수 있도록 하기 위해 교사는 유치원 교육과정의 내용 특성과 일반 원리에 대해서 잘 숙지하고 각 내용별로 그림이야기책 활동이 적절히 연결될 수 있도록 노력해야 한다. 그림책 보기 활동 전개 시의 교사의 역할 이외에도 유아 문학 활동의 효과를 거두기 위하여 교사는 책을 선정하여 문학 활동을 실시하기에 이르기까지 다양한 역할을 수행하여야 한다는 것을 알 수 있다.

4 유아 문학교육의 평가

유아 문학 활동의 결과물은 교사의 입장에서는 유아 개인을 이해하기 위한 자료로 사용되어야 하며, 유아들의 입장에서는 문학적 경험의 즐거움을 지속시키기 위한 매개가 되어야 한다. 그러나 교사가 유아의 지식을 높이기 위한 수단으로 이런 결과물을 사용하여 평가한다면 순수하고 자발적이어야 할 유아들의 문학 활동을 위축시키는 결과를 빚을 수 있다. 유아들의 다양한 반응을 관찰할 때, 교사는 유아마다 문학적 반응에 차이가 있음을 알게 된다. 교사는 또래 간 차이점을 유아 스스로 발견할 수 있는 시간을 마련해 주어 서로 이야기를 나누어 봄으로써 서로가 서로의 모델이 될 수 있도록 자극을 주는 유아 주도적 평가 방법이 될 수 있도록 해야 한다.

유아 주도적 평가를 위하여 교사는 문학 활동 시간 동안 관찰한 유아들의 자발적 반응으로 나타난 결과물을 수집한 후 그들과 함께 문학 활동의 결과물에 대한 토의(평가) 시간을 가질 수 있다. 유아 문학의 평가를 위한 결과물은 다양한 방법으로 수집할 수 있을 것이다.

1) 감상하기 평가

감상하기 평가는 유아 문학 활동 진행 과정과 감상하기 후로 구분된다.

우선, 감상하기 진행 과정에서 교사가 그림이야기책 읽기를 시작하면서 교사는 유아들이 얼마나 주의 집중해서 듣기 활동을 하는지를 관찰할 수 있어야 한다. 그러기 위해 교사의 시선은 책에만 머무르지 말고 유아들의 반응을 꾸준히 관찰하여야 한다. 교사는 본문의 문장을 수시로 확인하며 이미 숙지한 본문의 내용을 기억해 낼 수 있어야 한다. 왜냐하면 책 읽기 내내 가능한 한 유아들과 시선을 마주칠 수 있어야 교사의 감정이 아이들에게 잘 전해지기 때문이다. 또한 적절한 크기와 속도로 분명히 말하고 유아들로 하여금 교사가 읽어 주는 것을 들으면서 동시에 그림을 볼 수 있도록 한다. 교사는 유아와 함께 그림이야기책 읽기를 충분히 즐길 수 있어야 한다. 필요하다면, 교사의 목소리를 등장인물에 적합하도록 변화시켜 유아들의 흥미를 고조시키면 도움이 된다. 그러나 음성 변조를 할 경우에도 자연스러워야 하며 지나친 변형은 유아로 하여금 이야기에 대한 내용을 집중하게 하기보다 이야기의 형식에 집중하게 만들어 버리는 왜곡 현상이 나타날 수 있으므로 유의해야 한다. 그림이야기책을 읽는 동안 유아들의 반응에 대한 교사의 태도도 중요하다. 유아들이 질문을 할 경우, 필요하다면 질문에 답하고 적절히 토의한다. 그러나 어떤 질문은 다른 유아들의 즐거움을 감소시킬 때가 있다. 이 경우, 교사는 우선 책을 다 읽은 다음에 그 문제에 대해 토의하자고 제안하고 이야기가 끝날 때까지 기다리도록 한다. 반면, 집단 유아들의 대부분이 흥미를 보인다면 그 아이디어에 대해 토의할 시간을 갖는다. 교사는 책을 읽는 동안 유아들의 관심이 어디로 향하고 있는지 관찰해야 한다.

감상하기 활동이 끝나면, 교사는 그림이야기책에 대해 유아들과 개방적 토의하기를 하게 된다. 교사는 유아들의 생각을 자유롭게 표현할 수 있도록 개방적 토의와 질의는 자연스럽고 자발적으로 유도되어야 한다. 특히 교사는 그림이야기책의 내용을 시험하듯이 질문하는 것을 피해야 한다. 유아기 그림책 읽기 활동의 가장 중요한 목표는 책 읽기 동기를 지속시켜서 유아기부터 책을 좋아하는 성향을 키워 책 읽기 습관을 함양하는 데 있기 때문에 이런 유형의 질문은 그와 같은 목표 달성에 별로 도움이 되지 않는다. 다만, 교사는 자연스런 질문과 토의를 통해 유아들의 생각을 명료화시켜 주어야 하고 그림이야기책에 내재해 있는 어휘나 유아들이 새롭게 창안하는 어휘를 적절히 사용하여 표현할 수 있도록 격려해야 한다.

교사는 유아들이 유아 문학을 감상하는 동안 그림과 본문의 이야기 중 재미있었던 부분에 자연스럽게 즐거운 반응을 보인다는 것을 알 수 있다. 유아들이 표현하는 흥미 수준에 적합한 지원을 해 줘서 그림이야기책 감상하기가 끝났을 때도 유아들이 책을 읽는 경험이 즐겁다는 느낌을 가질 수 있도록 도와야 한다. 유아들은 본문의 이야기를 청각으로 들으면서 동시에 시각으로 그림을 감상하므로 교사는 그림과 본문에 대한 유아들의 반응을 모두 고려해야 한다.

감상하기 활동 후 토의 시간 동안, 교사의 질문 방식은 유아들의 정서에 호소하는 감성적 질문이 중심이 되어야 하고 정보 추출 식의 질문이나 교훈적인 질문은 유아들이 궁금해할 경우에 한하여 사용하는 것이 바람직하다. 감성적 질문을 통해 고조된 유아의 정서에 교사는 공감을 표시해 주어야 하고 즐거워해야 한다. 그림이야기책 읽기를 통해 즐거운 경험을 한 유아는 다음 시간에 어떤 새로운 그림이야기를 만나게 될지 궁금해하고 책 읽기 시간을 기다리게 될 것이다.

2) 표현하기 평가

자유선택 활동 영역에서 이야기 꾸미기를 한 활동 내용을 녹음해 둔다면 그 목소리를 재생해 봄으로써 유아들이 이야기의 분위기, 상황, 역할 등을 어느 정도 인식하고 있는지를 알 수 있다. 교사는 그림이나 글로 나타난 유아들의 반응을 통하여 문학의 이해 수준과 언어 발달을 평가해 볼 수 있다. 이 외에도 유아들의 역할놀이 장면을 녹화해 둔다면 동영상에 담긴 유아들의 동작적 반응을 통하여 유아들의 상호작용 정도, 질적 수준 등을 파악할 수 있다. 이러한 평가를 하는 동안 이야기의 내용, 등장인물의 성격, 역할, 분위기, 문제 해결의 방법 등 문학 경험을 통하여 유아들이 터득하게 된 지식이 더욱 견고해질 수 있을 것이다.

3) 창작하기 평가

그림이야기책을 감상한 후 재구성해 보거나 뒷이야기 꾸미기를 한 결과물을 수집하여 유아들이 서로의 다양한 생각을 어떻게 독창적으로 표현하였는지, 인물, 배경, 사건, 시작과 결말 등과 같은 유아 문학의 구성 요소가 내포되어 있는지, 감상한 그림책의 본문과 어떤 변형이 나타났는지 등을 살펴볼 수 있다.

5 활동의 실제

활동 1 상상하기 (내가 만약 ~였더라면)

연령	활동 형태	영역
5세	대·소집단	미술

목 표	5세 누리과정 관련 요소
• 그림책의 주인공이 나였더라면 하고 상상할 수 있다. • 상상한 것을 동작과 글 또는 그림으로 표현할 수 있다. • 그림책 속의 주인공의 성격에 대해 자세히 알아볼 수 있다.	• 의사소통: 듣기 – 동요, 동시, 동화 듣고 이해하기 • 예술경험: 예술적 표현하기 – 미술 활동으로 표현하기
창의 · 인성 관련 • 창의성: 인지적 요소 – 사고의 확장	

활동 자료

그림책, 필기도구, 각종 만들기 재료, 카메라

활동 방법

1. 주인공의 행동 중 재미있거나 신기한 장면을 선정한다.
   – 어떠한 장면이 가장 기억에 남니?
   – 주인공이 어떤 행동을 했을 때 가장 재미있었니?
   – 왜 그 장면이 제일 재미있었니?
2. 내가 만약 주인공이었다면 어떻게 하였을지 상상하여 본다.
   – 내가 만약 책의 주인공이었다면 이 장면에서 어떻게 했을까?
   – 주인공처럼 하지 않았다면 어떤 일이 생겼을까?
   – 어떻게 이야기가 바뀌었을까?

- 기분이 어떠했을까?
- 주인공이 된다면 가장 하고 싶은 일이 무엇이니?

3. 상상한 것을 글 또는 그림, 동작으로 표현한다.
   - 어떻게 행동하였을지 자유롭게 동작으로 표현한다.
   - 표현 집단의 크기는 단체로, 그룹으로, 개별적으로 다양하게 구성하여 시도한다.
   - 동작으로 표현한 것을 사진으로 찍어서 사진에 나타난 동작이 의미하는 바를 글이나 그림으로 나타낸다.
   - 동작으로 표현함에 있어서 소극적인 유아는 글과 그림으로 표현한 후 동작으로 표현하도록 도우면 좀 더 자유롭고 다양한 표현을 시도할 수 있다.
4. 표현물을 전시하고 자신의 생각을 발표하고 친구들의 생각을 듣는다.
   - 자신이 상상한 것을 발표하고 왜 그렇게 생각하였는지 설명한다.
   - 친구들의 다른 생각을 들을 수 있다.

활동의 유의점

1. 유아와 함께 그림책을 읽어 줄 때 개념을 설명하거나 지식을 주입하기보다는 추측이나 상상, 예측이 가능한 질문을 하는 것이 바람직하다.

활동 평가

1. 그림책의 주인공 되어 보기의 상상놀이에 참여하는가?
2. 자신이 상상한 내용을 동작이나 조형, 글 또는 그림으로 표현하는가?

『장화 쓴 공주님』 읽은 후 '내가 만약 장화를 쓰고 있었다면…' 상상하기

사진 활동 설명

상상하기 놀이를 위해 여러 그룹을 구성한 후 유아들이 재미있는 동작 표현을 할 때마다 사진으로 남겼다. 교사는 개별 유아의 동작 사진을 이용해 콜라주 형태로 오려서 붙이고 머리 위에 잡지나 브로슈어의 신발 사진이나 그림과 생각 주머니 그림을 붙인 후, 유아에게 '만약 장화를 쓰고 있다면…'의 상상놀이를 시도하였다. 유아는 자신이 표현한 동작 사진을 보면서 '내가 만약 장화를 쓰고 있었다면…' 상상하여 이야기를 꾸며 생각 주머니에 글로 적어 본다. 글을 모르는 유아는 친구나 교사가 도와준다.

활동 2 협동적 이야기 짓기

연령	활동 형태	유형
5세	대·소집단	영역

목 표	5세 누리과정 관련 요소
• 글 없는 그림책을 보고 이야기의 내용을 생각할 수 있다. • 나의 생각대로 글을 지어 그림책을 완성한다. • 친구가 지은 그림책 내용 뒤를 이어 협동하여 이야기를 구성한다.	• 의사소통: 말하기 – 느낌, 생각, 경험 말하기 • 의사소통: 읽기 – 책 읽기에 관심 가지기
창의 · 인성 관련 • 창의성: 인지적 요소 – 사고의 확장	

활동 자료

글 없는 그림책 , 필기도구

활동 방법

1. 글 없는 그림책을 소개한다.
   - 글 없는 그림책을 본 적 있니?
2. 글 없는 그림책을 보여 주고 느낌을 이야기한다.
3. 그림책을 감상한 후 이야기를 나눈다.
   - 가장 재미있었던 장면은 무엇이니?
   - 할아버지는 왜 이렇게 하셨을까?
4. 그림을 보고 책의 내용을 만든다.
   ① 그룹을 지어 그림책의 재미있었던 장면을 정한다.
   ② 그림의 순서를 정하고 이야기를 만들어 서로의 생각을 말한다.
   ③ 이야기의 구성을 조정하며 글로 적는다.
5. 협동하여 구성한 이야기 지도를 평가한다.

– 달라진 부분이 있다면 어디니? 왜 다르게 꾸몄을까?

– 이야기 순서 중 가장 중요한 부분이라고 생각하는 장면은?

– 왜 그렇게 생각하니?

글 없는 그림책 『나무』를 읽은 후 협동적 이야기 짓기

활동 평가

1. 글 없는 그림책을 보고 이야기의 내용을 생각하는가?
2. 자신의 생각대로 글을 지어 이야기를 구성하는가?
3. 친구가 지은 그림책 내용 뒤를 이어 협동하여 이야기를 구성하는가?

활동 3 좋아하는 작가의 작품을 감상하고 편지 쓰기

연령	활동 형태	영역
5세	대·소집단	언어

목 표	5세 누리과정 관련 요소
• 유아가 선호하는 작가를 탐색한다. • 선호하는 작가에 대해 자세히 알아본다. • 작가의 여러 가지 작품을 감상하고 비교해 본다. • 작가에게 하고 싶은 말을 글과 그림으로 표현한다.	• 의사소통: 말하기 – 느낌, 생각, 경험 말하기 • 의사소통: 읽기 – 책 읽기에 관심 가지기
창의 · 인성 관련 • 창의성: 인지적 요소 – 사고의 확장	

활동 자료

그림책, 필기도구, 작가에 대한 조사 활동지

활동 방법

1. 다양한 그림책을 탐색한다.
   - 그림책의 느낌이 어떠니?
   - 이 책들의 그림의 느낌은 어떻게 다르니?
   - 어떠한 내용의 책이 가장 재미있니?
2. 좋아하는 그림이나 글이 담긴 동화책을 선정한다.
   - 이 그림책은 누가 만들었을까? 누가 그림을 그렸을까?
3. 작가에 대해 충분히 생각하여 보고, 그림책을 만든 작가에 대해 조사 활동을 한다.
   - 작가는 남자일까? 여자일까? 어떠한 사람일 것 같니?
   - 이 책의 이야기는 어떻게 만들어졌을까?
   - 작가에 대해 알려면 어떻게 해야 할까?
   - 어디서 찾아볼 수 있을까?

4. 각자 조사 활동을 한 것을 이야기 나눈다.
5. 좋아하는 작가가 쓴 다른 그림책을 감상한다.
   • 그림책을 읽어 주기 전에 작가의 다른 그림책을 보고 예측하여 본다.
   – 그림책의 작가는 누구니? 같은 저자의 그림이 어떻게 다른 것 같으니?
   – 이야기의 내용은 어떠니?
6. 작가의 여러 그림책을 감상하고 작가에게 편지를 쓴다.
   • 생각한 것을 언어로 자유로이 표현한 후, 글과 그림으로 표현하고 편지를 쓴다.
   – 무슨 이야기를 하고 싶니?
7. 그림책과 편지를 창의적으로 전시한 후 감상한다.
   (국내 작가의 경우 유아들과 함께 편지를 부치는 작업까지 할 수 있다.)

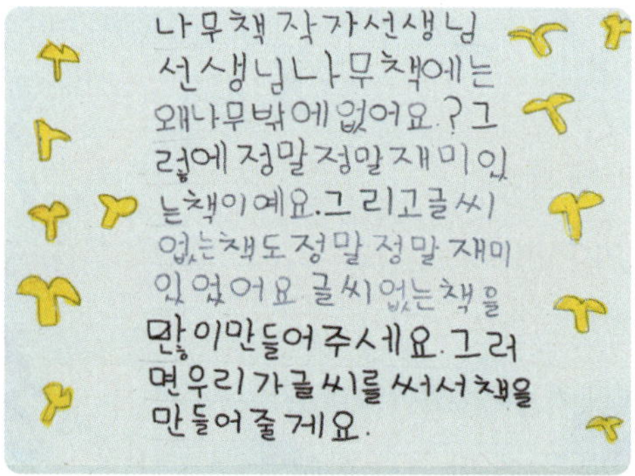
나무책작가선생님
선생님나무책에는
왜나무밖에없어요.?그
렇에정말정말재미있
는책이예요.그리고글씨
없는책도정말정말재미
있었어요 글씨없는책을
많이만들어주세요.그러
면우리가글씨를써서책을
만들어줄게요.

옐라 마리(Iela Mari)의 작품 감상 후 작가에게 편지 쓰기

활동 평가

1. 유아가 선호하는 작가를 탐색하는가?
2. 선호하는 작가에 대해 관심을 갖는가?
3. 동일한 작가의 여러 가지 다양한 작품을 감상하고 비교해 보는가?
4. 작가에게 하고 싶은 말을 글과 그림으로 표현하는가?

활동 4 등장인물 동일시 놀이

연령	활동 형태	영역
5세	대·소집단	언어

목 표	5세 누리과정 관련 요소
• 등장인물의 정서를 인식하고 표현한다. • 아빠와 유아의 역할을 바꾸어 놀이한다. • 등장인물의 감정과 역할을 이해한다.	• 의사소통: 말하기 – 느낌, 생각, 경험 말하기 • 의사소통: 읽기 – 책 읽기에 관심 가지기 • 사회관계: 가족을 소중히 여기기 – 가족과 협력하기
창의 · 인성 관련 • 창의성: 인지적 요소 – 사고의 확장 • 인성: 협력 – 집단 협력	

활동 자료

그림책 『아빠가 유치원에 가요』(에이미 슈워츠 글/그림, 최혜영 역, 예림당, 2007), 종이, 필기도구

활동 방법

1. 유아와 교사가 함께 그림책을 감상한다.
   - 유아들이 재미있어할 경우 그림책을 반복해서 감상할 수 있다. 반복해서 그림책을 감상하는 활동은 그림책의 내용과 인물의 다른 면을 발견할 수 있도록 도와준다.
2. 그림책의 인물에 대해 이야기 나눈다.
   - 아빠는 어떤 분이라고 생각하니?
   - 베아트리체는 어떤 아이라고 생각하니? 무엇을 보고 알 수 있지?
3. 유아가 동일시하고 싶어 하는 등장인물과 그 이유에 대해 이야기 나눈다.
   - 왜 베아트리체 아빠가 되어 보고 싶니?
   - 왜 베아트리체가 되어 보고 싶니?
4. 유아가 동일시하고 싶어 하는 등장인물의 이름을 종이에 적은 후 이름이 적

흰 종이를 서로 몸에 붙여 준다.

5. 유아 한 명씩 원 안으로 나온다.
   - 아빠와 베아트리체를 맡은 유아가 함께 나와서 역할놀이를 한다.
6. 원 주위에 앉아 있는 유아들은 원 안에 나온 유아가 맡은 인물의 역할을 표현할 수 있도록 질문을 한다.
   - 아빠와 베아트리체가 역할을 바꾸기로 했을 때 서로 어떤 기분이었을까? 어떻게 표현하고 싶니?
   - 아빠는 베아트리체가 되고, 베아트리체는 아빠가 되어 본 후 기분이 어땠을까? 너희들은 어떤 기분이 들었니?
   - 베아트리체가 창작한 '바삭바삭 크래커'의 새 광고 노래는 어떻게 표현하면 좋을까?
   - "와그작와그작 부스럭부스럭 자꾸만 손이 가요…" 노래를 베아트리체처럼 표현할 수 있을까?
7. 원 안에 있는 유아는 친구들의 질문에 답하거나 동작으로 연기한다.
8. 더 좋은 표현이 있을 때는 서로 도와준다.

이야기의 특징

등장인물인 아빠와 유아가 서로 역할 바꾸기를 하면서 이야기는 시작된다. 서로의 다른 역할을 재미있고 창의적으로 소화해 내면서 아빠와 유아는 서로 행복해한다.
이야기는 서로의 역할을 조망해 보게 하고, 타인의 관점을 이해하도록 돕는다.

활동 평가

1. 등장인물의 정서를 인식하고 표현하는가?
2. 아빠와 유아의 역할을 바꾸어 놀이하는가?
3. 등장인물의 감정과 역할을 이해하는가?

참고문헌

교육과학기술부, 보건복지부(2013a). 3-5세 연령별 누리과정 교사용 지침서.

교육과학기술부, 보건복지부(2013b). 3-5세 연령별 누리과정 해설서.

Applebee, A. N. (1978). *The Child' s Concept of story: Ages two to seventeen*. Chicago I ll: University of chicago Press.

Cullinan, B. E. & Galda, L. (1994). *Literature and the child*. Fort Worth, TX: Harcourt Brace college.

Hickman, J. (1981). A New Perspective on Response to Literature: Research in an Elementary School Setting. *Research in the Teaching of English, 15*, 343-354.

Lucky, S.(1990). Music-Movement-Make-Believe: The Link between Creativity and Thinking Skills.

Perry Nodelman (2006). 어린이 문학의 즐거움Ⅰ. *(The Pleasures of Children' s Literature)* (김서정 역.) 서울: 시공주니어. (원전은 1996년에 출판).

제 4 장

유아 사회교육

1 유아 사회교육의 목적 및 목표

사회교육은 인간과 관계되는 모든 것과 인간과 인간 사이, 인간과 환경과의 상호 작용에 관계되는 것 등을 모두 포함한다. 즉, 사회교육은 역사, 지리, 경제, 다문화적 교육, 생태학, 시사 문화 등 다양한 학문으로 구성된다. 유아 사회교육에서는 유아들의 사회화, 경험, 유아들이 속한 환경, 사람과의 관계와 상호작용 측면이 강조되고 있으며(이은화, 김영옥, 2008), 개인과 사회에 대한 지식을 포함하는 사회학, 심리학, 역사학, 철학 등의 다양한 학문에 유아 사회교육의 목표를 두고 있다.

Michaelis(1980)는 유아 사회교육은 프로그램이 지향하는 철학적 관점에 따라 달라진다고 보았다. 즉, 유아가 속한 사회나 집단이 추구하는 교육 목적에 따라 유아 사회교육의 목표는 달라질 수 있는데, 문화전달주의는 시민성 전수로서의 사회교육을 강조한다. 이들은 유아가 문화적 유산을 이해함으로써 시민성에 대한 책임감을 느끼게 되어 역사와 문화적 유산을 전수하게 된다고 주장한다. 현실주의와 실증주의는 사회과학교육으로서의 사회교육을 강조한다. 이들은 사회교육의 내용과 방법이 사회과학에 근거를 두고 있다고 믿기 때문에, 사회과학으로부터 얻은 방법을 사용하여 사회에서 대두되고 있는 문제를 조정할 수 있다고 한다.

Michaelis(1980)는 사회교육의 궁극적 목적을 책임감 있으며 유능한 시민의 양성으로 보고 지식, 사고 과정, 기술 태도, 가치관, 행동 양식의 네 범주로 나누었다. 유능한 민주 시민이 되기 위해서는 민주적 사회생활에 필요한 지식·기술·태도가 요구되며, 이러한 요구들은 유아기 발달 수준에 적합한 차원에서 설정되어야 한다. Chapin과 Messick(1999: 박찬옥, 김영중, 황혜경, 엄정례, 조경서, 2000 재인용)은 유아 사회교육의 목적 및 목표를 [그림 4-1]과 같이 제시하였다.

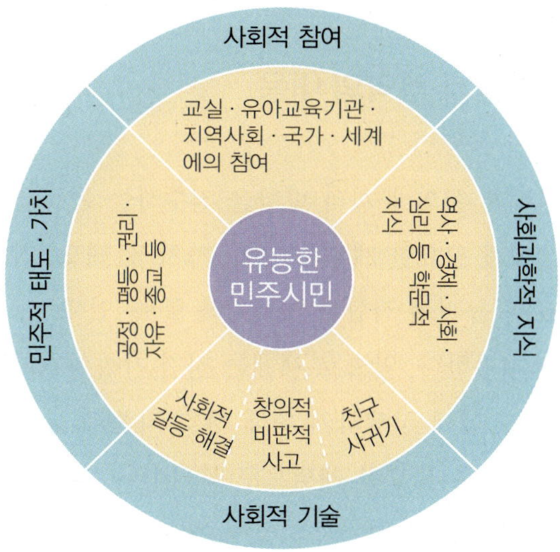

| 그림 4-1 | **유아 사회교육의 목적 및 목표**

즉, 유능한 민주 시민이 되기 위한 구체적 목표는 다음과 같이 제시하였다.

첫째, 과거·현재·미래에 인간이 경험한 지식들을 획득하기

둘째, 사회생활에 필요한 정보를 생각하거나 처리하는 기술을 발달시키기

셋째, 민주적 가치와 태도를 발달시키기

넷째, 사회적 참여를 위한 기회를 가지기

이상에서 살펴본 것처럼 유아 사회교육의 목적은 유아가 일상적인 사회생활에서 직면하는 문제 해결 능력을 중심으로 하여, 유아가 자신의 생활 경험 속에서 그들이 속한 세계를 이해하고, 자기가 속한 여러 집단(가족, 지역사회 등)의 일원으로서 기능을 발휘할 수 있게 하는 것이다. 또한 집단 안에서 일어나는 문제에 유능하게 대처하고, 신중하게 고려할 수 있는 태도를 발달시키는 것이다.

2 누리과정과 유아 사회교육의 내용

1) 누리과정 사회관계 영역의 내용

모든 교육이 인간에게 삶의 문화와 방향을 전수하는 목표를 가지고 있으나 특히 사회교육은 인간에게 필요한 개념과 지식, 가치 및 태도, 기술 등의 사회적 덕목을 함양할 수 있도록 돕기에 적합한 영역이라 할 수 있다(김영옥, 최미숙, 1995). 21세기는 공동체적 삶을 지향한다. 앞으로 세계는 점점 가까워져 공동체적 특징을 잘 드러내게 된다. 더불어 함께 상생하기 위해 상호 의존과 상호 존중을 핵심 개념으로 하는 세계시민교육은 중요한 개념으로 부각된다. 특히, 만 3-5세 유아들은 자기 자신과 더불어 사는 다른 사람들의 반응에 정서적으로 민감해지고, 원활한 상호 관계를 통하여 세상에 대한 이해와 지식을 넓혀 가기 시작하는 시기이기도 하다. 또한 유능한 사회 구성원이 되기 위해 필요한 기본적인 사회적 자아 개념, 자기주도성, 사회적 의사소통 기술과 같은 사회적 지식, 기술, 태도를 형성해야 하는 시기이기도 하다.

사회관계 영역은 유아가 자신을 알고 소중하게 생각하며, 가족 및 또래와 함께 지내는 방법뿐 아니라 공동체에서 함께 살아가는 방법을 익히고 주변 세계에 관심을 갖고 적응해 나갈 수 있는 기초 능력과 인성을 기르기 위한 영역이다. 국가 수준에서 제시하고 있는 사회교육의 내용은 대개 그 나라의 중요한 사회적 이슈를 반영하고 유아기에 습득해야 하는 기초적인 사회과학적 지식, 태도, 기술 등의 내용을 포함한다. 사회관계 영역의 목표는 자신을 존중하고, 자신과 타인의 감정을 알고 적절하게 표현하며 다른 사람과 더불어 지내기 위해 필요한 능력과 기본적인 태도를 기르는 데 있다. 이에 무엇보다 유아 자신에게 의미 있는 것이어야 하며, 여러 교과과정과도 통합적으로 연결되어야 할 것이다(Bredekamp & Rosegrant, 1995).

3-5세 연령별 누리과정의 사회관계 영역의 내용은 유아가 가족, 친구와 교사, 지역사회, 우리나라 그리고 세계로 점차 관심을 확장해 나갈 수 있도록 동심원적 접근 방식으로 구성되었다. 3-5세 연령별 누리과정 사회관계 영역의 내용범주별 내용을 알아 보면 다음 〈표 4-1〉과 같다(교육과학기술부, 보건복지부, 2013).

| 표 4-1 | **3-5세 누리과정 사회관계 영역의 내용**

내용 범주	내 용
나를 알고 존중하기	나를 알고 나를 소중히 여기기
	나의 일 스스로 하기
나와 다른 사람의 감정 알고 조절하기	나와 다른 사람의 감정 알고 표현하기
	나의 감정 조절하기
가족을 소중히 여기기	가족과 화목하게 지내기
	가족과 협력하기
다른 사람과 더불어 생활하기	친구와 사이좋게 지내기
	공동체에서 화목하게 지내기
	사회적 가치를 알고 지키기
사회에 관심 갖기	지역사회에 관심 갖고 이해하기
	우리나라에 관심 갖고 이해하기
	세계와 여러 문화에 관심 가지기

3 유아 사회 교수·학습 방법

1) 유아 사회교육의 접근 방법

유아 사회교육의 접근 방법은 중심원적 접근법, 발달 중심 접근법, 나선형 접근법, 과정 중심 접근법의 4가지로 분류된다.

(1) 동심원적 접근법

사회에 대한 지식을 유아가 접하고 있는 환경의 가까운 곳에서부터 먼 곳으로 나아가도록 조직하는 방법이다. 나→가족→지역사회→국가→세계 등으로 지식의 범위를 넓혀 나가도록 조직하는 방법으로 유치원 교육과정 사회교육 영역을 조직할 때 많이 활용하는 방법이다.

(2) 발달 중심 접근법

1920년에 Hall이 주창한 아동연구운동은 유아들이 수행하는 교육 활동 속에 유아의 흥미와 요구를 반영시킬 것을 강조했다. 이 접근법은 유아기에 자연스럽게 발달되는 여러 가지 사회적 기술을 습득하는 것에 초점을 맞추며, 유아의 사회적 상호작용을 강조한다. 따라서 교사는 유치원에서 이루어지는 다양한 활동을 통하여 유아-유아, 유아-교사 간의 상호작용을 활성화시킴으로써 사회화에 필요한 기초적 능력을 배양할 수 있도록 한다.

(3) 나선형 접근법

Bruner에 의해 주장된 접근법이다. 이는 사회교육의 기본 개념과 주요 개념을 교육 내용으로 선정하여 각각의 연령에 적합한 방법으로 가르칠 것을 강조한다. 학년이 높아질수록 주된 개념이 더욱 심화 학습될 수 있도록 가르침으로써 유아는 점진적으로 개념의 깊이를 더해 가는 나선형적 발달을 이루게 된다.

(4) 과정 중심 접근법

Piaget의 영향을 받은 교육과정에서는 유아들이 어떻게 학습하는가에 초점을 맞춘다. 유아들이 스스로 물체를 다루어 보고, 사건을 해결해 나가는 과정을 중요시하는 것처럼 사회적 사태에 대해서도 유아들이 사고하는 방법을 스스로 배울 수 있도록 돕는다. 교실에서 발생하는 여러 가지 자연 발생적 사태에는 해결해야 하는 과제가 있다. 유아들은 사태에 직면할 때마다 적절한 갈등을 경험하게 되는데 이러한 갈등은 사회적 기술을 익히게 하는 좋은 경험이 된다. 교사는 이러한 갈등의 상황을 상호작용해 주어야 한다. 따라서 교사는 무엇을 가르칠 것인가를 생각하기보다 어떻게 가르칠 것인가를 연구한다.

이상의 교수·학습 방법을 실천하기 위해 교사는 유아 사회교육의 자원이 될 수 있는 폭넓은 견문을 축적해야 한다. 일반적 유아 사회교육의 자원은 다음과 같다.

2) 유아 사회교육 교수·학습의 자원

유아 사회교육 활동의 자원은 다양한 곳에 산적해 있다. 주변의 사물, 사건, 사람, 장소 등 주변 환경의 모든 것이 유아를 위한 사회교육 활동의 자원이 될 수 있다.

(1)도서

오늘날 유아 도서에 관한 관심의 고조로 유아를 위한 도서의 소재는 그 어느 시기보다 다양하다. 도서는 유아들의 경험을 회상시켜 주고, 심화시켜 주는 효과적인 자원이 된다. 사회교육의 주제와 관련되는 이야기가 유아들의 흥미를 이끌어 내기에 충분하다면 유아들은 몰입하여 이야기를 즐겁게 듣고 읽을 것이다. 즐거운 마음으로 이야기를 접한 유아들은 책의 내용을 자연스럽게 그림, 글, 구성놀이, 역할극과 같은 다양한 방법으로 표상해 낸다. 따라서 유아교육 현장에서 사회교육을 계획하는 교사들은 주제에 적합한 도서를 널리 활용할 수 있어야 한다.

(2) 시청각 자료

① 영화

유아 사회교육에 영화는 종종 효과적인 자원이 된다. 다른 자원과 마찬가지로 교사는 영화를 조심성 있게 선별하여 구체적 목표하에서 활용하여야 한다. 유아들은 주의 집중 시간이 길지 않기 때문에 짧은 영화가 좋다.

- 놀이 영역에 도구를 비치해 두어서 극화놀이를 할 수 있도록 함으로써 영화의 주제를 상기해 보도록 한다.
- 영화의 주제에 대한 이해의 폭을 넓혀 주는 도서를 접하도록 한다.
- 영화에서 본 특정한 소재를 미술, 음악, 음률 활동으로 표현하도록 한다.

② 슬라이드

슬라이드는 더욱 실제적으로 유아들이 조작할 수 있는 사회교육의 보조 교재가 된다. 유아 사회교육의 주제가 유아들의 놀이와 작업의 방법, 문제점과 관련이 있다면, 교사는 유아들이 놀이와 작업을 하는 것을 슬라이드로 만들어서 놀이와 작업의 방법, 문제점 등을 토의하는 교재로 사용해 본다.

③ 녹음기, TV

견학을 갔을 때 자연에서 들을 수 있는 소리 또는 주변의 여러 가지 다양한 소리들을 녹음해 놓은 테이프를 준비하거나, 우리나라와 세계 여러 나라의 문화적 유산이 됨직한 전통 악기의 소리, 노래, 전래 동화, 전래 동요, 동시, 국조신화 등을 녹음해 놓은 테이프를 갖추어 놓을 수 있다. 이러한 녹음기를 활용함으로써 유아들의 사회적 지식과 개념의 발달을 도울 뿐만 아니라 듣기 기술을 발달시킬 수 있게 된다.

가끔씩 TV에 방영한 유아 사회교육의 주제와 관련이 있는 프로그램, 뉴스 등을 녹화해 두었다가 교재로 사용하는 것도 유아들의 흥미를 끌 수 있다. 동물원에서 ㅇㅇ동물이 새끼를 낳았다든지, 새 동물 친구가 생기게 되었다 등과 같이 유아들의 관심을 끌기에 충분한 짧은 내용이 좋다.

(3) 컴퓨터 프로그램

컴퓨터를 보조 교재로 사용하고자 할 때 교사는 유아교육 현장에 컴퓨터 프로그램의 도입이 의미 있을까 하는 다음과 같은 몇 가지 질문을 체크해 봐야 한다.

- 두 명 이상의 유아가 동시에 컴퓨터 프로그램을 사용할 수 있는가?
- 그 프로그램이 실제적 또는 원형적 학습 유형의 교수 방법을 보조하기 위해서만이 사용되는가?
- 그 프로그램은 정보를 판단하기, 평가하기, 분석하기, 통합하기와 같은 높은 수준의 사고 기술을 발달시키기 위하여 개발되었는가 ?

이상의 몇 가지 의문에 문제가 없고 유아 사회교육의 주제와 관련이 있는 프로그램은 다음과 같은 여러 가지 방법으로 활용될 수 있다.

- 새로운 주제를 소개하기 위하여
- 유아들의 바람직한 행동을 보상하기 위하여
- 개별화된 작업 공간을 조정하기 위하여

(4) 그림

그림은 잡지, 광고지, 책, 신문 등과 같은 매체에서 쉽게 찾아볼 수 있다. 교사는 유아가 직접적으로 경험하기 힘든 사람들, 장소, 물건들을 그림으로 제시하거나, 역할놀이를 위한 배역 선정, 토의 시작 단계로서의 그림을 사용할 수 있다. 그림 읽기의 우선적 목표는 사고 기술을 발달시키는 것이다.

(5) 실제물

유아 사회교육을 위해 사용될 수 있는 실제물은 식물, 음식, 오래된 물건, 옷, 모델, 가구 등이 될 수 있다. 나막신, 베틀, 갓과 같은 고가구, 의류, 장신구 등은 우리의 전통을 배울 수 있는 좋은 교재가 된다.

(6) 게시판

게시판이 유아에게 의미가 있기 위해서는 유아들이 직접 게시판을 활용할 수 있도록 하고 게시판 활동에 참여할 수 있도록 안내하여야 한다. 유아들이 스스로 수집한 다양한 정보를 분류하고, 아이디어와 개념을 기록하고, 자신이 경험하여 표상해 놓은 결과물을 붙이고, 주제와 관련되는 흥미로운 물건, 교재 등을 전시하는 것이 좋다. 창문, 복도 등 공간을 잘 활용하여 게시판을 만들 수 있다.

(7) 지역사회

소방수, 경찰관, 우체부, 청소부 등은 유아 사회교육을 위한 좋은 인적 자원이 된다. 지역사회의 여러 기관에 종사하는 분들을 초청하여 어떤 일을 하는지, 왜 그런 일들이 필요한지 등에 관하여 질문할 수 있다. 이러한 인적 자원을 통하여, 유아들은 평소 궁금했던 것들을 직접 질문하기도 하고 생생한 목소리를 직접 들을 수 있는 좋은 기회를 가질 수 있다.

4 유아 사회교육의 평가

유아 사회교육은 유아가 자신과 주변 세계와의 관계를 탐구하고 판단하는 경험을 통하여 사회적 지식·기술·태도를 익히고 활용함으로써 유능한 민주 시민으로 성장하는 데 중점을 두는 교육 영역이다. 따라서 평가는 유아 사회교육의 결과가 유아의 사회적 성장 발달에 도움이 되었는지를 전체적으로 파악하는 데 있다. 즉, 유아가 사회생활을 하는 데 필요한 사회적 기술과 태도가 긍정적으로 형성되어 가고 있으며, 사회적 참여도 활발한지 알아 보고 이와 관련된 사회과학적 지식들을 능동적으로 구성해 가고 있는지를 알아 보는 데 중점을 둔다. 사회관계 영역 관찰의 실제를 살펴보면 다음과 같다.

1) 사회관계 영역 평정척도

사회관계 영역 평정척도에 따라 각 3회 정도 관찰한 후 유아의 사회관계 영역 평가 해석을 실시해 본다.

| 표 4-2 | 사회관계 영역 평정척도

구분	유아명 :			반(연령) : 세	평정			비고
	평가 항목		단계	평정 기준	1회	2회	3회	
개인생활	1. 나에 대해 긍정적으로 생각하기	나와 다른 사람	1	나와 다른 사람이 있다는 것을 안다.				
			2	나와 다른 사람의 같은 점과 다른 점을 한두 가지 이야기한다.				
			3	나와 다른 사람의 같은 점과 다른 점을 구체적인 예를 들어 이야기한다.				
		긍정적 자아감	1	할 수 있는 일이 한 가지 정도 있다.				
			2	할 수 있는 일이 두세 가지 정도 있다.				
			3	할 수 있는 일을 자신 있게 할 수 있다.				
	2. 감정과 욕구 조절하기		1	마음대로 할 수 없는 것이 있다는 것을 안다.				
			2	마음대로 할 수 없는 일을 하려고 할 때, 교사가 제한을 가해야만 하지 않는다.				
			3	자신의 감정을 조절하여 적절하게 표현한다.				
	3. 자기 일을 계획하고 실천하기		1	계획해 준 일을 실천한다.				
			2	하고 싶은 일을 계획하나 끝까지 실천하지는 못한다.				
			3	스스로 하고 싶은 일을 계획하고 실천하고 마무리한다.				

구분	유아명 :			반(연령) : 세	평정			비고
	평가 항목		단계	평정 기준	1회	2회	3회	
가정생활	4. 가족과 화목하게 지내기		1	가족이 소중한 이유를 잘 알지 못한다.				
			2	가족이 소중한 이유를 한두 가지 이야기한다.				
			3	가족이 소중함을 알고 화목하게 지낸다.				
	5. 가족과 협력하기	가족 이해	1	가족의 구성원에 관심을 갖고 있다.				
			2	가족의 구성원을 안다.				
			3	다양한 가족 구조를 안다.				
		할 수 있는 일	1	집에서 내가 할 수 있는 일이 있음을 안다.				
			2	가족을 위해 할 수 있는 일을 안다.				
			3	가족을 위해 할 수 있는 일을 알고 실천한다.				
집단생활	6. 다른 사람을 이해하고 존중하기	나와 친구	1	친구와 내가 다르다는 것을 안다.				
			2	친구와 내가 다르다는 것을 이해한다.				
			3	친구와 내가 다르다는 것을 알고 존중한다.				
		다른 사람 존중	1	나와 다른 사람의 의견에 차이가 있음을 안다.				
			2	친구의 의견을 존중한다.				
			3	친구와 의견에 차이가 있을 때 서로 의논하여 조정할 수 있다.				
	7. 공공 규칙을 이해하고 지키기	공동 사용	1	공동으로 사용하는 물건이 있음을 안다.				
			2	공동으로 사용하는 물건을 안다.				
			3	공동으로 사용하는 물건을 알고 소중히 여긴다.				
		규칙 이해	1	유치원 내에서 지켜야 할 규칙을 안다.				
			2	공공장소에서 지켜야 할 규칙을 알아 보고 지킨다.				
			3	공공장소에서 지켜야 할 규칙을 알고 지키며, 다른 사람에게 가르쳐 준다.				
사회생활	8. 다른 사람 돕기	도움	1	다른 사람의 도움을 받는다.				
			2	다른 사람과 도움을 주고 받는다.				
			3	서로 협력해야 하는 일을 알고 실천한다.				
		나눠 쓰기	1	권유하면 물건을 나누어 쓴다.				
			2	물건을 함께 나누어 쓴다.				
			3	물건을 나누어 쓰고 서로 양보한다.				

<table>
<tr><th rowspan="2">구분</th><th colspan="2">유아명 :</th><th></th><th>반(연령) : 세</th><th colspan="3">평정</th><th rowspan="2">비고</th></tr>
<tr><th colspan="2">평가 항목</th><th>단계</th><th>평정 기준</th><th>1회</th><th>2회</th><th>3회</th></tr>
<tr><td rowspan="30">사회 생활</td><td rowspan="6">9. 주변 지역에 관심 가지기</td><td rowspan="3">집과 동네 파악</td><td>1</td><td>우리 집의 위치를 안다.</td><td></td><td></td><td></td><td></td></tr>
<tr><td>2</td><td>우리 동네의 이름과 집의 위치를 안다.</td><td></td><td></td><td></td><td></td></tr>
<tr><td>3</td><td>우리 동네의 모습과 특징을 안다.</td><td></td><td></td><td></td><td></td></tr>
<tr><td rowspan="3">길 찾기</td><td>1</td><td>유치원에 오가는 방법을 안다.</td><td></td><td></td><td></td><td></td></tr>
<tr><td>2</td><td>우리 동네 근처는 혼자 오갈 수 있다.</td><td></td><td></td><td></td><td></td></tr>
<tr><td>3</td><td>다른 여러 지역으로 가는 방법을 안다.</td><td></td><td></td><td></td><td></td></tr>
<tr><td colspan="2" rowspan="3">10. 직업에 관심 가지기</td><td>1</td><td>우리 가족의 직업에 관심을 갖는다.</td><td></td><td></td><td></td><td></td></tr>
<tr><td>2</td><td>다양한 직업의 종류가 있음을 안다.</td><td></td><td></td><td></td><td></td></tr>
<tr><td>3</td><td>다양한 직업을 알고 소중하며 성의 차이가 없음을 안다.</td><td></td><td></td><td></td><td></td></tr>
<tr><td colspan="2" rowspan="3">11. 경제 생활에 관심 가지기</td><td>1</td><td>돈을 절약한다.</td><td></td><td></td><td></td><td></td></tr>
<tr><td>2</td><td>모은 돈으로 물건을 살 수 있다.</td><td></td><td></td><td></td><td></td></tr>
<tr><td>3</td><td>필요한 물건을 계획해서 산다.</td><td></td><td></td><td></td><td></td></tr>
<tr><td colspan="2" rowspan="3">12. 환경 보전에 관심 가지기</td><td>1</td><td>쓰레기를 쓰레기통에 버린다.</td><td></td><td></td><td></td><td></td></tr>
<tr><td>2</td><td>정해진 곳에 쓰레기를 분리하여 버린다.</td><td></td><td></td><td></td><td></td></tr>
<tr><td>3</td><td>쓰레기를 줄일 수 있는 방법을 알아 보고 실천한다.</td><td></td><td></td><td></td><td></td></tr>
<tr><td colspan="2" rowspan="3">13. 우리나라의 상징과 전통에 관심 가지기</td><td>1</td><td>태극기, 애국가를 알고 예절을 지킨다.</td><td></td><td></td><td></td><td></td></tr>
<tr><td>2</td><td>우리나라의 명절의 이름을 알고 풍속도 안다.</td><td></td><td></td><td></td><td></td></tr>
<tr><td>3</td><td>우리나라의 전통문화와 관련된 경험을 해 보고 친밀감을 가진다.</td><td></td><td></td><td></td><td></td></tr>
<tr><td colspan="2" rowspan="3">14. 일에 관심 가지기</td><td>1</td><td>북한이 있음을 안다.</td><td></td><td></td><td></td><td></td></tr>
<tr><td>2</td><td>북한에 관심을 가진다.</td><td></td><td></td><td></td><td></td></tr>
<tr><td>3</td><td>북한 사람도 같은 민족이며 통일이 필요함을 안다.</td><td></td><td></td><td></td><td></td></tr>
<tr><td colspan="2" rowspan="3">15. 세계 여러 나라의 문화에 관심 가지기</td><td>1</td><td>다른 나라 사람과 문화에 관심을 가진다.</td><td></td><td></td><td></td><td></td></tr>
<tr><td>2</td><td>여러 나라의 다양한 문화가 있음을 안다.</td><td></td><td></td><td></td><td></td></tr>
<tr><td>3</td><td>여러 나라의 다양한 문화를 존중할 줄 안다.</td><td></td><td></td><td></td><td></td></tr>
<tr><td colspan="2" rowspan="3">16. 정보 자료에 관심 가지기</td><td>1</td><td>여러 가지 정보 자료에 관심을 가진다.</td><td></td><td></td><td></td><td></td></tr>
<tr><td>2</td><td>관심 있는 것에 대한 자료를 모아 본다.</td><td></td><td></td><td></td><td></td></tr>
<tr><td>3</td><td>필요한 정보를 찾는 방법을 알고 활용할 줄 안다.</td><td></td><td></td><td></td><td></td></tr>
</table>

2) 포트폴리오 평가

포트폴리오(portfolio)란 특정 분야에서 학습자가 나타낸 성취, 진보, 노력 등을 보여 줄 수 있는 작품을 의도적으로 수집한 것이다(Arter, 1990). 유아 사회관계 영역에서 포트폴리오 평가의 예를 살펴보면 〈표 4-3〉과 같다.

| 표 4-3 | 포트폴리오 평가의 예

유아명	최민준	반(연령)	자람반(만 5세)	평가 시기	2011년
생활주제	축구	주제	축구 경기의 규칙	활동명	우리 반의 옐로카드와 레드카드
평가 내용 및 관점	집단생활: 팀워크의 소중함을 알고 협력하기 - 다른 사람과 도움을 주고받을 수 있는가?				
평가 상황	축구 프로젝트 활동: 축구 경기의 규칙 정하기				
평가 유형	작업 표본(사진 자료, 활동 기록지), 비디오 시청				
	체크리스트		예	아니오	비고
평가 내용	1. 문제가 생겼을 때 해결책을 제시할 수 있는가?			V	
	2. 서로 협력해야 하는 일을 알고 실천할 수 있는가?		V		
	3. 관심을 스스로 해결하도록 격려할 수 있는가?		V		
	4. 찬성하는 의견과 반대하는 의견을 가지고 충분히 토의를 진행할 수 있는가?			V	
해석	축구 경기의 규칙을 알아 보는 과정에서 옐로카드와 레드카드의 적용 방법을 알게 된 민준이는 우리 반 옐로카드와 레드카드를 만들어 보자고 제안했다. 옐로카드를 언제 사용할지 레드카드를 언제 사용할지 규칙을 정하기로 했다.				

3) 관찰 평가(일화 기록)

일화 기록(anecdotal record)은 관찰 대상이나 장소, 시간을 미리 정해 두고 관찰하는 표본식 기록과는 달리, 일과 중에 일어나는 여러 가지 사건들 가운데 유아들의 발달 과정을 이해하는 데 도움이 되거나 문제행동을 파악할 수 있는 행동이나 사건을 간단하게 기록하는 방법이다(고문숙 외, 2012). 유아 사회관계 영역에서 일화 기록의 예 두 가지를 살펴보면 〈표 4-4〉, 〈표 4-5〉와 같다.

| 표 4-4 | 일화 기록의 예 1

관찰 유아 : 박민형	**관찰일** : 2013년 ○○월 ○○일	**유아의 연령** : 3년 8개월
관찰 시간 : 4시 40분~4시 45분(5분)		
관찰 장면 : 바깥놀이터의 모래놀이 영역		
관찰 영역 : 사회관계(공격성)		
기록 : 실외놀이2 시간에 민형이가 모래놀이 영역에서 소꿉놀이를 하고 있는 4명의 여아들에게 다가간다. 민형이가 그곳에서 쪼그려 앉아 오른손으로 모래를 판다. 양팔을 짝 펴서 모래를 모으더니 다시 헤쳐 버린다. 오른손으로 모래를 쥐어 바닥에 뿌리고 다시 오른손으로 모래를 쥔다. 그리고 소꿉놀이를 하고 있는 다른 아이들에게 오른손에 쥔 모래를 뿌린다. 은영이가 "하지 마!"라고 말하고 주희, 미진, 복선이는 민형이를 3~4초간 노려본다. 민형이는 여자아이들을 힐끔 보더니 다른 곳으로 가 버린다.		
해석 : 모래를 뿌리는 공격적 행동을 보이므로 이와 같은 행동을 하면 안 되며, 그런 행동 후에는 친구들에게 사과해야 한다는 것을 지도한다. 또한 민형이가 왜 그런 행동을 하게 되었는지 원인을 살펴본다. 만약 민형이가 여자 친구들과 같이 놀이하고 싶은 의도로 그런 행동을 했다면 그럴 때는 어떻게 표현해야 되는지도 살펴보아야 할 것이다.		

| 표 4-5 | 일화 기록의 예 2

유 아 명	한영미 (남 · ㊊)	나이	만 5세 2개월
관찰 일자	2012년 4월 8일 관찰 시간 : 25분		
관찰 장면	자유선택 활동 시 – "나는 ~ 때문에 내가 좋아요"		
관찰 내용	교사 : 영미야, 너는 어떤 친구 좋아해? 영미 : 현정이 좋아요. 교사 : 현정이가 왜 좋아? 영미 : 현정이가 예쁘고 또 다른 친구들도 좋아해요. 교사 : 영미는 현정이가 왜 좋아? 현정이 어떤 게 좋은 거야? 영미 : … 그냥요. 교사 : 그럼, 현정이도 영미를 좋아할까? 영미 : 네. 교사 : 왜 좋아한다고 생각하지? 유아 : … 교사 : 영미는 영미를 좋아해? 영미 : 아니요. 교사 : 왜 그렇게 생각하는 거지? 영미 : 저는 언니보다 예쁘지도 않고요 뚱뚱해요. 그래서 저는 제가 싫어요.		
비 고	나에 대해 부정적인 생각을 가지고 있으며 무엇이든지 언니와 비교하는 것 같아 보였다. 나와 다른 사람의 같은 점과 다른 점이 있다는 것을 알고 자기 자신에 대해 자신감을 키워 주어야 할 것이다.		

5 활동의 실제

활동 1 놀이 활동 계획하고 실행하기

연령	활동 형태	영역
3세	대·소집단	이야기 나누기

목 표	3세 누리과정 관련 요소
• 놀이 계획과 평가의 의미와 필요성에 대해 안다. • 놀이 계획표를 사용하는 방법에 대해 안다. • 스스로 놀이를 계획-실행-평가해 본다.	• 사회관계: 나를 알고 존중하기 – 나의 일 스스로 하기 • 의사소통: 쓰기 – 쓰기에 관심 가지기

창의 · 인성 관련
- 창의성: 동기적 요소 – 몰입
- 인성: 질서 –기초적 질서

활동 자료 놀이 활동 계획표

활동 방법

1. 우리 교실에 있는 놀이 영역들에 대해 알아 본다.
2. 활동 영역의 이름, 자료의 종류와 놀이 방법에 대해 알아 본다.
3. 놀이 영역에서 내가 하고 싶은 활동들을 놀이 활동 계획표에 표시하고 실행해 볼 수 있다.

활동 2 친구 마음 알아주기

연령	활동 형태	영역
4세	대·소집단	이야기 나누기

목 표	4세 누리과정 관련 요소
• 친구의 이름을 안다. • 친구의 소중함을 느껴 본다. • 다른 사람의 감정, 기분, 생각을 알 수 있다.	• 사회관계: 다른 사람과 더불어 생활하기 – 친구와 사이좋게 지내기

창의 · 인성 관련

- 창의성: 성향적 요소 – 개방성
- 인성: 배려 – 친구에 대한 배려

활동 자료 감정 조절을 위한 질문, 감정이입을 위한 질문

감정 조절을 위한 질문

- 어떤 일이 벌어진 것 같니?
- 너희들도 친구들이 괴롭힌 적 있니?
- 이때 수진이 마음이 어떨까?
- 이럴 때 수진이가 어떻게 하면 좋을까?
- 만약 너희들이 수진이라면 어떻게 하겠니? 어떤 방법이 좋을까?

감정이입을 위한 질문

- 어떤 일이 벌어졌을까?
- 이때 선경이의 마음이 어떨까?
- 이런 선경이를 보니 너희들 마음은 어떠니?

활동 방법

1. 내 마음(생각)을 바르게 전달하는 것에 대해서 이야기 나눈다.
2. 다양한 감정을 상황에 따라 말로 표현해 본다.
   - 화가 난 것을 말로 설명할 수 있어.
   - 슬플 때는 울어도 돼. 우는 것이 부끄러운 것은 아니야.
3. 다른 사람과 대화를 할 때 상대방의 이야기를 끝까지 듣고 그 이야기의 내용을 생각한 후 나의 이야기를 시작한다.

활동의 유의점

1. 다른 사람의 이야기를 끝까지 들을 줄 안다.

활동 평가

1. 상황에 맞는 적절한 언어를 사용할 줄 안다.
2. 다른 사람의 이야기를 끝까지 들을 줄 안다.

활동 3 쿠션 전달하기

연령	활동 형태	영역
5세	대·소집단	게임

목 표	5세 누리과정 관련 요소
• 친구와 함께 도우며 즐겁게 생활할 수 있다. • 다른 사람에게 기쁨을 주는 말과 격려하는 말이 무엇인지 안다.	• 사회관계: 다른 사람과 더불어 생활하기 – 친구와 사이좋게 지내기

창의 · 인성 관련
- 창의성: 성향적 요소 – 개방성
- 인성: 친구에 대한 배려

활동 자료

20cm×20cm 쿠션

활동 방법

1. 유아들을 둥글게 앉게 한 후 교사가 작은 쿠션을 가진 유아가 옆 친구의 눈을 보고 웃으면서 "안녕! 친구야" 라고 말하고, 쿠션을 옆 친구에게 전달하도록 한다.
2. 쿠션을 마지막으로 전달 받은 친구는 "안녕하세요. 선생님!" 하면서 쿠션을 교사에게 전달하도록 한다.
3. 다음에는 쿠션을 전달하며 "우리 친구 하자" 라고 말하도록 한다.
4. 다음 유아는 "그래, 우리 친구 하자" 라고 하며 쿠션을 받고 다음 친구에게 다시 쿠션을 전달하며 "우리 친구하자" 라고 말하도록 한다. 이때 친구의 이름을 알면 이름을 부르면서 하도록 한다.

활동의 유의점

1. 쿠션을 던지지 않고, 옆사람과 눈을 마주치며 이름을 부르고 '친구 하자' 는

말을 꼭 하도록 한다.

활동 평가

1. 다른 사람에게 관심을 가지고 이름을 기억할 수 있는가?

확장 활동

1. 공동체에서 화목하게 지내기의 연령별 활동으로 만 3세는 친구나 다른 사람의 물건을 만져도 되는지 허락을 구하고 상대방이 허락하면 만지거나 사용해 보도록 한다.
2. 만 4, 5세는 친구들과 잘 어울리지 못하는 친구에게 간식 시간에 옆자리에 앉도록 배려하여 같이 먹을 수 있도록 한다.

활동 4 동화 듣고 리더십 경험해 보기

연령	활동 형태	영역
5세	대·소집단	동화

목 표	5세 누리과정 관련 요소
• 동화를 듣고 가족의 소중함을 알아 본다. • 가족들이 여러 가지 위기 상황을 극복해 나가는 과정을 이야기 나눈다. • 곰 사냥을 위한 과정에서 일시적인 개별적 리더 역할을 경험해 본다.	• 사회관계: 다른 사람과 더불어 생활하기 – 공동체에서 화목하게 지내기

창의 · 인성 관련

- 창의성: 인지적 요소 – 사고의 확장
- 인성: 협력 – 집단 협력

활동 자료

동화책 『곰 사냥을 떠나자』(마이클 로젠 글, 헬렌 옥슨버리 그림, 공경희 옮김, 시공주니어, 1994)

활동 방법

1. 동화를 들려준다.
2. 줄거리에 대해 이야기 나누고 등장인물에 대해 이야기 나눈다.
3. 가족들과 함께 여행한 경험이나 가족과 함께 한 일들에 대해 이야기 나누면서 어려운 일들을 해결했던 방법에 대해 이야기 나눈다.
4. 친구들과 곰 사냥을 갈 때 누가 리더가 될 것인지 결정해 보고 일어나는 일들을 예상해 본다.

활동 평가

1. 동화 속의 특징적인 의성어에 관심을 가지고 구별하여 표현하는지 평가한다.
2. 이야기에 나오는 특성을 알맞은 의성어로 적절하게 표현하는가?
3. 공유적 리더십 증진을 위해 유아-유아 간 협력하기가 잘 되었는지 알아 본다.

확장 활동

1. 동화에 등장하는 의성어 카드를 준비하여 융판 동화로 들려줄 수 있다.

참고문헌

고문숙, 김수향, 김춘경, 이경하, 이용주, 임영심(2012). 아동관찰 및 행동연구. 서울: 동문사.

교육과학기술부, 보건복지부(2013). 만 3-5세 연령별 누리과정.

김영옥, 최미숙(1995). 유아기 민주시민 교육의 내용, 방법 및 교사의 인식에 관한 연구. 유아교육연구, 15(1), 39-58.

김혜금 외(2013). 유아사회교육. 서울: 학지사.

박찬옥, 김영중, 황혜경, 엄정례, 조경서(2000). 유아사회교육. 서울: 정민사.

이은화, 김영옥(2008). 유아사회교육. 경기: 양서원.

Arter, J. A. (1990). Time sampling in studies of social behavior: A critical review of techniques and result with research suggestions. *Psychological Bulletin, 40*, 81-124.

Bredekamp, S., & Rosegrant, T. (1995). *Reaching potentials: Transforming early childhood curricrlum and assessment*(Vol.2).m Washington, DC: National Association for the Education of Young Children.

Michaelis, J. U. (1980). *Social Studies for children: A Guide to Basic Instruction*(7thed). N.J.: Preneice - Hall, aInc.

제 5 장

유아 음악교육

1 유아 음악교육의 목적 및 목표

음악은 음을 소재로 하여 인간의 사상과 감정을 표현하는 예술이다. 음악은 문학과 미술 등의 타 예술 영역들이 하는 것과 마찬가지로 직관이라는 통로를 통해 인간의 영혼에 직접 호소함으로써 인간에게 선함과 진실함과 아름다움과 정의로움에 대한 바른 안목을 제공한다. 그리하여 개개인에게 온전한 삶을 살 수 있도록 도와주고, 정신적 고양을 제공할 뿐만 아니라, 세상에 존재하는 아름다운 것, 의의 있는 것, 가치 있는 것을 탐지하고, 선별하고, 향유할 수 있는 능력과 태도를 갖게 해 준다(이홍수, 1992).

한국유아교육학회(1996)는 음악교육(music education)을 '음악미의 이해 감득을 통해 높은 미적 창조와 풍부한 인간성의 육성을 목표로 행해지는 예술 교육의 한 분야'로 정의하고, 유아 음악교육의 목적은 '결코 전문적인 음악가를 양성하는 것이 아니며 넓고 깊은 음악적인 생활을 할 수 있도록 하는 일'이라고 하였다.

즉, 유아기 음악교육의 목적은 기능의 연습이라기보다는 음악에 친숙하게 하고 좋은 음악 표현이나 감상에 적극적인 태도를 갖도록 유아의 생활 속에 자연스럽게 음악을 받아들이는 습관을 기르는 것으로(김혜경, 1996), 소리나 신체 리듬을 이용하여 생각이나 느낌을 자유롭게 또는 자연스럽게 표현할 수 있도록 돕는 것이다. Greenberg(1985)와 Nye(1975)는 음악교육의 목적을 창의성의 신장, 지적 성장, 언어 발달, 신체 발달, 자아 개념의 형성, 정서적 감수성의 신장 및 심미적인 발달 등의 일곱 가지로 요약하고 있다. Zimmerman(안재신, 1996 재인용)은 유아 특히 2~6세 유아의 음악교육의 목적을 음정에 맞춰 노래 부르기, 리듬에 맞춰서 신체 표현하기, 간단한 악기 다루기, 주의 깊게 소리 듣기 등의 4가지로 설정하였다. Zimmerman은 음악교육의 내용 영역에 따른 구체적인 목적을 제시하고 있다는 점에서 Greenberg(1985), Nye(1975), 김혜경(1996), 전인옥과 이숙희(2006)가 제시한 목적과는 차이가 있다.

한편 교육과학기술부와 보건복지부(2013)에서 제시한 3-5세 연령별 누리과정 해설서의 예술경험 영역에 제시된 음악교육의 목표는 유아들이 아름다운 음악에 관심을 가지고, 음악 활동을 즐기며, 음악으로 자신의 생각, 아이디어, 경험을 표현할 수 있는 능력을 기르는 것이다.

3-5세 연령별 누리과정에서 제시한 유아 음악교육의 목표와 여러 연구자들이 제시한 음악교육의 목적 및 목표를 참고로 하여 유아기 음악교육의 구체적 목표를 종합해 보면 다음과 같다.

첫째, 자연과 주변 환경에서 자연스럽게 접할 수 있는 소리와 음악에서 아름다움을 구성하고 표현하는 기본적인 요소를 적극적으로 찾아보는 경험을 통해 창의성과 표현력을 증진시킨다. 이를 위해 유아에게 가락의 높낮이와 빠르기의 변화 등의 음악적 개념을 다양하게 탐색하고 실험하여 새로운 아이디어를 창출할 수 있는 기회를 제공하는 것이 필요하다. 이런 기회를 통해 유아는 음악의 재료인 음의 특성에 대한 이해 및 음악적 개념 형성이 발달될 것이다.

둘째, 자신의 생각과 느낌을 음악을 통해 창의적으로 표현하는 것을 즐기도록 함으로써, 인지·언어·사회정서·신체 발달을 돕는다. 음악으로 자신의 생각과 느낌을 표현하는 과정에서 유아는 스스로 생각하고, 문제를 해결해 보는 경험을 통해 인지적 능력이 향상된다. 또한 유아가 자신의 경험을 묘사하는 활동이나 노래를 부르면서 노랫말 등을 통해 소리와 형태, 문장 구성 등에 익숙해지도록 도와주어 유아의 언어 발달을 돕는다. 음악 활동을 통해 리듬에 맞추어 동작하거나 악기를 다루면서 대·소근육을 조절하게 됨은 물론 유아 자신의 몸을 탐색·실험해 볼 수 있는 기회를 제공함으로써 신체 발달을 돕는다.

셋째, 자신과 다른 사람의 음악을 듣고, 즐기며 풍부한 감성과 심미적 태도를 기른다. 유아에게 다양한 종류의 악곡을 제공하여, 악곡에 대한 유아의 느낌을 표현하게 함은 물론 다른 사람의 느낌을 예민하게 의식하게 함으로써 사회·정서적 반응을 증진시킨다. 또한 음악을 들음으로써 안정감을 가질 수가 있고, 긴장을 해소할 수 있기 때문에 어렸을 때부터 음악을 통해서 자신의 긍정적, 부정적 감정을 건설적으로 표현하는 방법을 배움으로써 긍정적인 자아 개념의 형성을 돕는다. 전래 동요를 부르거나, 사물놀이 악기를 다루면서 우리 가락과 장단을 경험하게 됨으로써 문화적 정체감과 우리 문화에 대한 자랑스러움을 갖게 된다. 우리나라의 전통음악뿐 아니라 다른 나라의 음악을 들으면서 아름다움을 느끼고 즐기는 기회를 통해 유아들은 자연스럽게 다양한 문화를 경험하게 되며, 이를 통해 심미적 태도가 길러진다.

2 누리과정과 유아 음악교육의 내용

1) 누리과정의 유아 음악교육 내용

2007년 개정 유치원교육과정에 따른 유치원 지도서(교육과학기술부, 2009)의 총론에는 음악교육을 자유선택 활동의 음률 영역과 대·소집단 활동의 음률 활동으로 구분하여 제시하고 있으며, 5세 누리과정에 따른 교사용 지침서(교육과학기술부, 보건복지부, 2012)에는 음악 활동을 자유선택 활동의 음률 영역에 포함시키고 있다. 음률 활동의 경우 노래 부르기, 음악 감상하기, 악기 연주하기, 소리 탐색하기 등의 활동을 포함시키고 있으며, 음률 영역에서 이들이 자발적으로 이루어질 수 있도록 생활 주제와 활동에 따라 악기를 바꾸어 주거나, 새 노래를 배우기 전에 음률 영역에서 새 노래를 들어 보고, 배운 노래를 다시 들어 볼 수 있도록 하는 등 유기적인 연관을 가지고 이루어질 수 있도록 하고 있다.

3-5세 연령별 누리과정(교육과학기술부, 보건복지부, 2013)의 예술경험 영역에서 제시하고 있는 유아를 위한 음악교육의 내용은 〈표 5-1〉과 같다.

| 표 5-1 | 3-5세 연령별 누리과정의 예술경험 영역의 내용과 음악교육의 내용

내용 범주	내 용	음악교육 내용
아름다움 찾아보기	• 음악적 요소 탐색하기	• 음악의 개념
예술적 표현하기	• 음악으로 표현하기 • 통합적으로 표현하기	• 노래 부르기 • 전래 동요 부르기 • 리듬 악기 연주하기 • 리듬과 노래 만들기
예술 감상하기	• 다양한 예술 감상하기 • 전통예술 감상하기	• 음악 감상하기

다음에서는 3-5세 연령별 누리과정의 예술경험 영역을 중심으로 하고, 부분적으로 2007년 개정 유치원 교육과정(교육과학기술부, 2008)과 음악교육 관련 선행연구를 통해 음악교육의 내용을 살펴보기로 하겠다.

① 음악적 요소 탐색하기

'음악적 요소 탐색하기'는 유아가 자연과 주변 환경에서 들리는 다양한 소리와 음악에 귀를 기울이고 반응하면서 소리와 음악의 아름다움을 구성하고 있는 음악적 요소를 느끼고, 그 특징을 자연스럽게 발견하고, 다양한 소리와 악기 등으로 음악적 요소를 탐색하는 능력을 기르기 위한 내용이다.

내용	활동의 예
음악적 요소 탐색하기	• 교사는 유아 스스로 음악적 요소를 탐색할 수 있도록 충분한 시간과 기회를 제공하고, 음악적 요소에 대한 학습이 아닌 다양한 소리와 음악에 깃들어 있는 아름다움을 느끼고 찾는 것에 중점을 둔다. 예를 들어 "(실외 활동에서) 좋아하는 소리를 찾아보고 얘기해 볼까? 왜 듣기 좋은 소리라고 느끼니?" • 생상의 '동물의 사육제' 중 '거북'과 오펜바흐의 오페라 곡 중 '캉캉'을 비교해서 들려주면서 빠르기의 차이를 구별해 보고, 악기로 빠르기를 탐색해 본다.

② 음악으로 표현하기

'음악으로 표현하기'는 유아가 노래와 전래 동요를 부르고, 리듬 악기를 연주하며, 리듬과 노래를 즉흥적으로 만들어 보는 등의 다양한 음악 활동을 통해 자신의 생각과 느낌을 표현하도록 하는 내용이다.

내용	활동의 예
음악으로 표현하기	• 만 3세는 노래의 길이가 짧고, 리듬 형식이 반복적이며, 쉽게 따라 부를 수 있는 음정으로 된 친숙한 노래를 즐겁게 불러 보도록 한다. 만 4, 5세는 다양한 장르의 노래, 다른 나라의 동요를 유아의 생각과 느낌에 따라 셈여림, 빠르기, 가사 등의 음악적 요소에 변화를 주거나 문답식 또는 좋아하는 리듬을 삽입하여 자유롭게 노래로 표현하도록 한다. • 만 3, 4세는 반복적이며 쉬운 전래 동요를 자주 들려주다가 점차 전래 동요와 관련된 전래 놀이에 더욱 적극적으로 참여할 수 있는 기회를 준다. 만 5세는 빠르기에 변화 주기, 가락과 가사 바꾸기, 전래 동요에 맞추어 춤추기 등의 다양한 방법을 함께 제공한다. • 만 3세는 신체 일부분을 사용하여 여러 가지 소리를 만들고 리듬을 경험하도록 한다. 만 4세는 다양한 종류의 리듬 악기, 폐품으로 만든 악기, 주변의 사물 등을 활용하여 리듬을 만들거나 연주하도록 한다. 만 5세는 친숙한 노래에 맞추어 박자 치기, 짧은 리듬 패턴을 듣고 따라 치기 등 다양한 방법으로 악기를 연주할 수 있는 기회를 제공한다.

내용	활동의 예
음악으로 표현하기	• 만 3세는 놀이 중에 자연스럽게 말놀이를 하거나 즉흥적으로 흥얼거리므로 이를 충분히 즐길 수 있도록 한다. 만 4세는 이미 잘 알려진 친숙한 곡에 간단한 멜로디와 노랫말을 만들어 보는 경험을 제공한다. 만 5세는 동화, 동시, 극놀이, 움직임 활동 등의 다양한 활동의 배경음악을 만들어 보는 경험을 제공한다. • 유아에게 적합한 악기로는 탬버린, 트라이앵글, 우드블록 등과 같이 고유의 음색을 갖고 있으며 소리 탐색이 쉽고 간단한 리듬 형태를 만들어 볼 수 있는 악기를 제공하는 것이 좋다.

③ 다양한 음악 감상하기

'다양한 음악 감상하기'는 유아가 다양한 예술 영역, 즉 음악, 춤, 미술 작품, 극놀이 중 하나인 음악을 듣고 즐기는 활동을 통하여 아름다움을 느끼고 각자의 표현을 존중하며 예술 감상에 지속적인 관심과 흥미를 갖도록 하기 위한 내용이다. 또한 '전통예술 감상하기'는 과거로부터 현재까지 전해져 내려오는 우리나라 고유의 전통예술에 관심을 갖고, 이와 친숙해질 수 있도록 하기 위한 내용이다. 유아기는 우리 전통예술에 관심을 갖고 받아들이며 친숙해지기 위한 중요한 시기이므로, 전통예술을 접할 수 있는 다양한 기회를 충분히 제공해 주어야 한다. 이를 위해 전통음악을 자연스럽게 경험해 볼 수 있도록 기회를 제공하는 것이 필요하다.

내용	활동의 예
다양한 음악 감상하기	• 일상적으로 음악을 자유롭게 만들고 즐겨 보는 과정에서 교사나 또래 간에 서로의 표현을 감상하는 경험을 하도록 한다. • 우리나라와 다른 나라의 음악 등 음악에 관한 더욱 다양한 자료를 준비하여 제공하면 유아들은 단순히 음악을 감상하는 것에서 그치지 않고 다른 문화권의 문화적 특성을 이해하고 경험하게 된다. • 예술 작품을 직접 가서 보고, 느끼는 경험을 할 수 없을 경우에는 파워포인트나 책자, 동영상, 오디오 등 작품의 특성을 잘 살리면서도 질 높은 감상이 가능한 매체를 선택하여 감상할 수 있는 기회를 제공하고 이야기를 나눈 후 유아가 스스로 음악을 만들어 보도록 한다. "('백조의 호수' 영상을 감상한 후) 우리가 백조라는 제목으로 음악을 만들어 보려면 어떤 악기를 사용하는 것이 좋을까? 어떤 빠르기로 표현하면 백조가 물위를 미끄러지듯이 헤엄치는 모습을 표현할 수 있을까?"

내용	활동의 예
전통예술 감상하기	• 계절이나 주제에 따라 지역사회에서 이루어지고 있는 연주회를 관람할 수 있는 기회를 제공한다.

2) 유아 음악교육의 내용

Campbell과 Scott-Kassner(1995)는 유아기에 음악 활동을 통해 경험하여야 할 음악적 요소 및 각 요소에 따른 구체적인 음악적 개념을 리듬(박동, 장단, 악센트, 박자, 리듬 패턴), 가락(고저, 음 흐름), 음색(음악적 소리/비음악적 소리, 음성의 유형, 악기의 유형), 형식(반복, 변형, 대조), 조직(단성, 화성, 다성), 표현적 질(빠르기, 셈여림)의 6가지로 제시하였다. LeBlanc(1987)은 음악의 요소로 가락, 리듬, 화음, 음색, 조직, 형식을(김명순, 조경자, 1998 재인용), Andress(1995)는 고저, 리듬, 화음, 소리의 크기 변화, 음색, 조직, 형식을 포함시키고 있다.

음악의 요소에 포함되는 개념에 약간의 차이가 있으나 공통적으로 리듬, 가락, 음색, 형식, 조직의 요소가 포함되며, 몇몇 연구자들(이숙희, 1993; Campbell & Scott-Kassner, 1995)에 의해 음악의 표현적 질로 강조되고 있는 셈여림과 빠르기가 음악적 요소에 포함되기도 한다. 이러한 음악적 요소는 동시에 출발하여 나선형의 모양을 따라 점차 발달된다. 음악적 개념은 유아기부터 시작하여 지속적으로 순환의 과정을 거쳐 점차 확장되고 정교화되므로 유아기 음악교육에서 음악 개념이 중요시되어야 한다(Thomas, 1970: 김명순, 조경자, 1998 재인용).

다음에서 유아기에 다양한 음악 활동을 통해 경험해야 할 음악 개념에 대해 간략하게 살펴보기로 한다.

(1) 리듬(Rhythm)

리듬은 음의 장단과 강약에 의해 음악적 소리들을 조직화하는 것이다(김명순, 조경자, 1998). 리듬은 시간을 분할하는 개념으로서 시간을 일정한 간격으로 분할하면

박(beats)이 되고, 박에 일정한 간격으로 강약을 주면 박자(meter)가 되며, 박자를 토대로 다양하게 시간을 나누면 리듬(rhythm)이 된다. McDonald와 Simons(1989)에 따르면, 리듬은 소리, 휴지(쉼), 그리고 다른 집합체에 속하는 패턴들의 조직체이다.

박자 개념 이해를 위한 교구

리듬의 구성 요소들을 노래 부르기, 악기 연주하기, 음악 감상하기, 동작으로 표현하기, 음악 창작하기와 같은 음악 활동 속에서 경험할 기회를 제공하는 것은 유아의 리듬감 발달에 도움을 줄 수 있다. 음악에서 박자는 하나의 작품 전반에 걸쳐서 들리거나 혹은 느껴지는 반복적인 형태를 취한다. 그러나 아주 어린 유아들은 박자에 맞추어 몸을 움직이는 능력이 발달적으로 준비가 되어 있지 않다. 오히려, 이러한 리듬에 대한 개념을 처음 가르치고자 할 때에는 먼저 유아들의 리듬에 맞추는 활동으로 시작하는 것이 좋다. 유아들이 걷고 달리고 말처럼 뛰는 모습을 보면서, 아이들의 움직임에 맞추어 작은북을 쳐 주는 것이다. 유아들이 동작을 바꾸면, 박자도 바꾸어 준다. 이렇게 하므로 해서 유아들은 자신들이 리듬을 창출해 내는 주체가 될 수 있음을 알게 되며, 이런 활동의 반복을 통해서 결국 유아는 박자에 맞추어 움직일 수 있게 된다.

(2) 선율(Melody)

선율은 리듬과 같이 음악을 구성하는 기본이 되는 요소로서 음의 높고 낮음과 길고 짧음이 시간적으로 의미 있게 조직되어 서로 다른 음 높이의 흐름을 나타내는 것을 말한다(Campbell & Scott-Kassner, 1995). 음의 높낮이에 따라 스카프나 보자기를 움직여 보는 활동을 통해 선율의 변화를 경험시킬 수 있으며, 음의 높낮이를 제시한 그림 악보나 물실로폰 등을 통해 음 높이를 시각적으로 탐색하게 할 수 있다.

물실로폰을 이용하여 음의 높낮이를 시각적으로 확인해 볼 수 있다.

친구들과 함께 커다란 보자기를 들고 음의 높낮이에 따라 스카프를 움직여 본다.

(3) 화음(Harmony)

화음은 둘 또는 그 이상의 다른 음이 동시에 소리 나는 것을 의미한다(김영연, 2002). 음악은 멜로디만으로 이루어지는 것, 화음 반주를 가진 것, 여러 멜로디가 어우러져 화음을 이루는 것 등이 있다. 계단 벨과 공명 실로폰, 목금, 철금과 같은 악기를 주고 화음을 실험해 볼 수 있는 기회를 제공할 수 있다.

화음을 실험해 볼 수 있는 공명 실로폰

(4) 음색(Timber)

음색은 물체의 독특한 재료, 구조, 크기에 따라 구별되어 나는 소리의 차이를 말한다(Campbell & Scott-Kassner, 1995). 인간의 목소리나 악기의 소리도 각기 특색 있는 다양한 음색을 지닌다. 유아들이 엄마의 목소리나 다른 사람의 목소리, 남녀의 목소리, 기타와 피아노 소리, 오케스트라와 독주하는 악기의 소리에 대하여 지각할 수 있는 것이 음색이다(전인옥, 이숙희, 2006). 유아 자신의 목소리나 주위 환경에서 나는 소리를 녹음하여 들려주고 여러 가지 악기의 음색이 다양하게 녹음된 음악을 들려주며, 일상의 물건과 다양한 악기들을 가지고 소리를 자유롭게 탐색할 기회를 제공함으로써 음색 개념의 발달을 도울 수 있다.

(5) 속도(Tempo)

속도는 악곡의 성격을 뚜렷이 드러내 주는 표현적 요소로서 상대적으로 파악되며 속도의 변화는 악곡을 다양하게 한다(Campbell & Scott-Kassner, 1995). 이는 보통 빠르기를 기준으로 하여 음악이 빠르게 또는 느리게 표현되거나 혹은 음악의 빠르기가 곡 중간에 다양하게 변화되는 것을 의미한다. 유아들에게 템포를 알려주기 위해서 빠르기가 완전히 다른 곡을 선택하여, 아주 느리고 아주 빠른 박자를 비교해서 들려주고, 템포가 다른 두 종류의 음악에 맞추어 빠르게 또는 느리게 움직여 보도록 할 수 있다. 일단 유아가 템포에 대한 개념을 이해하고, 음악에 맞추어 빠르게 혹은 느리게 움직일 수 있으면, 이 둘이 반복해서 나타나는 음악을 들려준다. 계속해서 조금 더 복잡한 개념인 처음에는 느리게 시작했다가 점점 빨라지는 아첼레란도(accelerando: 점점 빠르게)나 점차적으로 속도가 느려지는 리타르단도(ritardando: 점점 느리게)와 같은 용어를 도입하고, 이러한 빠르기의 변화가 나타나는 음악에 맞추어 몸을 움직여 보도록 한다.

| 표 5-2 | **'템포'를 경험할 때 사용할 수 있는 음악의 예**

템포	음악의 예
느리게	• 파헬벨의 케논 • 베토벤의 월강소나타 1악장 • 드보르작의 신세계 교향곡(라르고) 2악장 • 쇼팽의 녹턴 • 조지 윈스턴의 피아노곡(가을, 겨울에서 봄으로, 12월, 여름)
빠르게	• 림스키코르샤코프의 땅벌의 비행 • 모차르트의 피가로의 결혼 • 로시니의 윌리엄 텔 서곡

(6) 셈여림(Dynamics)

셈여림은 음의 셈과 여림의 정도를 나타내는 것으로 음의 소리 크기가 크게 또는 부드럽게 진행되거나 변화되는 것을 의미한다. 셈여림에 대한 개념 발달을 도울 수 있는 활동으로는 노래를 크고, 작게 불러 보거나 음악의 크기에 따라 동작이나 악기로 변화를 주어 표현해 보게 할 수 있다(박수미, 2007). 유아들에게 셈여림의 개념을 소개하기 위해 대조적인 방법을 사용하여 음악의 크기에 따라 동작이나 악기로 변화를 주어 표현해 보게 할 수 있다. 익숙해지면 처음에는 부드럽게 시작했다가 점점 강해지는 크레센도(crescendo)나 점차 음량이 줄어드는 데크레센도(decrescendo)의 개념을 알려주고 그에 따라 몸을 움직여 보도록 한다.

(7) 작은악절

작은악절(phrase)은 4~8개의 소절로 된 악절(passage)로 이루어져 있으며, 음악적 사고나 아이디어를 표현하며, 하나의 악절은 하나의 문장과 유사하다.

악절에 대한 개념을 유아에게 알려주는 가장 좋은 방법은 음악을 많이 듣게 하는 것이다. 그리고 친숙한 노래를 부르면서, 작은악절과 작은악절 사이에서 잠깐 쉬면서 이 개념을 인식하도록 한다. 작은악절에 대한 개념을 유아들이 파악하게 되면, 노랫말에 맞추어 동작을 해 보도록 한다. 작은악절에 대해 완전히 이해하게 되면 음악을 들으며 움직이다가 작은악절이 변하는 곳에서 동작을 바꾸거나 방향을 바꾸는 방법을 적용해 볼 수 있다.

처음에는 유아들이 잘 알고 있는 단순한 노래를 선택하여 함께 불러 본다. 처음에 느리게 혹은 보통빠르기로 노래를 불러 본다. 유아들이 작은악절에 대한 개념을 파악하기 시작하면 점점 더 빠르게 불러 본다. 유아들이 준비가 되면, 다양한 속도로 녹음된 것을 들려주고, 작은악절에 맞추어 자신의 동작을 변화시킬 수 있는 새로운 방법을 찾아보도록 한다.

(8) 형식(Form)

형식은 음악을 구성하고 있는 악구들의 전체적인 설계로 리듬, 선율, 셈여림 등의 음악 개념들이 조직되는 것을 의미한다. 형식은 작곡가의 음악적 아이디어에 따라 음악적 개념들을 반복하여 통일성을 강조하거나, 대조와 변형을 강조하는 형태로 조직되기도 하고, 여러 가지로 변형되기도 한다(Campbell & Scott-Kassner, 1995). 예를 들어, "반짝반짝 작은 별"은 마지막 구절이 반복되므로 ABA형식이다. 유아들이 음악의 악구들을 이해하게 되면 반복해서 노래 부르는 절인지 혹은 아주 다른 절인지를 알게 되고, 동작으로 반응할 수 있게 된다. 반복적인 소절에서는 동작을 반복해 보게 하고, 대조적인 형식의 악구에서는 대조적인 동작(예: 강하고 가볍고, 작고 크고, 앞쪽으로 뒤쪽으로)을 해 보도록 한다. 음악의 형식은 멜로디와 리듬, 화성, 음색 등 개념의 발달에 의존하기 때문에 비교적 늦게 발달된다(전인옥, 이숙희, 2006).

3 유아 음악 교수·학습 방법

유아들은 다양한 음악 활동을 함으로써 음악적 개념을 습득하게 된다. 일반적으로 유아기에 경험하게 될 음악 활동은 노래 부르기(singing), 연주하기(playing), 음악 만들기(making music)와 감상하기(listening)이다. 다음에서 각 음악 활동의 교수·학습 방법을 간략하게 살펴보기로 하겠다.

1) 노래 부르기

노래 지도 방법은 노래를 한 소절씩 떼어서 가르치는 방법과 전체 노래를 처음부터 끝까지 반복해서 들려줌으로써 자연스럽게 그 노래에 익숙해지도록 하는 방법이 있다. 후자의 방법을 전체법(the whole method)이라고 한다. 노래를 한 소절마다 떼어 반복해서 가르치면 노래의 전체적인 분위기를 느끼지 못하므로 새 노래 배우기에 싫증을 내기 쉽다. 그러나 가사의 발음이나 내용을 분명히 할 필요가 있을 때에는 따로 불러 줄 수도 있다. 전체 노래에 익숙해져서 중심 리듬 패턴을 인식하게 되면 천천히 그리고 분명한 손짓으로 음의 높이를 표시해 가면서 불러 주는 것이 효과적이다. 노래 지도 시에 교사는 노랫말을 기호, 그림 자료, 상징 등으로 바꾸어서 유아들이 자연스럽게 노랫말을 익히도록 도와줄 수 있다.

그림 악보는 색깔과 그림이 보여 주는 다양한 소재가 유아의 상상력을 풍부하게 하며, 그림을 볼 때마다 특정한 가사를 연상하게 함으로써 흥미를 유발시킬 수 있다. 음의 높낮이와 음의 길이를 나타내는 검정 막대는 노래 부르기가 어느 정도 자유롭게 되었을 때 설명

노래 지도 시에 교사는 노랫말을 그림 자료 등으로 바꾸어 노랫말 익히는 것을 도울 수 있다.

해 주어 노래 부르는 가운데 자연스럽게 익히도록 한다. 그러나 노래 지도 시에 교사는 가사 전달에 치중하기보다는 리듬과 멜로디 지도도 병행하여야 한다.

2) 악기 연주하기

자유로운 악기 소리 탐색, 즉흥 연주, 주변의 여러 가지 물건 연주하기, 집에서 악기 만들어 연주하기 등을 통하여 자기 표현의 기회를 제공하는 것이 중요하다. 예를 들어, 유아들에게 이야기를 들려주고 이 이야기에 적합한 효과음을 만들어 보게 할 수 있다. 즉, 여러 가지 악기들을 보여 주고 각자 소리를 내 보게 하면서, 어떤 악기가 양철 지붕 위에 빗방울 떨어지는 소리를 만들어 낼까? (악기 소리를 내면) 더 빨리 할 수 있겠니? 숲 속의 곰은 어떻게 다닐까? 어떤 악기 소리처럼? 더 크게 해볼 수 있겠니? 등 유아가 스스로 악기를 선택하여 소리를 흉내 내어 보게 하기도 하고 또 유아가 만든 소리를 그대로 녹음해 두었다가 들려줄 수도 있다. 그러나 한 교실에서 유아가 모두 함께 이 악기 저 악기를 마음대로 두드린다면 매우 혼란스러울 것이므로 사전에 잘 계획하여 활동을 진행하도록 한다.

| 표 5-3 | 악기의 종류

무선율 악기	신체 악기	손, 발, 무릎, 손가락, 얼굴 등
	리듬 악기	심벌즈, 북, 손가락, 징, 리듬 막대, 마라카스, 탬버린, 톤블록, 기로, 캐스터네츠, 장구, 북, 징, 꽹과리, 소고, 박, 봉고, 목탁 등
	생활용품 악기	풍선, 종이, 주걱, 부채, 젓가락, 숟가락, 깡통, 페트병, 우유곽, 옷걸이 등
선율 악기	가락 악기	실로폰, 멜로디언, 유리잔, 헨드벨 등
	하모니 악기	피아노, 아코디언, 오트하프, 기타, 우쿨렐레, 벤조 등

악기는 상업적인 악기만을 의미하는 것은 아니다. 우리 주변에서 소리가 나는 물건은 모두 악기가 될 수 있으며 우리 몸도 다양한 소리를 내는 악기가 될 수 있

다. 예를 들어, 인체 리듬을 이용한 리듬놀이나 신체를 이용한 음감놀이를 할 수 있다. 인체 리듬이란 우리의 몸을 가지고 낼 수 있는 소리로 나타내는 리듬을 말한다. 즉, 손뼉 치기, 발 구르기, 무릎 치기, 손가락 튕기기 등이다. 또한 우리 신체의 일부, 예를 들어 얼굴을 이용해 음 이름을 익히게 할 때는 턱은 '도', 입은 '레', 코는 '미', 눈은 '파', 머리는 '솔'로 하면서 도레미파솔을 알려 준다. 몸 전체를 이용해 음 이름을 익히게 할 때는 발은 '도', 무릎은 '레', 배꼽은 '미', 어깨나 가슴은 '파', 머리는 '솔'로 하여 몸의 높이에 따라 음의 높이가 다르며 음 이름이 달라진다는 것을 알려 줄 수 있다.

유아들은 태어나면서부터 음색에 관심을 가지고 있으므로 될수록 다양한 음색을 가진 악기를 실험·탐색해 볼 수 있는 기회를 많이 제공해 주어야 한다. 간단한 악기를 연주하여 리듬 패턴을 만들어 보게 하거나 특히 유아가 만들어 낸 패턴을 여러 가지 악기로 합주해 보는 활동도 필요하다.

3) 음악 감상하기

음악 감상은 음악을 주의 깊게 듣고 자신의 상상력을 동원하여 음악을 느끼도록 하는 것이다. 이때, 단순히 멜로디만을 듣는 것이 아니라 작품을 구성하는 모든 음들에 귀를 기울이도록 하여야 한다. 음악에 대한 흥미나 본질적 동기는 감상으로 시작되므로 감상 활동은 모든 음악 활동의 기초가 된다.

음악 감상은 직접 감상과 간접 감상으로 나누어지는데 직접 감상은 음악 감상 위주로 구성된 수업 행위를 말하며, 간접 감상이란 놀이, 작업, 휴식, 간식 시간 등에 간접적으로 또는 배경 음악·환경 음악으로 들려주는 감상 행위를 말한다.

음악 감상 활동 지도 시 유의할 점은 다음과 같다.

첫째, 감상할 악곡을 여러 번 반복하여 들으며, 다양한 방법으로 표현해 볼 수 있도록 한다. 유아들은 음악을 듣고, 그 느낌을 이야기나 움직임, 그림 등으로 표현하는 경우가 많다. 들은 음악에 대해 항상 확인하고 해석하게 할 필요는 없지만,

다양한 방법으로 표현해 봄으로써 음악의 느낌을 더욱 인상적으로 받아들이고, 이해하고, 연상하고, 개념화할 수 있으며, 음악을 더욱 생활화할 수 있게 된다.

둘째, 악곡의 성격을 파악한 다음 먼저 중요한 측면(특징적 측면)에 주의를 집중하여 듣고, 점차 범위를 넓혀 듣도록 계획한다.

셋째, 음악의 요소 및 원리를 체험해 볼 수 있게 한다. 음악의 주 선율을 흥얼거리며 듣게 하는 것은 감상곡의 멜로디를 기억하기 쉽게 해 주어 음악에 빨리 친숙하게 해 준다. 음악의 박자에 맞추어 지휘를 해 보거나 빠르기, 셈여림, 음 높이, 음색 등에 따라 신체 표현이나 게임, 악기놀이 등을 해 봄으로써 음악적인 감각을 신장시킬 수 있다.

넷째, 유아의 흥미와 발달 단계, 그리고 내적 욕구에 맞는 곡을 선정해야 한다. 유아기의 감상은 유아들이 음악 듣기 그 자체에 흥미를 갖게 하는 것부터 시작해야 한다. 가능한 한 여러 종류의 음악, 특색 있는 악기로 변화 있게 연주된 음악, 곡의 길이가 비교적 짧고 단순한 음악, 상상할 수 있는 음악(흥미 있는 인물을 연상시키는 음악, 재미있는 이야기를 표현한 음악, 동물의 모습을 표현한 음악), 리듬이 단순하고 활동적인 음악, 놀이를 함께 할 수 있는 음악 등이 적합하다(김성균, 1984; 이용일, 1990; 이홍수, 1994).

다섯째, 음악의 다양한 연주 형태와 감상 매체를 활용해야 한다. 음악을 감상할 때 제시되는 음악은 방송이나 레코드 등의 연주일 수도 있고, 교사나 친구가 직접 들려주는 연주일 수도 있다. 녹음 교재로서의 연주는 명연주가의 연주를 들을 수 있는 이점이 있고, 직접 연주는 음악이 생생하게 전달되는 효과가 있다. 또한 학급 전체가 교실에서의 음악 감상 활동이나 여러 가지 행사를 통해 함께 음악을 감상해 봄으로써 음악을 즐겁게 듣는 태도를 극대화시킬 수 있다(이용일, 1990).

4) 음악 만들기

음악 만들기는 유아가 놀이 활동을 하면서 즉흥적으로 노래를 만들어 부르거나, 악기를 자신의 방식대로 연주하거나, 목소리나 악기로 음악적 아이디어를 표현해 내는 것을 의미한다(김소향, 안경숙, 2011; Colwell, 2005). 유아는 자연스러운 분위기에서 다양한 음악적 경험을 통해 음악적 개념을 이해하며 자신의 생각과 느낌을 창의적으로 만들어 낼 수 있다. 따라서 교사는 유아가 창의적으로 음악을 만들어 볼 수 있도록 다양한 음악적 경험의 기회를 제공해야 한다. 문성숙(2013)은 유아에게 음악 만들기를 지도할 때 활용할 수 있는 방법으로 소리 모방하기, 리듬 악기로 리듬 만들기, 간단한 대화로 노래 만들기, 좀 더 긴 대화, 동시, 노래를 활용하여 멜로디 만들기 등의 방법을 제안하였다. 3-5세 연령별 누리과정의 교사용 지침서(교육과학기술부, 보건복지부, 2013a)에서도 유아들이 일상생활의 모든 경험, 생각, 느낌을 즐겁게 리듬과 노래로 만들어 볼 수 있도록 간단한 노래 형식으로 인사하기, 의성어·의태어 부분을 리듬으로 표현하기, 놀이하면서 즉흥적으로 리듬이나 노래를 만들어 부르기 등의 경험을 제공하도록 하였다. 예를 들어, ♩♩♩♩ "엉금엉금" ♫♫ "폴짝폴짝" 등 음표의 길이에 적합한 의태어를 넣어 보도록 할 수 있다. 만 3세는 놀이 중에 자연스럽게 말놀이를 하거나 즉흥적으로 흥얼거리므로 이를 충분히 즐길 수 있도록 하며, 만 4세는 이미 잘 알려진 친숙한 곡에 간단한 멜로디와 노랫말을 만들어 보는 경험을 제공한다. 만 5세의 경우에는 음악 활동 시간뿐만 아니라 동화, 동시, 극놀이, 움직임 활동 등의 다양한 활동에서 느낌에 따라 즉흥적으로 배경음악을 만들어 보는 경험을 제공한다(교육과학기술부, 보건복지부, 2013a).

음악 만들기 활동을 위한 교사의 역할은 다음과 같다(교육과학기술부, 보건복지부, 2013a; 장은주, 2007).

첫째, 교사가 먼저 창의적 음악 만들기의 모델을 보여 주어야 한다. 생일 축하할 때, 무섭거나 졸릴 때의 기분을 리듬 악기로 표현하기 등과 같이 유아가 관심이나 흥미를 보이는 것에 초점을 맞추어 노래로 대화해 보거나 다양한 상황이나 분위기를 리듬 악기를 이용하여 표현해 줄 수 있을 것이다.

둘째, 창의적 음악 활동이 일어날 수 있는 준비된 환경을 마련해 준다. 이를 위해 여러 가지 소품, 놀잇감, 책, 악기, 음반, 미술 재료 등을 준비하여 유아들이 음악을 만들고자 할 때 활용할 수 있도록 사전에 준비해 준다.

셋째, 유아의 창의적인 노력을 인정하고 창의적인 표현을 격려해 준다. 교사는 긍정적인 반응을 통해 유아가 만든 리듬이나 노래를 확장시켜 준다. 예를 들어, "지우가 이렇게 노래하는 것을 들었어. 이 소리가 너무 멋진데 우리 함께 노래로 만들어 보면 어떨까?"와 같이 반응해 줄 수 있으며, 음악 만들기의 결과보다는 만들어 내는 과정에 더 많은 관심을 가지고 모든 과정에서 개방적인 질문을 함으로써 유아가 다양한 방법을 생각해 볼 수 있도록 도와준다.

4 유아 음악교육의 평가

유아 음악교육에서의 평가도 그 목표와 내용을 준거로 하여 유아의 발달 및 학습 성취 정도를 알기 위해서 사전평가와 형성평가, 총괄평가를 이용할 수 있다. 사전평가는 교수·학습을 전개하기 전에 유아가 이미 알고 있는 것이나 할 수 있는 것을 알아 봄으로써 유아의 발달과 능력에 적합한 교육의 내용과 수준을 결정하는 데에 도움을 주기 위한 평가이다. 총괄평가는 교육 활동이 종료된 후 교육목표가 원하는 수준만큼 달성되었는지를 알아보기 위해 실시하는 방법으로 여러 가지 다양한 방법으로 수집된 평가 결과를 종합하여 최종 평가하는 것을 의미한다. 예를 들어, Gordon이 개발한 음악 청취력 검사(The Primary Measures of Music Audiation: PMMA)는 5세에서 8세까지의 아동을 대상으로 발달적 음악 적성 검사를 측정하기 위한 집단검사이다. 이 검사는 두 개의 하위 검사로 구성되었으며, 음정감 검사(tonal test) 40문항과 리듬 검사(rhythm test) 40문항의 총 80문항으로 구성되어 있다. 한 문항당 정답일 경우 1점, 오답일 경우 0점으로 채점되며 점수가 높을수록 음정감과 리듬감이 높음을 의미한다. 유아는 몇 초의 간격을 두고 들려오는 두 개의 노래를 듣고 두 노래가 동일하면 같은 모양의 얼굴이 그려진 곳에 동그라미, 두 노래가 다르면 다른 얼굴이 그려진 곳에 동그라미를 그리도록 한다. PMMA를 사용하여 유아의 음감과 리듬을 빠르고 정확하게 청취하는 능력을 알아볼 수 있다.

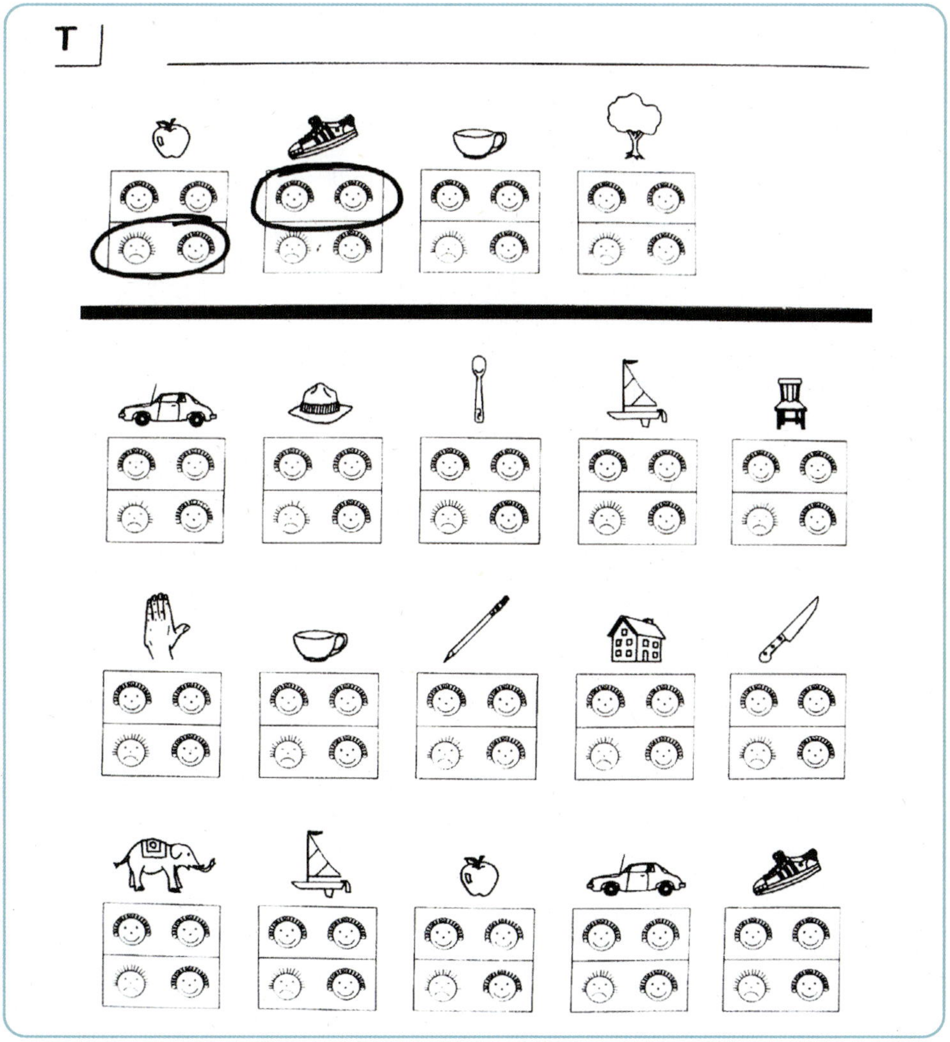

| 그림 5-1 | PMMA 음감검사지의 일부

출처: 이숙희(1993).

한편, 교육이 진행되고 있는 동안에 교수 · 학습의 과정이 효율적으로 전개되고 있는지를 알기 위한 목적으로 사용되는 형성평가의 경우, 교사 자신의 평가와 유아의 발달에 대한 평가로 나눌 수 있다. 교사 평가는 교사의 자발적인 참여를 바탕으로 교사가 자신이 수행한 교육 활동 계획 및 과정에 대해 스스로 평가하는 방식이며, 유아의 발달에 대한 평가는 유아가 교수·학습 과정에 참여하는 과정에 대하여 평가하는 것이다. 프로젝트 스펙트럼 평가는 Harvard Project Zero 연구팀이 개발한 평가 도구로 동작지능, 언어지능, 수학지능, 과학지증, 사회지능, 미술지능, 음악지능 영역의 7개 지능 영역의 총 15개 활동으로 실제화한 대안적 평가 도구이다. 다음의 〈표 5-4〉는 프로젝트 스펙트럼 평가의 지능 영역별 활동 내용 중 음악지능 영역의 내용을 제시한 것이다.

| 표 5-4 | 프로젝트 스펙트럼 평가 중 음악지능 영역의 내용

● **노래 부르기 활동(singing activity):** 노래를 하면서 정확한 음정과 박자를 유지하는 능력과 노래의 음악적 특성들을 기억해 내는 능력을 진단한다.
● **음악 지각 활동(music perception activity):** 음정을 구별해 내는 능력을 본다. 노래를 기억하거나 잘못을 알아내고 음정을 구별한다.

출처: 이미옥(2003).

이미옥(2003)은 프로젝트 스펙트럼 평가 도구를 타당화하였는데, 이 중 음악지능 영역의 음악 지각 활동을 소개하면 다음〈표 5-5〉와 같다.

| 표 5-5 | 음악지능 영역의 음악 지각 활동

- **활동 내용:** 음악 지각 활동은 노래 알아맞히기, 틀린 곳 알아맞히기, 연주하고 짝 짓기, 듣고 짝 짓기의 4개 활동으로 구성
- **활동 자료:** 몬테소리 벨 1세트, 방망이 2개, 가리개(90cm×60cm), 노래 알아맞히기를 위한 음악 테이프 1개, 틀린 곳 알아맞히기를 위한 음악 테이프 1개, 카세트, 틀린 곳 알아맞히기를 위한 동요('리' 자로 끝나는 말)를 피아노 연주로 녹음한 것
- **기록 자료:** 디지털 비디오 카메라, 음악 지각 활동 관찰기록지, 음악 지각 활동 종합 기록지
- **채점 방법:** 비디오 테이프에 녹화한 자료와 관찰기록지를 보고 음악 지각 활동 채점 준거에 따라 활동 내용별로 채점하여 총점을 구하며, 점수 범위는 0~48점
- **활동 방법**

가) 사전 활동: 약 4주간 동요(사랑, 곰들의 춤, 우리들의 마음속엔, '리' 자로 끝나는 말) 부르기 활동을 실시한다.

나) 본 활동: 노래 알아맞히기와 틀린 곳 알아맞히기는 카세트와 테이프를 이용하여 활동하고, 연주하고 짝 짓기와 듣고 짝 짓기는 몬테소리 벨을 가지고 한다.

도	레	미	파	솔
도	레	미	파	솔
라	라	시	시	도#

몬테소리 벨 정렬 순서

출처: 이미옥(2003).

5 활동의 실제

활동 1 노래를 부르며 정리해요 (노래 부르기)

연령	활동 형태	영역
3세	대·소집단	음악

목 표	3세 누리과정 관련 요소
• 정리 정돈의 필요성을 알고 놀잇감의 적절한 정리 방법을 익힌다. • 리듬에 맞춰 즐겁게 노래를 부른다.	• 사회관계: 다른 사람과 더불어 생활하기 – 사회적 가치를 알고 지키기 • 예술경험: 예술적 표현하기 – 음악으로 표현하기

창의 · 인성 관련

- 창의성: 성향적 요소 – 개방성
- 인성: 협력 – 집단 협력 배려 – 친구에 대한 배려

활동 자료

악보 '정리하는 손', 음원 '정리하는 손', 정리 정돈이 되어 있지 않은 교실의 사진, 영역별 놀잇감과 바구니

'정리하는 손' 악보

활동 방법

1. 정리 정돈이 되어 있지 않은 교실의 모습을 보며 이야기 나눈다.
   - (사진을 보여 주며) 사진 속 교실의 모습이 어떠니?
   - 정리 정돈이 되지 않은 교실을 보니 어떤 느낌이 드니?
2. 정리 정돈을 해야 하는 이유에 대해 이야기 나눈다.
   - 즐겁게 놀이를 한 후에 정리 정돈을 하지 않으면 어떻게 될까?
   - 내가 가지고 놀고 싶은 놀잇감을 바로 찾을 수 있으려면 어떻게 해야 할까?
3. '정리하는 손' 노래를 감상해 본다.
   - 놀이가 끝난 다음에는 스스로 정리하는 멋진 어린이들에 대한 노래가 있단다. 함께 들어 보자.
   - '정리하는 손' 노래를 들어 보니 어떠니?
4. 다양한 방법으로 노래를 불러 본다.
   - '정리하는 손' 노래를 함께 불러 보자. 어떤 방법으로 불러 볼까? (한 음으로 부르기, 고개를 흔들면서 부르기, 손뼉을 치면서 부르기 등)
5. 영역별로 놀잇감을 보여 주고 '정리하는 손' 노래를 부르면서 바구니에 정리해 본다.
   - 이 놀잇감은 어디에 있었던 놀잇감일까? 누가 정리해 주겠니?
   - 친구가 제자리에 정리하는 동안 친구의 이름을 넣어서 노래를 불러 보자.

활동의 유의점

1. 영역별 놀잇감의 정리 방법은 자유선택 활동 시간에 더욱 구체적으로 안내한다.
2. 놀이를 끝낸 뒤 '정리하는 손' 노래를 부르며 유아들이 정리 정돈 하는 것을 격려한다.

활동 평가

1. 정리 정돈을 해야 하는 이유에 대해 이해하는지 평가한다.
2. 영역별 놀잇감의 위치와 정리 방법에 대해 관심을 갖는지 평가한다.
3. 즐거운 마음으로 노래를 부르며 정리에 참여하는지 평가한다.

확장 활동

1. 각 영역의 놀잇감을 비밀 주머니에서 꺼내 제자리를 찾아 정리하는 게임을 해 본다.
2. 정리 정돈을 하고 난 후의 교실 모습을 살펴보고 그 느낌을 이야기해 본다.

활동 2 동물의 소리 연주하기 (악기 연주하기)

연령	활동 형태	영역
4세	자유선택	음률

목 표	4세 누리과정 관련 요소
• 악기를 이용하여 동물의 소리를 만든다. • 상상 속 동물의 소리를 다양한 방법으로 표현한다. • 박자에 맞춰 즐겁게 악기를 연주한다.	• 예술경험: 아름다움 찾아보기 – 음악적 요소 탐색하기 • 예술경험: 예술적 표현하기 – 음악으로 표현하기 • 자연탐구: 과학적 탐구하기 – 생명체와 자연환경 알아보기

창의 · 인성 관련

• 창의성: 동기적 요소 – 호기심 · 흥미
성향적 요소 – 개방성

활동 자료

여러 가지 동물의 소리, CD 플레이어, 다양한 악기(두꺼비 귀로, 목재 딱따구리, 산새 소리 내기(bird call), 손잡이 캐스터네츠, 플레이 우드, 카쥬, 회전 개구리 울음 악기, 오리 소리 스틱, 오카리나 등), 상상 속의 동물 그림(불사조, 봉황, 유니콘, 용, 방아 찧는 토끼, 담배 피우는 호랑이 등)

활동 방법

1. 여러 가지 동물의 소리를 듣는다.
   - 이 소리는 어떤 동물의 소리일까?
   - 이 동물 소리는 어떤 악기로 표현할 수 있을까?
2. 준비된 다양한 악기를 탐색한다.
   - 이 악기는 어떻게 소리를 낼까?
   - 어떤 소리가 나니?
   - 어떤 동물의 소리와 비슷하니?
3. 악기를 이용하여 동물의 소리를 만들어 본다.
   - 어떻게 연주하면 동물의 소리와 비슷할까?

4. 상상 속의 동물 그림을 보며 그림 속 동물의 소리를 악기로 표현한다.
   - 이 동물은 어떤 소리를 낼 것 같니?
   - 배고플 때는 어떤 소리를 낼까?
   - 재밌을 때는 어떤 소리를 낼까?
   - 슬플 때는 어떤 소리를 낼까?
5. 만든 소리를 녹음해서 들어 본다.
   - 어떤 소리를 녹음해 볼까?
   - 만든 소리를 들어 보자. 네가 원하는 소리니?
   - 아니라면 어떻게 바꾸어 볼까?

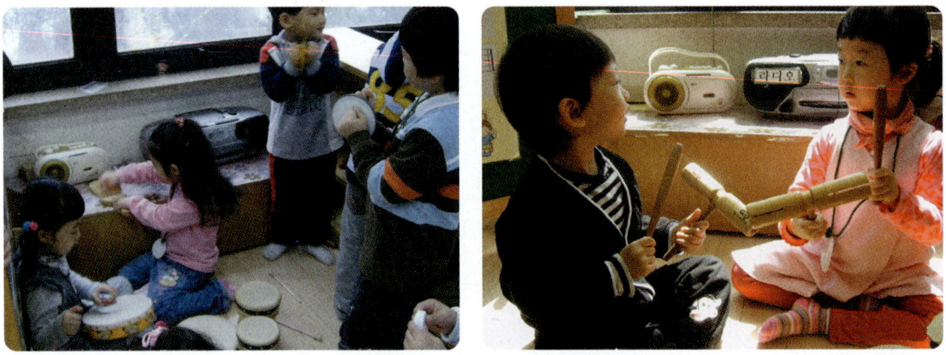

동물의 소리 연주하는 모습

활동의 유의점

1. 사전에 상상 속의 동물에 관심을 가질 수 있도록 이야기에 나오는 상상 속 동물을 찾아본다.
2. 사전에 동요 '동물 흉내'를 부르며 여러 가지 동물의 소리에 대해 관심을 가지고 노랫말을 바꿔 불러 봄으로써 음악에 익숙해질 수 있도록 한다.
3. 악기를 연주하며 동시에 노래를 부르는 것은 유아 수준에 적절하지 않으므로 나오는 음악을 듣고 동물의 소리 부분에 악기를 연주할 수 있도록 한다.

'동물 흉내' 악보

활동 평가

1. 악기를 이용하여 다양한 동물의 소리를 만드는지 평가한다.
   - 동물의 소리와 비슷한 소리를 만드는가?
2. 상상 속의 동물의 소리를 표현하는지 평가한다.
   - 상상 속의 동물의 소리에 관심을 가지는가?
   - 상상 속의 동물의 소리를 악기로 표현하는가?

3) 박자에 맞춰 즐겁게 악기를 연주하는지 평가한다.
   - 동물의 소리 부분에 맞춰 악기를 연주하는가?
   - 활동에 즐겁게 참여하는가?

확장 활동

1. 유아들이 악기를 이용하여 만든 동물의 소리를 소개하고 어떤 동물의 소리인지 맞혀 보는 활동을 한다.
2. 악기 외에도 장난감이나 생활도구, 신체, 전자 키보드 등 여러 가지 방법으로 동물의 소리를 만들어 볼 수 있도록 한다.
3. 동요 '동물 흉내' 에 맞추어 악기를 연주한다.

활동 3 봄에 들을 수 있는 소리 (음악 만들기)

연령	활동 형태	영역
5세	대·소집단	음악

목 표	5세 누리과정 관련 요소
• 봄에 들을 수 있는 소리를 안다. • 봄의 다양한 소리를 알고 구분한다. • 자신의 느낌을 적절한 문장으로 말한다. • 나의 감정을 긍정적으로 표현한다.	• 신체운동·건강: 신체 인식하기 – 감각기관 활용하기 • 자연탐구: 과학적 탐구하기 – 생명체와 자연환경 알아보기 • 의사소통: 말하기 – 느낌, 생각, 경험 말하기 • 사회관계: 나와 다른 사람의 감정 알고 조절하기 – 나의 감정 조절하기

창의 · 인성 관련

• 창의성: 성향적 요소 – 개방성

초등학교 교육과정 관련

• 슬기로운 생활: 봄 – 학교 주변을 살펴보면서 봄이 되어 볼 수 있는 것이나 겨울에서 봄으로 바뀐 것을 찾아본다.

활동 자료

실물 사진 PPT(소리 포함: 봄비, 제비, 병아리, 개구리, 시냇물), 여러 가지 악기

활동 방법

1. 봄이 온 것을 어떻게 알 수 있는지 이야기 나눈다.
   - 봄이 온 것을 어떻게 알 수 있니?
   - 봄에 볼 수 있는 것에는 무엇이 있을까?
2. '봄' 노래(교육과학기술부, 2009, 유치원 지도서 12, p. 46)를 1절을 함께 불러 본다.
3. 봄의 소리를 들어 본 적이 있는지 이야기한다.
   - 봄의 소리를 들을 수도 있을까?
   - 어떤 소리가 봄의 소리일까? 왜 그렇게 생각하니?

- 이 노래에서는 봄의 소리를 어디서 들을 수 있다고 했니?

4. 봄에 볼 수 있는 것을 PPT로 보면서 어떤 소리가 날지 예상해 본다.
   - 이것은 무엇일까?
   - 어떤 소리가 날까?
5. PPT 자료에 있는 소리를 들어 보며 봄에 들을 수 있는 소리에 대해 이야기 나눈다.
   - 어떤 느낌이 드니?
   - 눈을 감고 들어 보자. 봄이 온 것이 느껴지니?
6. 봄에 들을 수 있는 소리를 목소리 혹은 여러 가지 악기로 흉내 내어 본다.
   - 너희도 이 소리를 내어 볼 수 있겠니?
   - 봄에 들을 수 있는 여러 가지 소리를 직접 내 보니 어떤 점이 재미있니?

활동의 유의점

1. 산책 활동을 통해 자연스럽게 봄의 다양한 소리를 들어 본 후 활동한다.
2. 교사가 준비한 소리 외에 유아들이 생각한 다양한 봄의 소리를 창의적으로 표현해 볼 수 있도록 격려한다.

활동 평가

1. 봄에 들을 수 있는 여러 가지 소리를 구분할 수 있는지 관찰하여 평가한다.
   - 봄에 들을 수 있는 다양한 소리를 아는가?
   - 봄의 다양한 소리를 구분할 수 있는가?
2. 봄에 들을 수 있는 여러 가지 소리를 창의적으로 표현할 수 있는지 평가한다.
   - 봄에 들을 수 있는 여러 가지 소리를 몸이나 언어로 표현할 수 있는가?
   - 여러 가지 소리에 대한 자신의 느낌을 적절한 문장으로 말할 수 있는가?
   - 여러 가지 소리에 대한 자신의 감정을 긍정적으로 표현할 수 있는가?

확장 활동

1. 봄에 들을 수 있는 소리를 음률 영역에서 CD로 들으면서 활동할 수 있도록 한다.
2. '봄' 노래를 자유선택 활동 시간에 들려주어 봄을 느끼는 다양한 방법을 노래로 경험해 보도록 한다.
3. 봄에 들을 수 있는 소리, 향기, 바람 등 봄과 관련된 주제로 다양하게 생각해 보고 이야기 나누기 활동을 전개할 수 있다.

참고문헌

교육과학기술부(2008). 2007년 개정 유치원 교육과정 해설. 서울: 교육과학기술부.

교육과학기술부(2009). 유치원 지도서. 서울: 한국교육과정평가원.

교육과학기술부, 보건복지부(2012). 5세 누리과정 교사용 지침서. 서울: 교육과학기술부, 보건복지부.

교육과학기술부, 보건복지부(2013a). 3-5세 연령별 누리과정 교사용 지침서. 서울: 교육과학기술부, 보건복지부.

교육과학기술부, 보건복지부(2013b). 3-5세 연령별 누리과정 해설서. 서울: 교육과학기술부, 보건복지부.

김명순, 조경자(1998). 유아를 위한 음악교육의 이론과 실제. 서울: 다음세대.

김성균(1984). 유아음악교육. 서울: 세광출판사.

김소향, 안경숙(2011). 그림책과 요리활동을 활용한 창의적 음악 만들기 활동이 유아의 음악성과 창의성에 미치는 효과. 음악교육연구, 40(3), 85-107.

김영연(2002). 유아음악교육론. 서울: 학지사.

김혜경(1996). 유치원 음악교육의 이론과 실제. 서울: 창지사.

문성숙(2013). 그림책을 활용한 음악만들기 활동이 유아의 음악적 창의성에 미치는 영향. 한국교원대학교 교육대학원 석사학위논문.

박수미(2007). 멘토링(mentoring) 과정에서 나타난 유아교사의 음악교수 변화 탐색. 중앙대학교 대학원 유아교육학과 박사학위 청구논문.

이미옥(2003). 프로젝트 스펙트럼(Project Spectrum) 평가도구 타당화 연구. 한국교원대학교 대학원 석사학위논문.

이숙희(1993). 5세 유아의 음악 청취력 향상 프로그램의 개발과 그 효과에 관한 연구. 서울여자대학교 대학원 박사학위 논문.

안재신(1996). 유아음악교육. 서울: 교육과학사.

이용일(1990). 유아음악교육. 서울: 학문사.

이홍수(1992). 느낌과 통찰의 음악교육. 서울: 세광음악출판사.

이홍수(1994). 음악여행. 서울: 세광음악출판사.

장은주(2007). 현직교사를 위한 유아음악교육 프로그램 모형 개발. 이화여자대학교 대학원 유아교육과 박사학위논문.

전인옥, 이숙희(2006). 유아음악교육. 서울: 한국방송통신대학교 출판부.

한국유아교육학회(1996). 유아교육사전(용어편). 서울: 한국사전연구사.

Andress, B. (1995). Transforming curriculum in music. In S. Bredekamp & Rosegrant(Eds), *Reaching potentials: Transforming early childhood curriculum and assessment, 2*, 99-108. Washington, DC: NAEYC.

Campbell & Scott-kassner (1995). *Music in childhood from preschool through the lementary grades*. New York : Schrimer Books.

Greenberg, M. (1985). 유아음악교육 [*Your children need music*]. (이기숙, 김영주 공역). 서울: 교문사. (원전은 1979년 출판).

LeBlanc, T. (1987). *The general radiotelephone operator's license study guide*. Blue Ridge Summit, PA : Tab Books.

McDonald & Simons (1989). *Musical growth and development: birth through six*. New York : Schirmer Books.

Nye, V. T. (1975). *Music for young children*. W. C. Brown Co.

Thomas, B. (1970). *Manhattanville Music Curriculum Program(MMCP): Final Report*. Washington, D.C.: United States Office of Education, Bureau of Research. Educational document: ED 045 865.

제 6 장

유아 미술교육

1 유아 미술교육의 목적 및 목표

유아를 위한 미술교육이 무엇을 목적으로 할 것이냐 하는 문제는 아주 중요하다. 그동안 유아 미술교육의 목표, 내용, 그리고 교수·학습 방법은 시대적 변화 요구에 따라 함께 변화해 왔다. 유아 미술교육의 목표와 교수·학습 방법은 모방에서 기능 중심으로, 기능에서 내면의 정서를 표현하는 표현 중심이 주류를 이루고 있었으나, 근래에 들어서는 미술의 본질을 이해하고 응용할 수 있는 통합적이고 총체적인 미술교육을 지향하는 방향으로 변화하고 있다(지성애, 박찬옥, 유구종, 조형숙, 2010).

3-5세 연령별 누리과정에는 미술교육의 목표가 별도로 제시되어 있지 않고 음악과 동작 등의 다른 예술교과 영역을 포괄하는 형태를 띠고 있다. 즉, 3-5세 연령별 누리과정의 예술경험 영역에서 제시하고 있는 미술교육의 목표는 '아름다움에 관심을 가지고 예술경험을 즐기며, 창의적으로 표현하는 능력을 기르는 것'이다. 구체적으로 '첫째, 자연과 주변 환경에서 발견한 아름다움과 예술적 요소

에 관심을 갖고 탐색하고, 둘째, 자신의 생각과 느낌을 음악, 움직임과 춤, 미술, 극놀이를 통해 창의적으로 표현하는 것을 즐기며, 셋째, 자연과 다양한 예술 작품을 감상하며, 풍부한 감성과 심미적 태도를 기르는 것' 이다.

김호정(1996)은 일반적인 미술교육의 목표를 정의적, 기능적, 지적인 면의 세 가지로 정리하여 제시하였다. 먼저, 정의적 목표는 작품을 만들거나 감상하는 기본 태도에 속하는 행동 특성이다. 이에는 미적인 것에 대한 관심, 미술 작품을 만들고 평가할 수 있는 능력, 미술의 다양한 형식 및 양식에 대한 개방성, 여러 가지 미술 활동에 적극적으로 참여하는 태도 등을 들 수 있다. 두 번째로, 기능적인 목표는 미술 활동에 동원되는 재료와 도구를 효과적으로 다룰 수 있는 눈과 손의 협응력을 가지게 하는 행동 특성들이다. 마지막으로, 지적인 목표는 사람이 살아가는 본연, 즉 생활에 대한 지식, 미적 구성에 대한 지식, 표현 과정에 대한 지식, 미술 문화에 대한 지식, 미술품 및 미술의 본연에 대한 미학적 지식 등을 들 수 있다.

유아들은 미술교육을 통해 정의적, 기능적, 지적인 세 측면에서뿐 아니라 전인적 발달에 도움을 얻는다. 즉, 유아는 미술 활동을 통하여 창의적이고 조직적으로 생각하고 계획하는 태도를 갖게 되며, 심미적 표현에 대한 흥미와 소근육 발달 등 통합적 발달의 기회를 가지게 된다.

이상의 내용을 종합해 보면, 미술교육은 다양한 미술 활동을 통하여 주변 세계의 아름다움을 느끼며 향유할 수 있는 심미적인 태도와 상상력, 창의성, 비판적 사고력을 길러 주고, 아울러 미술 문화를 이해하며 계승 · 발전시킬 수 있는 능력을 갖춘 전인적 인간을 육성하는 데 목적이 있다.

3-5세 연령별 누리과정에서 제시한 유아 미술교육의 목표와 여러 연구자들이 제시한 미술교육의 목적 및 목표를 참고로 하여 유아기 미술교육의 구체적 목표를 종합해 보면 다음과 같다.

첫째, 자연과 주변 환경에서 자연스럽게 접할 수 있는 조형물에서 아름다움을 구성하고 표현하는 기본적인 요소를 적극적으로 찾아보는 경험을 통해 창의성과 표현력을 증진시킨다. 이를 위해 유아에게 선, 색, 형태, 질감 등의 미술적 요소를 다양하게 탐색하고 실험하여 새로운 아이디어를 창출할 수 있는 기회를 제공하는 것이 필요하다. 이런 기회를 통해 유아는 미술 작품의 재료인 미적 요소에 대한 이해 및 미적 개념 형성이 발달될 것이다.

둘째, 자신의 생각과 느낌을 미술 활동을 통해 창의적으로 표현하는 것을 즐기도록 함으로써, 인지·언어·사회·정서·신체 발달을 돕는다. 미술 활동으로 자신의 생각과 느낌을 표현하는 과정에서 유아는 스스로 생각하고, 문제를 해결해 보는 경험을 통해 인지적 능력이 향상되며, 자신의 감정을 미술 활동을 통해 표출함으로써 정서적인 문제를 해결할 수 있는 기회를 가지게 될 것이다. 또한 유아가 자신이 그리거나 제작한 작품을 설명하는 과정에서 유아의 언어 표현력이 증진될 수 있다. 미술 활동 중 사용하는 다양한 도구(예: 붓, 가위, 털실 등)를 다루면서 대 · 소근육이 발달된다. 뿐만 아니라 다른 유아들과 함께 의논하며 자신들의 아이디어를 형상화하는 과정을 통해 창의성은 물론 사회성이 발달될 것이다.

셋째, 자신과 다른 사람의 미술 작품을 보고, 즐기며 풍부한 감성과 심미적 태도를 기른다. 유아에게 다양한 양식의 미술 작품을 제공하고, 미술 작품에 대한 유아의 느낌을 표현하게 함은 물론 다른 사람의 느낌에 주의를 기울이게 함으로써 사회·정서적 반응을 증진시킨다. 전통미술 작품을 감상하는 과정에서 우리 문화에 대한 정체감과 자랑스러움을 갖게 되며, 다른 나라의 미술 작품을 감상하고 느낌을 이야기해 보는 과정을 통해 다른 문화에 대한 존중감을 가지게 될 것이다. 또한 아름다움을 표현하는 다양한 방법이 존재함을 알게 됨으로써 유아들은 자연스럽게 다양한 문화를 경험하게 되며, 이를 통해 심미적 태도가 길러진다.

2 누리과정과 유아 미술교육의 내용

1) 누리과정 미술교육의 내용

5세 누리과정에 따른 교사용 지침서(교육과학기술부, 보건복지부, 2012a)에는 미술 활동을 자유선택 활동의 미술 영역에 제시하였다. 미술 영역에서 유아들은 창의적으로 구성할 수 있는 다양한 종류의 자료를 탐색하고, 활동한 후 스스로 정리 정돈하게 된다.

다음에서 3-5세 연령별 누리과정의 예술경험 영역을 중심으로 하고, 부분적으로 2007년 개정 유치원 교육과정(교육과학기술부, 2008)과 미술교육 관련 선행연구를 통해 미술교육의 내용을 살펴보기로 하겠다.

(1) 예술경험 영역의 내용

예술경험 영역의 '아름다움 찾아보기', '예술적 표현하기', '예술 감상하기'의 세 가지 내용범주는 아름다움과 예술이라는 큰 체제 속에서 통합적인 경험이 될 수 있도록 해야 한다. 이 세 가지 범주는 구분되기보다는 서로 밀접하게 연관되어 있어, 서로 연계되고 순환되면서 유아의 예술경험을 새롭게 재구성한다는 특징이 있다. 따라서 인위적인 구분에 따라 별개의 독립된 활동으로 다루기보다 수시로 일상생활 속에서 다양한 예술 매체와의 친숙한 경험을 통해 아름다움을 찾고 표현하며 감상하는 활동이 순환되고 통합되도록 하는 것이 중요하다. 예술경험 영역의 내용 중 미술교육과 관련 있는 부분은 '미술적 요소 탐색하기', '미술 활동으로 표현하기', '다양한 미술 작품 감상하기'와 '우리나라의 전통미술 감상하기'이다.

① 미술적 요소 탐색하기

'미술적 요소 탐색하기'는 유아가 자연과 사물에서 접하게 되는 다양한 미술적 요소에 대해 주의를 기울이고 반응하면서 아름다움을 느끼고, 그 아름다움을 만들어 내는 미술적 요소들이 갖는 특징들을 발견하고 탐색하는 능력을 기르기 위한 내용이다.

내용	활동의 예
미술적 요소 탐색하기	• 만 3, 4세는 자연과 사물을 직접 보고 만지는 등의 경험을 통하여 미술적 요소에 관심을 갖고 발견하도록 하며, 만 5세는 자연과 사물에서 발견한 미적인 요소들을 좀 더 자유롭게 실험하고 비교하며 조합해 보도록 한다. 예를 들어, "돌멩이를 만져 보니 어떤 느낌이 드니? 진흙을 만져 보니 어떤 느낌이 드니?" 혹은 "(다양한 모양의 돌과 나뭇잎을 제공하고) 어떻게 다르니? 이 두 가지를 이용해서 아름답게 만들어 볼까?" 등의 상호작용을 통해 미적 요소에 대한 관심을 이끌어 낼 수 있다. • 만 3, 4세 유아는 자연과 사물에서 미술적 요소(예: 색, 모양, 질감, 공간 등)에 다양한 관심을 가지도록 하고, 만 5세 유아는 한 가지 요소(예: 색)의 다양함을 탐색하도록 한다. 예를 들어, 색 탐색인 경우 다양한 색에서 아름다움을 느끼고 점차 노란색의 다양함에서 아름다움을 느끼도록 한다.

② 미술 활동으로 표현하기

'미술 활동으로 표현하기'는 다양한 미술 활동을 통해 유아가 자신의 생각과 느낌을 자발적이고 창의적으로 표현하도록 하기 위한 내용이다. 미술 활동은 재료와 도구를 가지고 유아가 알고 있는 것, 본 것, 느낀 것을 자유롭게 표현할 수 있는 기회를 제공할 뿐 아니라, 표현 과정에서 즐거움을 느끼며 만족감과 자신감을 경험하고 미적 감각 및 창의성을 발달시키는 데 중요한 가치가 있다.

내용	활동의 예
미술 활동으로 표현하기	• 주변의 친숙한 대상에 호기심을 갖고 보고 만지며 느낄 수 있는 다양한 미술 활동 경험을 제공한다. 만 3세는 일반적인 재료와 함께 나무껍질, 돌, 조개껍질 등 다양한 형태와 재질의 재료에 그림을 그리거나 색칠을 하고 질감을 느끼며 비교할 수 있는 활동을 제공한다. 만 4, 5세는 일반적인 재료와 표현 방법 이외에도 다양한 재료를 이용하여 찢기, 오리기, 붙이기, 모자이크, 판화 등의 새로운 표현 방식의 변화를 경험할 수 있도록 한다. • 찰흙, 점토, 철사, 구슬, 돌, 실, 단추 등의 다양한 입체적 재료를 사용한 입체미술 활동과 직조 짜기, 염색하기, 자연물 공예, 빨대, 철사 등을 활용한 선 공예, 골판지 공예 등 다양한 방법과 재료를 활용한 만들기와 꾸미기를 경험하도록 한다. • 협동적인 미술 활동을 위해 만 4세는 또래와 함께 공동으로 꾸며 보는 경험을 제공하여 자신의 생각과 느낌을 나누고 협동하면서 활동에 적극적으로 참여하도록 한다. 만 5세는 또래와의 공유된 목표를 가지고 협의하여 미술 작품을 완성해 가는 과정에 참여해 보도록 하며, 집단의 크기는 2-3명의 소집단에서 더 큰 집단으로 확장해 가는 등 다양한 집단 활동으로 구성한다.

③ 다양한 미술 작품 감상하기

'다양한 미술 작품 감상하기' 는 유아가 다양한 예술 영역, 즉 음악, 춤, 미술 작품, 극놀이 중 하나인 미술을 보고 즐기는 활동을 통하여 아름다움을 느끼고 각자의 표현을 존중하며 예술 감상에 지속적인 관심과 흥미를 갖도록 하기 위한 내용이다. 또한 '전통예술 감상하기' 는 과거로부터 현재까지 전해 내려오는 우리나라 고유의 전통예술에 관심을 갖고, 이와 친숙해질 수 있도록 하기 위한 내용이다. 유아기는 우리 전통예술에 관심을 갖고 받아들이며 친숙해지기 위한 중요한 시기이므로, 전통예술을 접할 수 있는 다양한 기회를 충분히 제공해 주어야 한다. 이를 위해 전통 미술을 자연스럽게 경험해 볼 수 있도록 기회를 제공하는 것이 필요하다.

내용	활동의 예
다양한 미술 작품 감상하기	• 다양한 예술 작품을 보고 느낀 점에 대해 토의하기, 미술관이나 전시회를 관람하기, 지역사회 내 예술가 초대하기, 명화 퍼즐을 통해 전체와 부분 등의 관계 알기, 예술적 요소에 따라 작품의 특징을 찾아보고 반응하기, 실제 작품 발표회와 전시회 하기, 예술 작품을 재구성하고 변형시켜 보기, 그림책에서 미술적 특성을 찾아보기 등 다양한 방법으로 예술을 감상하는 경험을 제공한다. • 유아가 예술 작품에 대한 묘사, 분석, 이야기를 끌어 낼 수 있도록 질문을 하고, 색·형태·선·공간 등의 미술 요소와 관련된 발문을 기초로 감상하며 즐기게 한다.
전통예술 감상하기	• 유아가 우리나라의 전통예술에 관심을 가지도록 우리나라의 전통미술 작품(예: 김홍도의 '씨름', '춤추는 아이' 등)을 교실에 전시하고 관련된 이야기를 들려준다. "(김홍도의 '씨름'을 본 후) 옛날 우리나라에서는 농사를 잘 짓기 위한 힘을 기르기 위해 단옷날에 씨름대회를 열었단다. 이 그림은 김홍도라는 옛날 화가가 씨름하는 모습을 그린 것이란다." "그림 속에 누가 있니? 어떤 색과 모양의 옷을 입고 있니? 지금 우리가 입는 옷하고는 무엇이 다르니?"

2) 유아 미술교육의 내용

다음에서는 미술 활동을 미술교육의 내용 영역에 따라 미적 요소 탐색하기, 미술 활동으로 표현하기, 감상하기로 나누어 살펴보기로 하겠다. 그러나 이들 내용 영역은 모두 서로 연관되므로 유아에게 제시될 때에는 각각 독립된 활동으로 분리하기보다는 통합적으로 제시되어야 한다(이정욱, 임수진, 2012).

(1) 미적 요소 탐색하기

미술은 선과 색 등을 기본으로 하여 시각적 언어를 만들어 낸다. 시각적 언어인 미적 요소는 미적 대상의 아름다움을 나타내는 요소로 선, 색, 모양, 질감, 공간 등이 있으며(Herberholz & Hanson, 1995: 김선월, 2012 재인용), 이들 요소들의 구성과 조화에 의해 미술이 이루어진다. 미술의 기초는 미적 요소를 보는 방법을 통해 다져지고, 대상을 어떻게 보느냐에 따라 대상을 표현하는 방법도 달라진다.

자연과 사물에서 색, 모양, 질감, 공간 등의 미술적 요소를 탐색하는 유아의 능력은 자연과 사물의 아름다움을 발견하고 인식할 수 있도록 할 뿐 아니라, 이를 표현하고 감상할 수 있는 능력을 기르는 데 기초가 된다. 유아와 함께 자연과 사물에 깃들어 있는 미술적 아름다움을 발견하기 위해서는 교사가 먼저 미술적 요소에 대해 이해해야 한다. 유아들이 자연을 비롯한 주변 환경 속에 내재된 시각적 요소에 호기심을 갖고 이를 적극적으로 탐색하도록 하기 위해서는 먼저 대상이 가진 미술적 요소를 유아가 자주 접하고 이를 생활 속에서 다루어 보도록 하여야 한다. 또한 유아가 발견하고 인식한 미술적 요소들을 스스로 조합하고 실험해 볼 수 있는 여러 가지 종류의 재료와 도구를 다루어 보는 경험 역시 제공되어야 한다(교육과학기술부, 보건복지부, 2012a).

자연에서 발견한 여러 가지 미술적 아름다움은 유아의 표현을 다양하게 한다.

(2) 미술 활동으로 표현하기

미술 활동을 표현 방법의 차이에 따라 구분하면, 평면 미술 활동과 입체 미술 활동으로 나눌 수 있다. 평면 미술 활동은 다양한 재료와 여러 기법을 사용한 그리기, 평면에 꾸미기, 찍기 등이 있으며, 입체 미술 활동은 찰흙이나 지점토를 이용한 입체적인 만들기와 꾸미기를 포함하여 조소, 공예, 콜라주, 쌓아서 구성하기, 종이접기 등의 다양한 활동이 있다.

① 평면 미술 활동

일반적으로 사용하는 크레파스와 물감으로 그림을 그리는 활동 외에도 소금 그림, 색 얼음 조각 그림, 알루미늄 호일과 타일에 그리는 그림 등 다양한 재료와 재질을 탐색할 수 있는 활동, 찢기, 오리기, 붙이기, 모자이크, 판화 등의 다양한 방법의 평면 미술 활동을 유아에게 제공하는 것이 좋다(교육과학기술부, 2008). 평면 미술 활동은 그림 그리기, 재미있는 표현 기법, 판화로 나누어 볼 수 있다.

유아의 그리기 작업은 선묘화(drawing)와 채색화(painting)의 과정을 거치게 된다. 선묘화는 크레용이나 크레파스, 매직, 분필이나 목탄, 연필, 파스텔, 그 밖의 용구를 이용하여 그리는 것이다. 채색화는 물감으로 색칠한 것이나 손가락 그림(finger painting)을 들 수 있다.

유아에게 있어 그림 그리기 활동은 유아가 상상력을 이용하여 자신의 의도를 스스로 표현해 보는 아주 중요한 활동이다. 상상력이 풍부한 유아의 그림 표현은 보이는 것을 그린다기보다는 알고 있는 것, 경험한 것 등 직접 느낀 것을 즐겨 그리게 된다. 따라서 그림 그리기를 시작할 때 부모나 교사는 유아에게 다양한 주제를 제공해 주어 유아가 이를 통해 여러 가지 재미있는 표현을 할 수 있게 도와주어야 한다. 교사는 그리는 대상에 따라 자연, 인공적인 형태, 색채, 명암, 질감 같은 것을 여러 가지 재료와 함께 관찰, 경험할 수 있도록 소개해 주어야 한다. 창의적인 그림이란 유아가 흥미를 가지고 의욕적인 태도로 자기 나름대로의 표현에 적극성을 가지고 그렸을 때의 그림이다. 따라서 형을 바르게 잡거나 명암을 그리게 하는 것보다는 창의적 표현에 역점을 두는 지도를 해야 한다. 재미있는 표현 기법으로는 데칼코마니, 콜라주, 마블링, 스크래치, 모자이크 등을 들 수 있다.

판화는 물감을 물체에 발라 종이에 찍어 내는 과정으로 유아가 예상하지 못했던 놀라운 요소를 발견하는 기회가 된다. 유아에게는 재미있는 질감 또는 형태를 가진 물건에 물감을 발라 종이 위에 눌러 주는 방법, 스펀지, 나무판자의 나무결 있는 끝 부분, 당근이나 토마토 같은 식물들도 잘 쓰이는 것 중의 하나이다.

무늬 찍기는 생활 주변의 여러 가지 사물, 나무 조각, 나뭇잎, 채소, 과일, 손 등을 찍어 봄으로써 사물에 대한 친근감을 느끼고, 찍은 사물과 찍힌 모양의 변화를 발견할 수 있으며, 소재에 대한 미술적인 관찰력과 감각을 키워 준다.

여러 가지 모양을 오려서 잘 배치한 후, 롤러로 쓱쓱 물감을 칠하고, 종이를 올려서 꾹꾹 누르면 완성!

② 입체적 미술 활동

유아는 어떤 사물의 모양을 만들고 꾸미는 입체적인 미술 활동을 통하여 정서적 욕구를 만족시키고 인지적, 사회적, 신체적인 면으로도 발달을 이루게 된다. 점토놀이, 가면이나 모자 만들기, 직조 짜기, 염색하기, 자연물 공예, 빨대·철사 등을 활용한 선 공예, 골판지 공예, 각종 폐품을 활용한 폐품 공예 등 다양한 방법과 재료의 만들기와 꾸미기를 활용할 수 있다(교육과학기술부, 2008). 입체 미술 활동은 조소와 만들기와 꾸미기를 들 수 있다.

그림책 『참새』를 읽고, 숲에서 새둥지를 찾아본 후 유토로 완성한 작품

조소는 입체적인 조형물을 나무나 돌, 찰흙 등의 재료로 빚어 만드는 것을 말한다. 이는 다시 조각과 소조로 나누는데 조각은 나무나 돌, 금속 등을 재료로 하여 불필요한 부분을 파내어 다듬어서 만든다. 소조는 찰흙이나 유토 등의 무른 재료로 속에서부터 겉으로 붙여 나오면서 만든다.

조각은 유아들에게 비누를 이용하여 형태를 만들어 보거나 석고를 물에 적셨다가 조각도로 파내어 형태를 만드는 활동으로 마련할 수 있다. 소조(점토로 만들기)는 그리는 방법과 달리 주물러서 빚어 내는 활동으로 유아에게 무엇이든지 솔직하게 표현하는 좋은 재료가 될 수 있다. 진흙, 밀가루 반죽, 고무 점토 등을 이용하여 유아는 탕탕 치고, 자르고, 늘여 보고 비틀어 보고, 작은 조각으로 떼어 보는 여러 가지 활동을 전개하고 이런 활동을 통해 자신의 세계를 나타내 보고 자신의 상상력을 마음껏 표현해 보며 대근육, 소근육, 눈과 손의 협응력 발달을 크게 돕게 된다. 점차 유아들은 점토를 이용하여 동물, 글자 모양 등을 만들어 보며, 손바닥 사이에 끼어 말아 보고, 책상 위에 길게 늘여 보며 여러 가지 다양한 모양을 만들어서 자신의 느낌 등을 작품으로 만든다.

꾸미기와 만들기는 유치원의 작업 활동 중 다양한 재료와 소재를 중심으로 한 구성하기, 인형과 가면 만들기, 염색하기 등과 같이 입체적인 구성을 할 수 있는 모든 작업을 말한다. 꾸미기와 만들기의 재료로는 종이, 책 표지, 헝겊, 나무토막, 병, 빈 상자, 수수깡, 찰흙, 자연물 등으로 생활 주변에서 얼마든지 쉽게 구할 수 있는 것들이므로 유아의 흥미나 욕구에 따라 충분히 만족시켜 준비해 주어야 한다.

구성하기에서는 빈 상자나 빈 갑들을 이용해서 입체감이 나는 물건들을 상상하여 만들어 보게 한다. 필요한 액세서리나 부속품들을 제공하여 줌으로써 좀 더 복잡하며, 창의적인 작품을 구성할 수 있도록 도와줄 수 있다.

③ 감상하기

미술 감상은 미적 구성에 대한 민감한 인식과 가치에 대한 지각을 통해서 미술 경험이나 미술 표현을 평가하고 이해하는 활동(Eisner, 1972)으로, 자연과 사물 및 다양한 작품들을 접촉하여 감각과 지각을 통해 아름다움을 느끼고, 작품의 미적, 문화적, 역사적 가치를 느끼고 판단하고 이해하는 내면화 과정이라 할 수 있다(한국미술교과교육학회, 2004). 주변의 미적 대상이나 미술 작품을 감상하는 기회를 통해 유아는 표현하고자 하는 대상을 경험하게 되고 유아 스스로가 표현하고자 하는 것과 관련된 느낌이나 정서를 이해하도록 도움을 준다(그림 6-1). 또한 좋은 미적 대상을 보고 느끼며 이야기하는 경험은 색, 선, 모양을 이해하고, 적용할 수 있도록 돕는다(정순남, 2004).

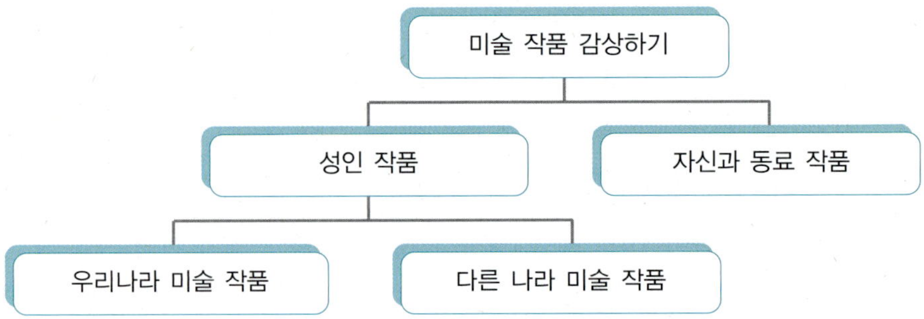

| 그림 6-1 | **미술 감상하기의 내용**

유아들의 미술 감상 능력의 중요성에 대한 관심이 높아지면서 화가들의 작품 감상하기, 자연미 감상하기, 생활 속 미적 대상 감상하기, 그림책의 이미지를 활용하여 감상하기 등 감상 대상에 관련된 연구, 비평적 감상하기, 미술적 특성을 강조하여 감상하기, 미적 요소에 기초하여 감상하기 등과 같이 감상 방법과 관련된 연구, 미술관이나 박물관 방문 활동, 인터넷을 활용한 감상 활동 등과 같이 감상 장소와 매체와 관련된 연구가 활발히 이루어지고 있다. 이들 연구들은 공통적으로 감상 활동은 미적 대상에 대한 흥미와 관심을 높여 주고, 점차적으로 감상 활동을 즐기는 태도와 성향을 가지게 함으로써 유아들의 심미감을 발달시켜 주며, 아름다움에 대한 흥미와 관심은 실생활에서 자연스럽게 미적 대상의 미술적 요소들을 탐색하게 하고 생각과 느낌을 창의적으로 표현하려는 의욕을 북돋워

주므로 매우 중요하다고 말한다(김선월, 2012).

3 유아 미술 교수·학습 방법

유아 미술교육은 기본적으로 미술을 즐기고 이해할 수 있는 기초적인 능력의 신장과 더불어 미술 활동을 통해 유아교육과정에 포함된 다양한 교과 관련 지식의 습득도 동반되어야 한다. 유아를 위한 미술교육의 교수법은 교사의 철학에 따라 양극화되는 경향이 있다. 유아들은 미술 활동을 통해 사물을 표현할 능력이 없음으로 교사가 작품의 소재와 방법 등을 구체적으로 가르쳐 주어야 한다는 교수법과 유아들에게 100%의 자유를 부여하는 방법인 "자유표현"을 주장하는 교수법이 그것이다. 전자는 교사 중심적 교수법인 반면 후자는 유아 중심적 교수법으로 칭할 수 있다. 교사 중심의 교수법에 의해 미술 활동을 경험한 어린이들은 교사의 기호에 맞추어 그리려는 성향을 보인다. 따라서 자신의 느낌이나 경험을 표현하기보다는 교사의 기대에 맞는 그림을 그리게 된다.

지나치게 교사 중심적으로 이루어지는 미술 교수법도 문제이지만 유아들이 무슨 일을 하든지 그냥 내버려 두는 방임적 방법도 문제가 된다. 따라서 이 두 가지 유형의 교수법에 균형을 줄 수 있는 교수법이 필요하다(Barnes, 1987).

다음에서 미술로 표현하기를 촉진할 수 있는 교수 방법과 유아의 미적인 인식을 높여 줄 수 있는 미술 감상법에 대해 알아보기로 한다.

1) 미술로 표현하기를 촉진할 수 있는 균형적 교수법

Brownlee(1983)는 유아들이 주도성을 갖고 경험하고 활동하며 이를 창의적으로 표현할 수 있고 교사들 역시 주도성을 갖고 유아들의 활동 및 표현이 창의적으로 이루어질 수 있도록 분위기를 조성해 주는 균형적 교수법을 제안하고 이를 첫째, 인식의 단계, 둘째, 집중의 단계, 셋째, 창의적 표현의 단계, 넷째, 평가의 단계로 구분하여 설명하였다.

이를 구체적으로 살펴보면 다음과 같다(이원영, 1994, 재인용).

① 인식의 단계

사물의 특징을 명확히 인식하거나 사건의 핵심을 잘 알도록 하기 위해 오감각—듣기, 보기, 맛보기, 냄새 맡기, 감촉으로 알기—을 사용하여 폭넓은 경험을 하도록 하는 단계이다. 다양한 경험에는 여러 가지 사물을 접해 보는 활동과 한 가지 사물을 다룰 때 다양한 방법으로 활동해 보는 것이 포함된다.

한 가지 사물을 다양한 방법으로 경험해 보는 활동의 예

- 책갈피에 꽃잎을 넣어 눌러 보기
- 꽃냄새를 맡아 보기
- 꽃의 모양을 관찰하기
- 꽃에 넘나드는 벌, 나비의 모습을 관찰하기
- 꽃다발을 만들어 친구와 기쁨, 슬픔, 즐거움을 함께 나누어 보기
- 꽃잎은 몇 개이고 꽃받침은 몇 개이며, 꽃술의 모양은 어떤지 살피기
- 꽃들의 모양과 색깔은 어떻게 다른지 살펴보기

유아들은 많은 것을 경험해야 하며, 경험을 명료하게 인식하는 것이 중요하다. 사물에 대한 유아들의 인식이 구체화되고 명료화되려면 교사의 개입이 있어야 한다. 교사가 유아들이 경험하는 것을 정확하게 관찰하고, 이에 알맞은 말을 해 주면 사물에 대한 유아들의 인식 능력은 점점 향상될 수 있다. 성인은 유아의 호기심을 격려해 주어 배우는 것을 즐겁게 여기도록 함으로써 새로운 것을 대할 때 두려워하거나 피하지 않도록 도와주어야 한다. 이를 위해서 활용할 수 있는 방법은 첫째, 사물을 구체적으로 관찰하도록(예: 고양이를 보며 눈·코·귀·입·꼬리

등 생김새를 살펴보도록 질문을 하고, 고양이의 몸짓·울음소리·눈빛 등도 관찰할 수 있도록 하는 것) 도와주어 유아들의 지각적 인식력을 높여 주는 것이다. 둘째, 상대방의 입장에 서 보는 기회를 제공하기 위해 다양한 질문(예: 비가 내린다면, 아침이 될 때까지 꽃잎을 오므리고 있다가 아침 햇살을 받고 서서히 꽃이 피기 시작한다면, 누가 와서 꽃을 꺾어 간다면 등)을 하여 상대방의 입장에 서서 느끼고 생각해 볼 수 있도록 한다. 이러한 경험을 바탕으로 유아들은 관찰한 대상에 대한 예술적 표현을 쉽고 즐겁게 할 준비를 갖추게 된다.

② 집중의 단계

미술 활동을 시행하기 전에 사물의 특성을 구체적, 객관적으로 파악하기 위해 사물을 직접 보지 않고, 과거의 경험을 근거로 사물의 생김새에 사고를 집중하는 단계이다. 인식의 단계에서 발생한 흥미가 존중되고 인정되어 보상을 받을 수 있을 때 인식의 단계는 집중의 단계로 이어진다. 이때 중요한 것은 성인의 인정과 격려이다. 대부분의 유아들은 자발적으로 사물의 구체적인 특성에 주의를 집중하기 때문에 성인이 조금만 도와주어도 되지만, 그렇지 못한 유아들은 세심히 배려하면서 도와주어야 한다. 이때 성인의 도움이란 유아들의 내면에서 호기심이나 관심이 생기도록 하는 것이다. 성인의 생각이나 느낌을 유아에게 강요하는 것은 창의적 표현을 방해한다. 따라서 경험을 되살려 보게 하고, 자신감과 자기 신뢰감을 갖도록 도와준다. 성인의 방식을 주입하기보다는 유아 스스로 표현할 매체의 속성을 발견하고, 이를 자신감을 갖고 나름대로 표현해 보도록 하는 것이 중요하다.

③ 창의적 표현 단계

유아들이 사물을 주의 깊게 관찰하고, 이 경험을 바탕으로 무언가를 표현하고자 하는 단계이다. 집중의 단계에서 파악한 매체의 속성을 근거로 새로운 모양을 창작해 내는 것이다. 창의적 표현 단계가 활성화되려면 유아의 자발성을 보장하고, 결과보다 과정을 중요하게 여기는 태도를 보여 주어야 하며, 충분히 기다려 주어야 한다. 실수에 대한 두려움 때문에 반복해서 표현해 보는 기회를 가지지 못한 채 성장한 유아는 초보적 수준의 표현이 부끄러워 아예 표현하는 것조차 회피하게 되는 악순환이 생기게 된다. 성인들로부터 핀잔이나 부끄러움을 당했던 경험이 있는 유아는 창의적으로 무엇인가를 표현하려고 하는 대신 이미 했던 활동만을 반복하려 할 것이다. 창의성은 유아들을 이해하고 도와줄 수 있는 성인들의 전문적인 도움으로 발달될 수 있다.

④ 평가의 단계

유아들은 자신들의 표현에 대해 교사나 부모가 관심을 보여 주고 인정해 주기를 바란다. 창의적 표현 과정에서 성인들이 자료를 풍부하게 마련해 주고, 표현의 자유를 허용해 주는 일도 중요하지만, 유아들의 작품을 사려 깊게 다루는 일은 더욱 중요하다. 따라서 유아들이 만들어 내는 작품들이 유아들의 발달 수준에 맞으면 대견하게 여기고, 그 일을 해낸 유아들의 노력과 인내를 칭찬해 주어야 한다. 그러나 인정과 격려는 사실에 근거해야 한다. 유아가 표현한 것이나 노력한 정도보다 지나치게 칭찬하는 것은 도리어 해롭다. 본인은 노력하지 않고 대강 해치웠는데, 칭찬을 받으면 앞으로 일을 책임감 없이 처리하게 될 수 있으며, 또 칭찬 받은 작품이나 행동만 반복해서 하려 할 수 있기 때문에 새로운 표현의 기회를 놓치게도 된다. 따라서 성인들은 유아의 활동을 예민하게 관찰하면서 칭찬할 내용을 구체적으로 파악해야 한다.

유아들의 작품은 사진으로 찍거나 작품을 전시해 주는 것이 좋다. 유아의 작품이나 사진에 이름을 쓸 때에는 정성껏 하는 것이 좋다. 유아의 그림에 대한 이야기를 써 줄 때에도 주의 깊게 듣고 그대로 써 주도록 한다. 이야기가 길어 그림과 어울리지 않는 경우에는 다른 종이에 써서 그림과 함께 전시해 주면 좋다. 작품을 접기보다는 말아 주기, 콜라주가 마를 때까지 기다려 주기, 자신만의 작품을 자유롭게 전시할 수 있는 공간 제공하기, 전시하고 싶지 않은 작품은 억지로 전시하지 않기 등 유아의 미술 작품을 소중하게 다루고 생각을 존중하도록 한다.

유아들이 만든 쑥향 주머니를 창가에 전시한 모습

2) 미술 감상 활동의 교수·학습 방법

미술적 요소를 의식하고 지각하는 것은 우연히 이루어지는 것은 아니다. 유아들의 주변에 다양한 미술 작품을 전시함은 물론 유아들과 자주 작품에 대한 이야기를 나누어야 한다. 유아들과 작품에 대한 이야기를 나누기 위해서는 교사가 미술의 특성을 이루는 미술적 요소와 이들이 결합되는 형식을 이해하고 있어야 한다. 미술적 요소란 미적 대상의 선, 색, 모양, 형태, 질감 등을 의미한다. 미술적 요소들은 나무, 찰흙과 같은 재료들을 의미하는 것이 아니라 선, 색, 모양, 형태, 질감 등이 나타내는 형식상의 특징이다. 미술에서 형식상의 특징은 선, 색, 모양, 형태, 질감 등의 시각적 요소들이 어우러져 어떤 미적 질서를 표출함으로써 감상자에게 즐겁고 아름다운 감정을 주게 되는 것이다. 미적으로 마음을 움직이는 이러한 선과 색채의 관계 또는 그 결합 상태를 '의미 있는 형식'이라고 정의할 수 있다(김정, 조정숙, 2007). 이렇게 이루어진 형식에서 보이는 미적인 질서가 결국 조화, 변화, 통일, 균형, 대조, 강조, 율동, 반복, 대칭 등의 구성미로 나타난다.

유아들과 미술 작품에 대해 이야기 나누는 과정에서 활용할 수 있는 방법 중

하나가 Feldman(1970)이 제안한 토의법이다. Feldman(1970)은 미술 작품 감상을 통해 학생들의 지각력을 개발시킬 수 있으며, 대다수의 학생들은 그들이 알지 못하는 것에 대해 모험심과 호기심을 가지고 의견을 제시하는 것을 즐긴다고 언급하면서 미술 감상 활동의 방법을 〈표 6-1〉과 같은 네 가지의 과정(서술-형식 분석-해석-평가)으로 제시하였다(정미경, 1999).

| 표 6-1 | Feldman의 미술 감상 4단계 모델

단계	내용	질문의 예
서술 과정	유아들에게 미술 작품을 자세하게 살펴보도록 한 후, 유아가 작품 속에서 본 것들을 보이는 그대로 모두 나열하게 하는 과정으로, 이 과정을 통해 작품의 주제가 무엇인지를 정해 보도록 할 수 있다.	• 그림 속에서 본 것을 모두 이야기해 보자. • 그림을 1분 동안 자세히 보자. • 이제는 모두 눈을 감고 무엇을 보았는지 이야기해 보자.
형식 분석 과정	작품의 구성 요소를 살펴보게 함으로써, 미술 작품에 나타난 특징들 사이의 관계를 생각해 보도록 하는 과정으로 선, 색, 형태, 모양, 질감, 공간에 집중하여 어떻게 이들 특성이 조직되었는지를 이야기해 보게 하는 것이다.	• 눈으로 이 선을 따라가 보자. • 빨간색 모양을 볼 때마다 손뼉을 쳐 보자. • 저 산들은 어떤 색이니? • 굵은 선은 어떤 붓으로 그렸을까? • 무엇으로 그렸을까?
해석 과정	작가의 의도 및 작품에 대한 느낌에 대해 이야기해 보는 과정으로, 미적 대상의 특징과 의미를 전체적으로 관련지어 봄으로써 작품의 의미를 발견하고 그것을 이해하도록 하는 가치 전환적인 과정이라고 할 수 있다.	• (풍경화를 보면서) 네가 이곳에 있다면 어떤 냄새를 맡을 수 있을 것 같으니? • 이 그림의 바로 전에는 무슨 일이 일어났을까?
평가 과정	유아들이 작품에 대한 개인적인 판단을 발견하도록 돕고, 자신의 세계와 미술을 관련시키도록 하며, 이를 통해 미술을 더 잘 이해할 수 있도록 도와준다.	• 네가 가장 재미있게 보았던 것은 무엇이니? • 싫어서 바꾸고 싶은 것은 어떤 것이니? • 이 그림을 우리 교실에 붙여 놓는다면 어디에 붙여 놓으면 좋을까?

4 유아 미술교육의 평가

미술 활동이 활발히 이루어지려면 유아들이 만들어 낸 미술 작품에 대해 적절히 인정과 격려를 해 주어야 한다. 그러나 인정과 격려는 사실에 근거해야 한다. 유아들은 친구들의 작품을 상대적으로 평가하곤 한다. 다른 친구가 좀 더 잘한다든지 또는 자기가 조금 잘하는 것 같다든지 하는 등의 평가를 하는 것이다. 유아 자신은 다른 친구보다 못했다고 생각하는데 교사가 칭찬을 형식적으로 할 때, 유아들은 그 칭찬이 거짓이라고 해석하여 불신감을 가지게 될 수도 있다.

대부분의 교사들은 유아의 작품을 평가하면 안 된다는 생각을 한다. 그래서 무조건 "잘했다", "멋있다"라는 말로 극히 추상적이고 일반적인 평가만을 한다. 교사들은 자신감을 가지고 어린이들의 표현 활동을 구체적으로, 그러나 긍정적으로 평가해야 한다. 어린이의 표현 활동이 수준에 미치지 못할 때에는 그 일을 할 때의 노력을 기본으로 "네모, 동그라미 모양을 섞어서 그림을 그린 것이 재미있던데", "열심히 하던데", "꽃잎이 떨어지는 모양을 아주 슬프게 표현한 것이 좋았어."라고 평가하는 것을 예로 들 수 있다. "그게 뭐니?", "고양이를 왜 이렇게 그렸니?"와 같은 부정적인 평가는 하지 않도록 한다.

유아의 표현 활동은 계획 없이 그냥 시작할 때가 많고 활동을 하는 중에 생각이 변하여 결과가 아주 다르게 나오는 경우가 많기 때문이다. 따라서 유아들의 미술 활동을 평가하는 일은 결과 중심의 관점보다는 과정 중심의 관점에서 이루어져야 한다(이원영, 1992). 다른 유아의 작품과 비교하거나, 성인의 기준이나 특별한 기술 등에 치중하여 평가하지 않도록 한다. 작품의 결과보다는 재료나 방법, 유아의 의도나 노력 등의 과정에 초점을 맞추어 긍정적인 측면에서 평가하거나 격려해 주도록 한다(교육과학기술부, 2008).

유아의 미술 영역만을 중점적으로 평가하고 싶을 경우에는 프로젝트 스펙트럼(Project Spectrum)(Krechevsky, 1998)의 미술 영역 평가를 활용할 수 있다. 프로젝트 스펙트럼 미술 영역 평가는 장기간에 거쳐 작성된 유아의 미술 포트폴리오를 사용한 평가 방법이다. 평가는 표상, 탐색, 예술성의 3가지 범주로 나누어서 실시된다. 표상 수준은 사람, 집, 동물, 꽃과 같은 일반적인 대상들을 인식할 수 있게 그리는 능력이며, 공간상에서 통합된 총체로 구성할 수 있는 능력으로서 기본 형태, 색, 공간 구도의 세 요인으로 구성된다. 탐색 정도는 유아의 디자인, 그리기 및 미술 재료의 사용에 있어서 융통성, 유창성, 독창성, 다양성이 나타나는 정도이며 색, 다양성, 역동성의 세 요인으로 구성된다. 예술성은 선, 색, 형과 같은 미적 요소를 활용하여 감정을 나타내거나 특정 효과를 가져오는 능력 또는 그림을 장식하는 능력을 의미하며 표현감, 충만감, 심미감의 세 요인으로 구성된다. 각 요인별로 1수준, 2수준, 3수준에 해당되는 특징을 제시하고 있으므로 이에 기초하여 유아를 평가할 수 있다(이미라, 2003; 이정욱, 임수진, 2012).

최근 외국의 미술교육학자들은 유아의 미술 활동에 관한 총체적 평가 모델들을 제시하고 있다. 이들 총체적 평가 모델은 유아의 발달에 대한 이해, 프로그램의 정당화, 유아에게 적절한 경험의 제공, 부모에게 교육의 효과를 알리는 것 등의 다양한 목적을 갖고 있다(Barnes, 1987). Barnes(1987)는 유아 미술 평가 모델의 범주를 첫째, 활동의 과정에 대한 평가, 둘째, 자료 다루는 능력에 대한 평가, 셋째, 매체 사용 능력의 평가, 넷째, 중요한 기법을 사용하는 능력에 대한 평가, 다섯째, 개별적인 발달에 대한 평가 등의 5가지로 제안하였다. Eisner(1972)는 유아들의 미술 작품 제작 시 첫째, 작품에서 나타나는 기교적인 측면에 대한 평가, 둘째, 작품의 미적·표현적 측면, 셋째, 작품에 나타난 창의적 상상력에 관한 측면 등이 평가되어야 한다고 보았다. 이러한 평가 문항들은 시각예술에서 기교적으로 능숙할 뿐 아니라 상상력을 활용하여 미적인 표현을 하도록 돕는 것이라고 보았다. Schirrmacher(1986)는 유아 미술 평가를 미술 활동 과정의 관찰, 작품에 대한 유아의 반응 녹음, 토의, 면담, 포트폴리오 등의 다양한 방법을 통해 〈표 6-2〉와 같이 종합적인 평가가 이루어질 것을 주장하였다. 이러한 방법을 사용하여 평가할 때에는 평가 도구에서 측정하고자 하는 부분에 적합한 주제나 표현 내용을 선정하는 것이 중요하다(이정욱, 임수진, 2012).

| 표 6-2 | 유아의 발달 영역에 따른 미술 포트폴리오에 담겨야 할 내용

발달 영역	평가 내용
신체적 발달 영역	대·소근육 통제 정도, 미술 도구와 재료의 적절한 사용, 활동에의 몰입 정도, 작품의 완성 정도 등
사회성 발달 영역	개별적으로 혹은 다른 유아와 협력하여 활동하기, 독창적 아이디어 창출 정도, 다른 유아의 아이디어·스타일·작품의 존중 정도 등
정서적 발달 영역	활동 과정에서 스스로 한 실수나 실패의 인정 정도, 미술에 대한 자신감과 자기 확신의 정도, 작품을 통한 내면세계의 표출 여부, 자신의 작품에 대한 긍지, 자신에게 중요한 대상을 첨가·생략·왜곡·과장 여부 등
미술에 대한 이해 영역	작품에 대해 설명하고 제목을 붙이고 간단한 문장이나 이야기를 쓸 수 있는가, 주관적으로 표상하는가, 미적 용어를 알고 사용하는가, 다른 사람이 알기 쉽게 객관적으로 표현하는가, 주관적으로 표상하는가, 색과 색의 혼합에 대해 이야기할 수 있는가, 형태에 대해 이야기할 수 있는가, 자신에게 중요한 사람·장소·사물·경험과 사건에 대한 이해를 반영하는가, 사람을 그리는 능력이 발달되어 있는가 등
창의성 발달 영역	다양한 매체를 사용하여 발견·실험·탐색하는가, 여러 가지 매체·자료·폐품 등을 창의적으로 결합하여 사용하는가, 세밀함·장식성·정교함을 나타내는가, 독창성·상상력·창의성이 나타나는가, 개인적으로 독특한 미적 주장을 하는가 등
미학적 발달 영역	매체와 작품을 사용하거나 만드는 과정을 즐기는가, 2차원적·3차원적 미술 매체를 다양하게 사용하는가, 오감각을 인식하고 민감성을 나타내는가, 자신의 주변 환경과 자연에 민감하게 반응하는가, 미적 양식에서 공통점과 차이점을 찾는가, 미술가들의 다양한 스타일의 작품을 감상하는가, 미적 요소들을 아는가, 자연·주변 환경·자신의 작품·타인의 작품에서 미적 요소들을 사용하여 감상하는가 등
개인적 선호도	평면 활동(선그림, 채색화, 판화, 물감그림, 종이작업, 염색, 콜라주, 바느질)과 입체 활동(조각, 점토, 입체물 구성, 가면, 모빌, 직조) 가운데 자신이 좋아하는 활동을 1~3개 선택하기

출처: 김정, 조정숙(2007).

5 활동의 실제

활동 1 황묘롱접도 감상하기 (전통미술 감상하기)

연령	활동 형태	영역
3세	이야기 나누기	미술

목 표	3세 누리과정 관련 요소
• 나비 날개의 다양한 모양에 관심을 갖는다. • 봄을 표현한 예술 작품에 관심을 갖는다.	• 예술경험: 예술 감상하기 – 전통예술 감상하기

창의 · 인성 관련
- 창의성: 인지적 요소 – 사고의 수렴
- 인성: 존중 – 생명과 환경에 대한 존중

활동 자료

김홍도의 '황묘롱접도'

이야기로 들려주는 김홍도의 '화묘롱접도'

따뜻한 봄날 나비 한 마리가 까딱까딱 졸고 있는 고양이를 깨웠어요.
"야옹" 고양이가 눈을 동그랗게 뜨고 쳐다보는데 나비는 꽃을 찾아 팔랑팔랑 날아갔어요.
"야옹 야옹, 나비야 뭘 보니?"
"보면 몰라? 팔랑팔랑 나비 보지."

활동 방법

1. 김홍도의 '황묘롱접도' 그림을 보며 이야기 나눈다.
   - 그림 속에 무엇이 있니?
2. 나비 날개의 다양한 모양에 대해 이야기 나눈다.
   - 나비를 볼 때마다 박수를 쳐 보자.
   - 날개를 활짝 펴고 있는 나비는 모두 몇 마리니?
   - 날개를 접고 있는 나비는 모두 몇 마리니?
   - 날개에 둥근 모양이 있는(선 모양이 있는) 나비는 몇 마리니?
3. 그림의 분위기에 대해 이야기 나눈다.
   - 어느 계절인 것 같니?
   - 고양이와 나비는 무엇을 하고 있니?
   - 고양이와 나비는 무슨 말을 하고 있는 것 같니?
4. 그림에 대해 느낌을 이야기해 본다.
   - 그림이 마음에 드니? 어떤 점이 마음에 드니?
   - 그림이 마음에 들지 않니? 어떤 점을 바꾸고 싶니?

활동의 유의점

1. 활동 자료를 보고 이야기할 때에 봄 풍경 전체에 대해 감상하도록 한 후, 고양이와 나비의 부분에 주의를 기울이도록 한다.

활동 평가

1. 나비 날개에 관심을 갖는지 평가한다.
2. 봄을 표현한 작품에 대한 자기 생각을 이야기하는지 평가한다.

활동 2 나뭇잎 분무기 그림

연령	활동 형태	영역
4세	자유선택	미술

목 표	4세 누리과정 관련 요소
• 협동적인 미술 활동에 참여한다. • 친구와 활동하기를 즐긴다.	• 사회관계: 다른 사람과 더불어 생활하기 – 친구와 사이좋게 지내기 • 예술경험: 예술적 표현하기 – 미술 활동으로 표현하기
창의 · 인성 관련 • 인성: 협력 – 집단 협력	

활동 자료

유아들과 유치원/어린이집 주변이나 가을 동산으로 산책을 가서 주워 온 여러 종류의 말린 가을 나뭇잎, 전지, 도화지, 물감, 물, 붓, 분무기, 작업복, 작업보 및 신문지, 물감이 묻은 나뭇잎을 담을 쟁반, 건조대, 걸레

활동 방법

1. 유아들과 바깥놀이나 가을 동산 산책에서 주운 나뭇잎을 살펴본다.
   - 우리가 주운 나뭇잎들을 보자. 어떤 모양이니?
   - 어떤 색의 나뭇잎이 있니?
   - 이 잎은 어떤 나무의 잎일까?
2. 책에 나뭇잎을 끼워서 2~3일간 잘 말린다.
   - 나뭇잎을 잘 말리려면 어떻게 하면 좋을까?
   - 두꺼운 책에 나뭇잎을 끼워 두면 어떻게 될까?
3. 분무기에 물감과 물을 넣고 잘 섞는다.
   - 분무기에 물감과 물을 함께 넣어 잘 섞어 보자.
   - 도화지에 분무기에 든 물감을 뿌리면 어떻게 될까?

4. 개별적으로 나뭇잎 분무기 그림을 그린다.
   - 도화지에 말린 나뭇잎을 자유롭게 놓아 보자.
   - 나뭇잎을 놓은 도화지 위에 분무기로 물감을 뿌려 보자.
   - 어떻게 되었니?
   - 팔을 조금 들어서 높은 곳에서 분무기로 물감을 뿌려 보자.
   - 나뭇잎을 떼어 보자. 나뭇잎이 있었던 부분이 어떻게 되었니?
5. 나뭇잎 분무기 그림 공동 작업을 한다.
   - 여러 명이 함께 분무기 그림을 그리려면 어디에 그리는 것이 좋을까?
   - 큰 종이에 우리가 말린 나뭇잎을 놓아 보자.
   - 어떤 모양으로 놓아 볼까?
   - 나뭇잎을 놓은 전지 위에 분무기로 물감을 뿌려서 그림을 그려 보자.
   - 어떤 곳에 무슨 색 물감을 뿌릴까?
   - 한 곳에 노란색 물감도 뿌려 보고 빨간색 물감도 뿌려 보자. 여러 가지 색의 물감을 분무기로 뿌렸을 때 색이 어떻게 되었니?
   - 나뭇잎을 떼어 보자.
   - 무엇처럼 보이니?
   - 우리가 완성한 작품을 어디에 두고 보면 좋을까?
6. 공동 작품을 벽면에 전시한다.

나뭇잎 분무기 그림 개별 작업

나뭇잎 분무기 그림 공동 작업

활동의 유의점

1. 활동 실행 3~4일 전부터 나뭇잎을 주워서 말려야 하므로, 나뭇잎 줍기 활동 시기 계획 시 이를 고려하도록 한다. 아울러 크기가 큰 나뭇잎(플라타너스 잎, 감나무 잎 등)으로 미술 활동을 할 경우 나뭇잎의 형태가 더욱 뚜렷하게 나타나는 점을 고려하여 나뭇잎의 종류를 결정한다.
2. 분무기의 특성상 물감이 잘 튈 수 있으므로 날씨가 좋은 날 야외에서 활동하고, 유아들의 옷에 물감이 묻지 않도록 작업복을 입고 활동하도록 한다.
3. 물감과 물의 비율을 1:4 정도로 하는 것이 적절하다. 또한 분무기의 구멍을 작게 조절할 경우, 도화지에 물감이 분사될 때 세밀하게 표현되므로 조절해 둔다.

활동 평가

1. 협동적인 미술 활동에 참여하는지 평가한다.
2. 친구와 활동하기를 즐기는지 평가한다.

확장 활동

1. 가을에 볼 수 있는 나뭇잎으로 여러 가지 모양(예: 나비, 사람, 새 등)을 구성하여 분무기 그림 활동을 할 수 있다.
2. 나뭇잎으로 여러 가지 모양(예: 새, 고래, 물고기, 사람 등)을 구성한 것을 도안으로 만들어서 제시하여, 도안대로 나뭇잎을 놓고 분무기 그림을 그려 볼 수 있다.
3. 물감이 묻은 나뭇잎들을 유아들과 떼어서 잘 말린 다음 미술 영역의 꾸미기 재료로 활용할 수 있다.

활동 3 가을 하늘 만들기

연령	활동 형태	영역
5세	자유선택	미술

목 표	5세 누리과정 관련 요소
• 가을 하늘의 아름다움을 느낀다. • 다양한 색을 사용하여 가을 하늘의 아름다움을 표현한다. • 나와 다른 사람의 예술 표현을 소중히 여기는 마음을 갖는다. • 다른 사람과 협력하며 얻는 즐거움을 느낀다.	• 예술경험: 아름다움 찾아보기 – 미술적 요소 탐색하기 • 예술경험: 예술적 표현하기 – 미술 활동으로 표현하기 • 예술경험: 예술 감상하기 – 다양한 예술 감상하기 • 사회관계: 다른 사람과 더불어 생활하기 – 공동체에서 화목하게 지내기

창의 · 인성 관련

• 인성: 협력 – 집단 협력

초등학교 교육과정 관련

• 즐거운 생활: 가을 – 가을철 주변에서 볼 수 있는 장면을 다양하게 표현한다.

활동 자료

가을 하늘 사진 혹은 가을 하늘 영상 자료, 가을 하늘을 주제로 그린 미술 작품, 아크릴 물감(하늘색, 파란색, 보라색, 흰색 등), 도화지, 아세테이트지(전지 크기), 붓, 물감통, 물통, 작업복, 건조대, 걸레

가을 하늘 사진

활동 방법

1. 바깥놀이 전, 후에 가을 하늘 모습을 감상한다.
   - 하늘이 무슨 색깔이니?
   - 하늘에 무엇이 있니?
   - 하늘을 보니 어떤 마음이 드니?
2. 여러 가지 빛깔의 가을 하늘 사진(혹은 영상 자료)을 감상한다.
   - 가을 하늘 모습을 보니 어떤 느낌이 드니?
3. 하늘의 모습을 담은 미술 작품을 감상한다.
   - 하늘을 그린 그림을 같이 보자. (클로드 모네의 '아르장퇴유의 가을', 에르네스트 피에르 게랭의 '가을의 끝', 김복동의 '가을 하늘' 등)
4. 가을 하늘 만들기 활동을 계획한다.
   - 우리도 가을 하늘을 그려 볼까?
   - 무엇으로 그려 보고 싶니?
   - 하늘에 무엇이 있는 모습을 그리고 싶니?
5. 여러 가지 색 물감으로 가을 하늘 만들기 개별 작업을 한다.
   - 물감으로 여러 가지 색깔을 만들어 보자.
   - 파란색 물감에 하얀색 물감을 섞어 보자. 무슨 색이 되었니?
   - 하얀색 물감을 더 넣어 보자. 색이 어떻게 달라졌니?
   - 연한 파란색 물감에 하얀색 물감을 섞어 보자. 색깔이 어떻게 변했니?
   - 보라색 물감에 하얀색 물감을 섞으면 어떤 색깔이 될까?
   - 만들고 싶은 하늘 색깔을 만들어 보자.
   - 도화지 위에 칠해 보자.
   - 다 색칠한 도화지는 어떻게 할까?
   - (물감이 다 마른 후) 하늘에 어떤 것을 그려 보고 싶니?
   - (완성된 그림을 보며) 그림을 보니 어떠니?
   - 어떻게 하면 다른 사람과 함께 그림을 볼 수 있을까?

6. 가을 하늘 만들기 공동 작업을 한다.
   - ○○반 어린이들이 모두 함께 그리려면 어디에 그리면 좋을까?
   - 누가 물감을 섞어 줄 수 있겠니?
   - 파란색, 연파란색, 보라색, 청록색 물감에 하얀색 물감을 조금씩 섞어 가며 여러 가지 색을 만들어 보자.
   - 투명한 종이 위에 물감을 칠해 보자.
   - 어느 부분부터 칠해 볼까? 여러 명이 나누어서 칠하려면 어떻게 해야 할까?
   - 하늘에 있는 것들 중 또 어떤 것을 그리고 싶니?
   - ○○반 어린이들이 만든 가을 하늘을 보니 어떠니?
   - 우리가 만든 가을 하늘을 어디에 두고 보면 좋을까?

활동의 유의점

1. 제시한 활동을 하루에 모두 실시하기는 어려우므로 가을 하늘 감상하기, 개별 작업하기, 공동 작품 만들기 등으로 나누어 활동을 실시한다.
2. 가을 하늘 사진 감상 시 서정적인 분위기를 지닌 음악을 틀어 주어 유아들이 시각적, 청각적으로 심미감을 느낄 수 있도록 지원할 수 있다.
3. 개별 작업 시, 도화지에 아크릴 물감으로 채색할 때는 물을 많이 사용하여 가볍게 채색하는 것이 하늘의 느낌을 살리는 데 더욱 효과적이다.
4. 아크릴 물감이 옷에 묻으면 쉽게 제거되지 않으므로 작업복을 입고 활동하도록 한다.
5. 미술 책상 위에 긴 비닐을 깔고 작업하게 하거나, 미술 책상을 치우고 바닥에 아세테이트지를 깔아 작업하게 할 수 있다.
6. 공동 작품 전시 시, 유아들의 의견을 수용하되 모든 유아들이 효과적으로 감상할 수 있는 장소에 적절한 방법으로 전시한다(아세테이트지의 귀퉁이에 낚싯줄을 달아 천장에 매달기, 창문에 커튼처럼 드리우기, 솜으로 구름을 만들어 작품 위에 붙이기 등).

활동 평가

1. 가을 하늘의 아름다움을 충분히 느끼고 즐기는 경험을 하였는지 평가한다.
2. 가을 하늘의 특징과 아름다움을 이해하여 표현하는지 평가한다.
   - 다양한 색을 사용하여 가을 하늘의 아름다움을 표현하는가?
   - 다른 사람과 협력하며 활동에 즐겁게 참여하는가?
3. 나와 다른 사람의 예술표현을 소중히 여기고 다루는지 평가한다.

확장 활동

1. 가을 하늘에 대한 유아들의 생각이나 느낌 이야기를 모은다. 학급 구성원이 공동으로 동시를 짓거나, 가을 하늘 이야기책을 만들어 여러 사람의 생각과 느낌을 공유하도록 한다.
2. 유아들의 의견을 수용하여 다양한 재료와 도구를 사용하여 가을 하늘을 표현할 수 있다(색 한지 찢어 붙이기, 밀가루 풀 그림 그리기, 파스텔로 색칠하기 등).
3. 공동 작품을 활용하여 쌓기놀이 영역에 구름 나라를 구성하고 놀이할 수 있다.

참고문헌

교육과학기술부(2008). 2007년 개정 유치원 교육과정 해설 3. 서울: 교육과학기술부.

교육과학기술부(2012). 5세 누리과정 교사용 지침서. 서울: 교육과학기술부.

교육과학기술부, 보건복지부(2013). 3-5세 연령별 누리과정 교사용 지침서. 서울: 교육과학기술부, 보건복지부.

김선월(2012). 자연의 미적 요소에 기초한 유아미술교육 프로그램의 개발 및 적용 효과. 중앙대학교 대학원 박사학위논문.

김정, 조정숙(2007). 유아미술교육. 서울: 한국방송통신대학교 출판부.

김호정(1996). TV 미술교육 프로그램 현황 조사 연구. 이화여자대학교 대학원 석사학위논문.

이미라(2003). 프로젝트 스펙트럼에 근거한 유아미술평가척도 개발을 위한 기초연구. 부산대학교 교육대학원 석사학위논문.

이원영(1994). 유아 미술 활동의 과정과 교수법. 어린이교육, 제12집. 한국어린이교육협회.

이정욱, 임수진(2012). 탐색, 표현, 감상의 통합적 유아미술활동. 경기: 정민사.

정미경(1999). 미적 요소에 기초한 활동 중심 통합 미술 프로그램이 유아의 미술표현 능력 및 미술 감상능력에 미치는 영향. 중앙대학교 대학원 박사학위논문.

정순남(2004). 자연체험활동에 기초한 조형미술활동이 유아의 조형미술표현에 미치는 영향. 한국교원대학교 교육대학원 석사학위논문.

지성애, 박찬옥, 유구종, 조형숙(2010). 유치원교육과정에 기초한 총체적 유아미술교육 프로그램 개발. 유아교육학논집, 14(5), 99-133.

Barnes, R. (1987). *Teaching Art to Young Children 4~9*. London: Allen Unwin.

Brownlee, E. W. (1983). *Magic Places-A guide for adults to encourage young children's creative work*. Auckland, NI: Play Center Federation.

Eisner, E. W. (1972). *Educating, Artistic Vision*. N.Y.: Macmillan Publishing Co., Inc.

Feldman, E. B.(1970). *Becoming human through art*. Englewood Cliffs, NJ: Prentice-Hall Inc.

Herberholz, B., & Hanson, L.(1995). *Early Childhood Art*. Dubugue, LA: W.M.C. Brown.

Krechevsky, M.(1998). *Project Spectrum: Preschool assessment handbook*. New

York: Teachers College Press.

Schirrmacher, R.(1986). Talking with young children about their art. *Young Children, 41*(5), 3-7.

제 7 장

유아 과학교육

1 유아 과학교육의 목적 및 목표

유아기 과학교육의 목적은 유아의 과학적 태도와 과학적 과정 기술, 과학적 개념을 발달시켜 궁극적으로 유아의 과학적 소양을 기르는 것이다(신은수, 안경숙, 김은정, 안부금, 2006).

우리나라 누리과정에서는 자연탐구 영역에서 유아들이 주변의 사물과 자연 세계에 대해 알고자 하는 호기심을 가지고 탐구하는 태도를 기르는 것과 주변의 관심 있는 사물과 생명체 및 자연현상을 탐구하기 위한 기초 능력을 기르는 것을 목표로 하고 있다(교육과학기술부, 보건복지부, 2013).

탐구하는 태도를 NRC(National Research Council, 2001)는 과학적 탐구 과정 기술로 언급하며 관찰하기, 분류하기, 의사소통하기, 예견하기, 토의하기, 실험하기, 창안하기의 7가지로 아래와 같이 제시하였다.

첫째, 관찰하기는 주의 집중을 하여 세밀하게 보는 활동으로 단순히 지각적 자료를 수집·정리하기 위해 주의를 집중하여 사물의 여러 측면을 세밀하게 보는 활동을 의미한다. 관찰력이 증가함에 따라 사물의 특성은 물론 물체끼리 어떻게 상호작용하는지도 알게 된다.

둘째, 분류하기는 자연현상이나 사물을 어느 계통 혹은 계절에 따라 쉽게 이해할 수 있도록 하기 위해 고안해 낸 수단으로서, 사물의 유사점이나 상호 관계를 알 수 있도록 하는 과학적 활동이다.

셋째, 의사소통하기는 자신이 알고 있는 어떤 일이나 사물 또는 생각에 대해 언어, 그림, 몸짓 등으로 나타내어 상대방의 생각이나 지식과 서로 교환하고 교류하는 것이다.

넷째, 예견하기는 이미 알고 있는 지식을 이용하여 앞으로 일어날 일을 예상하는 것이다. 관찰이 시·지각을 통해서 얻는 자극이라면, 예견은 관찰하여 습득한 지식에서 유발되는 사고 활동의 결과라고 할 수 있다.

다섯째, 토의하기는 토론을 하거나 질문을 하는 것으로 과학적 개념 습득에 유용하다. 또한 교사의 사려 깊고 적절한 질문은 학습에 대한 동기를 자극할 수 있다.

여섯째, 실험하기는 예측하고 설정한 가설이 실제로 맞는지 물리적인 세계에서 검증하는 과정이다.

일곱째, 창안하기란 상상력과 창의력을 전개하여 새로운 것을 만들어 내는 활동을 의미한다. 새로운 것이란 정신적인 것과 물리적인 것을 포함하며, 이는 과학 하는 데 기본이 된다.

탐구하기 위한 기초 능력은 과학적으로 탐구하기 위해 '무엇을 탐구하는가'의 탐구 내용을 말하는 것으로, 누리과정(교육과학기술부, 보건복지부, 2013)에서는 유아기 동안 주변 세계의 다양한 물체와 물질을 탐색하고, 생명체와 자연환경과 자연현상을 알아 보며, 간단한 도구와 기계를 활용하는 능력을 기르는 것으로 제시하였다. 즉, 과학교육은 유아가 주변 세계에 대해 호기심을 가지고 궁금한 것을 해소하기 위해 탐구하는 과정을 즐기는 태도를 가지고, 일상생활에서 부딪치는 현상이나 문제를 과학적으로 생각하고 해결하려는 기초 능력을 기르는 것이다.

2 누리과정과 유아 과학교육의 내용

1) 누리과정 자연탐구 영역의 내용

3-5세 누리과정 해설서에서는 자연탐구 영역 중 '탐구하는 태도 기르기'의 내용을 3가지로, '과학적 탐구하기'의 내용을 4가지로 제시하고 있다(교육과학기술부, 보건복지부, 2013). 이는 유아들의 호기심을 바탕으로 주변의 사물과 자연 세계에 대해 탐구하는 성향을 키우고, 생활 속에서 지속적으로 이를 탐구하는 기회를 통하여 자연의 소중함과 과학의 의미를 경험하는 데 중점을 둔다. 내용범주와 내용은 〈표 7-1〉과 같다.

| 표 7-1 | **유아 과학교육 관련 자연탐구 영역의 내용**(교육과학기술부, 보건복지부, 2013)

내용범주	내용
탐구하는 태도 기르기	호기심을 유지하고 확장하기
	탐구과정 즐기기
	탐구 기술 활용하기
과학적 탐구하기	물체와 물질 알아 보기
	생명체와 자연환경 알아 보기
	자연현상 알아 보기
	간단한 도구와 기계 활용하기

(1) 탐구하는 태도 기르기

탐구하는 태도 기르기의 내용과 활동의 예를 3-5세 연령별 누리과정 교사용 지침서(교육과학기술부, 보건복지부, 2013)를 토대로 살펴보고자 한다.

① 호기심을 유지하고 확장하기

'호기심을 유지하고 확장하기'는 주변 사물의 모양이나 색, 크기, 질감 등을 탐색하고 이를 분류, 비교해 보며, 나아가 사물의 특성이나 변화 과정에 대해 책이나 인터넷 등의 방법을 활용하는 것이 포함된다.

내용	활동의 예
호기심을 유지하고 확장하기	• 만 3세는 나뭇잎의 모양이나 색이 어떤지 탐색해 보고, 주변에 있는 나뭇잎을 모아서 손으로 만져 보거나 맨발로 밟아 보며 나뭇잎의 촉감을 느껴 보도록 한다. • 만 4세는 주변의 가까운 공원이나 숲으로 산책을 나가서 여러 가지 나뭇잎을 모아 나뭇잎의 모양, 색, 크기, 질감 등을 비교하고 분류해 본다. • 만 5세는 나뭇잎의 색이 변하는 과정과 나뭇잎이 떨어지는 이유 등에 대해 호기심을 가지고 책이나 인터넷 등의 여러 가지 방법을 활용하여 알아 보도록 한다.

② 탐구 기술 활용하기

'탐구 기술 활용하기'는 주변 사물의 특성과 성질, 변화 과정 등을 자세히 관찰하고, 그 이유를 탐색하여 결과를 확인하고, 그러한 결과를 도출해 낼 수 있는 여러 가지 방법을 고안하는 것이 포함된다.

내용	활동의 예
탐구 기술 활용하기	• 만 4세는 어떤 물건이 물에 뜨고 가라앉는지 물속에 넣어 자세히 관찰해 보고, 결과를 확인하여 물에 뜨는 것과 가라앉는 것을 분류해 보도록 한다. • 만 5세는 물에 뜨는 물건과 가라앉는 물건의 특성과 물에 뜨거나 가라앉는 이유에 대해 알아 보기, 물에 가라앉는 물건을 뜨게 할 수 있는 여러 가지 방법을 생각해 내어 실험해 본다.

③ 탐구과정 즐기기

'탐구과정 즐기기'는 주변 사물의 특성과 변화 과정 등을 탐색하고 결과를 예측하여 탐색해 본 뒤, 다시 그 결과를 분류, 비교해 보고 결과의 원인을 조사하는 것이 포함된다.

내용	활동의 예
탐구과정 즐기기	• 만 3세는 전신거울이나 커다란 거울을 제공하여 유아가 자신이 거울에 비치는 모습을 자세히 탐색해 본다. • 만 4세는 유아가 교실에서 자신의 모습을 비춰 주는 물건을 찾아보도록 하고, 여러 가지 물건(예: 거울, 유리창, 컵 등)에서 자신의 모습이 어떻게 비치는지 비교하여 '가장 잘 비추는 물건', '자신의 모습이 다르게 보이는 물건', '여러 개로 비추어지는 물건들'을 분류해 보도록 한다. • 만 5세는 거울의 종류(예: 오목거울, 볼록거울 등)를 알아 보고, 거울의 종류에 따라 자신의 모습이 어떻게 보일지 예측한 후 탐색해 보기, 거울의 종류에 따라 비춰지는 모습이 다른 이유를 조사해 본다.

(2) 과학적 탐구하기

다음으로 과학적 탐구하기의 내용인 물체와 물질 알아 보기, 생명체와 자연환경 알아 보기, 자연현상 알아 보기, 간단한 도구와 기계 활용하기의 세부 내용과 활동의 예를 3-5세 연령별 누리과정 교사용 지침서(교육과학기술부, 보건복지부, 2013)를 토대로 살펴보고자 한다.

① 물체와 물질 알아 보기

'물체와 물질 알아 보기'는 주변 사물의 여러 가지 속성을 탐색하고 이를 분류, 비교, 결과 예측, 실험해 보는 것이 포함된다.

내용	활동의 예
물체와 물질 알아 보기	• 만 3세는 잘 굴러갈 수 있는 물체(예: 장난감 자동차, 구슬, 공 등)를 비밀상자에 넣은 후에 유아가 만져 보며 무엇인지 이야기해 보고, 꺼내어서 물체의 모양 등의 특징을 탐색해 본다.

내용	활동의 예
물체와 물질 알아 보기	• 4세는 쌓기 영역에서 블록으로 경사로를 만들고, 잘 굴러갈 수 있는 물체와 잘 굴러가지 않는 물체를 제공하여 유아가 어떤 물체가 잘 굴러갈지 예측하고 실험해 보도록 한다. • 5세는 바퀴가 실제 생활 속에서 어떻게 활용되고 있는지 구체적으로 조사해 보고, 바퀴를 사용하는 물건(예: 손수레, 자동차, 자전거 등)을 폐품을 활용하여 만들어 본다.

② 생명체와 자연현상 알아 보기

'생명체와 자연현상 알아 보기' 에는 출생과 성장에 대한 활동, 동식물에 관한 활동, 생명체의 소중함과 관련된 활동, 환경과 관련된 활동이 포함된다.

내용	활동의 예
생명체와 자연환경 알아 보기	출생과 성장에 대한 활동 • 만 3세는 유아의 신생아 사진과 돌 사진, 현재의 모습을 찍은 사진을 차례로 보여 주고 어떻게 달라졌는지 비교해 본다. • 만 4세는 유아의 현재 키와 몸무게를 재어 보고 만 3세 때 키와 몸무게에서 어떻게 변화하였는지 시각화하여 비교해 본다. • 만 5세는 만 3세와 만 4세보다 키가 자라고 몸무게가 증가한 이유에 대해 이야기를 나누고, 우리 몸이 건강하게 성장하는 데 도움이 되는 방법들을 컴퓨터나 책 등을 통해 조사해 본다.
	동식물에 관한 활동 • 만 3세는 교실에서 기르기에 적합한 동물이나 식물을 길러 보며 관찰하는 활동을 해 본다. • 만 4세는 교실에서 직접 키우기로 결정한 동물(예: 장수풍뎅이)이나 식물(예: 콩) 이름을 지어 주고, 오감각을 이용하여 지속적으로 관찰하도록 한다. • 만 5세는 교실에서 키우기에 적합한 동식물의 습성에 대해 이야기를 나누고, 동식물을 잘 돌보는 방법(예: 규칙적으로 먹이와 물 주기, 깨끗이 닦아 주기, 음악을 들려주거나 노래 불러 주기 등)을 조사하고 역할을 나누어 실행한다. 또한 시간이 지남에 따라 성장하는 모습을 다양한 방법으로 표현해 보도록 한다.

내용	활동의 예
생명체와 자연환경 알아 보기	생명체의 소중함과 관련된 활동 • 만 3세는 주변의 숲이나 공원에서 꽃, 풀, 나무, 벌레, 곤충과 같은 생명체를 관찰할 때 손으로 꺾거나 발로 밟는 것과 같이 함부로 다루지 않도록 한다. • 만 4세는 생명체를 존중하는 내용을 다룬 그림책을 소개하고 생명체를 존중하는 방법에 대해 함께 알아 본다. • 만 5세는 자연보호 캠페인 활동을 계획하고 가정과 연계하여 지속적으로 실행해 본다. 환경과 관련된 활동 • 만 4세는 봄, 여름, 가을, 겨울의 계절에 따라 주변의 가까운 숲으로 가서 곤충과 벌레, 식물을 관찰하면서 생명체가 살고 있는 환경에 관심을 가지도록 한다. • 만 5세는 녹색 환경을 위해 유아가 생활 속에서 직접 실천할 수 있는 방법에 대해 알아 본다(부채 사용하기, 일회용품 사용하지 않기, 쓰레기 분리수거하기, 씨앗 또는 나무 심기 등).

③ 자연현상 알아 보기

'자연현상 알아 보기' 에는 돌, 물, 흙 등 자연물에 대한 활동, 낮과 밤, 계절의 변화와 규칙성을 알아 보는 활동, 날씨 및 기후 변화에 대한 활동이 포함된다.

내용	활동의 예
자연현상 알아 보기	돌, 물, 흙 등 자연물에 대한 활동 • 만 3세는 주변의 흙이나 자연물을 오감을 이용하여 탐색하며 함께 이야기 나눈다. • 만 4세는 여러 가지 도구를 이용하여 섞거나 체로 치는 놀이를 하면서 흙의 특성을 알아가도록 한다. • 만 5세는 흙의 종류(모래흙, 진흙, 일반 흙)에 따라 식물의 성장이 어떻게 다른지 지속적으로 관찰하고 탐색한다. 낮과 밤, 계절의 변화와 규칙성을 알아 보는 활동 • 만 5세는 낮과 밤의 하늘의 변화, 낮과 밤에 사람들이 하는 일을 조사하고 그래프로 만들어 비교해 보고, 봄, 여름, 가을, 겨울의 계절에 따라 나타나는 날씨의 특징과 변화에 대해 조사하고, 사계절과 관련된 그림책 등을 활용하여 규칙적으로 반복되는 일들을 찾아서 이야기를 나눈다.

내용	활동의 예
자연현상 알아 보기	날씨 및 기후 변화에 대한 활동 • 만 3세는 봄, 여름, 가을, 겨울이 되어 달라지는 날씨를 그때마다 느낄 수 있도록 규칙적으로 주변의 가까운 숲이나 공원을 산책하면서 이야기를 나눈다. • 만 4세는 봄, 여름, 가을, 겨울의 각 계절에 따라 특징적으로 나타나는 날씨의 변화를 산책하기, 일기예보 동영상 보기, 날씨와 관련된 기관인 기상대나 기상청 방문하기 등과 같은 방법을 사용하여 구체적으로 알아 본다. • 만 5세는 계절별로 나타나는 자연현상인 황사, 장마, 태풍, 폭설 등과 같은 자연재해에 대한 보도 자료를 동영상으로 보고, 자연재해의 이유와 사람들에 미치는 영향 및 대처 방안 등에 대해 이야기를 나눈다.

④ 간단한 도구와 기계 활용하기

'간단한 도구와 기계 활용하기' 에는 생활 속의 간단한 도구와 기계에 대한 활동, 도구와 기계의 장단점에 관한 활동이 포함된다.

내용	활동의 예
간단한 도구와 기계 활용하기	생활 속의 간단한 도구와 기계에 대한 활동 • 만 3세는 생활 속에서 활용되는 숟가락, 포크, 가위 등과 같은 간단한 도구를 자세히 탐색하면서 이와 같은 도구가 주는 편리함에 대해 이야기를 나눈다. • 만 4세는 생활에서 활용되는 도르래나 지렛대를 실제로 제공하여 유아가 탐색하고 놀이와 연계하여 교실에서 활용해 보도록 안내한다. • 만 5세는 믹서, 사진기, 청소기와 같은 도구나 기계가 필요한 여러 상황을 소개하고, 각 상황에서 필요한 도구와 기계를 제공하여 구체적으로 활용해 볼 수 있도록 한다.
	도구와 기계의 장단점에 관한 활동 • 만 3세는 우리 생활에 편리함을 주는 다양한 도구(예: 국자, 숟가락과 젓가락 등)를 사용한 경험에 대해 이야기를 나누고, 실제 자료를 가지고 도구의 어떤 점이 편리함을 주는지 알아 본다. • 만 4세는 유아가 카메라와 같은 기계를 직접 다루어 보도록 하며, 기계가 주는 편리함을 알아 보도록 한다. • 만 5세는 다양한 종류의 미디어(예: 컴퓨터, 텔레비전, 스마트폰 등)를 알아 보고, 미디어가 우리 생활에 주는 장점과 단점에 대해 이야기를 나눈다. 가까운 곳에 미디어 센터가 있을 경우 직접 방문하여 경험해 본다.

3 유아 과학 교수·학습 방법

1) 탐구적 교수·학습 방법

과학을 보는 관점은 절차나 사고 기능에 더욱 중점을 두는 과정론적 관점과 지식과 개념을 더욱 중시하는 결과론적 관점, 그리고 두 가지 입장을 절충하는 상호작용론적 관점이 있다. Martin(2001)은 과학 교수·학습 방법을 교사 중심의 설명적 교수·학습 방법, 탐구적 교수·학습 방법, 자유발견식 교수·학습 방법으로 나누어 설명하였는데, 탐구적 교수·학습 방법은 [그림 7-1]과 같이 연속선상의 중간지점에 위치한다.

설명적 교수·학습 방법 — 탐구적 교수·학습 방법 — 자유발견식 교수·학습 방법

| 그림 7-1 | 과학 교수·학습 방법의 연속선

설명적 교수·학습 방법은 과학 활동의 방향 설정이나 활동 시작 전 시범을 보이는 것, 직접 관찰·조사가 어려운 활동에는 긍정적으로 활용될 수 있다. 그러나 지속적인 설명적 교수·학습 방법은 수업에 대한 유아의 몰입이 불확실하고, 각각의 유아에 대한 개별화 교육이 어려워지며, 유아 스스로 지식을 구성하고 개념화하는 과정이 감소하는 문제점이 있다(이순형 외, 2007; Martin, 2001).

자유발견식 교수·학습 방법은 유아가 인지적으로 깊이 있는 참여를 함으로써 학습이 잘 이루어지고 유아 스스로 과학적 과정 기술을 개발하여 유의미한 학습이 일어날 수 있다는 장점이 있다(Martin, 2001). 그러나 학습의 구조화가 결여되고 유아의 행동 조절 문제의 증가 가능성과 기구와 재료 사용량이 증가하고, 교사의 통제가 어려워질 수 있으며, 유아의 자유로운 발견에 의한 오개념 형성의 가능성

이 높아진다는 문제점이 있다(신은수, 안경숙, 김은정, 안부금, 2006).

간접 교수 모델로서 탐구적 교수·학습 방법은 유아가 교수·학습의 주도권을 갖고 유아의 흥미와 사전 개념에 따라 탐구할 질문을 제안하고 소집단의 또래·교사와 함께 탐구 방법을 계획하고 진행하는 방법이다(김세하, 2013; 이순형 외, 2007; 임은미, 2012; Martin, 2001). 탐구적 교수·학습 방법은 유아에게 능동적으로 탐구 활동을 할 수 있는 기회를 제공하여 과학적 과정 기술을 사용함으로써 과학적 태도를 기르며 스스로 학습 내용을 발견하여 과학적 개념을 형성하도록 도울 수 있는 장점이 있다(이순형 외, 2007). 즉, 과학과 과학의 교수·학습에 대한 유아의 흥미를 높여 주어 유아의 학습 성향과 과학적 탐구 성향을 개발하는 데 유용하다고 볼 수 있는데 인지 수준이 너무 낮은 유아들에게 적용하는 것은 어렵다.

탐구적 교수·학습 방법을 적용하여 과학 활동을 운영하기 위해 고려해야 할 교수 원리는 다음과 같다(김미경, 2007; 신은수, 안경숙, 김은정, 안부금, 2006).

첫째, 영유아의 탐구적 과학 활동을 수용할 수 있는 자율적인 분위기가 필요하고, 과학 활동의 주도권은 유아에게 있어야 한다.

둘째, 유아는 실수를 하면서 배우므로 유아가 실수를 받아들이는 방법을 배우며, 교사는 실수를 인정해 주어야 한다.

셋째, 유아의 사전 개념과 경험에 기초하여 과학적 개념이 형성될 수 있도록 자유로운 탐색 활동에서 유목적적 탐구 활동으로 발전하는 과학 경험을 제공하여 스스로 지식을 구성하도록 한다.

넷째, 과학 활동은 유아가 사물을 직접 조작(hands-on)하는 것이 정신적 조작(minds-on)으로 연결되도록 활동 자료를 충분히 제공한다.

다섯째, 유아가 다양하게 탐구할 수 있는 활동 자료를 제공하여 호기심, 적극성, 솔직성, 개방성, 비판성, 끈기성, 협동성 등의 과학적 태도와 관찰하기, 분류하기, 예측하기, 측정하기, 실험하기, 의사소통하기 등의 과학적 과정 기술을 강조한다.

여섯째, 유아가 과학 활동을 계획–진행–평가하는 과정에서 교사는 공동 탐구자, 협력자, 안내자의 역할을 수행한다.

2) 교사의 질문

유아 과학교육에 있어서 유아가 자연과 사물을 의미 있게 경험하도록 이끄는 교사의 언어적 상호작용 방법으로 질문은 매우 중요하다. 이에 유아에게 관찰하기, 분류하기, 의사소통하기, 예견하기, 토의하기, 실험하기, 창안하기를 격려하는 교사의 질문을 제시하면 〈표 7-2〉와 같다(고문숙 , 임영심, 유향선, 황정숙, 김은심, 2002).

| 표 7-2 | 과학적 태도를 격려하는 교사의 질문

구분	교사의 질문
관찰하기	• ~에 대해 말해 줄 수 있겠니? • 이것은 무슨 색깔이지? • 너는 여기에서 무엇을 보았니? • 어떤 일이 일어났니? • ~을 보아라. • 그것이 어떻게 보였니? • ~을 자세히 이야기해 보아라.
분류하기	• 이것은 어느 곳에 놓아 둘 수 있을까? • 이 주머니에 똑같은 것들을 모두 놓아 둘 수 있겠니? • 이 주머니에 있는 물건과 같은 것들은 어떤 것들이니? • 부드러운 종류의 것들을 나에게 주겠니? • 물에 뜨는 것과 가라앉는 것은 어떤 것일까? • 이쪽에 다 놓을 수 있는 것이 이것 외에 있을까? • 오른쪽에 크레파스를 놓아두겠니? • 부드러운 것은 여기에 놓고 딱딱한 것은 저기에 놓아둘 수 있겠니? • 이것과 같은 것을 가지고 있는 사람은 누구니?
의사소통하기	• 어떤 일이 일어났는지 우리에게 말해 줄 수 있겠니? • 그것에 관해서 더 이야기할 게 있니? • 우리가 보았던 것을 그림으로 그려 볼까? • 우리가 프라이팬을 뜨겁게 달구면 어떻게 되는지 몸으로 표현해 볼래? • 이 그림을 보고 자기가 가장 좋아하는 동물에 대해 이야기해 보겠니?

구분	교사의 질문
예견하기	• 만약 ~라면 어떤 일이 생길까? • 네가 ~을 한다면 무슨 일이 일어날까? • 네가 ~을 할 수 있겠니? • ~을 가지고 어떤 일을 할 수 있을까? • 어떻게 하면 ~이 될까? • ~은 이렇다. 그 다음은 어떻게 될까? • 만약 ~로부터 ~을 빼면 어떻게 될까? • ~에 대해 알려면 어떻게 하면 좋을까?
토의하기	• 이것에 대해 아는 것을 모두 돌아가며 말해 볼가? • 다른 사람의 이야기를 듣고 궁금한 점을 서로 물어볼까? • 서로의 생각을 비교해 볼까? • 어떤 점이 같고 어떤 점이 다르지? • 만일 ~의 생각대로라면 어떤 일이 일어날 것 같니? • 다른 사람의 이야기를 듣고 또 떠오른 생각은? • 그래서 어떻게 될까? • 왜 그런 일이 일어났을까? • 또 다른 생각은?
실험하기	• 비가 오고 난 후 흙 바닥과 시멘트 바닥은 어떻게 다른지 걸어 볼까? • 비가 갠 후에 생긴 물줄기를 돌이나 손으로 막아 볼 수 있을까? • 무엇이 알고 싶으니? • 어떻게 하면 그것을 알아낼 수 있을까? • 직접 해볼 수 있는 방법에는 무엇이 있을까? • 그 방법 이외의 좋은 방법에는 어떤 것이 있을까? • 같은 결과를 얻는 방법은 무엇일까? 검증해 볼 수 있을까?
창안하기	• 이때까지의 방법과 다른 방법에는 어떤 것이 있을까? • 다른 상상을 해 보겠니? • 남과 다른 독특한 아이디어를 내어 볼까? • 네가 생각한 새로운 것을 어떻게 보여 줄 수 있겠니? • 거기에 더 나아가 네 생각을 발전시켜 볼까?

3) 문학적 접근법

과학교육을 위한 문학적 접근은 과학적 개념이나 과정을 담고 있는 아동 문학을 활동 중심의 과학 활동과 다양한 방법으로 통합하여 더욱 의미 있는 방식으로 과학적 지식, 태도, 기술을 증진토록 하기 위한 과학 교수 방법의 하나이다. 다양한 장르의 아동 문학 가운데 과학 지식뿐만 아니라 창작 동화, 전래 동화, 그림책을 과학적 주제에 대한 탐구를 더욱 확장시키기 위한 유용한 자료로서 연계하여 활동하는 방법이다.

Barrow와 Salesi(1982)는 과학교육에 국한시켜 좋은 책의 기준을 다음과 같이 제시하고 있다.

- 과학의 과정과 내용이 포함되어 있어야 한다.
- 유아들이 이야기를 반복적으로 읽고 싶어 해야 한다.
- 등장인물에 대한 분석보다는 행위에 초점을 둔 생생한 이야기여야 한다.
- 유아의 경험과 흥미에 초점을 두어야 한다.
- 이야기의 문제가 지나치게 진부하거나 과장되지 않고 풍부한 대화가 있는 논리적인 것이어야 한다.
- 책의 길이가 적절해야 한다.
- 이야기와 그림이 일치되어야 한다.

교육과학기술부에서 제시한 과학적 기초 능력 기르기의 네 가지 내용—물체와 물질에 대해 알아 보기, 생명체와 자연환경을 소중하게 여기기, 자연현상에 대해 알아 보기, 간단한 도구와 기계를 활용하는 능력 기르기—와 관련된 동화책을 소개하면 다음과 같다.

- 『눈 오는 날』(에즈라 잭 키츠 글 · 그림/김소희 역, 비룡소, 1995)은 물질의 변화 과정(물이 녹고 어는 것)에 대한 이야기가 포함되어 있기 때문에 '물체와 물질에 대해 알아 보기' 활동을 하기에 적합하다(이경우, 장혜순, 조부경, 김정준, 1998).
- 『바람 부는 날』(정순희 글 · 그림, 비룡소, 1996)은 여러 가지 바람(입김, 부채, 드라이어, 선풍기 등)을 이용한 활동을 할 수 있어 '자연현상에 대해 알아 보기' 활동에 적합하다. 즉, 날리고 날아가는 것과 날아가지 않는 것으로 사물 분

류하기, 바람개비 만들어서 움직여 보기, 바람의 세기와 방향이 바람개비의 움직임을 어떻게 다르게 하는지 탐색하기, 바람개비를 빠르게 움직이는 방법 탐색하기, 젖은 종이나 손수건을 여러 가지 바람(부채, 드라이어, 선풍기, 자연 바람 등)을 이용해 말리기, 자연 상태에서 말리는 것과 비교하기 등과 같은 활동을 할 수 있다.

- 『구리와 구라의 빵 만들기』는 문제 해결과 창안의 연속으로 이루어져 있다. 구리와 구라가 숲 속에서 커다란 알을 발견하고 그것으로 요리를 해야겠다고 생각하지만 알이 너무 커서 운반할 방법이 마땅치 않다. 구리와 구라는 여러 가지 방법을 생각해 보지만 결국 알을 옮기는 것보다는 요리 기구를 집에서 가져오는 것이 더 낫겠다는 생각을 해 낸다. 또한 알 껍질이 너무 단단해서 잘 깨어지지 않자 돌로 알 껍질을 깨뜨리는 방법을 생각해 낸다. 요리를 다 해 먹은 후에 남은 알 껍질로 무엇을 했을까? 작가는 이런 질문으로 이야기를 끝낸다. 그러므로 책의 마지막 부분은 유아들이 여러 가지 상상을 하고 독특한 아이디어를 창안해 내도록 자극하면서 끝이 난다. 그리고 나서 맨 마지막 장에는 아무 글씨 없이 구리와 구라가 두 개의 알 껍질로 수레를 만들어서 앞에는 자신들이 타고 뒤에는 집에서 가져온 요리 도구들을 싣고 가는 그림이 나타난다. 유아들은 책을 읽고 나서 자연스럽게 만약 자기가 구리나 구라였다면 커다란 알로 무슨 요리를 했는지, 알을 운반할 수 있는 더 좋은 방법은 없는지, 또한 남은 알껍질로 무엇을 만들 수 있을지 생각해 보고, 실제로 만들기 활동을 통해 자신이 창안한 아이디어를 발전시킬 수 있다(이경우, 장혜순, 조부경, 김정준, 1998).

'소리'라는 과학 주제와 관련된 동화를 토대로 통합적 과학 활동을 전개하는 경우를 제시하면 〈표 7-3〉과 같다(김정주, 2008).

| 표 7-3 | '소리' 관련 동화를 활용한 통합적 과학 활동

회	동화책	과학 활동	연계 활동	활동 형태
1	유령박물관에서 열린 음악회	소리는 어떻게 만들어지나	조형활동: 줄을 이용한 악기 만들어 연주하기	소그룹 활동
2	소리가 슥삭슥삭	소리를 낼 수 있는 물건	신체활동: 우리 몸으로 내는 소리	개별 활동
3	소리가 움직여요	우리 주변의 소리 알아맞히기	수학활동: 듣기 좋은 소리와 듣기 싫은 소리 구별하기	소그룹 활동
4	쉿, 조용!	소리 전달하기	언어활동: 실 전화기로 말 전하기	개별/소그룹 활동

4) 프로젝트(Project) 2016

AAAS(the American Association for the Advancement of Science, 1993)는 과학교육의 개선을 위한 종합적 방향을 제시하기 위해 프로젝트(Project) 2016을 주도했다. 프로젝트 2016은 효율적인 과학 교수 방법을 위해 10가지 주요 원칙을 추천하고 있는데, 효율적인 과학 교수 방법을 위한 새로운 목적에 이 원칙들이 포함되어야 한다고 제안하고 있다.

프로젝트 2016의 주요 원칙 10가지는 다음과 같다.

- 유아들이 알아야 할 과학이 무엇인지 명확하게 구별되어야 한다.
- 유아들에게 다양성을 고무하고, 보편적 핵심 지식과 경험을 가지고 모든 유아의 요구와 흥미를 만족시킨다.
- 과학 주제의 목록보다는 과학 개념을 학습해야 한다.
- 학습 성취는 유아의 흥미에 맞는 질문과 현상 탐구를 시초로 한 적절한 교수를 통해서 달성되어야 하고, 탐구 방법을 찾도록 도와주는 방향으로 전개되어야 한다.
- 과학 교육과정은 선택적이고 관련성이 있어야 하며 과학의 모든 범위를 다

다루려고 해서는 안 된다.

- 과학교육은 다른 영역과 통합 운영되어야 한다.
- 과학 학습 목적은 과학교육의 과정에 대한 구체적 기준 제시보다는 좀 더 포괄적이고 일반적이어야 한다.
- 유아는 과학이 절대적이 아닌, 잠정적이며 증거 지향적이고, 추론적이고 창의적이라는 것을 배워야 한다.
- 과학 교육과정에는 사회적 이슈와 기술을 취급하는 내용이 포함되어야 한다.
- 교육기관에서 가르치는 과학은 명백하게 기술된 교육적 준거에 기초해야 한다.

4 유아 과학교육의 평가

유아 과학교육의 평가는 전인으로서의 유아의 특성을 고려하여 유아의 진보와 성취에 대한 여러 측면을 총체적으로, 다양한 평가 방법을 이용하여 포괄적이면서도 깊이 있게; 유아들이 무엇을 알고 싶은지, 어느 정도 발달될 수 있는지를 역동적으로 평가하는 것이어야 한다(안경숙, 2003).

이를 위한 평가 방법에는 표준화된 평가인 형식적 방법과 체계적 관찰, 면담, 질문, 포트폴리오, 개념 표상 그림, 수행 과제, 게임을 통한 평가를 포함하는 비형식적 방법이 있다. 체계적 관찰법 중 유아의 과학적 태도에 대한 행동목록표의 예는 〈표 7-4〉와 같다(안경숙, 2003).

| 표 7-4 | 유아의 과학적 태도 행동목록표

유아의 과학적 태도 행동목록표

유아교육기관명 :

유아 이름 : (남/여)

유아 나이 : 만 세, 생년 월일 ( )

유아교육기관을 다닌 경험 : 년

평가 일자 :

평 가 자 :

〈보기〉

평가 점수와 기준 :

점수	기준
1점	수행하지 못함
2점	어느 정도 수행함
3점	잘 수행함
4점	탁월하게 수행함

〈과학적 태도 영역 평가〉

평가 시기 / 평가 요인	1차		2차	
과학적 태도	관찰 점수	추정 점수	관찰 점수	추정 점수
1. 유아는 과학적인 주제에 대한 호기심을 말로 표현하거나 관련된 질문을 자주 한다.	1 2 3 4	1 2 3 4	1 2 3 4	1 2 3 4
2. 유아는 과학 영역을 자주 선택한다.	1 2 3 4	1 2 3 4	1 2 3 4	1 2 3 4
3. 유아는 과학과 관련된 새로운 책, 비디오 등을 관심 갖고 본다.	1 2 3 4	1 2 3 4	1 2 3 4	1 2 3 4
4. 유아는 과학 활동이나 실험에 적극적으로 참여한다.	1 2 3 4	1 2 3 4	1 2 3 4	1 2 3 4
5. 유아는 과학 활동의 과정에서 의문나는 것이나 잘 모르는 것을 솔직히 표현한다.	1 2 3 4	1 2 3 4	1 2 3 4	1 2 3 4
6. 유아는 자신이 예상한 점이나 관찰한 것을 망설이지 않고 솔직히 표현한다.	1 2 3 4	1 2 3 4	1 2 3 4	1 2 3 4
7. 유아는 실험이 실패했을 때 좌절하거나 의기소침해 하지 않는다.	1 2 3 4	1 2 3 4	1 2 3 4	1 2 3 4
8. 유아는 과학 실험이나 활동을 하는 과정에서 잘 안되는 점을 그대로 표현하고 도움을 요청한다.	1 2 3 4	1 2 3 4	1 2 3 4	1 2 3 4

9. 유아는 다른 친구의 의견이 옳고 그른지에 대한 자신의 생각을 말한다.	1 2 3 4　1 2 3 4	1 2 3 4　1 2 3 4
10. 유아는 다른 친구의 의견이나 설명에 대해 증거를 요구하거나 자신의 주장에 대한 증거를 제시한다.	1 2 3 4　1 2 3 4	1 2 3 4　1 2 3 4
11. 유아는 과학 활동 과정에서 쉽게 포기하지 않고 지속적으로 문제를 해결하려고 노력한다.	1 2 3 4　1 2 3 4	1 2 3 4　1 2 3 4
12. 유아는 실험 도중 실패했을 때 포기하지 않고 반복해서 실험해 보거나 왜 실패했는지 찾아보려고 시도한다.	1 2 3 4　1 2 3 4	1 2 3 4　1 2 3 4
13. 유아는 과학 활동의 과정에서 다른 유아와 함께 협력하거나 도움을 요청한다.	1 2 3 4　1 2 3 4	1 2 3 4　1 2 3 4
14. 유아는 과학 활동을 마친 후에 다른 유아들과 함께 정리 정돈을 같이 한다.	1 2 3 4　1 2 3 4	1 2 3 4　1 2 3 4

(기타 참고 사항 및 종합 의견)

유아의 수행 과제(빵 만들기)를 이용한 평가의 예는 〈표 7-5〉와 같다(안경숙, 김소향 2006).

| 표 7-5 | 수행 과제를 이용한 평가 활동의 예: 빵 만들기

유아 이름 :　　　　　　　　　　　　평가 일시 :

평가 목표	빵을 만드는 과정에서 유아의 과학적 태도, 탐구 능력, 과학적 개념을 평가한다. 개념: 음식은 만들어지는 과정에서 첨가하는 물질에 따라 변화가 다양하다(측정, 변화).				
평가 자료	빵을 만드는 도구(둥근 그릇, 계량컵, 계량 숟가락, 오븐 또는 프라이팬), 앞치마, 밀가루, 버터나 마가린, 달걀, 설탕, 우유, 요구르트, 바나나, 베이킹파우더				
학습 주기	활동 제시 및 교사의 질문	평가 문항 및 점수화 준거	과학적 태도	탐구 능력	과학적 개념
도입 및 인식	빵을 만들려면 어떤 재료가 왜 필요한지 유아와 이야기를 나눈다.	유아의 사전 개념 평가: 빵을 만드는 방법 등에 대한 유아의 반응을 기록한다.			

<table>
<tr><td rowspan="2">탐색</td><td rowspan="2">빵을 만드는 재료를 제공하고 유아가 자유롭게 탐색하도록 격려한다.</td><td>• 다음과 같은 항목의 수행 및 수행 변화에 따라 낮은 수행에서 변화하지 않으면 0점, 한 단계 높게 변화하였으면 1점, 두 단계 높게 변화하였으면 2점을 부여한다. 단, 중간 정도의 수준이 변화하지 않았으면 1점, 한 단계 높게 변화하였으면 2점을 부여할 수 있다.</td><td></td><td></td><td></td></tr>
<tr><td>〈과학적 태도〉
• 유아는 활동에 대해 호기심을 보인다.</td><td>0 1 2</td><td></td><td></td></tr>
<tr><td rowspan="2">탐구 및 실험</td><td rowspan="2">빵을 만드는 과정에서 탐구하고 실험할 수 있도록 질문을 통해 상호작용한다.
"버터와 설탕을 섞으면 어떻게 될까?"<br>"밀가루에 다른 재료를 넣으면 어떻게 될까?"<br>"밀가루에 무엇을 넣어야 빵처럼 부풀 수 있을까?" 등</td><td>• 유아는 활동에 적극적으로 참여한다.
• 유아는 자신이 모르는 것을 솔직히 표현하고 궁금한 것에 대해 질문한다.
• 유아는 문제를 해결하기 위해 끝까지 노력한다.
• 유아는 친구와 함께 자료와 도구를 정리한다.</td><td>0 1 2
0 1 2
0 1 2
0 1 2</td><td></td><td></td></tr>
<tr><td>〈탐구 능력〉
• 유아는 주의 깊게 관찰한다.
• 유아는 측정 도구를 이용하여 측정한다.
• 유아는 실험해 보기 전에 예측한다.
• 유아는 자신의 생각대로 실험한다.
• 유아는 자신의 생각에 대해 이야기한다.</td><td></td><td>0 1 2
0 1 2
0 1 2
0 1 2
0 1 2</td><td></td></tr>
<tr><td rowspan="2">결론 및 적응</td><td rowspan="2">유아가 알게 된 것과 발견한 것에 대해 이야기를 나눈다.
"밀가루 반죽을 구운 후에 무엇이 변화되었니?" (맛, 모양, 냄새, 색)
"왜 밀가루 반죽이 부풀었을까?" (베이킹파우더)
"밀가루 반죽이 부풀었을까?" (열)
"네가 발견한 것에 대해 말해 주겠니?"</td><td rowspan="2">〈과학적 개념〉 : 사전 개념이 과학적 개념으로의 변화한 정도에 따라 점수를 부여한다.
1) 0점 : 비개념 → 비개념
관찰 개념 → 관찰 개념
2) 1점 : 비개념 → 관찰 개념
관찰 개념 → 구성 개념
구성 개념 → 구성 개념
3) 2점 : 비개념 → 구성 개념(이론 개념)
관찰 개념 → 이론 개념
구성 개념 → 이론 개념</td><td></td><td></td><td>0 1 2</td></tr>
<tr><td>점수:</td><td>점수:</td><td>점수:</td></tr>
</table>

5 활동의 실제

활동 1 콜라를 사이다로

연령	활동 형태	영역
5세	소집단	실내(과학)

목 표	3세 누리과정 관련 요소
• 콜라의 색을 없어지게 하는 물과 숯가루의 성질에 대해 안다. • 물질의 상태 변화에 대해 관심을 가지고 여러 가지 방법으로 문제를 해결한다.	• 자연탐구: 과학적 탐구하기 – 물체와 물질 알아보기 • 자연탐구: 탐구하는 태도 기르기 – 탐구과정 즐기기 • 의사소통 – 말하기 – 느낌, 생각, 경험 말하기

창의 · 인성 관련

• 인성: 존중 – 생명과 환경에 대한 존중

• 창의성: 동기적 요소 – 흥미, 몰입
  인지적 요소 – 사고의 수렴, 문제 해결력

초등학교 교육과정 관련

• 슬기로운 생활: 여름 – 여름 날씨와 생활

흥미 유발 상황

현장 견학을 통해 숯이 만들어지는 과정과 숯의 성질을 배웠다. 유치원으로 돌아와 유아들이 색소가 들어 있는 물에서 먼지나 색소를 분리하고 나아가 흐려진 물이나 더러운 물을 깨끗한 물로 만드는 숯의 성질에 관심을 보였다. 한 유아가 콜라의 검은색도 숯을 이용하여 없앨 수 있는지 질문을 하여 실험을 통해 알아 보기로 하였다.

✲ 관련 주제어 : 숯, 나무, 불, 온도, 색, 숯의 기능, 불순물, 정화, 깨끗한 물, 더러운 물, 콜라, 물 등

활동 자료

• 재료: 유리컵, 콜라, 숯가루, 깔때기, 거름종이

- 변인: 숯가루의 유무, 같은 크기의 유리컵, 같은 양의 콜라, 콜라를 거르는 횟수

활동 방법

1. 콜라에 숯가루를 넣어 섞은 뒤 시간이 지난 후에 거름종이로 거르면 콜라의 색깔은 어떻게 되는지 알아 본다.

   (유리컵을 준비한다. 한 개의 컵에 콜라를 담고 숯가루를 섞는다.)

   교사 콜라는 무슨 색이니? 왜 그런 색일까? 처음부터 그런 색이었을까?

   유아 네. 콜라는 원래 검은색이에요. 검으니까 콜라죠. 몰라요. 다른 색 콜라도 있나?

   교사 콜라는 콜라 속에 포함된 색소에 의해서 색이 나타난단다. 이번에는 숯가루를 자세히 보자. 어때? 무엇이 보이니?

   유아 검은색, 거칠거칠하고 구멍이 보여요. (숯가루에는 눈에 보이지 않는 구멍들이 무수히 많이 있다.)

콜라에 숯을 넣기 전

숯을 넣은 직후 거품이 남

교사 콜라에 숯가루를 넣고 저으면서 어떻게 되는지 살펴보자.

유아 숯가루가 섞이며 거품이 나요.

교사 왜 그럴까? 콜라가 어떻게 되고 있지? 어떻게 변하는지 살펴보자. (콜라에 숯가루를 넣으면 색소가 숯가루의 구멍에 걸려 숯가루에 달라붙게 된다.)

유아 콜라의 색이 숯 색깔처럼 더 짙어져요. 이제 못 먹어요.

숯을 넣은 후 옆모습

숯을 넣은 후 윗모습

2. 콜라에 숯가루를 넣은 것과 넣지 않은 것을 거름종이에 거른 후 색깔을 비교해 본다.

교사 이것을 거름종이로 걸러 보면 어떻게 될까? (숯가루를 넣은 콜라를 거름종이에 거르면, 콜라는 빠져나오고 색소가 달라붙은 숯가루는 거름종이에 걸러진다. 그러므로 콜라의 색이 없어지게 된다.)

유아 콜라가 어떻게 되는지 한번 해 봐요.

교사 그래 숯가루를 섞은 콜라를 거름종이에 여러 번 걸러 보기로 하자. 그리고 여기 숯가루를 섞지 않은 콜라와 비교해 보자.

3. 숯가루를 넣은 콜라를 다시 한 번 저은 후 조금씩 부으며 거른다. (4번 거른다.) 나머지 한 개의 컵에는 콜라만 담고, 숯을 넣지 않은 콜라를 거름종이에 4번 거른다.
4. 숯가루를 넣지 않은 콜라와 넣은 콜라의 색깔을 비교해 본다.

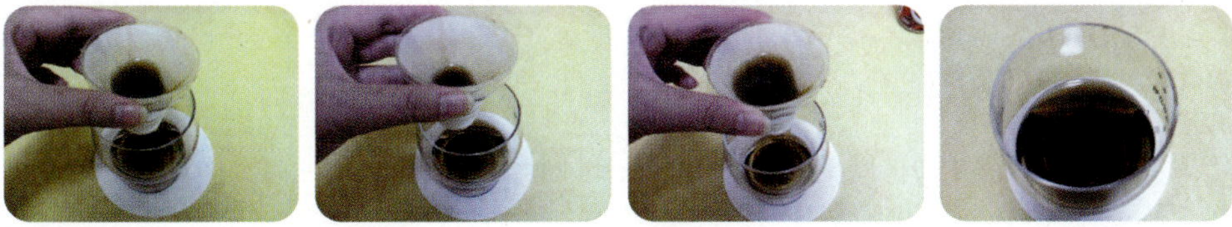

숯을 넣지 않은 콜라 거르기

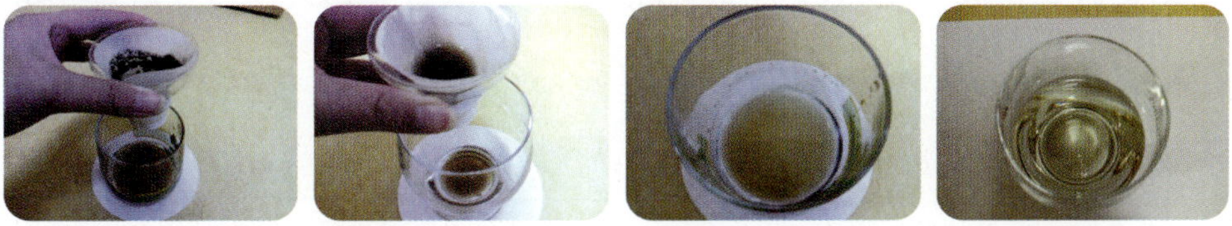

숯을 넣은 콜라 거르기

두 가지 콜라를 거른 결과(콜라와 비교)

활동의 유의점

1. 숯가루를 콜라에 넣고 충분히 저어 주어야 한다.
2. 시간이 오래 될수록 실험이 잘 된다.
3. 여러 번 반복하여 거르면 색이 더 잘 없어진다.
4. 거름종이 위로 콜라가 넘치지 않도록 깔때기에 콜라를 조금씩 넣어 가며 거르도록 한다.
5. 걸러 낸 용액(콜라)의 맛을 보아도 무해하지만 마시지 않도록 한다. 찍어서 맛만 본다.

활동 평가

1. 콜라의 색이 없어지는 과정에 대해 말로 설명할 수 있는가?
2. 숯가루는 콜라의 색을 없어지게 하는 데에 어떤 역할을 하는지를 이해하는가?
3. 물에 여러 번 반복하여 거르는 것과 콜라의 색이 없어지는 것의 관계를 아는가?

확장 활동

- 색깔이 있는 다른 종류의 음료수도 숯가루를 넣으면 색이 변하는지 알아본다.

활동 2 나뭇잎 담기

연령	활동 형태	영역
5세	자유선택	실외(과학)

목 표	5세 누리과정 관련 요소
• 크기가 다른 용기에 맞게 나뭇잎을 담고 양을 비교할 수 있다. • 관계와 규칙성을 파악하여 문제를 해결한다.	• 자연탐구: 과학적 탐구하기 – 물체와 물질 알아보기 • 자연탐구: 탐구하는 태도 기르기 – 탐구과정 즐기기 • 의사소통: 말하기 – 느낌, 생각, 경험 말하기

창의 · 인성 관련

• 인성: 존중 – 생명과 환경에 대한 존중
• 창의성: 동기적 요소 – 호기심
　　인지적 요소 – 문제 해결력

초등학교 교육과정 관련

• 슬기로운 생활: 가을 – 낙엽과 열매

활동 자료

크기가 다른 용기 3개, 나뭇잎

활동 방법

1. 가장 작은 용기 1개를 먼저 주고, 주변의 나뭇잎을 주워 담는다.
   - 여기에 나뭇잎을 가득 담아 보자.
2. 앞의 용기에 나뭇잎을 채워 오면, 두 번째로 작은 용기를 주고 또 나뭇잎을 가득 담아 오게 한다.
3. 가장 큰 용기를 주고 나뭇잎을 가득 담아 오게 하여 앞의 용기들과 어떻게 다른지 비교해 본다.
   - 어느 곳에 나뭇잎이 가장 많으니?
   - 어느 곳에 나뭇잎이 가장 적을까?

4. 가장 많은 나뭇잎이 담긴 용기부터 나뭇잎이 가장 적게 담긴 용기 순서대로 용기를 놓아 본다.
   - 나뭇잎이 가장 많은 것부터 적은 것 순서대로 용기를 놓아 보자.
5. 용기에 담긴 나뭇잎을 바닥에 각각 쏟아서 나뭇잎의 양이 얼마나 차이가 나는지 비교해 본다.
   - 우와, 여기엔 나뭇잎이 이만큼 들어 있었네. 얼마나 많은지 손으로 쥐어 보자.
   - 여기는 나뭇잎이 이만큼 들어 있었네.
6. 유아가 '많다', '적다' 라는 용어를 반복해서 사용하도록 한다.

활동의 유의점

1. 유아들이 원하는 크기의 용기를 선택하여 나뭇잎을 주워 담을 수 있게 한다.

활동 평가

1. 떨어진 나뭇잎의 다양한 성질에 호기심을 보이는가?
2. 나뭇잎을 용기에 주워 담고, 크기가 다른 용기에 담긴 나뭇잎의 수량을 비교할 수 있는가?

확장 활동

1. 나뭇잎 대신에 나뭇가지나 열매 등을 담을 수도 있으며, 각각의 용기에 담겼던 나뭇잎의 개수가 얼마나 되는지 큰 수까지 함께 세어 볼 수 있다.
2. 모은 나뭇잎을 실내로 가져가 조형 활동으로 나뭇잎 콜라주를 한다.

참고문헌

고문숙, 임영심, 유향선, 황정숙, 김은심(2002). 유아교과교육론. 서울: 창지사.

교육과학기술부, 보건복지부(2013). 3-5세 연령별 누리과정 교사용 지침서 · 해설서.

김미경(2007). 탐구중심 유아과학교육. 서울: 교육아카데미.

김세하(2013). 유아의 과학적 질문에 기초한 과학활동이 과학적 탐구능력 및 태도에 미치는 영향. 중앙대학교 대학원 석사학위논문.

김정주(2008). 동화를 통한 과학교수 · 학습방법이 유아의 과학적 개념 및 탐구능력에 미치는 효과. 한국아동교육학회. 兒童敎育. 제17권 제2호, pp.125-136

신은수, 안경숙, 김은정, 안부금(2006). 생활과 환경 중심의 영유아과학교육. 서울: 양서원.

안경숙 (2003). 유아과학활동과 통합된 과학능력 평가도구의 개발: 과학적 태도, 탐구능력, 과학적 개념에 대한 평가. 덕성여자대학교 박사학위논문.

안경숙, 김소향(2006). 총체적 유아 수 · 과학 통합교육 프로그램. 서울: 양서원.

이경우, 장혜순, 조부경, 김정준(1998). 유아과학교육의 문학적 접근. 서울: 창지사.

이순형, 이혜승, 이성옥, 황혜신, 이영미, 정윤주, 한유진, 성영미, 권기남, 김지현(2007). 영유아 교수방법. 서울: 학지사.

임은미(2012). 유아과학교육 관련 국외 연구동향 분석. 열린유아교육연구. 제17권 제5호 pp. 245-261.

AAAS (1993). project 2016. washington DC: Author.

Barrow, L. H. & Salesi, R. A. (1982). Integrating science activities through literature web. *School Science and Mathematics, 132*(1), 65-70.

Martin, D. J. (2001). *Cnstucting early childhood science*. New York: Tomson Delmar Learning.

NRC(National Research Council) (2001). *National science education standard*. Washington, D.C.: National Academy Press.

제 8 장

유아 수학교육

1 유아 수학교육의 목적 및 목표

유아기 수학교육의 목적은 유아들이 생활 속의 여러 상황과 문제를 논리 · 수학적으로 해결하기 위한 기초 능력을 기르는 것이다(교육과학기술부, 보건복지부, 2013). 이는 그냥 기계적으로 수를 세거나 반복, 연습을 통해 연산하는 것을 넘어서서 유아의 수학적 소양(Mathematical Literacy)과 수학적 힘(Mathematical Power)을 키우는 것이다(NCTM, 2000). 여기에는 네 가지가 포함된다.

첫째, 문제 해결 능력 발달: 영유아가 일상생활 또는 주변에서 발생하는 문제를 수학적으로 해결할 수 있는 능력을 키운다.

둘째, 수학적 지식과 개념 이해: 영유아는 일상생활 속에서 분류, 순서, 수의 기초 개념, 비교, 수와 연산, 측정, 시간, 공간, 집합 등의 수학적 지식을 습득하고 이를 적극적으로 활용할 수 있다.

셋째, 수학적 과정 기술 증진: 수학적 과정 기술이란 수학적으로 문제 해결하기, 추론 및 증명하기, 의사소통하기, 연계하기, 표상하기를 말하는데, 수학교육을 통해 유아가 이러한 수학적 과정 기술을 수행할 수 있는 능력을 발달시킨다.

넷째, 수학에 대한 긍정적인 태도 형성: 유아가 수학에 대한 가치와 유용성을 인식하고 자신의 수학적 능력에 대한 자신감을 가지며 수학을 즐기고 적극적으로 활용하는 태도를 형성한다.

즉, 수학교육은 문제 해결을 위해 수학적 방법을 다양하게 사용하는 능력뿐 아니라, 탐구하고 추측하고 논리적으로 추론하는 수학적 소양을 갖추도록 해야 한다. 이러한 소양을 갖추어 감으로써 수학적 힘이 발전된다. 수학적 힘이란 수학의 가치를 이해하고 생활 속에서 수학을 사용하는 자신의 능력에 자신감을 가지며 문제 해결자가 되고, 수학적으로 의사소통을 하며, 수학적으로 추론할 수 있는 능력을 지니는 것을 의미한다.

2 누리과정과 유아 수학교육의 내용

1) 누리과정 자연탐구 영역의 내용

3-5세 누리과정 해설서에서는 자연탐구 영역 중 '수학적 탐구하기' 의 내용을 5가지로 제시하고 있다(교육과학기술부, 보건복지부, 2013). 이는 유아가 주변을 탐색하고 놀이하면서 부딪히는 문제를 논리·수학적으로 해결하는 경험을 통하여 기초적인 수, 공간 및 도형과 측정에 대한 통찰력을 기르며, 규칙성을 이해하고 자료 정리 및 결과 나타내기의 능력을 기르는 데 중점을 둔다. '수학적 탐구하기' 내용은 〈표 8-1〉과 같다.

| 표 8-1 | **유아 수학교육 관련 자연탐구 영역의 내용**(교육과학기술부, 보건복지부, 2013)

내용범주	내용
수학적 탐구하기	수와 연산의 기초 개념 알아 보기
	공간과 도형의 기초 개념 알아 보기
	기초적인 측정하기
	규칙성 이해하기
	기초적인 자료 수집과 결과 나타내기

(1) 수학적 탐구하기

'수학적 탐구하기' 내용을 3–세 연령별 누리과정 교사용 지침서(교육과학기술부, 보건복지부, 2013)에 제시된 활동의 예와 함께 살펴보고자 한다.

① 수와 연산의 기초 개념 알아 보기

'수와 연산의 기초 개념 알아 보기'에는 일상생활에서 경험하는 수의 의미를 발견하고 이를 활용하기, 물체나 집합의 수량이 많은지 적은지를 비교하는 수량 비교하기, 구체물의 수 세어 보기, 더하고 빼는 경험이 포함된다.

내용	활동의 예
수와 연산의 기초 개념 알아 보기	수의 의미와 활용 • 만 3세는 간식이나 블록의 수 세어 보기 등 일상에서 수량을 나타내기 위해 수가 사용되는 여러 상황을 경험해 보도록 한다. • 만 4세는 블록이 모두 몇 개인지 세어 보고, 블록을 아래에서부터 위로 쌓아 가며 첫 번째 블록은 무슨 색인지, 다섯 번째 블록은 무슨 색인지 이야기해 보도록 한다. • 만 5세는 아래에서부터 길게 쌓아 놓은 블록을 보며 아래에서부터 세 번째 블록, 위에서부터 네 번째 블록 등으로 기준점을 달리 하여 세어 보고, 유아들이 직접 문제를 내며 서로 맞혀 볼 수 있도록 한다.
	수량 비교 • 만 3세는 눈으로 봐서 쉽게 알 수 있을 만큼 수량 차이가 크게 나는 두 물체의 수량을 비교하여 어느 것이 더 많은지/더 적은지 알아 보도록 한다.

내용	활동의 예
수와 연산의 기초 개념 알아 보기	• 만 4세는 유아에게 10개 이하의 물체를 제시하고 다른 물체로 같은 수량을 만들어 보고, 동일한 수량의 두 집합 중 한쪽에만 1~2개의 수량을 추가하고 어느 집합이 더 많은지/더 적은지 비교해 보도록 한다. • 만 5세는 제시된 10개가량의 구체물을 여러 방법으로 나누어 보거나(파란 구슬 6개, 빨간 구슬 4개/파란 구슬 3개, 빨간 구슬 2개, 노란 구슬 5개) 또는 여러 방법으로 특정 수량을 만들어 보도록 한다(예: '5 만들기' 게임).
	구체물의 수 세어 보기 • 만 3세는 5 이하의 셀 수 있는 물체를 준비하여 숫자를 하나씩 대응시키며 세어 보도록 한다. • 만 4세는 10 이하의 셀 수 있는 작은 물체를 준비하여 수를 세고, 전체 개수 중 일정 개수만큼 물체를 센 다음(하나, 둘, 셋, 넷) 이미 센 부분은 손바닥이나 종이로 가리고 그 다음부터 이어 세어 보도록 한다(다섯, 여섯, 일곱). • 만 5세는 20 이하의 셀 수 있는 작은 물체를 준비하여 10을 기준으로 묶음을 만들어 '10개와 4개', '10개와 6개'와 같이 묶음과 낱개로 나누어 세어 보도록 한다.
	더하고 빼는 경험 • 만 5세는 주사위 2개를 동시에 던져서 나온 두 수를 합한 만큼 말을 움직이는 판게임을 할 수 있다.

② 공간과 도형의 기초 개념 알아 보기

'공간과 도형의 기초 개념 알아 보기'에는 주변 환경에서의 사물과 사물의 관계를 나타내는 위치와 방향, 여러 방향에서 본 물체의 모양, 기본 도형 인식, 기본 도형으로 구성하기가 포함된다.

내용	활동의 예
공간과 도형의 기초 개념 알아 보기	위치와 방향 • 만 3세는 '내 머리 위/내 발 아래, 손을 쭉 뻗어서 위로/옆으로' 등과 같이 위치와 방향을 표현하는 지시어에 따라 몸을 움직여 본다. • 만 4세는 교실 문에서부터 흥미 영역으로 이동하는 경로를 말하면서 블록으로 각 흥미 영역의 위치를 표시하는 활동을 해 본다. • 만 5세는 교실이나 바깥놀이터의 지도를 만든 후 교사와 유아가 함께 물체를 숨길 공간을 지도상에서 미리 정하여 숨기고, 유아가 그 위치를 찾아보는 활동을 해 본다.

내용	활동의 예
공간과 도형의 기초 개념 알아 보기	여러 방향에서 본 물체 모양 • 만 5세는 유아가 블록으로 만든 구성물을 여러 각도에서 살펴보며 사진을 찍고, 사진을 보며 여러 방향에서 본 구성물의 모양에 대해 비교하며 이야기해 본다.
	기본 도형 인식 • 만 3세는 일상에서 접하는 여러 물건을 보고 같은 모양끼리 짝 짓기를 한다. • 만 4세는 제시된 물체의 모양을 보고 비밀주머니에서 여러 가지 모양의 물체를 손으로 만져 본 후 같은 모양의 물체를 찾는다. • 만 5세는 교사가 도형의 형태를 설명하거나 도형의 이름을 말하면 유아가 교사의 설명에 따라 도형을 만들어 보는 활동을 한다.
	기본 도형으로 구성하기 • 만 4세는 탱그램으로 여러 모양을 만드는 활동을 한다. • 만 5세는 패턴 블록과 여러 가지 모양 틀을 도형으로 채우고 다른 유아와 모양 틀을 채운 방법 또는 사용한 도형에 대해 비교하는 활동을 해 본다.

③ 기초적인 측정하기

'기초적인 측정하기' 에는 일상생활에서 경험하는 물체를 크기, 길이, 무게, 양, 색의 농도 등의 속성에 따라 비교하기, 임의 단위로 물체를 측정하기가 포함된다.

내용	활동의 예
기초적인 측정하기	물체의 속성에 따라 비교하기 • 만 3세는 서로 다른 길이의 리본 테이프를 비교하고 어느 것이 더 길고 짧은지를 말해 본다. • 만 4세는 교실 안에서 짧은 것과 긴 것에는 어떤 것이 있는지 이야기 나누고 '지우개보다 긴 것', '색연필보다 짧은 것' 등 기준을 정하여 직접 찾아본다. • 만 5세는 길이를 비교할 수 있는 기준(예: 리듬막대, 자석 등)을 정하여 더 긴 것, 더 짧은 것을 교실이나 바깥놀이터에서 찾아본다. 찾은 것을 종이에 표시해서 게시한 후 길이에 따라 순서 지어 본다.
	임의 단위로 물체 측정하기 • 만 5세는 교사와 유아가 함께 책상의 길이를 손 뼘을 사용하여 반복 측정하면서 길이를 재는 사람이나 방법에 따라 측정 결과가 다름을 경험해 보도록 한다.

④ 규칙성 이해하기

'규칙성 이해하기'에는 일상생활에서 발견할 수 있는 규칙성을 인식하기, 규칙성을 모방하고 만들기가 포함된다.

내용	활동의 예
규칙성 이해하기	규칙성 인식하기 • 만 3세는 그림책, 주변 사물, 자연물, 하루 일과 등에서 규칙성을 찾아본다. • 만 4세는 띠 벽지의 무늬를 보며 '흰색 동그라미-빨간색 막대-흰색 동그라미-빨간색 막대'와 같이 유아가 발견한 규칙성을 말로 설명하거나 그대로 따라 해 본다. • 만 5세는 반복되는 무늬나 동작, 소리에 빈칸을 만든 카드를 보며 다음에 무엇이 올지 예측해 보도록 한다. 규칙성을 모방하고 만들기 • 만 4세는 교사가 스카프를 '위-아래-아래-위-아래-아래'로 반복하여 흔드는 것을 보고 유아가 동일한 규칙을 그대로 모방하여 스카프를 흔들어 본다. • 만 5세는 기본 패턴을 인식하고 다른 유형의 패턴으로 바꾸어 만들어 본다.

⑤ 기초적인 자료 수집과 결과 나타내기

'기초적인 자료 수집과 결과 나타내기'에는 일상생활 속에서 필요한 정보와 자료 수집하기, 수집한 정보와 자료를 분류하기, 그래프로 나타내기가 포함된다.

내용	활동의 예
기초적인 자료 수집과 결과 나타내기	필요한 정보와 자료 수집 • 만 4세는 가을에 떨어지는 나뭇잎을 알아 보기 위해 바깥 놀이터에서 떨어진 나뭇잎을 모아서 관찰해 보도록 한다. • 만 5세는 떨어지는 나뭇잎을 알아 보기 위한 방법을 논의하고, 유아용 사전이나 인터넷 검색, 바깥놀이터에서 떨어진 나뭇잎을 관찰하여 모아 오기 등의 방법을 이야기하고 원하는 방법을 선택하여 조사한다. 수집한 정보와 자료 분류하기 • 만 3세는 크기가 큰 동그라미와 작은 동그라미, 큰 세모와 작은 세모, 큰 네모와 작은 네모 등으로 준비하여 같은 모양끼리 짝 지어 본다.

내용	활동의 예
기초적인 자료 수집과 결과 나타내기	• 만 4세는 여러 모양과 크기의 기하도형을 모양(크기/색)에 따라 분류하여 바구니에 담아 본다. • 만 5세는 여러 모양과 크기의 기하도형을 같은 것(모양)끼리 분류한 후에 어떤 준거에 따라 분류한 것인지 이야기해 본다. 모양에 따라 분류한 기하도형을 또 다른 기준(예: 색)을 사용하여 분류할 수 있는지를 생각해 보고 다시 분류해 보도록 한다.
	그래프로 나타내기 • 만 5세는 수집한 자료를 그림, 사진, 기호, 숫자를 사용해 그래프로 나타내 본다. 유아가 표현한 그래프를 보고 어떤 내용을 알 수 있는지 이야기해 보도록 한다.

NCTM(2000)은 영유아기에 다룰 수 있는 수학교육 내용을 〈표 8-2〉와 같이 수학적 지식과 수학적 과정 기술 두 가지로 크게 구분하였다. 수학적 지식에는 수와 연산(수 감각), 공간과 도형(패턴), 측정, 규칙성, 확률과 통계가 포함되며, 수학적 과정 기술에는 〈표 8-3〉과 같이 문제 해결하기, 추론 및 증명하기, 의사소통하기, 연계하기, 표상하기가 포함된다.

| 표 8-2 | 유아기 수학교육 내용(NCTM, 2000)

수학적 지식	수와 연산(수 감각)
	공간과 도형(패턴)
	측정
	규칙성
	확률과 통계
수학적 과정 기술	문제 해결하기
	추론 및 증명하기
	의사소통하기
	연계하기
	표상하기

| 표 8-3 | 수학적 과정 기술의 내용(NCTM, 2000)

수학적 과정 기술	문제 해결하기	아직 해결 방안이 알려지지 않은 과제에 참여하기 - 새로운 수학적 지식 획득하기 - 수학적 상황이나 다른 상황에서 일어나는 문제 해결하기 - 문제 해결을 위해 적절한 전략을 다양하게 적용, 선택하기 - 수학적 문제 해결하기 과정을 검토하고 반성적으로 사고하기
	추론 및 증명하기	수학적 문제에 대한 해결 과정과 답을 정당화시키고 자신의 수학적 사고를 설명하기 위해 사물 또는 사실들 간의 관계와 규칙성을 파악하기 - 수학의 기초로서 추론과 증명 인식하기 - 수학적 추측을 만들어 보고 이를 조사하기 - 수학적 논의와 증명을 발달시키고 평가하기 - 다양한 형태의 추론과 증명 방법을 선택하고 사용하기
	의사소통하기	수학적 아이디어를 언어를 비롯하여 그림, 도표, 그래프, 기호 또는 상징 등을 사용하여 표현하기 - 자신의 수학적 사고를 조직하고 통합하기 - 또래, 교사, 다른 사람에게 분명하고 명확하게 그들의 수학적 사고를 이야기하기 - 다른 사람의 수학적 사고와 전략을 분석하고 평가하기 - 수학적 용어 사용하기
	연계하기	일상적 경험을 통해 습득한 비형식적인 수학을 교육기관에서 학습하는 형식적 수학과 연계하기 - 수학적 사고 간의 연관성을 인식하여 이를 적절히 사용하기 - 수학적 지식들이 상호 연관되어 있음을 이해하고 하나의 결합된 전체를 만들기 위해 서로 연계하기 - 수학 이외의 상황에서 수학을 인식하고 적용하기
	표상하기	수학적 지식과 관계를 파악하기 위해 말, 그림, 도식 등 다양한 매개물을 활용하여 자신의 내적 사고를 나타내기 - 수학적 지식을 조직, 기록, 의사소통하기 위해 표상을 만들고 사용하기 - 문제를 해결하기 위해 수학적 표상들을 선택, 적용, 변형시키기 - 물리적, 사회적, 수학적 현상을 해석하고 모델화시키기 위해 표상 사용하기

3 유아 수학 교수·학습 방법

1) 유아에게 적합한 수학 교수·학습 방법

유아 수학교육의 방법은 크게 두 가지 유형으로 나누어 볼 수 있다. 하나는 유아에게 구조화된 지식을 전달하기 위해 반복, 기계적 훈련(Rote Drill), 연습을 강조하는 교수법과 다른 하나는 유아를 놀이, 게임, 활동에 참여하게 하여 자료 및 또래, 교사와 상호작용하면서 지식을 구성해 가도록 하는 교수법이다(황정숙, 1996). 유아기 수학 교수·학습 방법에 대해서 학자들마다 다양한 의견을 제시하고 있으나, 이은영(2010)은 유아에게 적합한 수학 교수·학습 방법에 대해 다음과 같이 정리하고 있다.

첫째, 문제 해결을 통한 접근법이다. 이는 유아 스스로가 문제 해결자가 되어 수학적 탐구 과정과 수학적 사고를 강조하는 교수·학습 방법이다. 이때, 문제 상황은 유아로부터 비롯된 것이어야 하고, 문제를 통해 유아가 수학을 학습할 수 있어야 하며, 해결 방법에 대한 정당성과 설명이 반드시 수반되어야만 한다.

둘째, 일상생활 또는 경험을 통한 접근법이다. 이는 유아가 친숙한 환경에서 자신이 갖고 있는 비형식적인 수학적 지식을 직접 적용하여 발달시킬 수 있는 매우 효과적인 방법이다. 단, 유아의 일상적 경험이 더욱 교육적으로 의미 있는 수학적 경험이 될 수 있도록 유아의 일상을 주의 깊게 관찰하여 수학적으로 풍부한 환경과 자료를 마련해 주고, 수학적 사고를 일으키는 상호작용과 발문을 적절하게 제공해 주는 것이 중요하다.

셋째, 다양한 수학적 지식 간의 연계를 통한 접근법이다. 수학적 지식은 서로 의존적이고 다른 지식의 학습을 도와주기 때문에 이를 분리해서 가르치기보다는 통합적으로 연계하여 학습하도록 이끌어 주는 것이 이들 지식에 대한 이해를 높일 수 있는 효과적인 방법이다.

넷째, 다양한 교과 및 활동 유형과 통합하여 운영하는 접근법이다. 음악, 미술, 과학, 사회 등 다른 교과와 통합하여 운영하려는 시도가 많이 이루어지고 있으며 또한 이야기 나누기, 신체 활동, 요리, 컴퓨터 활동 등 다양한 활동 유형과의 통합에 의한 수학교육의 효과가 여러 선행연구에 의해 검증되고 있다.

다섯째, 유아 주도적 접근법이다. 유아는 능동적 학습자로서 스스로 구체물을 조작·탐색하고, 수학에 대해 교사나 또래와 적극적으로 상호작용하며, 문제를 수학적으로 해결하는 과정에 참여하는 경험을 하는 것이 중요하다.

여섯째, 놀이 접근법이다. 놀이는 유아의 삶 그 자체이며 유아가 마음껏 수학을 경험할 수 있는 좋은 기회이다. 즉, 유아가 가지고 노는 여러 가지 모양, 크기, 색깔의 놀잇감들은 그 자체가 수학적 지식을 내포하고 있으며, 그렇지 않다고 하더라도 놀잇감을 가지고 놀면서 유아가 자연스럽게 수학적으로 사고하도록 이끌어 준다.

이상과 같이 유아기 수학교육은 유아의 일상생활이나 이것이 반영된 친숙하고 의미 있는 놀이 상황에서 문제가 발생할 때 문제들을 수학적으로 해결할 수 있도록 기회를 제공하는 것이 바람직하다. 그리고 이때 유아들이 각각의 수학적 지식들을 통합된 지식으로 경험할 수 있도록 하고 언어, 과학, 미술, 음악 등 다양한 교과 및 활동 유형과 유기적으로 잘 연계하여 운영한다면 효과적인 수학 교수·학습 방법이 될 것이다.

2) 수학교육의 통합적 접근

유아에게 '어떤 방법으로 수학을 교육할 것인가?' 하는 문제는 결국 '어떤 교육 방법이 유아의 연령 및 발달 특성에 적절한가? 또 어떤 방법이 학업 성취 효과를 더 가져올 수 있는가?' 하는 점 등에 비추어 결정해야 한다.

활동 중심 통합적 교수·학습 방법은 유아가 스스로 자연스럽게 학습할 때는 자신의 현재 흥미에 기초하여 무의식적으로 모든 교과 영역을 통합하게 된다는 신념에 근거를 두고 있다. 이는 교사가 교육과정을 계획할 때 의식적으로 이러한 유아의 학습 패턴에 맞추어 주제를 중심으로 활동을 계획하여 통합교육이 이루어지도록 운영하는 것이다. 즉, 언어, 수학, 사회, 과학, 미술 등 여러 교과 및 생활 영역의 주제를 중심으로 통합하여 교육과정을 구성하여 운영함으로써 주제를 중심으로 연결된 지식을 갖게 되고 통합적 사고를 할 수 있는 능력이 키워지는 것이다(Katz & Chard, 1989).

활동 중심 통합적 접근은 수학적 개념 중심 접근과 활동 중심 접근으로 나눌 수 있다.

수학적 개념 중심의 통합교육은 수학을 주제, 단원, 프로젝트와 통합하는 수학 중심 교육으로 수학적 개념(모양)을 탐색하기 위해 과학(같은 모양 찾아 분류하기 등), 미술(모양 콜라주 등), 언어(모양에 대해 묘사하기 등), 사회(교통표지판 모양 상징 알아 보기 등), 음악(모양이 다른 악기 소리 감상), 체육(몸으로 표현하기), 수학(속성 블록 분류, 구성하기 등) 활동을 연계하는 것이다.

활동 중심의 수학 통합교육은 일상생활 속에서 문학, 음률 · 신체활동, 그룹 게임, 놀이 · 체험 활동(전통 놀이, 극 놀이, 블록 놀이, 요리 등)을 통해서 실행될 수 있다. 이상의 활동을 통해 여러 가지 수학적 개념을 통합하는 활동 중심 교육을 예로 들면 '느낌으로 알아요' (손바닥이나 등 뒤에 수, 모양, 글자 등을 쓰는 신체 활동)를 하면서 분류, 순서 짓기(크기, 길이 비교하고 순서 짓기), 수(수 읽기), 연산(한 자리 수의 덧셈, 뺄셈 하기), 측정(크기, 길이 비교하고 측정하기), 공간과 기하의 기초(모양 알아맞히기), 통계의 기초 활동을 연계하는 것이다.

통합적인 수학교육을 실행하기 위하여 유치원에서 수학 활동을 계획, 실행, 평가할 때 교사가 유념하여야 할 세 가지의 주요한 교수 원리가 있다.

첫째, 한 가지 활동으로도 교사의 언어적 상호작용이나 활동하는 방법을 달리함에 따라 수학 영역 내(wthin)의 여러 가지 개념을 학습할 수 있다. 예를 들면, 물건을 정리하면서 모양이나 재질에 따라 같은 것과 다른 것끼리 구분하여 수를 세고, 규칙을 만들어 배열하며 물건의 양을 서로 비교하는 것이 가능하다.

둘째, 한 가지 활동으로 수학 영역의 학습뿐 아니라 언어, 신체, 사회, 정서적 측면의 타 영역 간(between)의 학습도 통합적으로 행할 수 있다. 예를 들면, 가족의 생일에 해당하는 숫자를 달력에서 찾아 색연필로 표시하면서 그날의 의미가 무엇인지에 대해 이야기하고 다른 사람과의 관계에 대해 생각하며 어떤 사건에 대한 공감대를 형성할 수 있다.

셋째, 각 활동 자료는 이것들을 사용하는 방법에 따라서 유아의 각 연령별로 다양한 수준의 학습이 가능해진다. 예를 들면, 숫자가 적힌 삼각주사위를 게임에 활용하는 방법은 단순히 주사위의 바닥면에 나오는 수만큼 가져가기와 같이 쉬운 단계에서부터, 삼각주사위의 바닥면을 제외한 세 면의 수를 더한 수만큼 가져가기 등으로 어려운 단계까지 활용이 가능하다.

3) 교사의 역할

유아 수학교육에 있어서 교사가 유념하여야 할 세 가지는 유아의 선택 활동 중심, 구체적 자료 사용, 또래와 교사와의 사회적 상호작용이다(황정숙, 1996).

첫째, 교사는 유아의 선택 활동을 중시해야 한다. 유아가 학습 환경을 선택하고 조정해 볼 기회를 주기 위해, 유아가 대집단으로 일과에 대한 계획을 할 때 수학 활동 영역을 선택할 수 있게 하고, 또 수학 영역 안에서 자기가 원하는 자료를 선택하여 능동적으로 자료를 다루며 활동을 전개할 수 있도록 한다. 즉, 여러 가지 수학 자료 중에서 자신의 발달 수준과 흥미에 맞는 자료의 종류 및 수준을 선택하여 자기 식으로 활동을 고안, 전개하며 문제 해결을 위해 몰두하는 시간을 가지도록 해야 한다.

둘째, 구체적 자료(concrete Materials)의 활용을 중시한다. 교사는 유아들에게 일상생활에서 접하기 쉽고 사용이 간편한 구체물들(manipulatives)을 제공해 준다. 여기에는 구슬, 나무토막, 단추, 돌멩이, 말린 콩, 바둑알, 빈 용기들(병, 요구르트병, 우유곽 등), 실, 끈, 핀, 필름 통, 클립, 빨대 등이 이용될 수 있다. 유아는 사물을 손으로 만지고 구체적 경험을 하며 기초적 수학 개념을 터득하며, 구체적 수준에서 아이디어를 경험한 후에야 개념적 이해와 추상적 상징 사이를 연관지을 수 있기 때문이다(Kamii, 1990). 유아가 자연스럽게 수학 활동을 할 수 있도록 물리적인 환경을 구성하는 것은 중요하다. 여러 명이 함께 자료를 탐색하고 작업하여 상호작용할 수 있게 충분히 넓고 즐겁고도 편안한 공간이 필요하다. 다양한 수학 활동 자료들이 개방 선반에 배치되어 유아가 자유롭게 선택·활용할 수 있도록 해야 한다.

셋째, 사회적 상호작용(social Interactions)을 중시한다. 교사는 유아들이 함께 문제를 해결하는 데 주안점을 두어야 한다. 유아들은 지식, 경험, 그리고 개념의 수준이 크게 다르기 때문에 해석, 전략, 해결책들도 다양하게 탐색한다. 이 같은 문제 해결의 분위기는 교실의 수학 활동 영역에서 또래끼리 의견을 서로 교환할 수 있도록 할 때 형성된다. 또한 교사는 일방적인 설명이나 지시보다는 개방식 질문이나 긍정적 언어 표현 등으로 유아와 상호작용해야 한다.

Althouse(1994)는 수학 교수·학습 과정에서의 성인의 역할을 다음과 같이 제시하였다.

첫째, 유아의 기존 지식을 사용할 수 있는 방법으로 정보를 제시하여 새로운 지식을 얻고 기존의 이해를 확장하고 강화시킨다.

둘째, 성인은 유아가 문제를 인식하고 해결하기 위해 정신적, 신체적으로 그들 주변의 환경과 상호작용할 수 있는 다양한 기회를 제공해 준다.

셋째, 성인은 유아가 문제를 인식하고, 답을 찾고, 정보를 조직하는 것을 도와준다.

넷째, 유아들이 서로 상호작용하고 아이디어를 함께 나누는 것을 격려해 준다.

다섯째, 교실에서 제공되는 정보는 유아의 생활과 관련이 있는 것으로 택하고, 이 정보를 유아의 실제 생활에 적용할 수 있도록 도와준다.

여섯째, 한 영역에서 학습된 개념을 다른 영역에 또는 같은 영역의 다른 개념과 관련짓는 경험을 제공해 준다.

여기서의 교수·학습 과정과 상호작용 시 '대표적 질문의 예'를 살펴보면 [그림 8-1]과 같다(황정숙, 2012).

계획(대집단 활동)

자료 및 활동 소개
활용 방법과 주의점, 궁금한 것 이야기 나누기
활동 계획하기

실행(소집단 활동)

1. 조사하기(inverstigate)
   - 환경 탐색하기("어떤 것들이 있나 살펴보자.")
   - 자료 직접 경험하기("하고 싶은 것을 가지고 놀자.")
2. 발견하기(find)
   - 자료 사용의 다양한 방법 시도하기("어떻게 노는 것일까? 다른 방법은?")
   - 자료의 연관성·규칙성 알아내기("이것과 비슷한 점은 무엇일까?")
   - 어떤 관계가 있을까?")
   - 문제 해결하기("이것은 어떻게 하면 될까? 왜 그렇게 하지?")
3. 토의하기(discuss)
   - 알아낸 것 이야기하기("어떻게 했는지 이야기해 보자. 무엇을 알아냈어?")
   - 유사점·차이점 토의하기("앞에 했던 것과 비슷한 점은? 다른 점은 무엇이지?")
   - 발견한 것 정당화하기("왜 그렇게 했는지 말해 보자. 자기가 한 것이 무엇 때문에 옳은지 이야기해 보자.")
4. 결론 내리기(conclude)
   - 알아낸 것 공식화하기("네가 알아낸 것에 대해 말해 보자.")
   - 입증·증명하기("그렇게 한 것이 맞는지 더 살펴보고 선생님에게 이야기해 줘.")
   - 공유하기("자기가 알아낸 것을 서로 이야기해 주자.")

평가(개별 활동)

자기 보고(self-report)하기
- 활동이 어떠했는가?("놀이하니까 어땠어? 재미있었니? 뭐가 재미있었어?")
- 활동 방법은 어떠했는가?("어떻게 했지? 무엇을 가지고 어떻게 하는 놀이였어?")
- 무엇을 알았느냐?("어떤 걸 알아냈지? 왜 그렇게 했을까?")
- 다르게 놀이하는 방법은?("다른 방법이 있을까? 만일 이렇게 하면 어떻게 될까?")

| 그림 8-1 | **수학교육의 교수·학습 과정**

4 유아 수학교육의 평가

1) 형식적 평가 도구

진단평가, 형성평가, 총괄평가는 형식적 평가와 비형식적 평가의 형태로 이루어질 수 있는데, 형식적 평가는 일반적으로 표준화된 검사나 도구를 활용하여 실시하는 평가를 말한다. 형식적 평가는 유아가 어려워하는 수학적 지식은 무엇이며, 전체 유아와 비교했을 때 개별 유아의 수준이 어느 정도인지를 가늠할 수 있는 장점이 있다. 반면, 개별 유아의 잠재적 발달 가능성을 고려하지 않고 문제해결 능력, 수학적 사고 과정 등을 평가하기 어렵다는 단점도 있다(김경철, 2000).

최근의 유아 수학 관련 형식적 평가 도구에는 최혜진(2003)의 유아수학능력검사, 김소향(2004)의 수학 게임을 통한 유아의 수학적 지식, 수학적 과정 기술, 수학적 태도에 대한 평가, 김지영(2004)의 NCTM의 유아 수학교육 내용 기준에 근거한 유아수학능력평가, 최혜진·황해익(2007)의 유아그림수학능력검사, 고은미(2008)의 역동적 유아측정능력검사 등이 있다.

여기서는 김소향(2004)과 최혜진·황해익(2007)의 평가 도구를 소개한다.

① 수학 게임을 통한 평가 도구(유아용)

- 개발자(개발 연도): 김소향(2004)
- 구성: 수학적 지식, 수학적 과정 기술, 수학적 태도로 나누어 총 42문항
- 세부 항목:
  - 수학적 지식 - 수와 연산, 공간과 기하, 측정, 패턴, 자료의 조직과 분석의 30문항
  - 수학적 과정 기술 - 문제 해결하기, 의사소통하기, 추론하기의 7개 문항
  - 수학적 태도 - 호기심, 주의 집중, 개방성, 적극성, 지속성의 5개 문항

- 채점 방법: 각 문항에 대한 최저 점수는 0점, 최고 점수는 2점으로 누계 기록
- 수학 게임 평가 도구 소개: 컬러 볼링 게임, 색깔 창문 만들기 게임, 거미 만들기 게임, 블록 재기 게임, 패턴 카드 만들기 게임
- 특징: 유아의 수학적 지식, 수학적 과정 기술, 수학적 태도를 교수·학습과 평가가 통합된 수학 게임을 통하여 평가할 수 있도록 고안

② 유아 그림수학능력검사

- 개발자(개발 연도): 최혜진, 황해익(2007)
- 구성: 대수, 수 개념, 기하, 측정의 총 80문항
- 세부 항목:
  - 대수 영역 - 분류, 패턴, 서열, 관계 추론의 20문항
  - 수 개념 영역 - 수 세기와 수 연산의 25문항
  - 기하 영역 - 도형과 공간 개념의 20문항
  - 측정 영역 - 시간과 측정의 개념 15문항
- 채점 방법: 각 문항에 정답 또는 정확한 수행을 할 경우에는 1점, 그렇지 않을 경우에는 0점으로 기록

2) 비형식적 평가 도구

개별 유아의 특성을 더욱 정확히 파악하기 위해서는 위의 형식적 평가 도구 외에 다양한 평가 방식을 활용해야 한다. 그리고 유아가 무엇을 어떻게 하였으며, 무엇을 할 수 있는지 등의 수행 과정에 기초한 과정 중심의 질적 평가 방식이 보다 적절하다(황해익, 김선형, 조은래, 2011; NAEYC & NCTM, 2002).

비형식적 평가는 유아교육기관의 일과나 자연스러운 상황에서 이루어지는 평가로 관찰, 면접, 설문지, 실제 작품의 표본, 체크리스트, 비디오 촬영 등의 방법이 있다. 여기서는 영유아의 연령, 발달 특성, 수학 활동 목표를 고려하여 제작·

사용할 수 있는 체크리스트와 포트폴리오의 예를 간단히 소개한다.

우선, 만 2-3세 유아의 수와 연산을 관찰한 체크리스트의 예를 제시하면 다음 표 〈8-4〉와 같다.

| 표 8-4 | 수와 연산 관찰 체크리스트(만 2-3세)의 예

내용	능숙	발현 중	미발견
• 생활 속에서 수 모양을 찾을 수 있다.	____	____	____
• 일대일 대응을 할 수 있다. – 사물과 사물 – 사물과 수(3까지)	____	____	____
• 5 이내의 수량에서 '같다, 더 많다, 더 적다'의 관계를 말한다.	____	____	____
• 수를 순서에 맞게 5까지 말한다.	____	____	____
• 5까지 수를 셀 수 있다.	____	____	____
• 5 이상의 수를 셀 수 있다.	____	____	____
• 처음과 끝을 안다.	____	____	____
• 합해서 5 이내가 되는 수량을 더한다.	____	____	____

포트폴리오(Portfolio)라고 불리는 평가 방법은 유아가 그린 그림이나 만들기 작품, 또는 언어 활동의 다양한 자료들을 정리하고 이를 분석하여 평가하는 것을 말한다. 유아 개인의 작업 결과물이나 집단 공동의 결과물은 바로 유아의 탐구생활 영역에서의 학습을 적나라하게 보여 줄 수 있는 자료로 가장 쉽게 사용할 수 있는 방법이다(Grace & Shores, 1992; Gullo, 1997: 황해익, 김선형, 조은래, 2011 재인용).

예를 들면, 유아가 그린 그림이나 모양 꾸미기 작품, 만들기 자료, 그 밖에 수학 지식이나 기술의 활용을 엿볼 수 있는 작품들을 통해서 유아의 수학적 개념 발달 및 논리·수학적 지식 정도를 어느 정도 파악할 수 있다. 평가 결과는 다음의 교수·학습에 반영하여 활용할 수 있도록 한다.

| 표 8-5 | 수학 포트폴리오 평가의 예

유아명	심청이(씨앗반, 2세~31개월)	평가 시기	2013년 5월 7일	
평가 상황	교육 주제(나와 가족), 자유선택 활동(조형 영역), 활동명(사람 그리기)			
관점	사람을 그림으로 표현하는가?	평가 유형	체크리스트, 활동 기록지 (사진 자료)	
체크리스트		예	아니오	비고
평가 내용	1. 종이와 색연필을 용도에 맞게 사용하는가?			
	2. 안과 밖(얼굴, 옷)을 구분하여 그리는가?			
	3. 신체 각 부위가 나타나 있는가?			
	4. 종이 전체를 사용하는가?			
	5. 그림에 대한 자기의 생각을 말로 표현하는가?			
활동 기록지				
자유선택 활동 시간 조형 영역에서 '사람 그리기' 활동				
〈평가 자료〉  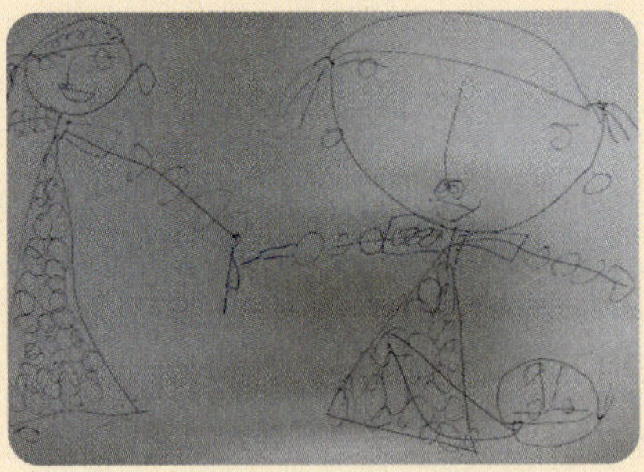				
해석	청이는 종이 전체에 인물을 꽉 채워 그렸고, 그림 그리기의 주제(사람을 그려요)를 잘 이해하고 바른 자세로 앉아서 집중하여 자기 식으로 사람을 잘 표현하였다.			

5 활동의 실제

활동 1 나뭇잎이 열려요

연령	활동 형태	영역
4세	소집단	실내(수학)

목 표	4세 누리과정 관련 요소
• 나뭇잎을 같은 종류끼리 분류한다. • 숫자만큼 나뭇잎을 세고 수와 사물을 연결 지을 수 있다. • 관계를 파악하여 문제를 해결한다.	• 자연탐구: 탐구하는 태도 기르기 – 탐구과정 즐기기 • 자연탐구: 수학적 탐구하기 – 수와 연산의 기초개념 이해하기, 기초적인 자료 수집과 결과 나타내기 • 의사소통: 말하기 – 느낌, 생각, 경험 말하기

창의 · 인성 관련

• 인성 : 배려 – 동식물에 대한 배려
　　　존중 – 자연과 환경에 대한 존중

• 창의성 : 인지적 요소 – 사고의 확장, 문제 해결력

활동 자료

- 여러 종류(크기, 색깔, 모양, 촉감 등)의 나뭇잎
- 2절 크기의 도화지, 스티커

활동 방법

1. 책상 위나 실외 바닥에 나뭇잎을 제시하고 함께 살펴본다.
   - "여기 무엇이 있니?"
   - "이것으로 무엇을 할까?"
2. 같은 종류끼리 나뭇잎을 모아 본다.

3. 제시하는 숫자만큼 나뭇잎을 아래에 놓는다.
   - "1은 나뭇잎 하나를 놓고."
   - "2는 나뭇잎 몇 개?"
4. 1부터 10까지 유아가 셀 수 있는 수대로 계속해서 숫자와 나뭇잎을 대응해 나간다.
   - "수를 셀 때 나뭇잎을 하나씩 손가락으로 지적해 가며 세자."

활동의 유의점

1. 실외에서 여러 종류의 나뭇잎을 주워 와서 나뭇잎이 마르기 전에 책상이나 바닥에 펼쳐 놓고 활동을 시작한다.

활동 평가

1. 나뭇잎을 같은 종류끼리 분류할 수 있는가?
2. 숫자만큼 나뭇잎을 세어서 순서대로 늘어놓을 수 있는가?
3. 자신의 생각을 말로 표현할 수 있는가?

확장 활동

- 숫자와 그 수만큼의 나뭇잎을 순서대로 바닥에 배열해 놓거나 차트에 붙여 전시해 놓으면 시각적으로 수와 수량을 대응하며 계속해서 세어 볼 수 있다.

활동 2 퐁당퐁당 경단

연령	활동 형태	영역
5세	소집단	실내(요리)

목 표	5세 누리과정 관련 요소
• 모양, 크기, 시간의 흐름에 대해 안다. • 분량을 재어 봄으로써 무게, 부피를 인식한다. • 경단을 만들면서 소근육을 조절하고 눈과 손을 협응한다.	• 자연탐구: 탐구하는 태도 기르기 – 탐구 과정 즐기기 • 자연탐구: 수학적 탐구하기 – 수와 연산의 기초 개념 이해하기, 기초적인 측정하기 • 신체운동 · 건강: 건강하게 생활하기 – 바른 식생활하기

창의 · 인성 관련
- 인성: 협력 – 개인적 책임감, 집단 협력
- 창의성: 동기적 요소 – 호기심, 몰입
  인지적 요소 – 문제 해결력

초등학교 교육과정 관련
- 슬기로운 생활: 우리나라 – 전통문화

활동 자료

- 멥쌀가루 2컵, 고물 재료[노란 콩가루 1/2컵, 검은깨(흑임자) 1/2컵, 계핏가루 1/3컵, 카스텔라 가루 1/2컵], 설탕 약간
- 요리 활동 순서도

활동 방법

1. 멥쌀가루에 끓는 물을 넣어 익반죽한다.
2. 잘 치댄 반죽을 메추리 알만 한 크기로 빚어 둔다.
3. 준비된 각각의 고물에 설탕을 조금씩 넣어 맛있게 준비한다.
   ① 콩가루에 설탕을 넣어 고물을 만든다.
   ② 카스텔라는 체에 대고 갈아 가루로 만든다.
   ③ 검은깨는 빻아서 설탕을 넣는다.

4. 끓는 물에 경단 새알심을 넣고 한 번 물밑으로 가라앉혔다가 위로 뜨면 건져 얼른 찬물에서 식혔다가 꺼내 고물에 굴려 묻힌다.
5. 한 접시에 각각의 경단을 골고루 담아 보리차와 함께 먹는다.

활동의 유의점

1. 익반죽을 위하여 끓는 물을 사용할 때는 데지 않도록 조심한다.
2. 다양한 고물의 준비는 유아에게 식품의 맛을 알게 할 수 있는 기회이므로 위에서 제시한 것 외에도 파란 콩이나 삶은 계란 등을 활용할 수 있다.

활동 평가

1. 재료를 종류별로 분류, 크기 순으로 놓고, 수를 셀 수 있는가?
2. 재료를 임의적 단위(스푼, 컵 등)를 사용하여 측정할 수 있는가?
3. 요리 과정에서 시간의 흐름을 이해하고, 요리 전후의 재료의 상태 변화에 대해 이해할 수 있는가?
4. 다양한 식재료에 관심을 가지고 요리에 집중하는가?

확장 활동

1. 쌀가루에서 경단이 되기까지의 과정을 창의적인 신체표현 활동이나 그림 그리기로 연결할 수 있다.

활동 3 동시 「얼씨구나 제기 차자」 (관련 주제: 우리나라)

연령	활동 형태	영역
5세	소집단	실내 (동시, 신체)

목 표	5세 누리과정 관련 요소
• 위치와 방향에 맞게 신체를 조절할 수 있다. • 문자에 관심을 가지고 짧은 글을 읽을 수 있다. • 규칙을 지키며 문제를 해결한다.	• 자연탐구: 수학적 탐구하기 – 공간과 도형의 기초 개념 알아 보기 • 의사소통: 읽기 – 읽기에 흥미 가지기 • 사회관계: 사회에 관심 가지기 – 우리나라에 관심 갖고 이해하기

창의 · 인성 관련

• 인성: 협력 – 집단 협력
• 창의성: 인지적 요소 – 사고의 확산

초등학교 교육과정 관련

• 슬기로운 생활: 우리나라 – 전통문화

활동 자료 동시판, 제기

활동 방법

1. 동시 「얼씨구나 제기 차자」를 읽는다.
2. 동시의 밑줄 친 부분을 바꾸어 읽어 본다.

동시 「얼씨구나 제기 차자」

얼씨구나 제기 차자
높이높이 차 보자

얼씨구나 제기 차자
하늘까지 차 보자

얼씨구나 제기 차자
멀리멀리 차 보자

얼씨구나 제기 차자
친구에게 차 보자

3. 제기를 손을 이용하여 여러 가지 위치와 방향으로 쳐 본다.
   - 머리 위로 쳐 보자.
   - 가깝게 쳐 보자.
   - 멀리 쳐 보자.
   - 왼손으로 받아 보자.
   - 오른손으로 받아 보자.
   - 뒤로 넘겨 보자.
4. 게임판을 준비하여 주사위를 던져 나오는 수와 방향만큼 제기 따기를 한다.
   - 제기 따기 활동 자료: 게임판(한 칸이 4cm), 숫자주사위(1~3) 1개, 방향 주사위(한 번 쉬기, 원하는 방향으로 가기), 제기, 칩 10개, 말 2개

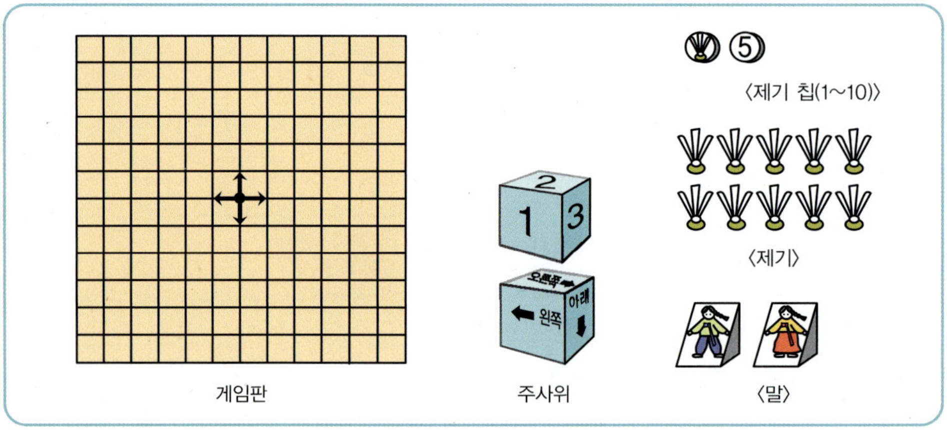

   - 제기 따기 활동 방법:

① 게임판 위에 제기 그림 칩 10개를 적당히 구성한다.

② 순서와 말을 정한다.

③ 두 개의 주사위를 동시에 던져 나온 방향으로 숫자만큼 말을 옮긴다. 이때 제기 그림 칩이 있으면 뒤집어서 나온 숫자만큼 제기를 가져간다. (뒤집은 칩은 판에서 떼어 놓는다.)

④ 가장자리에 말이 도착하면 게임이 끝난다.

⑤ 자기가 모은 제기를 세어 보아 누가 많은지 비교해 본다.

활동의 유의점

1. 동시 읽기와 신체 활동(제기 차기), 판 게임의 활동이 통합해서 이루어지도록 한다.

활동 평가

1. 동시를 운율에 맞추어 따라 읽는가?
2. 지시에 따라 제기를 위치와 방향대로(멀리, 높이, 옆으로 등) 찰 수 있는가?
3. 규칙을 지키며 판 게임을 하는가?

확장 활동

1. 제기차기 신체 활동을 규칙을 변경하여 편게임으로 할 수 있다.
2. 다양한 재료(신문지, 색 비닐, 병뚜껑, 고무줄 등)로 제기를 직접 만들어 본다.

활동 4 고누놀이

연령	활동 형태	영역
5세	소집단	실내(수학)

목 표	5세 누리과정 관련 요소
• 수와 사물의 관계를 알고 대응한다. • 앞과 뒤, 오른쪽과 왼쪽과 같은 공간 개념을 익힌다. • 규칙을 지키며 게임을 한다.	• 자연탐구: 수학적 탐구하기 – 규칙성 이해하기 • 자연탐구: 수학적 탐구하기 – 공간과 도형의 기초 개념 알아 보기 • 사회관계: 다른 사람과 더불어 생활하기 – 친구와 사이좋게 지내기

창의 · 인성 관련
- 인성: 질서 – 기초 질서
- 창의성: 동기적 요소 – 흥미, 몰입
  인지적 요소 – 문제 해결력

초등학교 교육과정 관련
- 슬기로운 생활: 우리나라 – 전통문화

활동 자료

호박 고누판, 말 4개씩 2벌, 규칙판

활동 방법

1. 말을 4개씩 나누어 갖고 고누판에 그림 (가)처럼 말을 놓는다.
2. 순서를 정한다.
3. 한 번에 말을 한 칸씩 움직인다.
4. 어느 말이나 처음 있었던 곳에서 나오면 뒤로는 물러날 수 없다.
5. 상대편 말이 처음 놓여 있던 곳으로 말이 들어가면 다시 돌아 나올 수 없다.
6. 그림 (나)처럼 말을 놓아 상대편 말이 더 이상 움직일 수 없게 되면 게임이 끝난다.

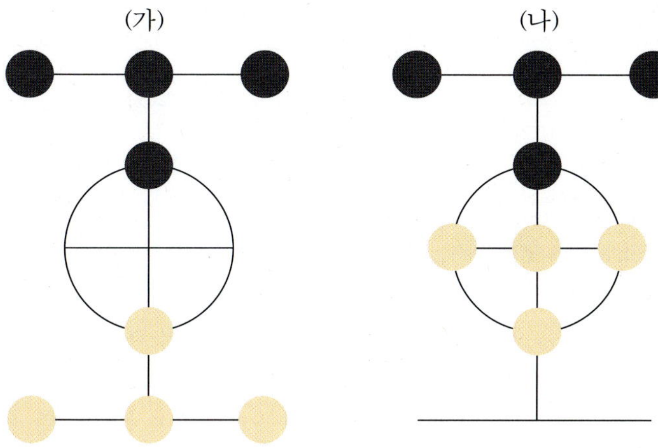

고누판

활동의 유의점

1. 게임의 규칙을 유아가 이해하도록 배려한다.
2. 상대방 영역에 깊숙이 들어가지 않고 상대의 말을 유인해서 길을 끊어 놓아야 이길 수 있는 게임이다.

활동 평가

1. 고누놀이의 게임 규칙을 이해하고 지키며 놀이하는가?
2. 위치와 방향을 고려하여 말을 움직이는가?

확장 활동

1. 말과 판을 다양한 모양으로 바꾸어서 제시하면 더욱 흥미롭다.
2. 유아가 고누판에서 움직일 수 있는 크기로 고누판을 제작하고 큰 말(펀치 인형)을 이용하여 유아가 직접 말을 옮기면서 게임을 할 수 있다.

참고문헌

교육과학기술부, 보건복지부(2013). 3-5세 연령별 누리과정 지침서 · 해설서.

고은미(2008). 역동적 유아측정능력검사.

김경철(2000). 유아평가2: 수행평가. 열린유아교육학회 2000년 춘계학술대회논문집, 21C에 적합한 유아교육 평가 방향 모색.

김소향(2004). 수학 게임을 통한 유아의 수학적 지식, 수학적 과정 기술, 수학적 태도에 대한 평가 도구 개발 연구. 덕성여자대학교 박사학위논문.

김지영(2004). NCTM의 유아수학교육 내용 기준에 근거한 유아 수학 능력 평가 도구.

이은영(2010). 역할놀이를 활용한 유아수학교육 프로그램 구성 및 적용 효과. 중앙대학교 대학원 박사학위논문.

최혜진, 황해익(2007). 그림수학능력검사. 경기: 양서원.

황정숙(1996). 유아 수학교육의 효과적 지도. 중앙대학교 대학원 박사학위논문.

황정숙(2012). 나뭇잎 수학놀이(즐겁게 배우는 영유아 수학). 서울: 창지사.

황해익, 김선형, 조은래(2011). 유아수학 학습 능력의 역동적 평가 도구의 타당화 연구. 열린유아교육연구. 16(5), 425-447.

Althouse, R. (1994). *Investigation mathematics with young children*. NY: Teachers College Press.

Katz, L. & Chard, S. (1989). *Engaging children's mind: The project approach*. Norwood. NJ: Ablex.

Kamii, C. (1990). *Constructivism and beginning arithmetic* (K-2). In T. Cooney & C. Hirsch(Eds.), Teaching and learning mathematics in the 1990s(pp.22-30). Reston, VA: National Council of Teachers of Mathematics.

National Council of Teachers of Mathematics (2000). *principles and Standards for school Mathematics*. Reston, VA : NCTM.

NAEYC & NCTM (2002). Early childhood mathematics: Promoting good beginnings [electronic version]. Retrieved 10 July 2009, www.naeyc.org/positionstatements/mathematics

제 3 부

일과 운영에서의 교과 통합

제 1 장 대 · 소집단 활동

유아교육에서 각 교과는 분리된 교과목으로서가 아니라 유치원의 하루 일과를 통해 통합적으로 운영된다. 즉, 유치원의 일과는 특정 교과목 단위의 수업으로 진행되는 것이 아니라, 일반적으로 개별 활동(자유선택 활동)과 대·소집단 활동, 기타 활동으로 이루어진다.

개별 및 대·소집단 활동은 실내에 마련된 쌓기, 언어, 역할, 수·조작, 과학, 음률, 미술 활동과 실외에서의 운동, 신체, 물·모래놀이, 자연 탐구 및 관찰, 작업 휴식 등의 바깥놀이 활동으로 이루어진다. 대·소집단 활동은 그날의 생활 주제에 따라 이야기 나누기, 동화·동시·동극, 음악·신체, 게임, 요리, 미술, 현장 체험 등의 활동으로 진행된다. 그리고 등원, 정리 정돈, 휴식 및 화장실 사용하기, 간식 및 점심, 낮잠, 전이, 주의 집중 등의 기타 활동을 통해서 각각의 교과교육이 서로 연계되고 통합되어 적용되는 것이다.

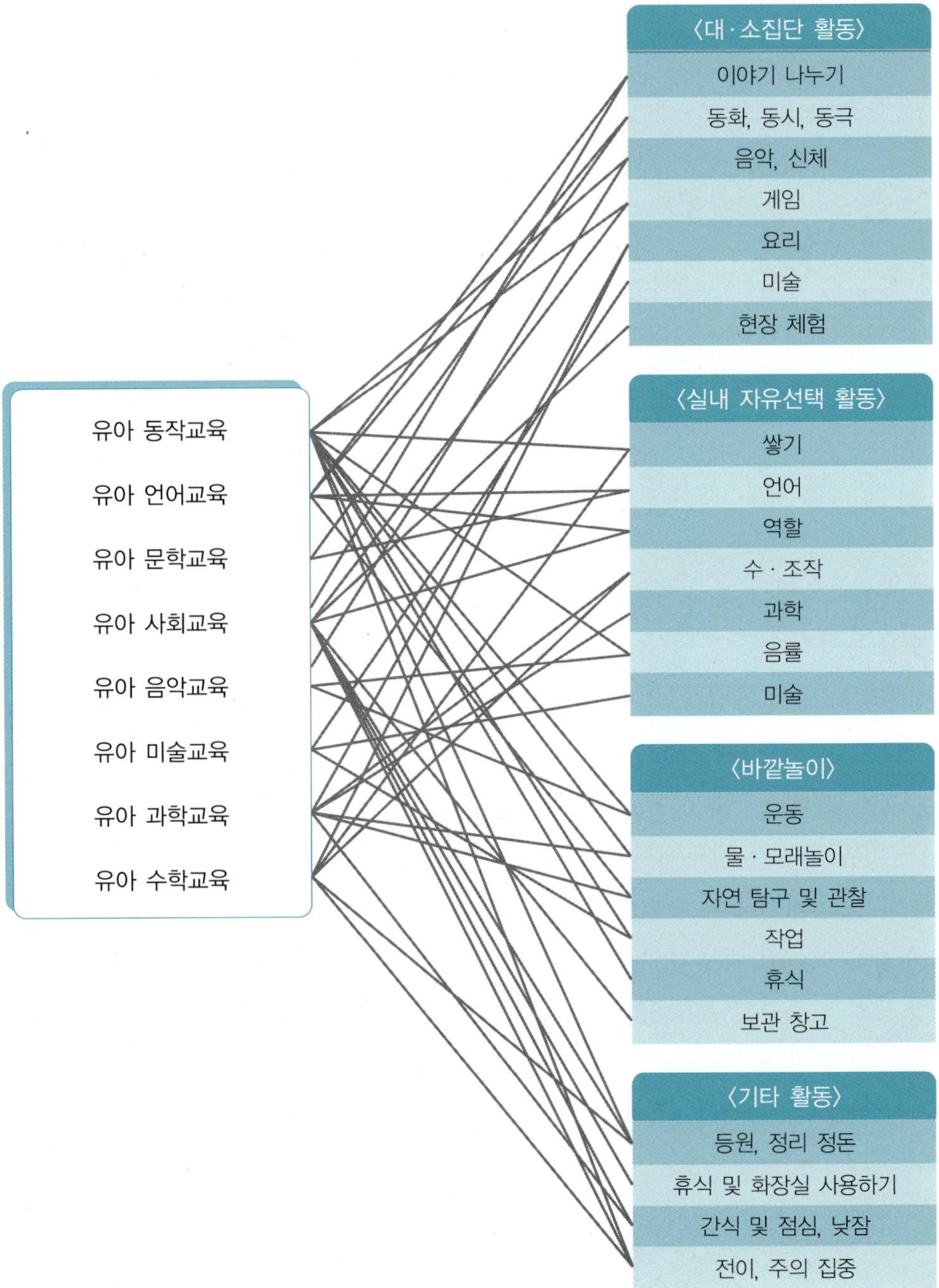

| 그림 1-1 | 유아 교과교육과 일과 활동의 연계

유치원의 일과는 하루 동안 진행할 각 활동들의 소요 시간을 계산하고 활동 간 균형을 맞추어 구성하고 운영한다. 일과의 구성은 일반적으로 등원, 일과 계획, 실내 자유선택 활동, 정리 정돈, 간식, 대·소집단 활동, 실외 자유선택 활동(운동놀이, 물·모래놀이, 동·식물 기르기, 현장 학습 등), 점심, 휴식 및 낮잠, 평가 및 귀가 지도로 이루어진다.

반일반과 종일반 일과 구성의 예는 다음과 같다(교육과학기술부, 보건복지부, 2013).

| 표 1-1 | 반일반과 종일반 일과 구성의 예

반일반	
08:50~	등원
09:00~	일과 계획 및 자유선택 활동
10:00~	정리 및 자유선택 활동 평가
10:20~	대·소집단 활동 (이야기 나누기 등)
10:40~	바깥놀이
11:40~	대·소집단 활동 (노래 부르기 등)
12:00~	점심 및 휴식
13:00	대·소집단 활동 (동화 듣기 등)
13:20~13:30	평가 및 귀가

종일반	
7:00~(8:30)	등원 및 실내 자유선택 활동 * 종일반 학급이 여러 반 있을 경우 특정 모임방에서 8시 30분까지 지내다가 소속 학급으로 이동하여 실내 자유선택 활동을 계속함
8:50~	정리 정돈
9:50~	대·소집단 활동(새 노래 배우기 등)
10:10~	간식
10:30~	바깥놀이
11:30~	자유선택 활동 평가(영역별 활동 결과물 발표 등)
11:40~	대·소집단 활동(동화 듣기 등)
12:00~	점심 식사 및 이 닦기
13:20~	바깥놀이
14:20~	휴식 및 낮잠
15:40~	간식
16:00~	실내 자유선택 활동
16:50~	정리 정돈
17:00~	대·소집단 활동(율동 등)
17:30~	평가 및 귀가 지도 * 저녁 보호가 필요한 유아들은 모임방으로 이동
18:00~	간식
18:20~20:00	실내 자유선택 활동, 귀가

1 이야기 나누기

이야기 나누기는 그날의 주제와 관련되는 다양한 이야기를 서로 나누면서 정보를 교환하는 시간이다. 연령별로 한 학급이 18~28명(2012년 서울 유치원 교과 편성 및 운영 지침: 3세 18명, 4세 24명, 5세 28명, 혼합연령 23명)인 우리의 현실을 감안할 때 대집단 이야기 나누기 시간을 모든 유아가 참여하여 흥미롭게 이끌어 가기란 힘들다. 대집단 교육은 유아 개인의 참여도를 낮게 만들어 결과적으로 수업에 대한 흥미를 떨어뜨리기 때문이다. 이러한 문제점을 해결하는 방안으로 한 학급 유아를 두 집단으로 구분하여 시간의 차이를 두고 중 · 소집단의 형태로 운영하는 방안을 들 수 있다. 예를 들면, 한 반을 A와 B 두 그룹으로 나누어 A반은 오전 9:00에 등원하여 9:20분부터 9:40분까지 20분간 교사와 이야기 나누기를 한다. B반은 9:20분에 등원하여 9:40부터 10:00까지 20분간 교사와 이야기 나누기를 한다. B그룹이 이야기 나누기를 하는 동안 A그룹은 보조 교사와 함께 실외 놀이나 게임 등을 할 수 있다.

이야기 나누기 시간은 유아와 교사의 상호작용의 유형에 따라 교사 주도형, 유아-교사 협동형, 유아-유아 협동형 등으로 구분할 수 있다.

1) 교사 주도형

그날의 주제와 관련되는 교육 내용으로 교사가 계획한 순서대로 자료를 설명하고 시범을 보이며 이끌어 나가는 형태이다. 교사 주도형 이야기 나누기 시간에 유아들은 교사의 질문에 답을 하게 되지만 직접 활동을 제안하거나, 활동을 주도적으로 이끌어 가지는 못한다. 여러 가지 바퀴, 표면의 질감이 다른 여러 가지 판을 제시한 후 바퀴와 만나는 표면의 질에 따라 굴러가는 정도가 다르다는 것을 교사 주도형 방식으로 알리고자 할 경우 다음과 같이 수업을 전개할 수 있다.

- 여러 가지 바퀴 모양을 보여 주고 어떤 모양인지 설명한다.
- 여러 가지 판을 보여 주고 어떤 느낌이 드는지 설명한다.
- 여러 가지 판 위에서 바퀴를 굴려 본다.
- 판의 질감에 따라 바퀴가 굴러가는 모습의 차이를 설명한다.
- 여러 가지 판 위에서 바퀴가 굴러가는 정도가 왜 차이가 있는지를 다시 한 번 정리해서 설명한다.

교사 주도형 이야기 나누기

2) 유아-교사 협동형

유아와 교사가 상호 협력하여 학습하는 것이야말로 가장 바람직한 교육 방법이다. 상호 협력적 교수 방법은 교재 내용 분석, 선행 지식의 종합, 질문하기, 추론하기 등과 같은 수준 높은 인지 과정이 일어나도록 하는 방법이다. 유아들이 대화에 참여할수록 이야기 주제는 명료화되고 확장되며, 새로운 정보의 발견이나 탐색이 활발히 이루어진다. 이 방법은 유아들에게 많은 기쁨과 흥미를 주며, 새로운 과제에 대한 자신감을 키워 주고, 과제에 대해 긍정적 태도를 갖도록 하며, 문제해결력 및 민감성을 키워 준다. 또한 교사가 유아의 이야기에 대해 반응적으로 질문해 줌으로써 그들의 생각을 타인에게 설명할 수 있게 하고, 두려움을 극복하도록 돕는다. 교사는 유아들의 토의를 활성화시키기 위하여 아이디어 이어 가기, 유아들의 말을 바꾸어 설명하기, 선택적으로 칭찬하기, 의도적으로 잠시 침묵하기 등과 같은 다양한 대화 기법을 사용한다. 반응적 질문을 하는 교사는 경험, 교재, 관계라는 질문 기법(E-T-R : Experience, Text, Relationship)을 사용할 수 있다. 이는 이야기를 나누기 전에 유아들의 경험을 상기시켜 주고, 이야기 나누기에 사용하는 교재를 이해하도록 하며, 경험과 교재의 관계를 발견하도록 하는 것이다.

여기서 교사는 주로 안내자, 지지자, 능동적인 참여자, 촉진자, 평가자 등의 역할을 수행한다. 만일 '씨앗'이라는 주제를 가지고 유아-교사 상호 협력적 수업 방법으로 이야기 나누기를 하고자 한다면, 유아들이 자발적으로 모여 토의할 수 있도록 교사는 먼저 과제를 내어 주고 각자 과제에 대해 알게 된 정보 및 실험의 결과를 함께 나눌 수 있도록 안내해 주어야 한다. 교사는 하루 전날 유아들에게 여러 가지 씨앗을 찾아보고, 씨앗에 대해 알 수 있는 방법을 생각해 오라고 한다. 다음 날 유아들은 여러 모양의 씨앗을 집에서 가져오기도 하고, 씨앗에 대한 사진이나 그림책을 가져오기도 한다. 유아들이 가져온 자료를 이용하여 다음과 같이 이야기 나누기를 진행할 수 있다.

- 교사가 준비한 자료와 유아들이 집에서 가져온 여러 가지 자료들을 일정한 진열대에 전시한다.
- 유아들은 진열대의 자료들을 탐색한다.
- 자료를 관찰하는 동안 교사는 더욱 정교한 관찰을 할 수 있도록 상호작용해 주며, 또 현재의 지식을 더욱 확장시켜 나갈 수 있도록 상호작용해 준다.

유아-교사 협동형 이야기 나누기

3) 유아-유아 협동형

Piaget는 또래 간의 논쟁과 불일치를 통하여 유아들은 지적 발달을 이루게 된다고 하였다. Vygotsky는 또래 간의 상호작용에서 유아는 자신과 더 나은 또래와 협력함으로써 더 나은 학습을 할 수 있게 된다고 하였다. 유아들끼리 서로 협동함으로써 유아들은 지적 능력, 자기 조절 능력, 문제 해결력을 키울 수 있다.

또래 간 상호작용이 활발히 이루어질 수 있는 수업 형태로 '보여 주며 이야기하기(show and tell)' 가 있다. 유아들은 수업과 관련되는 물건을 가정에서 가져와 그 물건에 대한 정보를 다른 유아들에게 알려 주고, 동료가 궁금한 점을 질문할 때 그에 대해 적절한 답을 해 준다. 이때 각자의 유아들은 자신이 가져온 자료에 대해 누구보다 가장 많은 정보를 갖고 있는 정보원의 역할을 하게 된다. 바닷가에서 가져온 물건에 대한 주제를 아래와 같은 수업 형태로 진행할 수 있다.

- 교사는 유아들에게 지난 여름방학 동안 바닷가에서 수집해 두었던 물건들을 가져오도록 한다.
- 각자 집에서 가지고 온 자료들을 소개하는 시간을 갖는다. 자료 소개가 끝나면 궁금한 점을 서로 물어보기도 하고, 자료를 돌려 가며 자세히 관찰하기도 한다.
- 유아들이 집에서 물건을 가져오면 과학 영역에 비치해 두고 서로 관찰하도록 한다.
- 유아들끼리 정보 교환을 통하여 알아낸 사실, 더 알고 싶은 것들을 글이나 그림으로 적어 두고 지속적으로 탐구해 나갈 수 있도록 한다.

'씨앗'에 대한 이야기 나누기의 예

① 자유선택 활동 시간에 전시되어 있는 여러 가지 씨앗을 관찰한 후 이야기 대형으로 모여 앉아 이야기 나누기를 시작한다.

교사 여기에 있는 씨앗을 살펴보자.
유아 1 모양이 다 달라요.
유아 2 색깔도 달라요.
유아 3 이 씨앗으로 무엇을 할 거예요?
유아 1 이 씨앗은 모두 꽃을 피울 수가 있어. 땅에 심어야 해.

② 교사는 유아들이 관찰한 내용, 새롭게 알게 된 정보, 더 알고 싶은 정보, 정보를 수집하고 기록하는 방법 등에 관하여 이야기할 때 정보를 정리해 주어서 현재의 지식을 더욱 체계적으로 넓혀 나갈 수 있도록 상호작용하고 안내한다.

교사 씨앗은 모두 꽃을 피울까? 그럼 꽃이 피지 않는 나무는 씨앗을 갖지 못하는 걸까? 어떻게 알 수 있을까?

③ 유아들은 자료에 대해 여러 가지 의문점을 서로 질문한다. 질문에 답하는 동안 즉시에 궁금증이 해결되지 않는 의문 사항, 당일 해결하기 힘든 과제가 발생했을 경우, 교사는 그 과제를 다음 날 연장 활동으로 할 수 있도록 제안한다.

유아 1 씨앗을 심어 봐요.
유아 3 꽃이 피려면 너무 시간이 많이 걸려요.
유아 2 그렇지만 심어 봐야지 씨앗에서 꽃이 피나, 안 피나 알 수 있지!
교사 지금 모든 씨앗에서 꽃이 피나, 피지 않느냐에 관심이 있는 것이구나! 유아 3의 말처럼 씨앗을 심은 후 꽃이 피려면 아주 시간이 많이 걸릴 텐데. 좀 더 빨리 궁금한 점을 해결하는 방법은 없을까?
유아1 우리 집에 꽃에 대한 책이 있어요.
교사 그럼 꽃과 씨앗에 대한 책이 있는 친구는 모두 가져와서 함께 읽어 보면 어떨까?

④ 이야기 나누기가 계속해서 이어질 경우, 활동을 지속시키기 위하여 필요하다고 생각되는 정보를 다시 수집해 올 것을 제안한다. 유아들이 책에서 정보를 찾아와 다시 모

여 이야기 나누기를 이어 나갈 수 있다.

교사 모든 씨앗을 심으면 다 꽃이 피는지 어떤지 궁금하다고 하였지?
책을 살펴본 사람이 얘기해 볼까?
유아 3 모든 씨앗은 꽃을 피운다고 해요.
유아 1 그런데 왜 씨앗이 다르게 생겼어요?
유아 3 다르게 생긴 것은 다른 꽃의 씨앗이야!
유아 2 색깔도 다르니까 다른 색깔 꽃이 피는 거야!
교사 서로 다른 씨앗이 서로 다른 색깔과 모양의 꽃이 필 것인지 아닌지 궁금하구나.
아무래도 꽃을 심어 봐야겠구나!

⑤ 모든 씨앗에서 꽃이 피는지 그렇지 않은지를 알아보기 위해 씨앗을 심어 보기로 결정하였으면, 교사는 씨앗을 심을 때 필요한 여러 가지 자료를 수집하기 위하여 화분, 삽, 흙, 모래, 물과 관련된 정보를 수집해 오자고 제안할 수 있다.

교사 씨앗을 심을 때 필요한 것들은 무엇이 있을까?
유아 2 삽과 화분이요.
유아 1 흙이 있어야 해요.

⑥ 씨앗 심기에 필요한 물건 중 유아가 준비해야 할 것과 장소를 안내하고 이야기 나누기를 마친다.

- 활동의 유의점
  - 학급의 유아를 2그룹으로 나누어 교사와 상호작용하는 유아의 수를 최소화하고, 마주 보고 이야기하는 대형이나 둥근 원 모양으로 앉히는 것이 좋다.
  - 씨앗을 담은 투명한 접시를 유아들이 돌려 가며 탐색할 기회를 준다.

- 확장 활동
  - 씨앗 그리기, 콜라주 하기(조형 활동)
  - 씨앗에 대해 알아낸 것 마인드맵, 밴다이어그램(돌멩이나 씨앗 등)으로 나타내기(조별 언어 활동)

2 동화, 동시, 동극

1) 자유선택 활동의 동화, 동시, 동극

자유선택 활동 시간에 언어 영역이나 역할놀이 영역에서 이루어지는 동화, 동시, 동극 활동은 주로 개별 활동이나 소집단 활동이 대부분이다. 교사는 생활 주제와 관련되는 동화와 동시를 언어 영역이나 도서 영역 또는 역할놀이 영역에 미리 비치해 두게 되는데, 이는 유아들에게 자연스럽게 생활 주제를 안내하는 중요한 기능을 한다. 유아들은 교사가 비치해 둔 생활 주제와 관련되는 다양한 장르의 도서를 혼자 또는 몇몇 친구들과 함께 감상하게 된다. 혼자서 조용히 도서를 감상하는 유아들도 있지만, 도서의 글과 그림을 자신의 목소리로 재해석하면서 읽어 주는 것을 즐기는 유아들도 있다. 교사는 유아들의 책 읽기 활동을 관찰하면서 책 읽기 활동이 활성화될 필요가 있다고 판단될 때에는 적절히 개입하여 유아들의 책 읽기 활동을 지원할 수 있어야 한다. 교사는 동화, 동시를 감상하면서 느끼게 된 유아들의 감성을 중요시하고 유아들이 느낀 미적 아름다움을 발견하도록 돕는 대화를 서로 주고받을 수 있도록 상호작용하는 것이 좋다. 자유선택놀이 시간 동안 어떤 유아들은 교사와 함께 그림책 읽기 활동을 하기를 즐긴다. 이때, 책 속의 정보를 가르친다는 개념보다 유아들에게 그림책과 함께 놀이한다는 생각으로 다가가는 것이 좋다. 유아들이 등장인물의 목소리를 흉내 내거나 표정이나 몸짓으로 표상할 때 그 의미를 언어로 재해석할 수 있도록 의사소통해 보는 기회를 갖는 것도 좋다. 이와 같은 활동들을 통해 표상의 수단이 말이나 글의 언어 형태 이외에도 그림, 몸짓, 목소리, 동작 등의 비언어적 형태가 있음을 인식하게 된다. 또한 책 속의 문어와 구어의 관계에 대해서도 관심을 갖게 된다. 유아들은 자신이 느낀 대로 인물들을 흉내 내기도 하면서 동화와 동시의 내용을 자신의 감성으로 재구성하기도 한다. 자유선택시간 동안 이루어지는 동화, 동시 읽기 활동이나 동극 활동은 유아들에게 자발적 놀이를 통해 새로운 이야기 줄거리를 구성하도록 만들어 작가정신을 개발하도록 돕는다.

자유선택 활동 시간 동안 개별 활동 및 소집단 활동의 동화, 동시, 동극이 활성화될 수 있도록 도움을 줄 수 있는 교사의 역할은 다음과 같다.

① 자연스런 책 읽기 환경 구성하기

자연스런 책 읽기 환경은 유아 스스로 자신의 공간에서 그림책을 살피고 탐색하도록 동기를 부여한다. 유아들이 선호하는 그림책을 잘 파악하여 교실의 놀이 공간에 비치해 두면 좋다. 교사는 유아들이 개별적으로 그림책을 볼 수 있도록 하거나 또는 소집단으로 친구들과 함께 그림책을 보며 즐길 수 있는 시간을 많이 주는 것도 도움이 될 것이다.

② 특별한 요구가 있을 때 관련되는 책 읽어 주기

유아가 특별한 요구나 흥미를 보이는지 잘 관찰해 두었다가 조용한 시간에 교사와 함께 관련되는 책을 읽어 주고 토의하는 시간을 가질 필요가 있다. 유아들은 자기가 가지고 있는 문제를 표현하지 못했던 것을 그림이야기책에 몰입하면서 표출하는 경우가 있다.

③ 이야기 다시 읽기

유아들은 그림책을 반복해서 듣고 싶어 하거나 보고 싶어 한다. 어린 유아일수록 반복을 즐긴다. 유아들은 자신이 좋아하는 책을 교사에게 거듭 다시 읽어 달라고 요청하기도 한다. 다음에 무슨 이야기가 전개될지 예측하거나 이야기가 자신의 예측과 유사하게 그럴듯하게 전개될 경우 유아들은 책 읽기에 대해 자신감을 보이기 시작한다.

④ 친구들 앞에서 동화, 동시 읽어 주기

책 읽기를 즐기게 된 유아는 누군가에게 자랑하고 싶어 한다. 교사와 함께 반복적으로 즐겼던 책은 거의 외우다시피 하게 된다. 유아들은 책의 내용을 그대로 읽기보다 자신이 들었던 이야기 내용을 기억하면서 읽기를 시도한다. 그림책에 기술된 어휘, 문장, 문법을 기억하여 읽는 것이라기보다 그림책에 묘사된 그림의 의미를 기억하여 이야기하는 경우가 많다. 이때 유아는 그림책의 이야기를 자신의 말로 재구성한다. 이는 창의적 활동이자 독립적 책 읽기 활동을 하고 싶어 한다는 좋은 징후를 보이는 것이다.

⑤ 읽기 후 토의하기

그림책 읽기가 끝날 무렵 토의가 반드시 필요한 것은 아니다. 이야기 읽기 동안 무르익은 마법이 손상되어 유아들의 상상력을 저해시키는 요인이 될 수 있기 때문이다. 유아들이 책에 대한 여운이 가시질 않아 교사에게 어떤 질문을 하거나 책에 대해 뭔가 이야기하고 싶어 할 때 교사는 유아의 감성을 자극하는 질문을 개방적 형식으로 할 수 있다. 이 시간 동안 교사는 유아의 반응을 수용하고 세심하게 듣는 반응을 보여 줄 수 있어야 한다.

교사를 위한 TIP

교사는 유아들의 감성적 반응에 초점을 맞추는 질문을 다음과 같이 시작하면서 토의를 이끌어 나갈 수 있다.
"이야기 중에 가장 재미있는 부분이 어디였니?", "이야기 속에 나오는 등장인물 중 누가 좋으니?", "네가 이야기 속의 생쥐라면 ○○할 때 너는 어떤 기분이었을까?", "이 이야기를 듣고 무슨 생각이 들었니?", "가장 오래 생각하고 싶은 부분이 어디니?", "만약 네가 이야기 속의 인물이 될 수 있다면, 누가 되고 싶니?", "이 이야기를 다르게 만들어 볼 수 있을까?", "이 이야기를 읽고 난 느낌을 글, 그림, 극놀이로 표현해 볼 수 있겠니?", "주인공과 같은 일이 생긴다면 넌 뭘 해야 한다고 생각하니?", "잃어버린 구두를 찾기 위해 어떤 노력을 해야 하니?", "너의 장난감은 ○○의 장난감과 어떻게 다르니?"

2) 계획된 활동의 동화, 동시, 동극

대집단 활동의 동화, 동시, 동극은 교사의 구체적인 계획과 준비가 필요하다. 교사는 유아들과 함께 동화, 동시, 동요를 감상한 후 함께 역할을 분담하여 동극을 할 수 있도록 안내하게 된다. 만 4세 유아는 만 3세 유아에 비해 극놀이 지속 시간이 길어지고 극화를 위해 사건과 사물을 '~인 척하는' 가상 전환을 할 수 있을 뿐만 아니라 가상 전환을 위한 대체 사물을 단어로 묘사할 수도 있게 된다. 교사는 간단한 이야기를 들려주거나 동화를 읽어 주고 이를 극놀이로 표현할 수 있도록 역동적 극놀이 환경 구성을 해 주어 유아의 극화 표현 능력을 증진시키고 즐거움과 만족감을 경험할 수 있도록 한다. 만 5세 유아는 사물을 가상 전환하고 다양한 역할을 수행할 수 있을 뿐 아니라 만 4세보다 의사소통 능력도 뛰어나고 극놀이 지속 시간도 길다. 교사는 다양한 극놀이 주제에 맞는 의상과 소품을 제공해 주고, 현장학습, 또는 새로운 사건이나 인물을 소개하여 극놀이의 표현을 활성화해야 한다. 교사는 유아가 극놀이 주제를 전개하는 과정에서 또래들과 함께 준비에 필요한 모든 사항들을 계획하고 협동적으로 극놀이를 해 보는 능력을 기를 수 있도록 도와야 한다. 만 5세가 되면 2~3명 이상의 소집단 유아들과 함께 하는 협동적인 극놀이에 적극적으로 참여하여 즐긴다.

동극 활동을 하는 동안 교사는 이야기 대사를 그대로 말해 주기보다 유아들이 자신의 역할을 어떻게 인식하여 창의적인 언어, 동작, 음성 등을 사용하여 표현하는지 관찰하는 것이 더욱 중요하다. 유아들에게 교사가 알려 주는 대사를 그대로 말하도록 지도하기보다 유아가 느끼고 이해한 바를 창의적으로 표현하도록 돕는다. 또한 교사는 유아들이 자신의 역할과 타인의 역할을 잘 인식하고 협동적으로 놀이할 수 있도록 지원한다. 이처럼 대집단의 동화, 동시, 동극 활동을 위한 교사의 역할은 중요하다. 만일, 교사가 유아들과 함께 동화나 동시를 감상한 후 이에 대한 흥미를 보여 동극 활동으로 확장될 필요가 있다고 느낄 때 교사는 이야기 속에 내재해 있는 재미의 요소에 기초하여 교육 활동 내용으로 구성할 필요가 있다. 이야기 속에 내재된 흥미의 요소를 학습 내용으로 조직한다면 유아는 더욱 즐거운 마음으로 활동에 참여하여 교육적 효과가 높을 것이기 때문이다. 뿐만 아니라 동극 활동을 도와주는 환경 구성에 대해서도 계획할 필요가 있다. 특이한 소품(예: 도깨비 방망이, 요술할머니의 모자, 요술부채 등)을 미리 비치해 둠으로써 유아들이 자신의 역할에 적합한 소품이나 도구를 환경 속에서 스스로 찾을 수 있도록 한다.

교사가 어떻게 대집단 활동의 동화, 동시, 동극을 계획하고, 활동을 전개하고 평가할 것인지에 관해 여기서는 동화와 동시를 감상한 후 동극 활동을 전개하는 계획된 대집단 활동의 교수 방법의 예로 '『장갑』 동화 듣고 동극하기 활동' 의 사례를 통해 살펴보도록 한다.

이야기 특성			
도서명	장갑	주제	함께 지내기, 좁은 공간을 활용하는 지혜
목표	장갑 이야기 속에 나오는 여러 동물의 특징과 극적인 상황을 알고 분장, 목소리, 동작, 말 등으로 표상해 본다.		
줄거리	할아버지가 숲 속을 걷다가 장갑 한 짝을 떨어뜨린다. 생쥐 한 마리가 장갑 속에 들어가 살게 되고 그 뒤를 이어 개구리, 토끼, 여우, 늑대, 멧돼지, 곰이 차례로 장갑 속에 들어가 모두 일곱 마리 동물들이 함께 살게 된다. 할아버지가 장갑 한 짝을 잃어버렸다는 사실을 알게 되어 장갑 있는 곳으로 찾아온다. 할아버지 뒤를 따르고 있던 강아지가 장갑을 발견하고 '멍멍멍' 짖자 장갑 속에 살던 동물들은 깜짝 놀라 숲 속으로 달아나게 된다.		
이야기 특성	• 누적적 구성 형식이다. • 리듬, 반복, 의성어, 의태어 등의 흥미로운 문장이 많다. • 유머와 카타르시스가 있다.		

활동의 예	
활동 유형	활동 방법 및 상호작용의 예
동화, 동시 감상하기	• 동화를 듣고 느낌에 대하여 간단하게 이야기 나눈다. – 재미있었니? 어느 부분이 재미있었니? – 가장 생각나는 부분은? – 이야기 속에는 어떤 인물들이 등장하였니?

역할 계획하기

- 역할 계획 영역에 계획표를 만들어서 붙여 둔다.
- 유아는 계획 영역으로 가서 자신이 하고 싶은 역할을 표기해 둔다.
- 자신의 역할을 계획한 유아들은 작업 영역으로 가서 분장을 한다.
- 역할을 계획할 때 생겨날 수 있는 문제들을 미리 파악하여 역할 계획표 옆에 적어 둔다면 예측되는 혼란을 미연에 방지할 수 있을 것이다. (예: 한 역할을 2명 이상의 유아가 맡고 싶어 할 경우)

동극 역할 계획표

역할명	생쥐	개구리	멧돼지	토끼	늑대	여우	기타
참여 유아							

협동적 동극놀이

- 극놀이에 꼭 필요한 환경 구성을 유아들과 교사가 함께 한다.
  - '장갑' 이야기를 극놀이하려면 어떤 무대가 필요할까? 무엇으로 꾸밀까?
- 극놀이를 할 때 발생할 수 있는 문제점을 예측한 후 해결 방안을 토의하여 규칙을 정한다.
  - 극놀이를 할 때 어떤 점이 가장 어려울까? (예: 장갑을 물건으로 만들 것인가, 유아들이 몸으로 장갑을 표현할 것인가 등의 문제에 대해 토의할 수 있다.)
- 각자의 역할에 따라 동극 활동을 한다.
  - 친구들끼리 모르는 부분은 서로 힌트를 주거나 역할 아이디어를 제시해 줄 수 있다.

평가

- 말, 글(그림), 목소리 녹음, 분장, 노래 이야기 등의 방법으로 표상 활동한 결과물을 갖고 유아와 함께 평가하는 시간을 갖는다.
- 여건이 될 경우 비디오를 촬영한 후 평가 활동 자료로 활용할 수 있다.
  - 즐거웠나요? 무엇이 가장 즐거웠나요?
  - 자신이 생각하는 대로 표현이 잘 되었나요? 어떤 점이 다른가요?
  - 앞으로 극놀이를 할 때 어떤 점을 보충하고 싶나요?

확장 활동

동화, 동시 듣고 동극하기 활동을 처음부터 회상하면서 재미있었던 사건이나 언어적, 비언어적 상호작용과 같은 유아들이 재구성한 이야기 내용을 그림이나 글로 표현해 보고, 이를 묶어서 학급문고나 동극놀이책을 만들어 도서 영역에 비치해 둔다.

3 음악 활동

유치원에서의 음악 시간은 교사 주도하에 집단적으로 음악적 경험을 하는 것이 일반적이다. 유아들은 교사를 중심으로 원형으로 둘러앉아 지시에 따라 음악 활동을 하게 되는데, 주로 교사가 주도하므로 집단적으로 이루어지는 음악적 경험에서는 소리나 음악에 대한 유아의 자발적인 음악 탐구 활동은 소홀히 다루어지거나 간과되기 쉽다. 왜냐하면 집단으로 하는 음악적 경험의 대부분은 일치를 강조하고 창의적인 음악 활동을 별로 강조하지 않기 때문이다. 이러한 이유로 집단적 음악 경험이 개개인의 유아들에게 가장 좋은 방법이라고 할 수는 없지만, 유아와 음악과의 상호작용이 이루어지는 시간이므로 하루 언제라도 시간이 허용하면 집단으로 음악적 활동을 갖도록 한다. 음악 시간은 하루 일과 중 일상적 유아교육 프로그램을 통합하는 역할을 하므로 여러 차례 집단적 음악 시간을 갖는 것이 좋다. 실내외의 자유선택 활동 시간, 간식 시간, 낮잠을 준비하는 시간 등의 하루 일과 중에 다양한 방법으로 음악을 들려주어 유아들이 자연스럽게 음악에 노출되도록 한다. 또한 유아들이 새 노래 부르기, 악기 연주하기, 음악 만들기 및 음악 감상하기 등을 골고루 경험하도록 계획한다. 다음에서 음률 영역에서의 음악 활동과 계획된 집단 음악 시간의 활동 방법에 대해 간략히 알아보기로 한다.

1) 자유선택 활동 중 음악 시간(음률 영역)

자유선택 활동 중 음악 시간이란 자유선택 활동 시간을 이용해서 이루어지는 음악 활동을 말한다. 이때 교사는 유아들이 스스로 선택한 한두 가지 이상의 활동에 자발적이며 능동적으로 참여할 수 있도록 격려해 주는 음악 환경을 만들어 주어야 한다. 교사는 유아들이 자신이 만든 소리를 주의 깊게 들을 수 있는 기회를 제공하고, 관찰자가 되어 유아의 음악적 감성을 이끌어 내어 확장시켜 주고 정교화시켜 주는 역할을 해야 한다. 유아들이 음률 영역에서 음악 감상을 하거나, 악기로 소리를 만들거나, 친구들과 함께 좋아하는 노래를 만들어 보거나, 소꿉놀이 영역에서 극놀이를 하며 악기 연주를 하거나 좋아하는 노래를 부르거나, 인형을 사용하여 음악극을 하는 활동 등 모든 개별적 음악 활동을 격려해 주어야 한다.

새 노래를 배우기 전에 미리 음률 영역에서 들어 보도록 하여 흥미를 유발하며 새 노래를 배운 후에도 배운 노래를 개별적으로 들어 볼 수 있게 한다. 또한 다양한 리듬 악기를 이용하여 리듬과 소리 탐색을 할 수 있도록 돕는다.

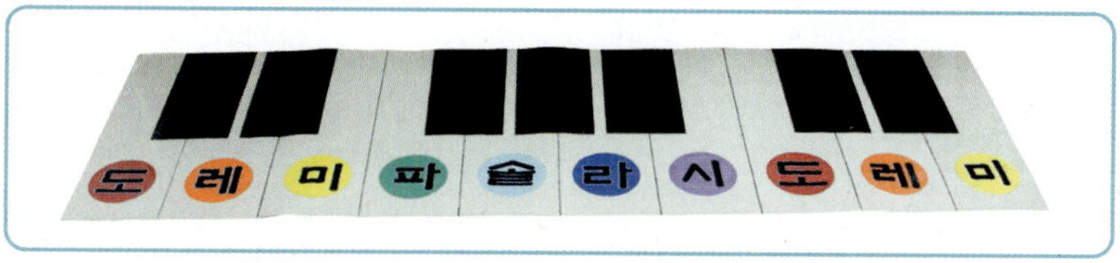

음률 영역에 커다란 피아노 건반 그림자료를 붙여 놓음으로써
유아들이 자연스럽게 신체를 이용하여 음의 높낮이를 경험하도록 할 수 있다.

2) 계획된 집단 음악 시간

계획된 집단 음악 시간은 모든 유아가 함께 참여함으로써 공동 의식과 일체감을 형성하게 되며 집단 내에서 말할 차례를 기다리거나 집단 앞에 서서 청중을 바라보며 자신의 의견을 똑똑히 말하는 법 등 집단에서의 규칙과 행동을 배우는 기회를 제공한다. 이 집단 음악 시간은 새 노래 배우기나 악기 연주하기 등과 같은 음악 활동에 적합하다. 집단 음악 활동은 유치원의 하루가 시작될 때, 간식 시간 전후, 동화를 들려준 후, 자유 활동 시간 이후가 적합하다. 대부분의 음악 시간은 신체적 활동을 병행하는 경우가 많으므로 실외 활동 이후나 이른 아침, 휴식 시간 직전, 낮잠 직후와 같이 너무 흥분하기 쉽거나 피곤한 시간에는 피하는 것이 좋다. 집단 음악 시간은 학기 초에는 5~10분 정도로 하고, 학기 중간쯤에도

10~15분 정도를 넘지 않도록 한다. 이 시기의 유아들은 주의 집중 시간이 짧으므로 손뼉 치기, 율동, 악기 연주, 손유희, 노래 게임, 음악 창작 등을 활용하며, 활동을 흥미 있게 제공하여야 한다. 종일반의 경우에는 두 번의 짧은 음악 시간을 갖는 것이 좋다.

대집단 음악 시간 운영을 위한 제안점은 다음과 같다.

- 집단 음악 시간을 위해 모두 모이도록 하기 위해서는 종, 탬버린, 기타나 오토 하프, 실로폰, 피아노 등의 악기 소리나 음악 시간을 알리는 노래를 부르는 등 일정한 신호를 사용한다.
- 유아를 일렬로 앉히는 것보다 교사와 얼굴을 서로 마주 대할 수 있게 반원이나 원형으로 앉히는 것이 좋다.
- 주변의 블록이나 책, 선반 등을 헝겊이나 종이 등으로 덮어서 주의가 분산되지 않도록 한다.
- 유아의 이름을 부르거나 인사 노래로 음악 시간의 처음을 시작하고 익숙한 노래 부르기부터 새 노래를 가르치는 활동 순으로 활동을 진행한다.
- 학기 초에는 짧으면서도 유아의 반응이 빠르게 나타나는 음악 활동을 하도록 하고 익숙해지면 음악 시간을 점차 늘린다.
- 음악 감상 후 토론 시에는 유아들의 주의 집중 시간을 고려하여 활동을 진행한다. 유아들은 지나치게 오래 앉아 있어야 하는 음악 감상에 빨리 싫증을 내므로 그림이나 인형과 같이 다양한 시청각 교재교구를 활용하여 유아의 흥미를 이끌어 내고, 너무 긴 곡은 피한다.
- 음악 시간을 진행할 때 각종 전시, 그림 보여 주기, 악기 연주, 주제 토의 등에 적극적으로 유아를 참여시킨다.
- 집단에서 기대되는 규칙을 유아들과 함께 결정한 후, 이를 지킨 유아를 격려해 준다. 예를 들면 차례 지키기, 앉거나 움직일 때 옆사람 방해하지 않기, 악기 연주 전까지 악기를 무릎 위에 놓고 기다리기 등을 수행한 유아는 반드시 칭찬해 주도록 한다.

- 주의를 끄는 다양한 목소리로 흥미로운 음악적 분위기를 만들도록 한다. 속삭이거나 크게 말하는 등 목소리의 변화를 주거나 지시말을 노래로 불러 주어 유아의 흥미를 불러일으킨다.
- 필요한 교구나 재료 등 음악 활동 자료를 철저히 준비한다. 계획했던 음악 활동이 잘 진행되지 않을 경우 다른 음악 활동으로 대처한다.
- 유아들은 반복하기를 좋아하므로 익숙한 노래 부르기나 손유희를 사용한 음악 활동을 한다.
- 방해하는 행동을 한 유아를 반드시 꾸짖을 필요는 없다. 오히려 집단 음악 시간을 진행하는 동안 유아의 흥미와 요구가 무엇인지를 알아내어 유아를 자연스럽게 집단 음악 활동으로 끌어들여야 한다.

음악극 만들기의 예

음악극의 전개 과정은 첫째, 음악극에 적절한 음악을 들려준다. 둘째, 음악의 제목을 들려주며 이야기를 회상해 보도록 한다. 셋째, 유아들과 함께 역할을 정한다. 유아들이 골고루 참여할 수 있도록 무생물(예: 『아기 돼지 삼형제』의 경우, 늑대의 입에서 불어 나오는 바람이나 집 등)들의 역할을 함께 정하도록 한다. 넷째, 역할이 정해지면 공연에 필요한 음향 효과, 의상, 소품 등을 함께 의논하여 만든다. 다섯째, 노래와 역할, 소품이 완성되면 음악극을 해 본다.
음악극은 주인공들의 대사를 노래나 악기 소리로 표현하기도 하지만, 신체적인 움직임을 함께 동반할 때 더 효과적이다. 따라서 음악 요소나 악곡의 부분적 특징에 따라 신체로 반응할 수 있도록 하는 것과 음악의 전체적 특징에 따라 신체적 반응을 할 수 있도록 교사가 적절히 안내해 주는 것이 좋다.

다음은 음악극 만들기의 과정에서 교사의 역할을 제시한 것이다.

① 음악 요소나 악곡의 부분적 특징에 따라 신체로 반응하도록 안내하기
- 예를 들어, 음악 요소 중 음의 높낮이에 따라 소리를 입으로 흉내 내면서 팔이나 몸통과 같은 특정 부분의 위치를 점점 높이 올리거나 내려 보도록 한다.

② 음악의 전체적 특징에 따라 신체로 반응하도록 안내하기

- 선택한 음악에 맞추어 자유롭게 움직여 보도록 한다. 예를 들어, 행진곡의 전체적 특징에 따라 교실을 한 바퀴 씩씩하게 걸어 보도록 할 수 있다.
- '프랑크 처칠'의 『아기 돼지 삼형제』를 들려주면서 활기차게 걸어 보도록 한 후, 음악의 느낌과 성격을 기초로 하여 등장인물들의 움직임을 표현해 보도록 한다. 이때 교사는 적절한 질문을 통해 유아들의 움직임을 음악과 연계시킬 수 있도록 하는 것이 좋다.
- 질문의 예:
  - 음악이 점점 커질 때, 어떻게 움직이면 좋을까?
  - 첫 번째 돼지는 어떻게 걸을까?
  - 막내 돼지는 어떻게 걸을까?

4 신체 활동

3-5세 연령별 누리과정 교사용 지침서(교육과학기술부, 보건복지부, 2013)에 따르면, 신체 활동의 내용은 기본운동과 창의적 신체표현으로 이루어지며, 매일 신체 활동을 위한 독립된 시간을 두어야 하며, 넓고 안전한 공간과 다양한 도구를 사용하며, 음악을 신체표현의 매개체로 사용하여야 한다.

그러나 신체 활동이 특별한 시간, 즉 움직임과 춤으로 표현하는 시간에만 국한되어 실시될 필요는 없다. 유치원의 하루 일과 시간 동안 특별한 준비물 없이 간단히 할 수 있는 신체 활동을 통해서도 유아들의 신체 인식이나 신체적 능력을 촉진시킬 수 있다. 다음에서 유치원의 하루 일과 중에 할 수 있는 신체 활동을 몇 가지 알아 본 후 계획된 집단 신체 활동 시간의 운영 방법에 대해 알아 보기로 한다.

1) 일과 운영의 일부로서의 신체 활동

일과 운영의 일부로 신체 활동을 운영할 수 있는 시간은 활동과 활동 사이(예: 자유선택 활동 시간 후 대집단 활동으로 넘어가기 전), 간식 먹기 전, 이야기 나누기 시간 전이나 후 등 다양하다. 또 신체 활동 이외의 활동을 진행할 때 신체 활동을 통합할 수 있다. 예를 들어, 팝콘 만들기 요리 활동을 진행하는 과정에서 팝콘이 톡톡 튀어 오르는 모습을 보고 이를 몸으로 표현해 보도록 할 수 있을 것이다. 이러한 활동은 특별히 준비된 교재나 교구가 없어도 가능하며, 교사가 작은 북이나 간단한 음악을 준비할 수 있으면 유아들의 활동이 더욱 흥미롭게 이루어질 수 있을 것이다. 일과 운영의 일부로 신체 활동을 통합하기 위한 방법은 다음과 같다.

① 신체 활동을 다른 활동과 통합하기

신체 활동과 통합할 수 있는 활동으로는 요리하기, 이야기 나누기, 노래 부르기, 게임, 미술 활동, 관찰, 실험 활동 등이 있다. 예를 들어, 이야기 나누기 도중에 유아들이 특히 흥미를 보이는 주제나 단어를 가지고 즉석에서 동작으로 표현해 볼 수도 있다(예: 태풍에 관한 이야기 나누기 중에 바람에 흔들리는 나무를 몸으로 표현해 보기). 이 밖에도 실외놀이 시간에 나팔꽃을 관찰하면서, 아침에 본 나팔꽃의 모습과 오후에 본 나팔꽃의 모습이 어떻게 다른지 몸을 비틀거나, 두 팔과 다리를 감거나 흔들어서 표현해 볼 수도 있다. 이와 같은 자연스러운 신체 활동은 30초 정도로 끝나는 경우도 있고 길어지면 5분에서 10분까지 지속되는 작은 신체 활동 시간(mini-movement sessions)이 될 수도 있다.

② 유아들의 자발적인 동작을 신체 활동으로 연결하기

유아들은 자신들의 감정을 몸으로 표현하고자 하는 경향이 있으므로, 이러한 자연스러운 형식의 표현을 확장하여 신체 활동으로 연결하는 것이 좋다(예: 한 유아가 다음 날 소풍을 가기 때문에 너무 기쁘다는 것을 표현하기 위해서 껑충껑충 뛰는 것을 보았다면, 교사는 작은북을 쳐 주며 유아들에게 기쁘다는 표현을 어떻게 몸으로 표현할 수 있는지 물어보고 실제로 해 보도록 한다). 이를 위해 교사는 유아들의 동작을 주의 깊게 살펴 유아의 자발적인 동작을 신체 활동으로 연결시키도록 한다.

③ 전이 활동에 신체 활동 이용하기

새로운 활동이 시작되기 전에 유아들로 하여금 다양한 신체 활동을 경험하도록 한다. 원하는 활동 영역으로 다양한 이동동작을 사용하여 가거나(예: 점프해서 블록 영역으로 가기), 상상적인 사물이 되어 이동하거나(예: 로봇이 되어 가기), 교사가 치는 북소리의 리듬에 맞추어 이동하기 등을 활용해 본다. 줄을 서서 차례를 기다릴 때도 순서 두더지가 되어 숫자를 부르면 일어섰다가 앉았다가 하는 동작을 하거나, 이야기 나누기를 한 후 요리하기를 한다면 요리할 때 어떤 소리가 나는지 생각해 보고 몸의 부분을 이용해서 소리를 내어 보는 활동을 할 수 있다.

④ 앉아서 하는 활동에 신체 활동을 이용하기

이야기 나누기 시간 전, 비디오 자료 보기 전, 귀가하기 위해 차례를 기다릴 때 등 앉아서 하는 활동에 신체 활동을 이용할 수 있다. 특히 유아교육기관에서 많은 비중을 차지하게 되는 함께 모여서 이야기하기 시간 전에 손, 팔, 머리, 어깨, 발등이 어떻게 움직일 수 있는지 탐색해 보는 시간을 갖는다. 손을 이용하여 토끼, 애벌레, 거미, 바람에 흔들리는 나뭇잎, 녹아 내리는 얼음, 파도처럼 움직여 본다. 팔을 사용하여 부드럽게, 날카롭게, 유연하게, 빠르게, 느리게 움직여 볼 수도 있다. 어깨가 귀에 닿는지, 팔꿈치가 무릎에 닿을 수 있는지, 턱으로 동그라미를 그릴 수 있는지, 발로 손뼉처럼 칠 수 있는지, 신체의 부분을 올리고 내릴 수 있는지(어깨 올리고 내리기, 눈동자 올리고 내리기 등)를 탐색해 본다.

⑤ 개념 이해에 신체 활동 이용하기

어휘나 개념을 이해하고 있는지를 신체를 통해서 제시해 보도록 한다. 신체와 수학적 개념을 통합하여 활동하는 것도 유아에게 흥미를 줄 수 있다. 풍선의 수축과 팽창하는 모습을 몸으로 표현해 보기(물론 수축과 확장이라는 어휘를 알기는 어려울 수 있으나 몸으로 표현해 봄으로써 수축과 팽창을 경험해 보게 된다), 북소리만큼 점프해 보기, 교사가 제시하는 숫자만큼 돌기 등의 활동을 예로 들 수 있다.

⑥ 동화·동시 듣기 활동에 신체 활동 이용하기

동화를 들으면서 동화에 나오는 인물들처럼 움직여 보는 활동을 한다. 신체 활동에 활용하기 좋은 동화는 동적인 등장인물들이 있고, 반복적이며, 특징적인 인물이 있는 내용이다. 동화를 다 듣고 난 후에 신체 활동을 할 수도 있고, 동화를 들으면서 신체 활동을 같이 할 수도 있다. 『모자 장수와 원숭이』를 보고 2명씩 짝을 지어 모자장수와 원숭이가 되어 보거나, 『커다란 무』를 들으며 모두 함께 구부렸다 펴기를 해볼 수도 있다.

⑦ 이동하는 시간에 신체 활동하기

화장실 갈 때, 놀이터 갈 때, 계단·복도 다닐 때, 유치원 등·하원 할 때 등의 시간에도 동작을 이용할 수 있다. 자유선택 활동 영역으로 이동할 때, 소그룹에서 대그룹 영역으로 이동할 때에도 주제에 맞는 대상물을 동작으로 표현하면서 이동할 수 있다. 예를 들어, 곤충이 주제라면 자기가 좋아하는 곤충이 되어 날아오거나 뛰어올 수 있다. 교통기관이 주제라면 놀이터로 나갈 때 포크레인이나 소방차, 비행기가 되어 이동할 수 있다.

2) 계획된 집단 신체 활동 시간

신체 활동 시간을 임의로 규정하여 독립된 활동으로 진행할 때는 활동을 면밀히 계획하여 유아들에게 활동 대상에 대한 깊이 있는 탐색 활동이 이루어질 수 있도록 도와주어야 한다. 신체 활동은 도입→전개→마무리의 세 단계로 이루어지지만, 활동을 구성할 때에는 계획과 실행 후의 평가 단계가 포함되어야 한다(표 1-2).

| 표 1-2 | 신체 활동의 구성 절차 및 유의점

<table>
<tr><th>단계</th><th colspan="2">내용</th><th>유의점</th></tr>
<tr><td>계획</td><td colspan="2">• 유아교육기관의 생활 주제와 관련하여 활동 주제 선정
• 무엇을(활동 내용), 왜(목표), 어떤 집단 형태(집단 크기)로, 언제(활동 시간), 어디서(공간), 어떻게(활동 과정) 활동할 것인지를 고려</td><td>• 공간의 크기와 종류
• 신체 활동 지속 시간
• 필요한 소도구와 자료
• 유아의 연령
• 참여할 유아의 수</td></tr>
<tr><td rowspan="3">적용</td><td>도입</td><td>유아의 동기 유발과 흥미를 높이고 자연스럽게 전개 부분의 동작 탐색 단계와 연결시킴</td><td rowspan="3">활동의 전체 시간은 15분에서 45분까지로 다양하다. 30분 정도로 활동 시간을 계획했을 때, 도입 3–5분, 전개 24–20분, 마무리 3–5분으로 구성할 수 있다.</td></tr>
<tr><td>전개</td><td>교사가 선정한 신체 활동에 유아가 직접 참여하여 자신의 생각을 신체를 이용하여 표현하는 부분이다. 전개 부분은 신체 탐색 단계와 신체 표현 단계의 두 부분으로 나누어 이루어질 수 있음</td></tr>
<tr><td>마무리</td><td>신체 활동에 참여하며 느낀 것을 잠깐 동안 회상해 보며 잘된 점과 잘못된 점, 가장 재미있었던 부분 등에 대해 이야기 나눔</td></tr>
<tr><td>평가</td><td colspan="2">• 활동에 대한 평가
• 유아의 신체 표현의 평가</td><td>신체적 능력만을 관찰하는 것이 아니라 개념이나 창의적 사고 등 언어 · 인지, 사회성, 정서 발달 측면을 관찰하여 기록하는 것이 중요함</td></tr>
</table>

다음에서 신체 활동 수업 과정을 도입→전개→마무리의 과정으로 나누어 알아보겠다.

① 도입

유아의 동기 유발과 흥미를 높이고 자연스럽게 신체 활동으로 끌어들이도록 하는 단계이다. 도입 과정은 짧은 시간(3-5분) 내에 이루어지도록 하는 것이 중요하다. 도입 부분에서 교사의 이야기가 길어지면, 유아는 오히려 신체 활동에 대한 흥미를 잃을 수 있다. 도입 부분에서는 전 시간에 배웠던 간단한 동작, 손유희, 이동 동작 등을 반복해 본 후, 이번 시간에 할 신체 활동을 알려 줌으로써 이어질 활동에 대해 유아가 호기심을 갖도록 계획해야 한다. 유아의 과거의 경험이나 다양한 신체 표현을 다양하게 촉진시킬 수 있는 자료는 그림 자료, 사진, 슬라이드, 모형 또는 직접 관찰할 수 있는 실물 자료(낙엽, 병아리, 팝콘 등)들이나, 소도구(예: 공, 리듬막대, 스카프 등) 등의 시청각 교수 매체를 이용하여 유아의 관심과 흥미를 모을 수 있다.

✻ 유아들의 흥미를 교사가 의도하는 신체 활동의 주제로 이끌기 위해 다양한 자료를 사용할 수 있다.

드가의 '발레 연습'

커다란 시계와 시곗바늘 표시 머리띠

② 전개

교사가 선정한 신체 활동에 유아가 직접 참여하여 자신의 생각을 신체를 이용하여 표현하는 부분이다. 전개 부분은 신체 탐색 단계와 신체 표현 단계의 두 부분으로 나누어 이루어질 수 있다.

전개의 전반부인 신체 탐색 단계에서는 교사가 분석한 동작 대상을 유아와 함께 집중적으로 탐색하며 움직이는 방법에 대해 함께 알아본다. 예를 들어 '고양이처럼 움직여 보기' 활동을 위해 혼자서 고양이의 모습을 표현하기, 친구들과 함께 고양이의 모습을 표현하기, 빨리 달리는 고양이 표현하기, 기지개하는 고양이 표현하기 등 다양한 고양이의 움직임을 발견하고 동작 가능성을 탐색해 보는 과정이다. 이때 교사는 유아들의 생각을 골고루 들어 보고, 가급적 많은 유아가 참가할 수 있도록 주의하여야 한다. 처음에는 한 명의 유아를 앞으로 나오게 하고, 두 번째는 두 명, 그 다음에는 세 명 등 점차 숫자를 늘려 가면서 표현해 보도록 기회를 주면 학급의 모든 유아가 골고루 참여할 수 있음은 물론 다양한 방법으로 표현할 수 있다는 것도 알 수 있게 된다. 또한 표현이 독특한 유아는 다른 유아들의 앞에서 시범을 보이고 다른 유아들은 이를 따라 해 봄으로써 다양한 동작 표현 방식을 익힐 수 있게 된다. 이때에도 교사는 시범 보이는 유아의 동작을 언어로 기술해 줌으로써 시범 보이는 유아와 관찰하는 유아 모두에게 동작 어휘를 제공해 줄 수 있다.

전개의 후반부인 동작 표현 단계에서는 지금까지 탐색한 내용에 근거하여 자유롭게 표현해 본다. 이때 교사는 유아가 표현하고자 하는 대상물과 동일시하는 것을 지원해 주기 위해 매직도어(magic door)를 사용할 수 있다. 예를 들어, 교사가 "훌라후프를 통과하면서 고양이로 변할 거야"라고 함으로써 유아들은 훌라후프를 통과하기 전과 후의 자신의 모습이 바뀌어야 함을 인식할 수 있게 된다.

전개 과정에서 고려할 점

- 신체 활동 내용에 따라 유아가 동작 표현을 생각해 낼 수 있는 다양한 유형의 질문을 한다. 특히 유아가 대상물을 자세히 파악할 수 있도록 탐색적 질문을 한다.
- 유아 자신의 생각을 동작으로 표현할 수 있는 자유로운 분위기를 허용해야 한다.
- 교사가 활동 내용에 따라서 모델이 될 수 있으나, 너무 자주 시범 보이는 것은 지양한다.
- 유아 자신의 생각을 표현하는 동작이 되도록 격려해 준다.
- 신체 활동을 하면서 유아들끼리 부딪히지 않도록 관심을 가져야 한다.
- 교사는 세밀한 관찰을 통해 다양한 동작 특성을 유아들 스스로 발견하도록 이끌고, 구체적인 내용을 이야기해 주며 격려와 칭찬을 한다.

③ 마무리

마무리 과정에서는 신체 활동에 참여하며 느낀 것을 잠깐 동안 회상해 보며 잘된 점과 잘못된 점, 가장 재미있었던 부분 등에 대해 이야기 나누고, 가급적 즐겁게 활동이 끝날 수 있도록 계획한다. 또한 다음 활동으로 연결 지어 전이하는 활동까지 계획하도록 한다. 예를 들어, '고양이가 되어 움직여 보기' 신체 표현 활동이 끝나고 바깥놀이를 하러 나가도록 계획이 되었을 경우 유아들은 고양이가 되어 느리게 혹은 빠르게 실외놀이터로 이동할 수 있다.

회상하기의 과정은 대부분 활동에 대한 느낌을 간단히 회상하는 것으로 끝나지만 잘된 점과 잘못된 점, 가장 재미있었던 부분 등을 이야기하는 과정을 통해 평가가 이루어질 수 있다. 신체 활동에서는 이미 활동을 전개하는 중에 부분적인 평가를 하게 된다. 즉, 동작 탐색과 발견이 일어나도록 하기 위해 교사는 동작이 진행되는 중간 중간 유아가 표현한 동작의 특성을 찾아보며 유사한 점과 달랐던 점들을 비교하기도 하고 칭찬과 격려를 해 주며, 이때 유아의 발달적인 부분에 대해서도 평가(예: 시범을 보이는 친구의 모습을 보고 그대로 모방할 수 있는지, 다른 친구들과 협력하여 표현할 수 있는지 등)할 수 있다. 무엇보다 신체 활동이 즐거운 경험이 되도록 마무리한다.

5 게임

규칙이 있는 게임은 문명화된 인간의 주요 놀이 활동이다(Piaget, 1962). 게임은 유아들이 대·소집단으로 서로 어울려 상호 존중하며 규칙을 지키고, 문제를 해결하기 위해 경쟁하거나 협력하는 등 사회성을 키우는 것에 꼭 필요한 활동이다. 특히 전 조작기의 유아에게 논리적 사고는 직접 가르칠 수 없기 때문에, 게임이라는 상황 속에서 흥미를 지속하고 동기화될 수 있으며 지적 추론을 연습할 수 있으므로 인지, 사회 발달 과정에서 매우 중요하다. 즉, 그룹 게임은 유아들이 성취해야 할 예정된 결과가 있고, 상호 의존적이고 협력적이면서, 또한 서로 상반된 역할을 해야만 하고, 규칙에 따라 놀이해야 하기 때문에 논리적 조작이나 지적 객관성, 지적 추론의 요소를 포함하고 있다(Piaget, 1970).

1) 게임의 발달 단계

Piaget(1962)는 규칙 있는 게임의 조건은 첫째, 규칙 지배적인 사고의 형태에 관여할 수 있는 능력 둘째, 두 명 혹은 그 이상의 잠정적인 놀이자들의 참여를 필요로 한다고 보았다.

Piaget가 가장 관심을 가지고 있었던 것은 자연 발생적으로 만들어진 규칙들로서 이와 같은 것들은 초등학교 기간 동안 사회화 과정이 집중적으로 형성되면서 만들어진다. 즉, 일련의 규칙들을 세우고 지킨다는 것은 다른 사람의 시각을 이해하고 만족을 지연시킬 수 있는 능력과 높은 수준의 협동심을 필요로 하기 때문이다. 그래서 스포츠와 다양한 신체적 게임, 판 게임, 컴퓨터와 비디오 게임 등은 초등학교 저학년 아동들이 즐긴다.

Piaget(1962)는 그룹 게임의 발달 단계를 구슬 게임을 관찰 연구한 결과에 근거하여 4단계 수준으로 분류하였다.

- 1단계: 운동적이며 개인적인 놀이 단계로 유아가 혼자 놀며 게임이라고 부를 수 없는 놀이 형태이다.
- 2단계: 자기중심적인 놀이 단계(2-5세)로 나이가 더 많은 유아를 모방하지만 대개 혼자 놀이를 하며 다른 유아와 놀아도 이기려 하지 않는다.
- 3단계: 초기 협력적 놀이 단계(7-8세)로 유아는 놀이에서 이기려고 하며 이기기 위해 규칙을 지키는 데 협력한다.
- 4단계: 규칙을 만들어서 노는 놀이 단계(11-12세)로 유아들은 규칙을 통일하려는 시도에 협력하며 모든 가능한 상황을 예견하며 적용하고 복잡한 규칙을 만들기도 한다.

2) 게임의 종류

게임은 일대일, 일 대 다수, 다수 대 다수로 이루어지며, 대형에 따라 편 게임(두 팀으로 나누어 마주 보고 하는 게임), 원 게임(원형으로 모두 마주 보고 하는 게임) 등으로 구분하기도 한다.

Piaget는 그룹 게임의 종류를 다음 〈표 1-3〉과 같이 분류하였다(이경우, 홍혜경, 신은수, 진명희, 1997).

| 표 1-3 | 그룹 게임의 종류

유형 분류	종 류	가 치
목적물 맞히기 게임	옷핀 떨어뜨리기, 구슬치기, 고리 던지기, 팥주머니 던지기, 눈싸움, 과녁 맞히기, 피구 등	공간 개념, 원인과 결과와의 관계, 지각과 운동 능력과의 협응력, 수직에 대한 표상 능력, 계산 능력
경주 게임	숟가락으로 나르기, 불어서 나르기, 다리 묶고 달리기, 의자 뺏기, 독의자, 친구야 뛰어라, 콩 나르기, 손수레 경기	서열, 분류, 공간 개념, 다른 사람의 생각 알기, 언어 발달, 협동하기, 1 : 1 대응하기
알아맞히기 게임	비밀주머니, 물건 찾기, 숫자 알아맞히기, 듣고 알아맞히기, 보고 알아맞히기, 경찰관 놀이	분류, 공간 개념, 다른 사람의 생각 알기, 사물의 명칭 붙이고 추론하는 능력

유형 분류	종 류	가 치
쫓기 게임	손수건 돌리기, 여우야 여우야 뭐 하니, 고양이와 쥐, 꼬리 치기, 앉은뱅이 치기	분류, 서열, 공간 개념, 다른 사람의 생각 알기, 언어 발달
숨기기 게임	숨바꼭질, 깡통 찾기, 보물찾기, 풀 묻기	다른 사람의 생각 알기, 공간, 속도, 거리 개념
지시 게임	가라사대, 다리 세기, 줄넘기	지시에 따라 행동하기, 다른 사람의 생각 알기, 어휘력
카드 게임	합해서 7 만들기, 징검다리 건너기, 도둑잡기, 낚시 게임, 도미노 게임, 뒤집기, 메모리 게임	수 개념, 공간 개념, 도형에 대한 인식, 지각 운동적 협응 능력, 분류, 비교, 추론, 다른 사람과의 상관 관계
판 게임	윷놀이, 줄다리기, 집 찾아가기, 낭떠러지와 사다리, 트랙 경기	예측, 논리수학과 판단, 수 개념, 공간 개념

3) 운영 시 교사의 역할

규칙 있는 게임을 운영할 때 교사가 유의할 점은 다음과 같다.

첫째, 게임의 규칙을 유아들이 탐색하고 이해할 충분한 시간을 준다. 게임을 시작하기 전에 이야기 나누기 대형으로 모여 앉아 규칙에 대해 충분히 이해하는 시간을 갖고, 게임 대형으로 모여 실제 게임을 한 후, 다시 이야기 나누기 대형으로 모여 게임에 대해 평가하는 것이 좋다.

둘째, 게임의 규칙과 결과에 대한 판정 근거는 유아들이 인지하고 수용하기 쉽게 눈에 보이는 것이어야 하며, 합리적인 것이어야 한다.

셋째, 게임의 승패와 같은 게임의 결과보다는 규칙을 잘 지켰는지, 끝까지 최선을 다했는지, 유아들이 서로 협력했는지 등의 게임 과정을 중심으로 평가한다.

넷째, 게임의 규칙을 유아들이 창의적으로 변경하여 시험해 볼 수 있는 기회를 주도록 한다.

편 게임의 예

- 활동명: 숟가락으로 나르기(경기)
- 활동 자료: 숟가락(또는 국자) 2개, 유아 수만큼의 탁구공 또는 보슬이, 바구니 2개, 점수판
- 활동 방법

① 이야기 나누기 대형으로 모여 앉아 자료를 보며 어떤 놀이를 할 수 있는지에 대해 의견을 나눈다.

교사: (숟가락, 탁구공 등을 제시하며) 이것은 무엇일까? 어디에 쓰지? 이것으로 어떤 놀이를 할 수 있을까?

② 오늘 할 게임에 대해 안내한다.

교사: 숟가락에 탁구공(또는 보슬이)을 얹고 도착점까지 가는데, 가는 도중 공을 떨어뜨리지 않고 그릇에 담고 오는 유아가 이기는 게임을 할 거야.

③ 게임 시 지켜야 할 약속(규칙)과 주의점에 대해 이야기 나눈다.

교사: 두 팀으로 나누어 게임을 할 때 어떤 규칙을 지켜야 할까?

유아: 출발선과 순서를 지켜야 해요.

교사: 이 게임을 하면서 어떤 점에 주의해야 할까?

유아: 숟가락 위의 공이 떨어지지 않게 조심해야 해요. 만일 떨어지면 다시 숟가락 위에 주워 담아서 끝까지 게임을 해요.

④ 두 팀으로 나누고 각 팀에서 한 명씩 나와 게임을 시연한다.

교사: 어떻게 팀을 나누어 볼까?

유아: 분단별로요.

교사: 누가 한 명씩 나와서 어떻게 게임을 하는지 미래 해 볼까?

⑤ 게임 대형으로 의자를 배치하고 앉은 후 게임을 실시한다.

교사: 이제 의자를 각자 하나씩 들고 와서 두 팀으로 나누어 앉자.
두 팀의 유아들 수가 똑같은지 같이 세어 보자.
한 명씩 나와서 숟가락에 공을 얹고 도착점에 있는 바구니에 공을 담아 놓고 오자.

(공을 떨어뜨리지 않고 빨리 바구니에 담아 놓고 오는 유아가 이기며, 그때마다 교사는 유아들에게 누가 이겼는지 확인한 후 점수판을 넘긴다.)

⑥ 게임 후 교사가 공이 담긴 바구니와 점수판을 가지고, 유아들에게 의자를 제자리에 갖다 놓은 후 다시 이야기 나누기 대형으로 모여 앉는다.

교사: 다 같이 게임을 했는데, 어느 팀의 점수가 어떻게 되었는지 보자. 왜 이렇게 되었을까?

⑦ 게임을 이기고 지는 것보다 규칙을 지키며 최선을 다했는지가 중요함을 강조하고, 모두를 칭찬한다.

⑧ 게임 도구를 유아와 함께 정리하고 다른 활동을 안내한다.

● 활동의 유의점

- 탁구공이나 보슬이가 가볍기 때문에 뛰어가면 바람에 의해 공이 떨어질 수 있음에 유의하도록 한다.
- 숟가락의 크기를 달리 하여 성공률을 조절할 수 있다.

● 활동 평가

- 경기의 규칙을 지키면서 게임을 하는가?
- 숟가락과 공과 자신의 행동과의 관계를 인식하고 신체를 조절하여 문제를 해결하는가?

● 확장 활동

- 한 줄로 길게 늘어서서 숟가락으로 공을 전달하는 게임을 하여 협동심을 키울 수 있다.

6 요리 활동

요리 활동은 유아가 음식을 직접 만들어 보고 맛있게 먹을 수 있는 즐거움이 수반되는 매우 흥미 있는 활동이다. 유아들은 썰고, 냄새 맡고, 젓고, 섞고, 열을 가하는 요리 활동을 통하여 여러 재료의 질감이나 특성을 탐색하고 요리 방법에 따라 재료가 변화하는 과정과 변화된 모습을 통하여 과학적 경험을 기릴 수 있다. 또한 재료를 나누고 수를 세며 양을 비교하고 분류, 수량과 순서, 측정 등의 수 개념을 경험하며 가설 세우기, 실험하기, 새로운 아이디어 내기 등 고도의 능력도 활용하게 된다.

유아교육기관에서 유아들은 '요리'라는 새로운 홍미 활동을 통해 감각적 경험을 가지게 된다. 다시 말해, 요리 활동은 모든 감각을 적극적으로 사용하는 직접적이고 구체적인 경험을 제공함으로써 유아들에게 식재료에 대한 의미 있는 학습의 기회를 제공할 수 있으며, 새로운 재료를 제시함으로써 유아가 홍미를 가지고 주도적으로 진행할 수 있는 활동이다.

요리 활동은 유아들에게 놀이인 동시에 학습의 도구가 될 수 있다. 요리 활동은 많은 것을 발견할 수 있는 기회 제공과 동시에 무엇을 만든다는 성취감과 무엇을 해내었다는 자신감을 주기 때문이다. 이처럼 요리 활동은 음식을 잘 만드는 것에 목적이 있는 것이 아니며 단순히 음식을 만들고 먹어 보는 과정에서 끝나는 활동이 아니다. 요리 활동은 유아들이 활동의 계획, 실행, 시식까지의 일련의 과정에 직접 참여하여 의미 있는 학습이 이루어지는 활동이다. 어떤 음식을 요리할 것인지 계획하고 이야기를 나누며 자료를 준비하고 요리하며 또 요리한 것을 먹어 보고 정리하기까지 유아가 직접 참여하여 활동하는 것을 의미한다. 이처럼 요리 활동은 유아가 직접 여러 가지 재료를 접해 보고 직접 경험해 봄으로써 개념을 형성하고 학습해 가는 교육의 장을 의미한다.

유아가 요리 활동에 참여함으로써 성취감과 기쁨, 즐거움, 홍미로운 시간을 갖는 데 의의가 있으며, 요리 활동은 모든 발달 영역과 연관된 경험을 제공하기도 한다.

요리 활동을 통한 교육적 효과가 높음에도 불구하고 우리나라 현장에서는 요리 활동이 활발히 일어나지 못하고 있다. 요리 활동 실태와 교사의 인식 조사 결과 월 1, 2회 요리 활동을 실시하고 있는 것으로 나타났으며(고민정, 2006), 요리 활동의 필요성은 인식하고 있으나 위험 부담, 조리 기구의 부족 등의 어려움으로 자주 실시하지 못하고 있는 실정이다.

요리 활동의 효과적인 운영을 통하여 유아들의 음식과 영양에 대한 인식을 변화시키고 음식을 즐겁게 먹는 분위기를 형성하여 특정 식품에 편중된 기호와 편식 행동을 개선할 필요도 있다. 따라서 교사는 유아가 어떤 음식을 요리할 것인지 계획하고, 이야기 나누고, 요리표를 읽고, 자료를 준비하고, 요리한 것을 먹고, 정리하는 과정에 직접 참여함으로써 유아의 영양이나 건강은 물론 요리 활동 과정에서 유아 스스로 지식을 구성해 가도록 도와준다.

표 1-4 요리 활동 계획안

활동명	주먹밥	
목표	콩의 특성(종류, 질감, 냄새)을 안다. 콩의 영양적 가치를 안다. 여러 가지 재료가 합쳐져 다양한 맛과 색을 만든다는 것을 안다.	
요리 재료	밤콩, 볶은 김, 볶은 깨, 맛살, 우엉, 당근, 밥	
요리 도구	절구통, 절굿공이, 모양틀, 우묵한 그릇, 숟가락, 쟁반, 접시, 주걱, 유아용 비닐 장갑	
사전 활동	• 이야기 나누기–콩이 우리 몸에 주는 좋은 점(영양소) 알아 보기 • 여러 가지 콩(크기, 색, 모양) 관찰하기 • 콩과 함께 놀아 보기: 물감 묻힌 콩 굴리기, 콩 마라카스 악기 만들기	
본 활동 (요리 활동)	〈도입〉 1. 밤콩 소개하기 – 선생님이 가져온 요리 재료를 함께 보자. 무엇인 것 같니? – 이 콩을 먹어 본 적이 있니? 맛은 어떠니? – 콩을 먹으면 어떤 점이 좋을까? – 콩을 이용해서 어떤 요리를 할 수 있을까?	

본 활동 (요리 활동)	2. 주먹밥 만들기 소개하기 – 주먹밥을 먹어 본 적 있니? 주먹밥은 무엇으로 만들까? – 콩을 넣은 주먹밥을 먹어 본 적 있니? 어떤 맛일까? – 콩을 먹으면 우리 몸의 어디에 좋을까? – 콩으로 주먹밥을 만들려면 어떻게 해야 할까? 3. 요리 시 주의할 점 알아보기 – 이 도구(절구와 절굿공이)는 무엇을 할 때 사용하는 것일까? – 절구는 어떻게 사용하는 것일까? 무엇을 조심해야 할까? 〈전개〉 1. 요리할 준비를 한 후 모여 앉기(책상 닦기 – 손 씻기) 2. 준비된 재료 탐색하기 – 어떤 재료들이 있는지 함께 보자. – 이것이 무엇인지 아니? 콩을 먹어 본 적이 있니? – 콩의 색깔은 어떠니? 냄새는 어떠니? 맛은 어떠니? 만져 본 느낌은 어떠니? – 콩을 물에다 푹 삶으면 어떻게 될까? 선생님이 삶아 온 콩을 살펴보자. 3. 삶은 콩을 절구에 빻아 보기 – 삶은 콩을 절구에 빻아 보자. 어떻게 변할 것 같니? 4. 그릇에 밥을 담고 소금, 참기름을 넣어 골고루 섞어 보기 5. 양념한 밥에 볶은 김, 우엉, 맛살, 당근, 빻은 콩을 넣고 골고루 섞어 보기 6. 비닐장갑을 끼고 양념한 밥을 경단만 한 크기로 덜어서 모양틀에 넣어 보기 – 비닐장갑을 왜 껴야 할까? – 밥이 왜 잘 뭉쳐질까? 7. 모양틀에 넣은 밥을 빼기 8. 요리가 완성되면 개인 접시에 옮겨 담기 〈마무리〉 1. 재료와 도구를 정리한 후 손을 씻고 모이기 2. 요리 활동 후의 생각, 느낌 나누기 – 주먹밥을 만들어 본 느낌이 어떠니? – 어떤 맛이 날 것 같니? 3. 만든 요리를 먹어 보며 음식의 맛에 대해 이야기 나누기 – 너희들이 직접 만든 주먹밥을 먹어 본 느낌이 어떠니? – 또 어떤 주먹밥을 만들 수 있을까?
사후 활동	• 언어: 콩을 이용하여 만들 수 있는 요리 알아 보기 • 과학: 삶은 콩과 삶지 않은 콩 관찰하기

출처: 고민정(2006).

1) 요리 활동의 집단 형태 및 시간

요리 활동을 하기 전 15분 정도 대집단으로 이야기 나누기 시간을 갖는다. 이 시간에는 유아의 사전 경험, 요리와 관련되어 먹어 본 경험 및 알고 있는 지식, 요리 활동 시 지켜야 할 약속, 요리 기구의 안전한 사용법 등에 대하여 이야기를 나눈다. 세 그룹의 소집단(7~8명씩)으로 나누어 재료 탐색하기, 요리하기, 정리하기 등도 진행하며 유아가 다 들을 수 있는 재료는 역할을 분담하여 준비하고 각 요리의 재료를 탐색한 후 느낌을 이야기할 수 있도록 한다. 요리 활동을 하고 난 후에는 15분 정도 대집단으로 모여 요리 중에 경험한 것, 느낀 것에 대해 이야기 나누고 사후 활동으로 신체 활동이나 동시 등으로 경험을 확장할 수도 있다.

2) 요리 활동의 단계별 특성

(1) 요리 활동의 사전 활동

① 재료에 대한 호기심을 유발하기

요리 활동을 하기 전 유아들이 요리 재료에 친근감을 가질 수 있게 다양한 영역에서 요리 재료를 탐색할 수 있도록 계획한다. 예를 들면, 당근을 교실 내의 영역에 놓아두거나 과학 영역에서 당근을 믹서로 갈아 밀가루 반죽에 넣어 밀가루 점토로 모양을 만들 수 있게 제공해 줄 수 있다. 그리고 당근으로 조형 영역에서 도장 찍기 놀이를 하도록 하여 재료에 대한 친숙함을 느끼게 해 준다.

② 텃밭 가꾸기 및 교실에서 채소 기르기

채소와 과일을 섭취하여 영양 균형을 이룰 수 있도록 채소의 재배, 수확, 활용을 권장하는 영양교육 프로그램을 운영할 수도 있다. 유아들이 채소에 대한 거부감을 줄이고 자주 섭취할 수 있도록 하는 방안으로 텃밭 가꾸기를 해볼 수 있다. 텃밭에 피망, 콩, 당근, 가지, 상추 등의 모종을 심어 물을 주고 가꾸게 하거나 교실에서 당근, 양파, 감자 등의 싹이 자라는 과정을 관찰하게 하여 재료에 대해 친숙함을 가지게 한다.

③ 재료의 영양적 가치 알아보기

올바른 식습관 형성에 도움이 되는 영양교육을 통해 영양 정보에 대한 이야기를 나누거나 우리 몸에 좋은 음식에 대해 가정과 연계해서 소개하는 시간을 갖도록 한다.

(2) 요리 활동의 전개

① 오감을 이용한 재료 탐색하기

음식을 먹을 때는 미각, 시각, 청각, 후각, 촉감 등의 오감을 사용하여 맛을 보게 된다. 유아의 오감을 자극하는 탐색 활동이 요리 과정에서 이루어지게 하여 음식에 대한 긍정적인 인식을 갖게 하는 것이 중요하다.

- “어떤 소리가 날 것 같으니?”
- “어떤 맛이 날 것 같아?”
- “색깔이 점점 어떻게 변하니?”

② 재료를 잘게 다지거나 좋아하는 재료를 첨가하여 편식에 대한 거부감 없애기

유아들이 편식하는 음식은 당근, 콩 등 딱딱한 질감이 많으므로 잘게 부수거나 다져서 잘 보이지 않게 요리에 사용하고 유아가 좋아하는 재료와 섞이는 과정을 보여 주는 방식으로 새로운 음식에 대한 거부반응을 줄여 요리 활동을 통해 편식도 해결할 수 있게 지도한다.

(3) 요리 활동의 사후 활동

요리 활동 후 교실에 함께 모여 요리한 경험에 대하여 이야기를 나누거나 동시 짓기, 노래 부르기 등의 사후 활동을 할 수 있다. 유아의 경험을 심화, 확장시키고 재료에 대한 관심을 지속시키기 위해 산적꽂이 패턴 만들기, 음식 피라미드 게임, 남은 채소 단면 관찰하기 등으로 연계할 수 있다.

개방적 질문의 예

- 요리 활동과 정서 발달

  요리 활동은 표현성이라는 개별적 요구나 욕구를 적극적으로 외부로 표현할 수 있다는 점에서 정서적 측면과 매우 깊은 관련을 가지고 있다. 요리 활동에 적극적이거나 주도적으로 참여하게 함으로써 표현에 긍정적 효과를 기대할 수 있다.

  - "무엇을 나타내려고 생각했니?"
  - "네가 하고 싶은 대로 잘 되어 가고 있니?"
  - "더 하고 싶은 것은 무엇이니?"
  - "어떤 부분이 가장 마음에 드니?"
  - "아까 잘 되지 않았을 때는 어떤 기분이었니?"

- 요리 활동과 언어 발달

요리 활동은 유아로 하여금 맛보는 즐거운 경험을 통해 자연스럽게 일상생활에 필요한 다양한 언어 능력을 향상시킨다. 즉, 요리 재료를 준비하며 요리와 관련된 새로운 어휘를 배우며, 요리 순서도를 읽고 정리하면서 읽고 쓰는 능력을 향상시키며, 요리를 만드는 과정 중 함께 계획하고 토의함으로써 토론과 협력을 위한 효율적인 대화 방법이 향상되도록 돕는다.

- "예전에 ○○는 요리를 먹어 본 적이 있니?"
- "네가 예쁘게 장식한 요리에 대해 설명해 볼까?"
- "지난번에 만들어 본 ○○요리와 어떤 차이가 있는지 이야기해 보자."
- "○○를 먹으면서 소리를 어떻게 말할 수 있을까?"

- 요리 활동과 인지 발달

요리 활동을 통해 직·간접적으로 수와 과학에 대해 개념을 정립할 수 있다. 동시에 호기심과 창의력을 향상시킬 수 있는 좋은 도구이기도 하다.

- "감자와 마늘 중 어떤 것이 크니(작니)?"
- "이 수박은 처음부터 이런 모습이었을까?"
- "밀가루를 만져 보니 어떤 느낌이 드니?"
- "밀가루를 반죽했을 때 느낌은 어떠하니?"
- "삶지 않은 달걀과 삶은 달걀은 어떤 점이 다를까?"
- "오늘 만든 친구들의 ○○가 몇 개씩인지 세어 볼까?"

- 요리 활동과 사회성 발달

유아의 사회성은 사회, 문화 속에서 여러 사람들과 적절한 관계를 맺는 생활양식을 습득하는 것으로서 사회성 발달은 타인과의 관계를 조절하면서 자아 인식의 발달, 애착 형성, 낯가림과 격리불안, 자기 개념과 자존심의 발달, 사교성 등을 배울 수 있다.

- "음식은 어떻게 먹어야 할까?"
- "음식을 나누어 먹을 수 있을까?"
- "내 차례를 기다리도록 하자!"
- "함께 먹을 수 있는 요리를 계획해 보자!"
- "서로 도와서 활동을 할 수 있을까?"

7 미술 활동

미술 활동에는 그림 그리기, 재미있는 표현 기법, 판화 등의 평면 활동과 조소, 꾸미기 등의 입체 활동이 있다. 미술 활동은 대부분 자유선택 활동에서 이루어진다. 자유선택 활동 영역에서 이루어지는 미술 활동은 주로 개별적으로 진행되는 경향이 있다. 개별 활동은 개인이 미술 활동에 참여하는 것으로서 각각의 유아들은 자신만의 방법으로 미술에 접근하고 표현할 수 있다. 개별 활동에서 유아는 즐거움을 느끼며, 눈과 손의 협응 능력을 기르고 자신의 생각과 느낌을 표현하며, 상상력과 창의력을 기른다. 활용한 자료와 도구의 특성에도 관심을 가질 수 있으며, 적절한 방법으로 표현할 수 있고, 이들을 활용하면서 경험하는 시행착오를 통해 문제 해결력이 향상된다. 그 밖에도 색, 선, 모양과 형태, 공간, 질감 등을 탐색할 수 있으며, 표현하는 과정을 즐기며 스스로 표현할 수도 있으며, 완성된 자신의 작품을 보며 성취감을 가진다. 따라서 미술 영역에는 다양한 재료와 도구를 비치하여 유아가 좋아하고 원하는 것을 선택할 수 있게 해 준다. 자료의 종류가 단조로우면 창의적인 미술 활동을 제한하게 되며, 반대로 지나치게 다양하게 제공되면 유아의 선택을 어렵게 할 수도 있다(교육과학기술부, 2009).

완성된 작품은 유아에게 성취감을 준다.

한편 공동 작품 만들기, 작품 감상하기, 야외 스케치, 전시장 견학 등은 특별히 협동 활동으로 계획할 수가 있다. 협동 활동은 2인 이상이 함께 진행하는 미술 활동으로서 다양한 미술 자료의 특성을 함께 탐색하거나 나누어 사용하면서 작업에 대한 생각을 이야기하고 공유하게 된다. 협동 활동을 통해 유아들은 타인의 의견을 수용하는 기회를 가지게 되고, 이러한 경험을 통해 사회성 발달이 촉진된다. 특히 같은 또래의 유아들이 함께 협력하여 작업하는 협동적 미술 활동은 유아의 또래 관계를 더욱 역동적으로 이끌어 나가도록 돕는다(김영옥, 엄정애, 최윤정, 박경희, 2001; 양새롬, 2013; Mayesky, 2004).

공동으로 벽면을 꾸미기 위해
여러 가지 역할을 나누어 진행할 수 있다.

대·소집단으로 미술 활동을 할 경우라도 한 가지 작업을 획일적으로 하는 것보다 재료와 기법을 다르게 하거나, 작업의 특정 부분을 여러 유아가 협력하여 완성하도록 하는 것이 좋다. 즉, 2-3개의 집단이 다른 자료와 기법으로 작업할 때 한 집단에게는 교사가 복잡하고 새로운 기법을 소개하고, 다른 집단들에는 과거에 경험하여 친숙한 작업이나 교사의 도움이 필요 없는 작업을 마련해 줄 수 있다. 그리고 공동으로 커다란 벽면을 꾸민다거나 협동 작품을 만들 때는 바탕 그림을 그리는 유아, 색칠하는 유아, 자르는 유아, 붙이는 유아 등으로 역할을 나누어 진행할 수도 있다. 미술 활동은 그림이나 작품을 완성하는 것으로 끝나기보다는 작품을 전시·보관하고 실생활에 활용하는 것까지 세심한 계획과 주의가 필요하다.

미술 영역 운영 Tip

5세 누리과정 교사용 지침서에는 자유선택 활동의 미술 영역에 다음과 같은 교수·학습 방법을 제안하고 있다.

- 창의적으로 구성할 수 있는 다양한 종류의 자료를 제공하고, 유아가 충분히 자료를 탐색하고 이용할 수 있도록 한다.
- 유아의 작품을 소중하게 다루고, 작품 카드를 준비하여 이름과 제목을 기록하고 전시한다.
- 유아의 작품은 교실의 벽면 등 적절한 공간을 활용하여 전시해 줄 수 있다.

유아들이 제작한 작품을 전시한 모습

- 위험 요소가 있는 자료는 사용 시 미리 주의점을 알려 준다.
- 보관 장소를 마련하여 끝내지 못한 작품을 다음 날 마무리할 수 있도록 한다.
- 날씨가 좋은 날에는 미술 영역 활동은 바깥놀이로 연장하여 진행할 수 있다.
- 활동이 끝난 후 사용한 자료를 유아 스스로 정리 정돈 할 수 있도록 자료의 위치를 찾을 수 있게 표시해 둔다.
- 유아들이 수집한 모래, 꽃잎, 나뭇잎, 나뭇가지, 솔방울, 도토리 등의 자연물과 양파껍질, 포도껍질 등 생활 속의 자료를 활용하도록 한다.

출처: 교육과학기술부, 2009; 교육과학기술부, 보건복지부, 2012

다음은 유아들에게 미술에 대한 홍미를 제공하기 위한 미술 활동 진행 방법의 예이다.

① 견학법

미술관이나 박물관, 전시회를 직접 방문하여 작품을 감상하는 방법이다. 미술관에서는 작품 전시뿐 아니라 어린이를 위한 프로그램, 비디오 상영, 작품 설명회 등의 활동이 이루어지고 있어서 전문가의 조언을 받으며 더욱 깊이 있는 작품 감상의 기회를 가질 수 있다. 예를 들어, 국립현대미술관에서 실시했던 「미술이 만난 바다」는 미술관에 전시되어 있는 바다를 주제로 그리거나 설치한 여러 가지 작품을 중심으로 이야기를 꾸며 보게 하거나, 다른 제목 붙이기, 직접 그림 그리기와 같은 활동을 함으로써 유아들의 흥미를 이끌어 내었다.

국립현대미술관의 '미술이 만난 바다' 활동지

미술관을 방문하기 어려운 경우 유치원에서 전시회를 개최하거나 슬라이드 등 작품을 모아 놓은 자료를 유아들과 함께 볼 수 있다. 작품을 위, 아래, 멀리, 아주 가까이에서 볼 수도 있고 작품에 대해 새로운 이름을 지어 볼 수도 있다. 10초 동안 작품을 잘 보게 하고 기억하여 묘사해 보게 할 수도 있다. 때로는 작품을 변형하고 첨가하는 활동도 가능하다(김정규 외, 1983).

미술 작품을 구하기 어려운 경우에는 미술적 요소가 잘 제시된 그림책을 선정하여 유아들과 함께 감상하고 작품을 만들어 보도록 할 수 있다. 혹은 주변의 미술과 관련된 일에 종사하는 분(예: 화방이나 화랑을 경영하는 사람, 큐레이터, 화가, 미술선생님 등)을 직접 초빙하여 이야기를 들어 보거나, 함께 작업하거나, 작업하는 모습을 관찰할 수 있다.

② 게임법

유명한 미술 작품의 복사품, 형태·색·질감을 나타내는 사진, 자연물을 확대시킨 사진을 달력, 신문, 잡지, 카탈로그 등에서 다양하게 수집하여 게임 자료로 준비한다. '조각 그림 맞추기'(Erickson, 1995) 활동은 예술 작품에 대한 관심과 흥미를 자극하여, 예비지식을 갖고 실제 작품을 감상하도록 유도하는 데 효과적이며, 명화 속 숨은 그림 찾기, 명화에 사용된 색깔 찾기 등은 유아들이 명화에 흥미를 갖고 주의 깊게 살펴보도록 하는 데 효과적인 방법이라 할 수 있다. 게임법은 유아들에게 미술의 요소와 원리를 포함한 시각적·언어적 지식을 얻게 하고, 창작적 표현 활동에 친근감을 가지게 하며, 지각적 성장을 도울 수 있도록 한다(김정규 외, 1983). 게임법은 개별·소그룹·중그룹·대그룹 등의 다양한 형태로 진행할 수 있다. 게임법을 사용함으로써 유아는 자연스럽게 그림에 대한 인상, 요소, 원리를 이야기하게 되고, 좋아하는 그림을 선택하는 기회를 경험하게 된다.

8 현장 체험

현장 체험 학습은 현장 학습으로도 언급되며, 자연이나 사회를 직접 경험하는 것을 말하는데, 대부분이 교실 밖에서 이루어지기 때문에 현장 견학이라고도 한다. 현장 체험은 유아가 현장과 직접 만나서 대상을 느끼고 경험하고 자신이 알고 있는 것을 적용해 볼 수 있으므로 매우 중요한 교육 활동이다.

즉, 현장 체험은 정제된 지식을 일방적으로 전달하는 방식에서 탈피하여 학습자가 현장의 지식을 직접 경험하면서 자신의 주관적 판단에 의해 학습해 나가는 데 의미가 있다. 현장 체험 활동이 제대로 이루어지기 위해서는 유아와 교사의 인식이 중요한데, 유치원과 초등학교에서는 여러 교과와 연계하여 현장 체험 학습이 다양하게 진행되도록 운영할 필요가 있다(이정환, 2004; 최미연, 2002).

현장 체험 활동을 운영하는 과정은 아래 [그림 1-2]와 같다.

1. 계획 세우기 → 2. 교사의 현장 답사 → 3. 공문 발송 및 가정통신문 안내
→ 4. 일일 보조 교사 교육 → 5. 현장 체험 시 필요 물품 준비
→ 6. 현장 체험을 위한 사전 토의 → 7. 현장 체험
→ 8. 현장 체험 사후 활동 → 9. 전시 및 평가

| 그림 1-2 | **현장 체험 운영 과정**

1) 현장 체험 운영 방법

(1) 계획 세우기

① 지역사회의 자원을 충분히 활용할 수 있는 장소, 유아와 교사가 준비하여야 할 도구, 유아들에게 유익한 활동 등에 대해 계획을 세운다.

② 대집단 또는 소집단 활동의 유형을 체계화한다.

③ 소집단별로 도우미가 몇 명이나 필요한지 예측하여 보조 교사(유치원 예비 교사, 실습생, 일일 부모 보조 교사 등)를 구한다.

④ 견학지의 거리와 혼잡성, 유아의 연령 등을 고려하여 교통편, 부모 참여의 여부 등도 함께 계획한다.

(2) 교사의 현장 답사

① 현장 체험 장소를 미리 방문하여 그곳의 사람들을 만나 본다.

② 현장 체험의 목표를 알리고 유아들이 현장에 왔을 때 여러 가지 도움을 줄 것을 요청한다.

③ 유아들이 관찰할 수 있음직한 자원, 자료, 정보를 수집할 방법을 계획한다.

④ 유아의 안전을 위협하는 요소가 있는지를 살펴보고, 문제가 있다면 미연에 방지할 수 있는 방법을 강구한다.

⑤ 소요 시간과 지리 파악, 주차 시설, 화장실, 식수, 휴식 장소, 안전 설비 등을 점검한다.

(3) 공문 발송 및 가정통신문 안내

① 현장 체험 장소가 적합하다고 판단되면, 현장 체험지에 공문을 발송한다.

② 공문에는 현장 체험의 목적, 날씨, 소요 시간, 유아와 지도 교사의 인원수를 알리고 담당자로부터 승인을 받는다.

③ 각 가정에는 통신문을 통해서 현장 체험에 대해 자세한 내용을 안내한다.

④ 가정통신문은 적어도 2주 전에 현장 체험의 장소, 목적, 일시, 준비물, 출발 및 도착 예정 시간 등을 안내한다.

⑤ 각 가정에 현장 체험 동의서를 보내어 부모님의 동의를 일주일 전에 받아 두는 것이 좋다.

(4) 일일 보조 교사 교육

① 현장 체험 일정을 소개한다.

② 현지 답사 참여, 현장 체험 목표, 장소, 내용, 진행 순서 소개, 사전 답사의 지도, 사진, 비디오 등을 시청하는 방법으로 현장 체험의 의미와 방법, 보조 교사의 역할을 안내한다.

③ 유아와의 상호작용 방법, 안전 지도, 준비물(복장, 명단, 명찰), 담당할 유아의 이름과 얼굴 익히기 등을 안내한다.

(5) 현장 체험 시에 필요한 물품 준비

① 사전에 일정표와 유아 명단, 주소, 전화번호를 작성한 목걸이나 현장에 필

요한 물품(약품, 수건, 휴지) 등을 준비한다.

② 각자 준비할 것과 공동으로 사용할 것으로 구분하여 물품을 휴대 운반할 책임자를 정한다.

(6) 현장 체험을 위한 사전 토의

① 현장 답사를 통해 준비하고 예측한 문제를 유아들에게 제기하면서 현장 체험을 위한 토의를 진행한다.

- 현장 체험의 목적을 알기
  – 왜 ㅇㅇ곳을 방문 할까요?
- 현장 체험의 주요 활동 알기
  – 그곳에서 우리는 무엇을 해야 할까요?
- 현장 체험에 필요한 도구 알기
  – ㅇㅇ의 활동을 무엇으로 할 수 있을까요?
- 기록하는 방법 알기
  – 활동을 어떻게 기록할 수 있을까요?
- 활동에 편한 복장 알기
  – 어떤 옷을 입고 가면 가장 편할까요?
- 안전한 활동과 장소 알기
  – 그곳에는 ㅇㅇ한 위험한 곳이 있어요.
  – 안전한 활동이 되기 위하 여 어떤 마음가짐과 준비가 필요할까요?

(7) 현장 체험

① 유아들은 여러 가지 물체, 사건, 과정, 현장에 있는 사람, 운송 수단, 차량, 재료, 장비, 도구, 기계, 기록과 측정 장치, 식물, 동물 등을 관찰한다.

② 현장 체험 활동은 유아의 연령과 장소의 특성에 따라 다르게 진행할 수 있다.

③ 현장 체험의 진행 절차에 따라 현장 체험을 한다.

④ 교사는 현장 체험 활동을 풍부화하기 위해 아래와 같은 역할을 할 수 있다.

- 유아들에게 전체적으로 관찰할 수 있도록 현장 체험 장소를 안내한다.
- 자신의 관심 분야를 더욱 구체적으로 관찰할 수 있도록 소집단 활동을 심화시켜 나간다.
- 각각의 소집단별로 활동을 기록하는 방법을 다양화한다.
- 현장 경험을 기록한다.

(8) 현장 체험 사후 활동

① 현장 체험 시에 보고, 들은 많은 것들에 대하여 작업, 그림, 이야기 등을 통한 표상 활동을 한다.

② 현장 체험 후 활동을 운영할 때 교사가 유의할 점들이 있다.

- 유아들이 현장에서 활동한 구체적 경험을 일깨워 줌으로써 유아들이 지니고 있는 지식을 더욱 견고화시켜 주거나 이전에 알지 못한 지식을 새롭게 발견해 낼 수 있도록 한다.
- 유아들이 현장의 활동을 교실의 활동과 연결지을 수 있도록 지도함으로써 학습을 더욱 심화시킬 수 있다.
- 현장에서 조사 또는 수집해 온 자료 및 사진 등을 전시하거나, 현장에서의 경험을 미술, 수, 작업, 게임, 쓰기, 음악, 극화 활동 등 다양한 활동으로 표현하게 한다.

(9) 전시 및 평가

① 현장 체험 후에 실행한 활동의 결과물을 전시한 후 서로 비교한다.

② 서로의 활동 결과에서 같은 점, 다른 점을 발견하게 한다.

③ 현장 학습에 대한 의미를 생각할 시간을 갖는다.

④ 유아 스스로 현장 견학의 의미와 문제들을 발견할 수 있도록 안내한다.

⑤ 현장 체험 중 가정 흥미로웠던 점, 새롭게 알게 된 사실, 내가 알지 못하는

사실을 친구가 알게 된 사실, 현장의 경험을 교실 활동으로 해본 느낌 등에 대해 토의한다.

'댐'의 현장 체험

물은 우리의 생활에 꼭 필요하고 없어서는 안 될 소중한 것으로 무더운 날씨가 이어지면서 유아들은 물을 더욱 필요로 하였다. 이에 많은 물을 모아서 생활에 필요할 때 쓸 수 있도록 해 주는 댐에 직접 가 보기로 하였다.

1. 댐 견학 계획하기

1) 물의 소중함과 댐에 대해 생각 나누기
- 우리가 바깥놀이를 하고 더워서 목이 마르면 무엇이 생각나지?
- 식물이 잘 자라기 위해 무엇이 꼭 필요할까?
- 우리에게 꼭 물이 있어야 할 경우는 어떤 때일까? (세수도 하고 맛있는 음식을 먹을 수 있는 것도 다 물이 있어야 함을 이야기 나눈다.)
- 그런데 그 물은 어디서 오는 걸까?
- 많은 물을 모아 두는 곳에 대해 들어 보았니?

2) 수돗물이 우리 집에 오기까지와 댐이 우리에게 주는 이로운 점에 대해 알아 보기
- 소집단으로 현장 체험 전에 이미 알고 있는 것과 궁금한 것에 대해 토의해 볼까?
- 마인드 맵을 그리거나 글로 적어 보자.
- 각 조가 의논한 것을 발표하거나 교실 벽에 붙여 둘까?

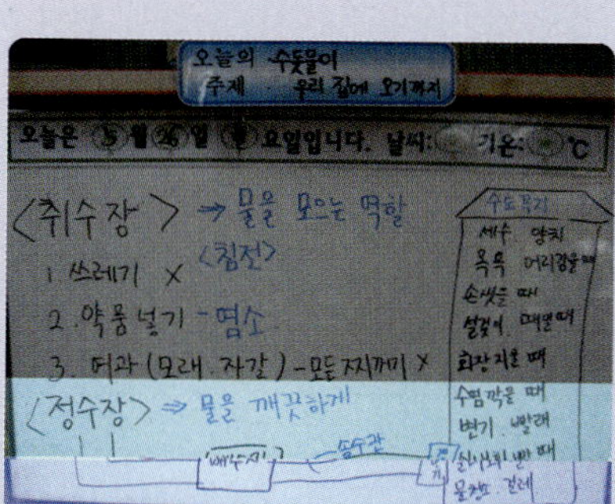

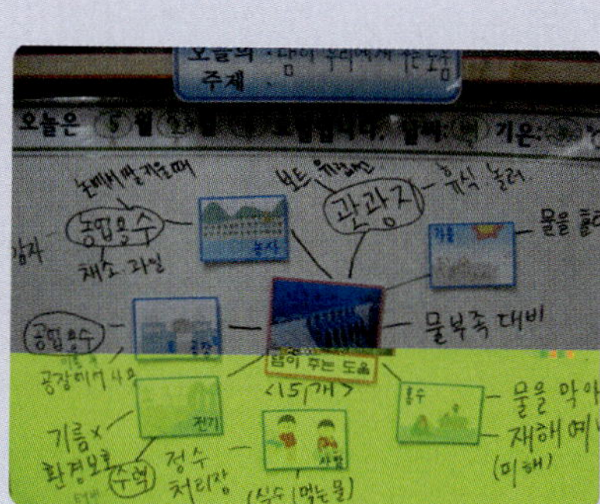

3) 댐으로 가는 방법, 주의할 점에 대해 알아 보기
   - 우리가 가 볼 수 있는 근처의 댐은 어디에 있을까?
   - 댐에서는 무엇을, 누구를 볼 수 있을까?
   - 댐에 갔을 때 어떤 점을 조심해야 할까?

2. 댐에 현장 체험 학습 다녀오기

1) 무엇보다 안전에 유의하며 현장에서 보고 체험할 수 있는 것을 전체적으로 안내한 후, 현장의 절차에 따라 체험 활동을 한다.
2) 개별 유아의 흥미와 관심에 대해 교사는 민감하게 반응해 줄 수 있도록 한다.

3. 사후 활동하기

물을 가라앉히고, 물을 정화해 주는 약품을 사용하고, 그 물을 또다시 우리의 가정으로 보내기까지는 많은 시간과 비용, 노력이 필요함을 알아보았다. 그리고 댐에 현장 학습을 다녀온 유아들과 함께 물을 절약할 수 있는 방법들을 알아보고 그림으로 표상해 보았다.

1) 댐을 보고 와서 기억나는 것 회상하기
   - 댐에서 무엇을 보았니? 그것은 어떤 역할을 하며 어떻게 사용할까?
   - 댐을 보면서 좋았던 점은과 아쉬웠던 점은 어떤 것이 있었어?

2) 댐에 대해 알아낸 것 표상하기
   - 댐의 물을 가라앉혀서 우리 집으로 보내기까지 어떤 과정이 있었는지 말해 보자.
   - 정수처리장 관련 전시물을 본 것 기억나니? 어떤 일을 하는 곳인지 그림으로 그려

볼까? (댐의 물을 받아서 가라앉히고, 물을 정화하는 약품을 사용하고 다시 수로를 통해 집으로 깨끗한 물을 보내는 것을 각자의 생각대로 그림으로 그리도록 한다.)

3) 물을 절약할 수 있는 방법에 대해 동시 짓기
- 댐을 보고 와서 깨끗한 물을 쓸 수 있게 되기까지 여러 과정이 있다는 것을 알게 되니 어떤 생각이 드니?
- 물을 절약하는 방법을 짧은 글로 만들어 볼까? (물을 절약하는 방법에 대한 유아의 생각을 글로 적어 준다.)

4) 유아들의 그림과 글을 교실에 전시하여 서로 감상하도록 한다.

4. 가정에서 물을 아껴 쓰기
- 걸레를 빨거나, 세수한 물로 변기의 물 내리기
- 변기 뒤 물 담긴 통에 벽돌이나 물병 넣기
- 사용하지 않을 때는 물을 잠그기
- 양치할 때는 양치컵 사용하기
- 세제나 샴푸 적당히 사용하기

참고문헌

고경미(2012). 유아의 편식 개선을 위한 요리 활동 운영에 관한 실행 연구. 이화여자대학교 교육대학원 석사학위논문.

교육과학기술부, 보건복지부(2013). 3-5세 연령별 누리과정 교사용 지침서.

김정규 외(1983). 유아미술활동. 서울: 동문사.

이경우, 홍혜경, 신은수, 진명희(1997). 유아수학교육의 이론과 실제. 서울: 창지사.

이정환(2004). 유아교육교수학습방법. 경기: 교문사.

최미연(2002). 초등학교 사회과 현장 체험 학습의 효율적인 운영 방안. 진주교육대학교 교육대학원 석사학위논문.

Piaget, J. (1962). *Play, dreams, and imitation in childhood*. New York: Norton.

제 2 장

실내 자유선택 활동

1 자유선택 활동의 교육적 의미

자유선택 활동이란 유아의 발달을 촉진시키는 최적의 환경으로서 유치원 공간을 흥미 영역별로 구분 제시하여 유아에게 최대한 자유선택의 기회를 주어 놀이에 참여하도록 하는 유아교육기관의 일과 중의 하나이다. 자유선택 활동은 유아가 자유 의지나 흥미 혹은 요구에 따라 자발적으로 놀이를 선택하여 활동하는 시간으로 유아들에게 놀이라는 최적의 교수·학습 방법을 적용하여 관련 학습 주제의 내용을 학습할 수 있도록 하는 시간으로 초등학교 교육과 구별되는 유아교육만의 독특한 수업 문화라 할 수 있다(조형숙, 2013). 유아들 자신이 개인적으로 관심이 있거나 발달 수준에 맞춰 교사가 제공해 준 놀잇감에 개인적인 요구나 흥미가 결합되어 스스로 놀이를 선택하여 활동하는 시간이 자유선택 활동 시간이므로 유아들은 자신이 선택한 놀이에 몰입하게 되고 몰입 경험을 통해 행복감과 만족감을 맛보게 된다. 즉, 자유선택 활동은 교사가 마련해 준 놀이에 대해 유아들이 스스로 선택하고 활동해 보도록 하며, 놀이가 충분히 이루어지도록 적절한 놀이 시간을 줌으로써 교사가 주도해서 하는 대집단 활동과는 차별화하고 있다. 이때의 놀이 선택은 유아들이 주도해서 하며 교사의 도움을 최소화하도록 놀잇감도 그런 특성에 맞게 제작·비치해 주어 유아들이 활동에 몰입하고 주도하고 즐길 수 있는 시간이다.

자유선택 활동 시간의 영유아는 문제를 창출하고, 그 문제에 더 유능한 타인과의 언어적 상호작용을 통해 문제를 더욱 쉽게 해결한다. 따라서 자유선택 활동은 교육적으로 무의미한 놀이 활동이 아니라 교육적인 놀이 활동으로 볼 수 있으며 교육적 의의를 살펴보면 다음과 같다(엄정애, 2009; 이정환, 김희진, 2007: 신에드, 2013, 재인용).

첫째, 자발적이고 능동적인 학습이 이루어지는 시간이다. 자유선택 활동 시간 동안, 영유아는 자발적으로 놀잇감을 선택하거나 다양한 놀이를 시도해 볼 수 있다. 교사에 의해 주도되는 대집단 활동과는 달리, 스스로 선택한 놀이 영역에서 놀잇감을 가지고 창의적인 방법으로 놀이하게 되므로 영유아는 더욱 능동적으로 활동하게 되며, 이러한 놀이는 효과적인 학습으로 이어질 수 있다. 즉, 자유선택 활동 시간에는 교사의 강요로 시켜서 하는 학습이 아니라 스스로 선택하여 능동적으로 참여하는 학습이 이루어지게 된다.

둘째, 개별 학습이 이루어지는 시간이다. 자유선택 활동 시간에는 다양한 놀이가 흥미 영역별로 구성되어 있어 영유아가 개별적 또는 소집단으로 선택한 놀이에 참여하게 된다. 따라서 교사는 대집단으로 이루어지는 활동에서 미처 배려하지 못했던 개별적인 특성을 고려하여 영유아와 긴밀한 상호작용을 할 수 있다. 따라서 자유선택 활동 시간에는 영유아들이 개별적으로 놀이에 참여하기 때문에 교사는 영유아들과 긴밀한 상호작용을 하면서 개인차에 따른 지도를 할 수 있다.

셋째, 전인적 발달이 가능하도록 통합적 교육이 이루어지는 시간이다. 교사는 자유선택 활동 시간 동안 이루어지는 각 흥미 영역의 활동이 일관성을 가진 주제로 통합될 수 있도록 계획하고 조직하게 된다. 쌓기, 역할, 수·조작, 언어, 과학, 음률, 미술, 실외 활동 등 여러 흥미 영역이 구성되어 있어서 학습해야 할 하나의 개념을 각 영역의 놀이 경험을 통하여 반복·통합하여 습득할 수 있다. 이러한 경험을 통해 영유아는 주어진 주제를 더욱 통합적으로 이해할 수 있을 뿐 아니라 동시에 전인적 발달이 가능해진다.

넷째, 사회적 관계를 학습하는 시간이다. 자유선택 활동 시간에는 영유아-교사 및 영유아-영유아 간에 활발한 상호작용이 이루어진다. 이러한 상호작용 과정에서 영유아는 갈등을 통해 양보하기, 협력하기, 순서 기다리기, 배려하기, 돕기 등과 같은 친사회적 기술을 획득하게 된다. 자유선택 활동 시간 중 자유로운 분위기에서 놀이하면서 바람직한 인간관계를 체험할 수 있게 되고, 자연스럽게 경험하는 상호작용을 통해 자기중심적인 사고 단계에 있는 영유아들은 점차 탈 중심화되어 가며 더욱 사회적으로 성숙한 인간으로 성장하게 된다.

다섯째, 자율감과 책임감을 학습하는 시간이다. 수동적으로 부모에게 의지해 왔던 영유아들이 스스로 하고 싶은 놀이를 선택하고 결정해 보는 것은 그들에게 상당한 의미를 부여한다. 자유선택 활동 시간 동안 자신이 하고 싶은 놀이를 직접 계획하고 참여하며 평가해 보는 기회를 가짐으로써 영유아는 자신감뿐 아니라 스스로 자신을 통제하고 절제하는 자율감을 갖는다. 또한 자신이 해야 할 역할이나 의미를 중요하게 여기고 실천하는 책임감을 기르게 된다.

여섯째, 자유로운 활동에서 오는 기쁨을 주는 시간이다. 자유선택 활동은 영유아들이 하루 일과 중 가장 즐거워하는 시간으로 인식한다. 개개인의 자유와 흥미가 존중되는 가운데 풍부하고 다양한 놀이를 할 수 있는 시간이기 때문이다. 그 때문에 그 어떤 시간보다도 가장 기쁘고 즐거운 시간이 될 수 있으며 활동을 스스로 선택하여 자유롭게 해 나갈 때 영유아들은 기쁨을 느낄 수 있다.

2 자유선택 활동의 운영

1) 자유선택 활동을 위한 사전 계획과 준비

자유선택 활동은 교사가 유아의 발달과 특성에 맞게 준비해 준 놀이 영역을 생각하며 유아 스스로 놀이 활동을 계획·실행·평가하는 것이므로 교사는 영유아의 학습과 발달에 미치는 놀이의 영향을 극대화할 수 있도록 적극적인 노력을 기울여야 한다. 자유선택 활동 시간에 영유아들이 진정한 자유의사에 의해 놀이를 계획하고 실행하도록 도우려면 놀이 시간, 놀이 공간, 놀이 자료 등에 관한 철저한 계획과 준비가 수반되어야 한다.

자유선택 활동을 위한 사전 계획과 준비를 살펴보면 다음과 같다(박찬옥, 정남미, 곽현주, 2008).

(1) 놀이 시간

놀이 시간은 유아들의 놀이를 활성화시키는 중요한 요소이다. 자유선택 활동 놀이 시간은 유아들이 놀이 계획을 세우고 자신의 생각을 실천에 옮길 만큼 충분히 길어야 한다. 교사는 하루 일과 중 자유선택 활동 시간을 언제, 또 얼마 동안 진행시킬 것인가를 사전에 계획해야 한다. 자유선택 활동은 유아가 유치원이나 어린이집에 등원하면서 약 1시간 이상 동안 지속되는 경우가 많다. 자유선택 활동 시간을 일과의 첫 활동으로 시작하는 이유는 하루 일과를 영유아가 자유롭게 선택한 놀이 활동으로 시작함으로써 나머지 일과에 여유 있고 즐겁게 참여하도록 유도하려는 것이다. 그러나

자유선택 활동의 순서나 시간은 고정된 것이 아니므로 영유아의 연령, 참여도, 철학, 보육 시간 및 보육 환경, 날씨 등에 따라 융통성 있게 운영되어야 한다(이숙재, 2000).

(2) 놀이 공간

놀이 공간은 각 영역별 특성에 맞춰 놀이 공간의 크기나 배치 방식이 달라지는데 이것은 유아들의 놀이 형태나 지속 시간에도 영향을 미치므로 연령에 맞게 공간 구성이 달라져야 할 필요가 있다. 어린 연령의 유아들이 있는 반에는 쌓기놀이나 역할놀이 영역의 공간을 크게 하여 선택한 유아들이 몰입해서 자유롭게 활동할 수 있게 배려해 준다.

(3) 놀이 자료

영유아들은 교실에 제시된 놀이 자료에 많은 영향을 받는다. 놀이 자료는 놀이에 현실감을 부여하고 놀이 주제와 전개에 대한 아이디어, 놀이 내용에 영향을 미친다. 또한 놀이 자료를 충분히 공급해 주되 수량을 조절해서 내어 주며, 순서에 따라 사용하도록 한다. 또한 놀이 자료의 성별 선호도가 다르므로 놀이 자료의 특성을 고려하여 다양하면서도 균형적인 놀이 자료를 배치하도록 한다.

2) 자유선택 활동의 실시

자유선택 활동은 계획하기, 실행하기, 평가하기의 순서로 이루어진다.

자유선택놀이는 놀이 계획표를 이용하여 어떤 놀이를 할지 계획하는 것으로 시작된다. 교사는 새로 영역에 준비한 교구가 있으면 유아들에게 소개하고 어느 영역에 이 교구를 준비해 놓을 테니까 나중에 한번 해 보라고 미리 유아들과 교구 소개하는 시간을 갖는다. 새로운 교구에 대한 소개가 끝나면 유아들은 개인별 자유선택 활동 놀이 계획표에다 어떤 영역에서 놀이할지 계획표에 체크한 후 영역별 놀이를 하러 간다.

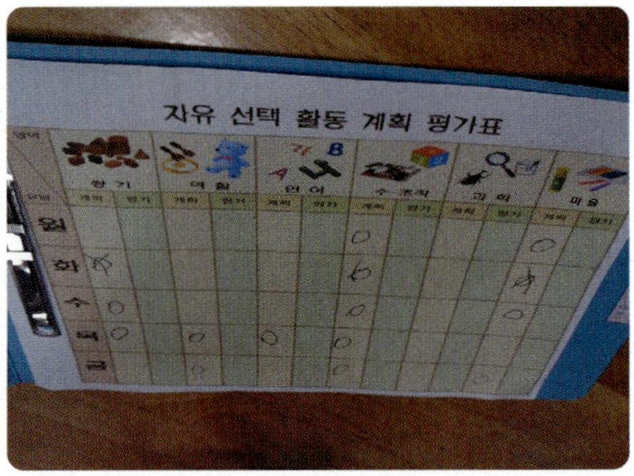

놀이가 진행되는 동안에는 교사는 각 영역의 유아들의 놀이를 관찰하거나 함께 활동을 하고 언어적 격려나 도움될 만한 영역에 대한 조언도 한다. 개인별로 활동을 관찰하기도 하고 갈등이 생기는 경우에 적절한 중재도 하며 놀이가 사그라들 경우 촉발할 수 있는 분위기를 잡아 교사가 놀이에 참여하기도 한다. 놀이 시간이 끝나갈 즈음에는 정리하는 데 오래 걸리는 쌓기놀이나 역할놀이 영역의 유아들에게 정리할 시간임을 알려 주어 충분히 정리할 시간을 주도록 배려한다.

놀이가 모두 끝나고 나면 대집단으로 모여 앉아 놀이 계획표에 놀이 반응을 평가한다. 어떤 놀이를 하고 놀았는지, 놀잇감을 어떤 방법으로 새롭게 가지고 놀았는지 함께 평가하는 시간을 갖는다. 자유선택 활동 시간에 일어난 일이나 느낌에 대해 이야기 나누기를 하며 시간을 정리한다(정원정, 2012).

3 자유선택 활동을 위한 환경 구성

1) 환경 구성 원리 및 지침

적절한 교재와 교구가 갖추어진 유치원과 어린이집의 물리적 환경은 프로그램의 질적 수준에 영향을 미치는 중요한 요인이다. 환경 구성은 유아의 심리적 안정, 신체적 안전, 발달적 적합성, 다양성을 고려하여 구성하는 것이 바람직하며, 그 원리는 다음과 같다.

- 공간은 유아가 활동할 수 있을 만큼 충분히 넓어야 한다. 전체 공간의 크기를 고려하여 흥미 영역의 수를 조절해야 한다.
- 실내 설비와 교구는 유아의 연령 및 신체 발달에 적합하여 유아가 성인의 도움 없이 스스로 사용하고 정리할 수 있도록 한다.
- 유아에게 매력적이고 교육적으로 의미 있는 활동을 제공하도록 환경을 구

성한다. 이를 위해 유아에게 활동 선택권을 주는 다양한 흥미 영역을 실내외 공간에 배치할 수 있다.

- 청결하고 안전한 환경을 제공하고, 적정 온도나 습도를 유지한다.
- 환경은 유아의 발달 특성에 적합하여야 한다. 예를 들면, 유아의 연령이 낮을수록 일상적이고 개별적인 보살핌을 위한 환경 구성이 필요하고, 감각적인 경험의 기회가 많이 포함되는 환경을 제공한다.
- 유아가 장시간 유치원이나 어린이집에 머물 경우, 혼자 놀거나 쉴 수 있는 공간이 필요하며, 일상적인 보살핌이나 낮잠을 위한 물건이나 놀잇감 보관을 위한 저장 공간을 마련한다.

2) 실내 자유선택 활동을 위한 환경

유아의 교수 학습을 지원하기 위해 실내에 쌓기놀이 영역, 역할놀이 영역, 언어 영역, 수·조작 영역, 과학 영역, 미술 영역, 음률 영역 등의 흥미 영역을 구성하여 신체운동 · 건강, 의사소통, 사회관계, 예술경험, 자연탐구 등을 다양한 활동으로 전개할 수 있도록 한다. 흥미 영역에 제시되는 활동이나 자료는 주간 및 일일 주제와 관련되도록 한다. 또한 게임, 발표, 토의, 관찰, 실험, 조사, 현장 체험 등 다양한 유형의 활동과 연계되도록 하여 유아의 학습을 심화시킬 수 있도록 운영한다.

흥미 영역의 수는 전체 공간의 크기, 유아의 수, 연령, 흥미를 고려하여 조절할 수 있다. 대체로 연령이 많아질수록 흥미 영역 개수가 늘어나며, 유아의 흥미에 따라 흥미 영역을 가감하기도 한다. 흥미 영역은 1년에 3-4번 위치를 바꾸어 줌으로써 변화를 줄 수 있다. 흥미 영역의 배치는 공간의 크기, 소음, 채광, 물의 사용 여부 등을 고려하며, 벽에 붙이는 부착물은 유아의 눈높이에 맞추어 게시한다. 모든 교재교구는 안전과 위생을 고려해야 한다.

흥미 영역 구성과 배치는 유아들이 의논하여 자율적으로 정할 수 있다. 이렇게 유아들에게 선택의 기회를 줌으로써 그들의 의견과 관심을 존중하는 영역 구성을 할 수 있을 뿐 아니라, 유아들이 흥미 영역의 활동에 더 흥미를 가지고 참여하며, 유아 스스로 흥미 영역 정리를 잘할 수 있게 한다.

(1) 쌓기놀이 영역

① 구성

쌓기놀이 영역은 여러 가지 크기와 모양, 재질의 블록과 소품을 이용하여 어떤 사물을 구성하거나 구조물을 쌓아 보거나 꾸며 보는 등의 과정을 경험하는 영역이다.

유아는 쌓기놀이를 통해 다양한 구성 활동을 하면서 관찰력, 측정 기술, 원인과 결과에 대한 사고력 등을 기를 수 있다. 쌓기놀이 영역은 활동적이며 소음이 발생하는 영역이므로, 역할놀이 영역과 인접하여 배치하고 언어나 과학 등 정적인 영역과는 떨어져서 배치하는 것이 좋으며, 소음 방지를 위하여 바닥에 카펫을 깔아 준다.

② 놀잇감 및 교재·교구

- 다양한 적목: 종이벽돌 블록, 단위 블록, 공간 블록, 우레탄 블록 등
- 크고 작은 모형: 동물, 사람, 공룡 등의 인형이나 모형, 탈것(기차, 트럭, 레미콘, 구급차, 경찰차, 여객기, 운전대) 등

- 사회극놀이 소품: 여러 종류의 가면, 교통신호나 표지판 등
- 기타 자료: 쌓기놀이에 도움을 주는 책, 그림 자료 등

쌓기놀이 활동의 예

- 활동명: 목욕탕 꾸미기
- 활동 형태: 자유선택 활동
- 활동 유형: 쌓기놀이
- 활동 목표: 목욕탕 가 본 경험을 떠올리며 목욕탕을 구성하여 본다.
- 활동 자료: 세숫대야, 수건, 땟수건, 빈 샴푸 통, 로션, 샤워기 모형, 솜, 탕 이름 팻말, 목욕탕 바구니, 빈 음료병, 목욕탕 사진

- 활동 방법

① 목욕탕 가 본 경험 대해 회상하고 이야기 나눈다.

- 얘들아, 너희 목욕탕에 가 본 적 있니?
- 목욕탕에서 어떤 것들을 보았니?

② 목욕탕에 관련된 소품을 보며 이야기 나눈다.

- 목욕탕 간판은 어디에 두면 좋을까?
- 이 솜들은 무엇을 표현할 수 있을까?
- 블록으로 탕을 만들고 무슨 탕인지 어떻게 표시하면 좋을까?
- 목욕탕에 갈 때 무엇을 들고 가야 할까?

③ 놀이를 하기 전 지켜야 할 약속에 대하여 이야기 나눈다.

- 이제 목욕탕을 만들어 놀이를 할 건데 어떤 약속들을 지키면 더 즐겁게 놀이를 할 수 있을까?

④ 블록과 소품을 이용하여 목욕탕을 구성한다.

- 이제 교실을 목욕탕으로 꾸며 볼 건데 어디를 입구로 하면 좋을까?
- 냉탕은 어떤 크기로 만들어 보고 싶어?
- 핸드마사지 받는 곳은 어떻게 만들면 더 편안하게 마사지를 받을 수 있을까?

⑤ 목욕탕에서의 역할을 정하여 놀이를 한다.

- 여기서 식혜를 파는 사람은 누가 할까?
- 목욕탕에 목욕을 하러 가 볼까?

⑥ 놀이를 끝내고 정리를 하고 평가한다.

- 목욕탕 놀이를 해 보니까 어땠어?
- 어떤 점이 재미있었어?
- 이런 것은 조금 바꿔서 해 보고 싶어요 하는 것 있니?

● 활동의 유의점

① 목욕탕에 갔던 경험을 떠올리며 목욕탕을 구성해 볼 수 있도록 한다.
② 즐겁게 놀이할 수 있도록 한다.

● 활동 평가

① 놀이에 즐겁게 참여하는지 평가한다.
② 소품을 활용하여 다양하게 목욕탕을 구성하는지 평가한다.

● 확장 활동

① 미술 영역에서 자신만의 목욕탕 팻말을 만들어 본다.

(2) 역할놀이 영역

① 구성

역할놀이 영역은 유아가 가족이나 성 역할뿐만 아니라 우리 사회의 다양한 직업이나 사회 구성원의 역할을 상상놀이 및 사회극놀이를 통해 경험하는 영역이다. 유아는 역할놀이를 통해 자기중심적인 사고에서 벗어나 자신과 다른 사람의 생각과 감정을 더 잘 알고 적절하게 상호작용할 수 있으며 주변 사람들이나 공동체에서 함께 살아가는 방법을 익힌다. 역할놀이 영역은 동적인 영역에 배치하는 것이 좋으며, 진행되고 있는 생활 주제와 관련된 소품을 제공하여 활동이 더욱 흥미롭고 풍부하게 이루어지도록 한다.

② 놀잇감 및 교재·교구

- 기본 가구: 거울, 소파, 유아용 탁자, 의자, 옷장 등
- 소품: 가족놀이 소품(주방용품, 일상용품, 의류, 신발류, 열쇠, 우산, 가방, 빗, 넥타이, 머플러 등), 교통기관 놀이 소품(차표, 지도, 여행 소책자, 여행 가방 등), 가게놀이 소품(모형 과일, 시장바구니, 지갑 등), 병원놀이 소품(의사 가운, 청진기, 바늘을 뺀 주사기, 붕대, 혈압기 등), 기타 주유소놀이, 은행놀이, 방송국놀이, 미장원놀이, 서점놀이, 목욕탕놀이 등의 역할놀이 소품들

역할놀이 활동의 예

- 활동명: 사진관 놀이를 해요
- 활동 형태: 자유선택 활동
- 활동 유형: 역할놀이

목 표	누리과정 관련 요소
• 사진관에서 하는 일을 알아 본다. • 역할을 나누어 사진관 놀이를 한다.	• 사회관계: 사회에 관심 갖기 – 지역사회에 관심 갖고 이해하기 • 예술경험: 예술적 표현하기 – 극놀이로 표현하기
(창의·인성 관련) • 창의성: 성향적 요소 – 자율성 • 인성: 협력 – 개인적 책임감	

- 활동 자료: 사진 자료, 카메라, 배경, 간판, 조명판, 가격표, 액자, (꾸밀 수 있는) 소품, 필름 종이, 폴라로이드 카케라

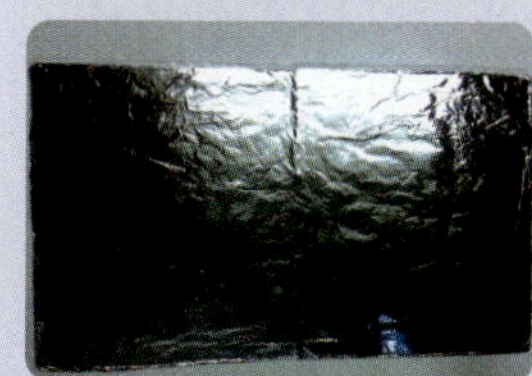

● 활동 방법

① 사진관에서 사진을 찍은 경험에 대해 이야기 나눈다.
- 사진관에 가 본 적이 있니?
- 사진관에는 어떤 물건들이 있을까?
- 사진관에서 어떤 사진을 찍었어?

② 사진관에서 하는 일을 알아 본다.
- 사진관에는 어떤 사람이 있어야 할까?
- (사진을 보며) 이분은 어떤 일을 하시는 것 같니?
- 사진을 찍을 때 어떤 말을 할까?
- ○○이가 나와서 어떻게 할지 보여 줄래?
- (사진을 보며) 이 사람은 무엇을 하고 있니?
- 사진관에는 머리를 정돈해 주고 화장해 주는 사람도 있대.
- 너희가 이 역할을 맡게 된다면 어떻게 하고 싶니?
- 여기 사진을 보면 조명이 세워져 있는데 오늘은 선생님이 손으로 들 수 있는 조명을 가져왔어.
- 이 조명은 왜 필요할까?
- 그럼 사진이 잘 나오려면 조명은 어떻게 들면 좋을까?
- 여기 돈이랑 가격표가 있는데 사진 종류에는 어떤 것이 있니?
- 손님을 맡은 사람은 어떻게 하면 좋을까?

③ 소품을 보며 간단히 이야기 나눈다.
- 이 옷은 어떤 사진을 찍을 때 입으면 좋을 것 같아?
- 이 소품은 어떤 사진을 찍을 때 사용하면 좋을 것 같니?

④ 놀이를 한다.

⑤ 활동을 마무리한다.
- 사진관 놀이를 해 봤는데 느낌이 어떠니?
- 무엇을 할 때 가장 재미있었어?
- 아까 너희가 찍은 사진을 필름종이에 붙여서 꾸며 보렴.

● 활동의 유의점

① 모든 유아들이 역할을 나누어 활동할 수 있도록 격려한다.

② 다양한 역할에 대해 구체적으로 이야기 나눈다.

● 활동 평가
① 사진관에서 하는 일을 아는지 평가한다.
② 역할을 나누어 사진관 놀이를 하는지 평가한다.

● 확장 활동
① 사진관 놀이한 경험을 그림으로 그려 본다.
② 우리 동네 사진관을 방문해 본다.

(3) 언어 영역

1 구성

언어 영역은 듣기, 말하기, 읽기, 쓰기와 관련된 활동을 경험하는 영역이다. 유아는 언어 영역의 활동을 통해 일상생활에 필요한 언어 능력을 향상시키고 올바른 의사소통 능력 및 태도를 기를 수 있다. 언어 영역은 주변의 자극으로부터 격리될 수 있도록 조용하고 안정된 공간에 배치하는 것이 좋으며, 활동 주제나 유아의 흥미에 따라 다양한 언어 활동 자료를 비치하여 듣기, 말하기, 읽기, 쓰기 활동이 고루 이루어지도록 하며, 안락한 의자나 쿠션 등을 두어 편안하게 언어 활동에 몰입하도록 한다.

2 놀잇감 및 교재·교구

- 듣기 자료: 다양한 종류의 책, CD 플레이어, 헤드폰, 카세트 레코드와 테이프 등
- 말하기 자료: 이야기 꾸미기 자료와 융판, 그림 카드, 막대인형이나 퍼펫, 인형극 틀, 녹음기, 마이크 등
- 읽기 자료: 종류별 책과 책꽂이, 그림책, 잡지류, 글씨가 적혀 있는 다양한 종이류의 카드(예: 친구 이름 카드, 글자 카드, 모래글자 카드) 등
- 쓰기 자료: 각종 필기구, 단어 카드, 컴퓨터와 프린터, 한글 고무글자판과 스탬프, 잉크, 소형 화이트보드와 마커 펜, 가위, 펀치, 스테이플러 등

(4) 수 · 조작 영역

① 구성

수 · 조작 영역은 일대일 대응, 분류, 비교, 서열 등의 수 활동이나 퍼즐 맞추기나 끼워서 구성하기, 간단한 게임 등 논리적인 문제 해결, 소근육 조작 등과 관련된 활동을 주로 하는 영역이다. 유아는 수·조작 활동을 통해 눈과 손의 협응력, 소근육 발달, 논리·수학적 개념 발달, 문제 해결력과 집중력을 향상시킬 수 있으며, 문제를 탐색하고 해결해 가는 과정에서 자신감과 자율성을 기를 수 있다. 수·난이도가 다른 다양한 놀잇감을 준비하여 유아의 발달 수준과 흥미에 따른 수·조작 활동이 이루어지도록 한다.

② 놀잇감 및 교재·교구

- 구성 활동 자료: 레고 블록, 코코 블록, 다목적 블록, 꽃 블록 등
- 수 활동 자료: 일대일 대응, 분류, 비교, 서열, 부분과 전체, 무게나 부피, 길이 측정, 공간의 형태 개념에 도움이 되는 교재·교구 등
- 조작 활동 자료: 자물쇠 맞추기, 볼트와 너트 맞추기, 옮겨 담기, 바느질 등
- 일상생활 활동 자료: 옮겨 담기, 바느질, 끈 끼우기, 구슬 꿰기, 단추 끼우기, 지퍼 올리기, 끈 매기 등
- 게임 활동: 기억하기와 색깔 맞추기와 같은 간단한 게임

(5) 과학 영역

① 구성

과학 영역은 여러 가지 과학 기자재를 활용하여 생물과 무생물, 물질의 성질, 자연현상 등 유아가 접하는 자연환경을 관찰, 실험, 탐구, 감상하는 활동을 하는 영역이다. 유아는 과학 활동을 통해 주변의 환경이나 사물, 생명체에 대해 지속적으로 탐색하고, 실험 과정에서 과학적인 사고를 형성할 수 있도록 돕는 영역이다. 과학 영역은 곤충이나 작은 동물, 식물을 기를 경우 조용하고 햇볕이 잘 드는 안정된 장소에 물 공급을 쉽게 받을 수 있도록 수도 가까이에 배치한다.

② 놀잇감 및 교재·교구

- 기본 도구: 거울, 자석, 돋보기, 프리즘, 전지, 온도계, 습도계, 관찰 용지, 필기도구 등
- 물체와 물질의 특성 관련 자료: 시계, 모래시계, 자, 저울, 노끈, 바퀴 달린 놀잇감, 여러 가지 물체와 물질 등
- 생명체 관련 자료: 식물, 자연물(나뭇잎, 열매, 씨앗, 솔방울, 조개껍데기 등), 동물(거북이, 금붕어, 햄스터, 병아리 등), 어항, 새장, 개미집, 동물 관련 책 등
- 기계류: 시계(손목시계, 벽시계 등), 라디오, 텔레비전, 컴퓨터 등의 부속품,

열쇠와 자물쇠, 다양한 바퀴, 여러 가지 물체와 물질 등

- 자연현상 관련 자료: 기후 관련 사진이나 그림, 기상도 사진이나 그림, 돌·흙·달·별·해 등의 사진이나 그림 등

(6) 미술 영역

① 구성

미술 영역은 자연과 사물의 아름다움을 체험하고 그리기, 만들기, 꾸미기, 구성하기 등의 활동을 하며, 자신의 생각이나 느낌을 자유롭게 표현하고 미적 아름다움을 감상하는 경험을 하는 영역이다. 유아는 미술 활동을 통해 미적인 아름다움의 요소를 이해하며, 자신의 생각이나 느낌을 표현하면서 성취감을 얻고, 정서적인 긴장감도 해소한다. 미술 영역은 조용하고 밝은 곳이 좋으며, 물을 사용할 수 있는 공간과 가까이 배치한다.

② 놀잇감 및 교재·교구

- 종이류: 도화지, 색종이, 색지, 골판지, 포장지 등
- 그리기 도구: 크레파스, 색연필, 볼펜, 물감, 먹물, 붓, 사인펜, 매직 등
- 만들기 도구: 가위, 풀, 테이프, 스테이플러, 펀치, 핑킹 가위 등
- 각종 자료: 찰흙, 고무 점토, 밀가루 점토, 나뭇가지, 나무젓가락, 빨대, 실,

솜, 스펀지, 수수깡, 자연물(솔방울, 돌, 나뭇잎, 조개껍질, 깃털 등)

- 여러 가지 재활용품: 상자, 헝겊, 요구르트 병, 휴지말이 등

(7) 음률 영역

① 구성

음률 영역은 생활 주변에서 듣는 다양한 소리에 관심을 가지고 탐색하며 음악을 듣고 노래를 부르고 여러 가지 악기를 다루어 보고 음악에 맞추어 자유롭게 몸을 움직이거나 창의적인 신체 표현을 경험하는 영역이다. 유아는 음률 영역의 활동을 통해 음악적 아름다움의 요소를 찾아보며, 음악이나 움직임과 춤으로 표현하고, 음악을 감상하는 능력을 기른다. 음률 영역은 음악에 맞추어 신체를 자유롭게 움직일 수 있는 충분한 넓은 공간이 필요하며, 소음이 많이 나는 영역이므로 다른 영역의 활동에 방해가 되지 않도록 배치하며, 바닥에는 카펫을 깔아 안정된 분위기를 조성하며 소음도 줄일 수 있도록 한다.

② 놀잇감 및 교재·교구

- 기본 교구: 녹음기, 헤드폰, 카세트테이프, 다양한 음악 테이프나 CD, 악보, 악기 관련 사진, 각종 연주회나 춤 공연 등의 사진이나 동영상 자료 등
- 생활 속 악기: 젓가락, 냄비 뚜껑, 깡통, 빨래판, 체, 콩, 부채 등

- 우리나라 전통 악기류: 장구, 소고, 북, 꽹과리, 가야금, 피리 등
- 외국 악기류: 리듬 악기(탬버린, 캐스터네츠, 트라이앵글, 마라카스 등), 멜로디 악기(실로폰, 멜로디언, 키보드, 피아노 등)
- 스카프, 리본, 작은 낙하산 등의 신체 표현 도구나 음악 연주회나 춤 공연, 오페라 등에서 공연자가 입는 무대 의상 등

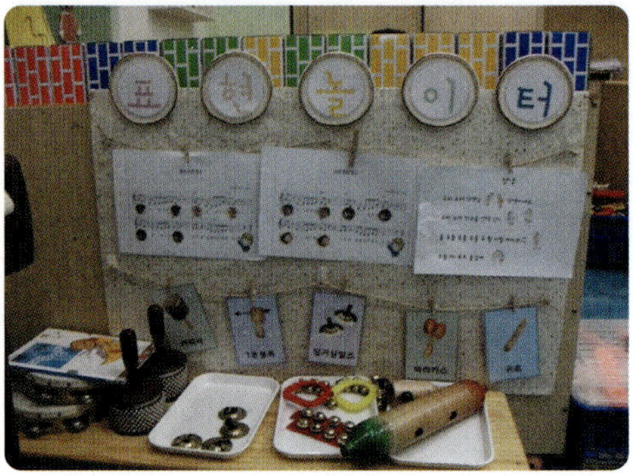

실내 자유선택 활동을 위한 환경 구성은 교사가 놀이실 구석구석에서 일어나는 일들을 전체적으로 볼 수 있도록 구성하여야 한다. 이와 같은 흥미 영역은 어떤 원칙에 의해 일단 배치되었더라도 고정불변의 것이 아니며, 영유아의 흥미나 반응에 따라 융통성 있게 변형될 수 있는 것임을 인지하도록 한다.

4 자유선택 활동 시 교사의 역할

자유선택 활동 시간에 유아들에게 적절한 놀잇감을 마련해 주고 놀 수 있는 충분한 시간을 제공해 주는 것 못지않게 유아와 함께하려는 교사의 다양한 역할은 놀이의 질적 수준을 좌우하는 중요한 요인 중의 하나이다.

교사는 유아 한 명 한 명의 독특한 개성과 욕구를 알고, 이를 존중해 줄 때 유아는 자신을 가치 있는 존재로 지각하게 되며 스스로 독립적이 된다. 또한 유아는 자유선택 활동 시간에 다양한 형태와 방법으로 놀이를 하며, 성인이나 다른 유아와 상호작용함으로써 세상에 대한 경험과 학습을 한다. 그러므로 교사는 유아의 연령별 특징을 숙지하여 자유선택 활동을 해 나갈 수 있도록 도와야 한다. 이에 연령별 자유선택 활동 시간 교사의 역할을 살펴보면 다음 〈표 2-1〉과 같다(삼성복지재단, 2004; 여성가족부, 2007).

| 표 2-2 | 연령별 자유선택 활동 시간 교사의 역할

구분	고려해야 할 사항
만 3세	• 전개되고 있는 생활 주제나 유아의 흥미 및 발달을 고려한 환경 제공 • 유아가 활동을 스스로 선택하여 놀이하도록 흥미 영역 구성 • 유아가 자유롭게 선택한 놀이를 가치 있게 인정하기 • 교사는 다양한 영역의 참여를 통해 유아와 상호작용할 기회를 많이 가지도록 노력 • 놀이를 통해 자연스러운 학습이 이루어질 수 있도록 언어적 자극과 함께 놀이에 적절히 개입 • 관찰을 통해 유아의 특성을 파악하고 기록하며 이를 기초로 유아에게 개별적으로 적합한 활동의 선택 및 제시 • 같은 종류의 놀잇감을 충분히 준비 • 유아들이 안전하게 놀 수 있도록 놀이 환경을 항상 점검 • 자유선택 활동 시간 중에 소집단 활동을 짧게 진행할 수 있음 • 오후 자유선택 활동은 지나친 자극을 줄이고, 오전 자유선택 활동의 연계나 자유로운 선택 놀이가 이루어지도록 함

구분	고려해야 할 사항
만 4세	• 자유선택 활동 시간이 오전과 오후에 충분한 시간(총 2시간 20분 이상) 동안 진행되도록 계획 • 오전의 실내 자유선택 활동 시간은 역할놀이나 쌓기놀이 등이 충분히 이루어지도록 1시간 30분 정도 계획하는 것이 바람직함 • 오후의 실내 자유선택 활동은 오전에 하였던 활동을 연계한 놀이나 좀 더 자유롭게 유아 스스로 선택한 놀이를 하도록 함 • 유아의 발달 수준과 흥미에 맞게 놀이 환경 구성 • 유아가 선택하고자 하는 장소가 어떤 영역의 이름인지를 알도록 각 영역별 표시 • 질 높은 상호작용을 위해 유아의 행동에 지속적인 관심을 가지고 적절한 학습이 이루어질 수 있도록 언어적인 상호작용 • 교사는 다양한 영역의 참여를 통해 유아와 상호작용할 기회를 가능한 한 많이 가지며, 놀이를 통해 자연스러운 학습이 이루어질 수 있도록 놀이에 적절히 개입하고, 또래·환경·성인과의 상호작용이 균형 있게 일어날 수 있도록 지도 • 교사는 관찰을 통해 유아의 특성을 파악하고 관찰 기록하며 이를 기초로 유아에게 개별적으로 적합한 활동을 선택·제시하는 평가자로서의 역할 수행
만 5세	• 유아의 자율적 선택을 도와주기 위한 교구 및 환경 계획 • 유아의 자율성과 능동성을 위해 활동을 개방적으로 계획 • 자유선택 활동을 위한 교구의 다양한 제시 방법 활용 • 개별 또는 소집단 활동을 균형 고려 • 유아가 활동을 하는 동안 적절한 상호작용 • 활동에 대한 도움은 유아들이 요청할 때 주도록 하고 가능하면 안내문, 순서표 등의 제시로 스스로 방법을 찾도록 함 • 계획한 활동에 대한 유아들의 자발적인 흥미와 관심을 어떻게 수용할지에 대해서도 미리 예측하고 대비 • 유아의 활동이 다소 가치 없어 보이더라도 유아의 의도를 파악하고 인정하기 • 결과가 빨리 나타나지 않더라도 기다려 주고, 유아의 실수도 교육적 활동으로 연결될 수 있도록 순발력과 창의력 발휘 • 활동을 끝내는 시간을 알려 주도록 하며, 먼저 정리되어야 하는 곳은 우선적으로 정리하도록 지도

풍부한 자극과 흥미를 촉진하는 흥미 영역을 구성하여 좋은 경험의 장으로서의 자유선택 활동이 되기 위한 자유선택 활동 시간의 교사의 역할에 대해 정리하면 다음과 같다(조형숙, 2013).

첫째, 흥미 영역별로 교실 환경을 구성하는 것은 유아로 하여금 개별 혹은 소집단 활동에 자발적으로 참여하여 유아가 소속감과 성취감을 느낄 수 있도록 하는 것이므로 유아가 자신의 흥미와 관심에 대해 교사가 잘 인지하고 민주적 분위기에서 자유롭게 이를 표현하고 환경과 상호작용할 수 있는 기회를 제공해야 한다.

둘째, 유아의 요구와 흥미를 반영한 활동을 마련해 주고 유아 스스로 선택하여 자발적으로 놀이에 참여할 수 있는 분위기를 제공해 준다.

셋째, 교사는 놀이 환경 과 교실 분위기를 통제하고 감독하려 하기보다는 교실 공간의 크기나 유아의 수를 고려하여 놀이에 몰입하기 적절한 교실 환경을 마련해 주어야 한다.

넷째, 유아가 활동을 선택하여 실행할 수 있도록 놀이 계획을 점검해 주기도 하고 유아의 놀이가 확장될 수 있도록 지금 하고 있는 놀이나 만들고 있는 작품에 관심을 가지고 상호작용하여 자부심과 성취감을 느끼고 몰입할 수 있도록 도와준다.

이상과 같이 자유선택 활동에 있어서 영유아 연령에 따른 교사의 역할이 적절하게 이루어질 때 영유아의 놀이 수준을 향상시킬 수 있으며 놀이를 통한 자발적인 학습을 잘 이룰 수 있다. 즉, 교사의 참여와 개입은 영유아의 놀이 상황과 욕구에 적절할 때만이 효과가 있다는 점에 대해 교사는 유념해야 한다.

5 자유선택 활동 시 교사의 상호작용

1) 교사 상호작용의 중요성

교사의 상호작용이란 교육의 효과에 영향을 미치는 교수·학습 과정 중의 모든 교사와 유아의 접촉을 의미한다. 또, 교사-유아 상호작용은 교육적 효과를 좌우하는 결정적인 요인이 되며 유아의 전반적인 성장과 발달에 도움을 줄 뿐만 아니라 유아교육기관 프로그램의 질을 평가할 수 있는 척도라고 할 수 있다(최미애, 2000).

교사-유아 상호작용은 비언어적 상호작용과 언어적 상호작용을 모두 포함하는 포괄적 의미를 가진다. 비언어적 · 언어적 상호작용은 그 과정 속에서 유아에게 자신의 감정과 신념을 자기가 속한 문화와 사회에 적합한 수행 방법으로 표현하도록 한다. 이를 통해 유아는 지식과 정보를 익히고 내면화하는 교육적 도움을 받는 것이다(안수연, 2000).

유아들 간의 사회적 상호작용의 대부분은 놀이 집단에 끼어들기 위한 시도와 그리고 자신들의 놀이집단에 들어오려는 유아들을 저지하기 위한 노력으로 구성되어 있다. 유아들은 실제로 참여하는 어떤 집단에서도 갈등은 피할 수 없으며 또, 없어서는 안 되고 아마도 완전히 없앨 수도 없는 상황에서의 교사의 역할과 개입은 아주 중요하다. 하지만 유아들의 사회성 발달을 촉진시킬 수 있는 교사의 많은 개입이 더 나은 것만은 아니며 놀이에 교사 개입은 개입을 하지 말아야 될 때도 있기 때문에 그 시기가 매우 중요하다. 신중한 관찰이 바로 놀이 개입의 결정적인 요소가 되는 것이다.

놀이 상황에 들어가기 전에 교사는 유아들이 무엇을 하고 있는가, 무슨 생각을 하고 있는가, 최적의 발달이 일어날 수 있는 순간에 무엇이 필요한가 등을 평가하고, 유아의 놀이를 관찰하고 해석하는 경험은 유능한 교사가 되기 위한 가장 좋은 준비가 될 것이다. 이것은 성인이 주도적으로 활동을 이끌어 가기 위해서가 아니라 유아들의 자기지시적인 놀이를 촉진하기 위한 것으로 유아들끼리 스스로 상호작용할 수 있도록 놀이 상황에서 나오는 것이 유아와 놀이하는 중요한 단계 중 하나이다(조지은, 2008).

2) 교사-유아 상호작용 유형

교사와 유아 간의 긍정적인 상호작용은 교수·학습의 질을 구성하는 핵심적인 요소이다. 유아는 다른 사람과의 관계를 통해서 학습하게 되므로, 교사의 상호작용 능력은 유아의 건전한 성장과 발달에 직접적인 영향을 미친다. 이는 유아의 전인적인 성장과 발달을 위해서 유아와 교사의 질 높은 상호작용이 필요하다는 점을 시사해 준다.

유아의 학습과 발달을 이끌어 가는 상호작용의 일반적인 지침으로는 유아를 존중하고 평등하게 대하고, 언어적·비언어적으로 지원하는 긍정적인 상호작용을 해야 한다. 특히 교사가 나타내는 비언어적인 상호작용은 교사의 신념과 태도를 드러내고 언어로 표현하기 어려운 무의식적인 사고를 드러낼 수 있기 때문에 안아 주기, 따뜻한 눈빛 보내기, 미소 짓기, 끄덕이기 등의 비언어적인 긍정적 행동은 유아의 의도와 성취를 인정하는 데 있어서 중요하다.

교사는 일과에서 자신이 하는 상호작용이 당시의 활동 내용이나 학습 상황, 유아의 특성 등에 비추어 유아에게 과연 적합한 것인지를 판단하고 결정해야 한다. 이를 위해서는 어떤 한 가지 상호작용 유형에만 의존하기보다는 다양한 상호작용 중에서 가장 적절한 방식을 선택할 수 있어야 한다. 유아의 발달을 촉진시켜 주고, 지속적인 학습을 유지시켜 주는 상호작용 유형은 다음과 같이 구분된다(교육과학기술부, 보건복지부, 2012).

(1) 인정하기

인정하기란 만 5세 유아에게 관심을 기울여 주고, 활동을 지속할 수 있도록 긍정적인 격려나 칭찬을 해 주는 것을 말한다. 교사가 유아의 생각이나 느낌, 행동을 인정해 주면 유아는 더욱 즐겁게 생활하고 활동에 참여할 수 있다. 막연하고 지나친 칭찬은 유아의 내적 동기를 약화시킬 수 있으므로 '자세가 좋구나!', '똑똑하게 발표를 잘했어!' 등의 상호작용 방식은 지양해야 한다. 그보다는 '협동 활동에 도움이 되려고 애쓰던 너의 모습이 좋았어.', '○○의 다양하고 새로운 생각이 활동을 즐겁게 하고 다른 친구들에게도 도움이 많이 되는 것 같아.' 와 같이 사실에 근거하여 노력에 대해 인정해 주어야 한다.

(2) 모범 보이기

모범 보이기란 반(학급)에서 일어나기를 바라는 경향, 태도, 가치에 대해 교사가 바람직한 모습을 보여 줌으로써 유아가 적절한 행동을 하도록 하는 상호작용을 말한다. 교사는 유아에게 기대하는 행동, 즉 바르게 말하기, 정리 정돈, 공손한 태도, 골고루 먹기 등을 교사 자신이 매일의 생활에서 실천함으로써 유아가 자연스럽게 느끼거나 받아들일 수 있도록 하는 것이다. 예를 들어, 동물에게 먹이 주기와 같은 행동을 통하여 동물을 사랑하는 마음을 갖도록 하는 것이나 어른께 인사하는 행동을 통하여 웃어른을 존경하는 마음을 느끼도록 하는 것이다. 행동 그 자체를 모방하는 것에 초점을 두는 것이 아니라 행동 이면의 가치, 성향, 태도를 닮아 가는 것을 더 중요하게 본다.

(3) 촉진하기

촉진하기는 교사의 최소한 개입으로 유아의 학습을 용이하게 해 주는 상호작용 유형을 말한다. 즉, 만 5세 유아가 과제 내지는 문제를 더욱 쉽게 해결할 수 있도록 일과 계획하기, 도구 근처에 두기, 보조 교사 배치하기, 활동 시간 조절하기 등의 방법을 의미한다. 예를 들어, 한 유아가 인접 놀이 영역의 소음으로 인해 퍼즐 맞추기 놀이에 집중하지 못하는 경우, 교사가 조용한 영역에서 퍼즐을 맞출 수 있는 공간을 마련해 주고, 그 유아가 퍼즐 놀이에 몰두할 때까지 곁에서 지켜보고 있는 경우이다.

(4) 지지하기

지지하기는 유아의 현재 능력이 어느 정도에 이르면, 다음 발달 수준으로 넘어서도록 도움을 주거나 도전해 볼 수 있는 기회를 제공하는 것을 말한다. 교사는 만 5세 유아가 어떤 단계에 있는지를 파악하고, 새로운 단계로 발전할 수 있도록 기회를 주어야 한다. 그리고 각 유아가 스스로 하고 싶지만 도움이 없으면 하기 어려운 활동 과제를 알아내어 도움을 주어야 한다. 예를 들어, 한 유아가 구체물을 가지고 10 범위 내에서 더하거나 빼는 과제를 너무 쉽게 하여 지루하게 느끼고 있을 때 도전적인 수준이 되도록 과제를 제공해 주는 경우이다.

(5) 함께 구성하기

함께 구성하기는 모형이나 블록을 함께 쌓아 올리는 것처럼 교사와 유아가 공동으로 문제나 과제를 함께 생각하고 조사하여, 배우고 해결해 나가는 것을 말한다. 이때 교사와 유아는 모두 학습자인 동시에 교사가 된다. 따라서 문제나 과제를 해결해 가는 과정에서 교사가 즉시 답을 알려 주기보다 유아와 함께 공동의 학습자가 되어 유아가 문제 해결 과정을 경험해 가도록 도와야 한다. 예를 들어, 블록으로 만든 집이 부서진 경우 어떻게 하면 튼튼한 집을 만들 수 있을지 생각해 보고 이를 함께 해결해 나가는 것이다.

(6) 시범 보이기

시범 보이기는 어떤 사항을 유아에게 구체적으로 지도하기 위해 교사가 활동에 적극적으로 참여하여 보여 주는 상호작용을 말한다. 만 5세 유아는 교사가 직접 시범 보이는 모습을 관찰할 수 있기 때문에 더욱 쉽게 특별한 기술을 습득할 수 있다. 위험한 도구를 사용하는 데 가장 안전한 방법을 보여 주거나 새로운 기술을 가르칠 때 효과적인 방법이다. 예를 들어, 유아가 목공 도구를 안전하고 효과적으로 사용할 수 있도록 목공 도구의 사용 방법을 세분화하여 명료하게 설명하면서 직접 해 보이는 경우이다.

(7) 지도하기

지도하기는 유아의 학습이 착오 없이 이루어지도록 교사가 필요한 정보나 지식을 전달하는 경우를 말한다. 지식과 정보를 더 많이 가진 사람이 그렇지 못한 사람에게 정보를 전달하고 말해 주는 것은 전통적인 상호작용 방식 중의 하나이다. 지도하기는 유아들이 스스로 문제를 발견하고 해결하는 것보다 직접적으로 그 방법을 말해 주는 것이 더 효과적일 때 사용하는 것이 바람직하다. 예를 들어, 유아의 안전에 관한 교육 내용이거나 유아가 스스로 발견하는 것을 어려워할 때, 새로운 도구를 사용하는 방법과 새로운 기술을 익히는 경우이다. 현관에서 신발을 만지느라 정신이 없어 뒤이어 오는 친구들에게 방해가 되는 경우, 교사는 그 유아에게 "지금은 신발을 신고 나가야 할 때야."라고 말할 수 있어야 한다.

위에서 살펴본 다양한 상호작용 유형 중에서 어느 유형이 주어진 상황에서 각 유아에게 적절한 것인지를 바르게 알아야 하고, 지나치게 도움을 주거나 적절한 지지를 제공해 주지 못하는 일이 없도록 해야 한다.

3) 교사-유아 상호작용의 실제

자유선택 활동 시간에 교사는 자신이 선택하여 활동에 몰입하고 있는 유아를 관찰하기도 하고, 놀이에 적당히 개입하거나 상호작용을 통해 놀이를 확장하거나 격려해 주는 역할을 하기도 한다. 교사가 유아와 상호작용하며 나누는 대화를 사례별로 분석하여 긍정적인 표현과 부정적인 표현으로 나누어 제시한(조지은, 2008) 실제 예는 다음과 같다.

(1) 유아를 존중하는 교사의 말과 행동

유아를 존중하는 교사의 말과 행동에는 동등한 독립된 개체로 존중하는 것에서 출발한다. 단순히 가르치려 하지 말고, 놀이와 의사소통하는 과정에서 자연스럽게 배워 가도록 하는 것이다. 교사는 대부분의 경우 개별 유아에게 주의를 기울이고, 눈을 맞추면서 이야기하며 즐거운 표정으로 말한다. 유아와 이야기를 나눌 때 눈높이에 맞는 놀잇감과 대화 내용으로 상호작용한다면 유아 자신은 존중받고 있다고 느끼게 된다.

의사소통 과정에서 유아가 하는 말을 중간에서 끊지 말고 주의 깊게 들어 주면서 적절한 반응과 격려를 해 주는 것이 유아를 존중하는 바람직한 교사의 언어적 행동이다(김경옥, 김동례, 우현경 외, 2003: 조지은, 2008, 재인용).

	적극적 경청	부정적 경청
사례	혼자 교구 활동을 하고 있는 유아가 지나가던 교사를 부르면서 자신이 구성한 것을 보여 준다. 유아: 선생님! 이것 보세요. 교사: 우리 건우가 길쭉한 네모를 놓았네? 작은 세모랑 큰 세모랑. 음, 뭐가 됐을까? 유아: 뽀뽀하고 있는 거예요. 교사: 뽀뽀하고 있는 거야? 응~ 그렇구나! 유아: 제가 만든 것 한번 알아맞혀 보세요. 교사: (유아가 교구를 구성하는 것을 바라보며) 그럴까? 건우가 무엇을 만드는지 궁금해요!	교사는 유아가 그림을 그리고 난 후, 사인펜으로 색칠하는 모습을 보고 다가간다. 교사: 희원아! 이렇게 사인펜으로 색칠하는 것보다는, 색연필로 색칠을 하면 더 매끄럽게 색칠이 잘 된 텐데… 사인펜으로 하지 말고 무엇으로 할까요? 유아: 사인펜으로 하면 안 돼요? 교사: 안 되는 건 아니지만 색연필로 색칠하는 것도 좋을 것 같아서. 교사는 유아가 색연필이 아닌 사인펜으로 계속 색칠하는 모습을 보게 된다.

	적극적 경청	부정적 경청
사례	유아는 한참동안 교구를 만지작거리며 구성하기 시작한다. 유아: 자, 완성! 알아맞혀 보세요. 교사: (고개를 끄덕이면서 유아를 바라본다) 무얼 만들었을까? 유아: 어~ 물고기가 헤엄치는 거예요. 교사: (박수를 치며) 아~ 그렇구나!	교사: 계속 사인펜으로 색칠하네? 유아: 사인펜으로 색칠하고 싶은데… 교사: (아무런 말을 하지 않다가) 색칠은 색연필로 하자고 했잖아! 유아: 사인펜은 안 돼요? 교사: 안 되는 건 아니지만 사인펜보다 색연필이 더 색칠이 잘 돼요. 색연필로 색칠하자! 어서~ 알았지? 유아: 네. 교사: 여기 보세요. 유아: 어디요? 교사: 다음에는 색연필로 해 보자~ 알았지? 유아: 네. 교사는 유아가 작업을 하는 것을 보고 어떻게 완성시킬 것인지 예상하여 말한다. 교사: 이제는 색칠한 것을 오려서 완성해 보세요. 유아: 네.
조언	유아는 교사에게 자신이 구성한 것을 이야기하려고 하자 교사는 유아의 말에 "우리 건우가 길쭉한 네모를 놓았네?"라는 말로 반응해 주면서 아이의 생각을 주의 깊게 들어준다. 유아의 생각이나 표현을 "응~ 그렇구나!"라며 먼저 인정을 해 주고, 박수를 치며 "아~ 그렇구나!"라는 말로 적극적인 경청을 한다.	교사는 사인펜으로 색칠하는 유아에게 "색연필로 색칠하면 더 매끄럽게 색칠이 잘 될 텐데…"라는 말로 아이의 생각이나 표현하고자 하는 것을 읽는 것보다 행동을 지시하는 말을 한다. 유아가 "사인펜으로 하면 안 돼요?"라는 질문에 교사는 "색연필로 하자고 했잖아! 어서~ 알았지?"라는 말로 생각이나 표현을 인정해 주는 것보다는 지나치게 행동을 억제하는 말을 하였다. 그리고 유아의 작업에 대해서도 "이제는 오려서 완성해 보세요."라며 어떻게 완성시킬지 교사의 주관적인 판단에 의한 예상되는 작업 방법으로 지시하는 말을 사용하는 것이 관찰되었다.

출처: 조지은(2008).

(2) 유아의 요구와 질문에 대한 교사 반응

유아기는 세상에 호기심이 왕성하여 질문과 요구가 많은 시기이므로 더 넓은 세상을 탐색할 수 있도록 교사는 유아의 질문에 반응해 준다.

유아는 아직 경험하지 않은 주변 환경에 대한 호기심 때문에 질문을 많이 하게 된다. 교사는 유아와 질문하고 언어적 상호작용하는 방법에 따라 유아 사고의 질적 수준이 달라질 수 있기 때문에, 유아가 자신의 호기심을 표현하고 탐색할 수 있도록 질문에 반응적이고 적극적인 언어로 반응해야 한다.

	적극적 반응	부정적 반응
사례	유아는 자신이 하고 싶은 활동을 하기 위해 교사를 부른다. 유아: 선생님! 교사: 네? 유아: 이제 실물 화상기 켜도 되요? 교사: 조금 있다가. 조금 더 식으면… 지금 만져 보면 아직 뜨거울 텐데… 어때요? 뜨겁지요? 조금 더 식으면 선생님이 도와 줄게요! 유아: 빨리 하고 싶어요. 뜨거워도 하면 안 돼요? 교사: 조금만 더 참으면 우리 친구들이 안전하게 놀이할 수 있을 텐데… 지금은 하면 안 될 것 같아요. 기다릴 수 있죠? 유아: 네.	종이비행기를 만든 여러 명의 유아들이 비행기 날려 보기를 한다. 동시에 비행기를 날리면서 섞이고 풀어지게 되자, 유아들은 교사에게 새로운 종이비행기를 만들어 달라고 요청한다. 그때 교사는 태경이와 보성이가 비행기로 인해 싸움이 벌어지고 있는 상황을 목격하게 된다. 유아 1: 검정색 비행기 큰 거 만들어 주세요. 유아 2: 선생님, 비행기 만들어 주세요. 유아 1: 검정색 비행기 만들어 주세요. 네? (교사는 유아 1, 2의 말에 대답하지 않고, 다른 유아 3, 4를 부른다) 교사: 태경아 보성아! 여기 와 보세요. 유아 2: 네? 검정색 비행기 만들어 주세요. 교사는 자신의 요구를 들어주지 않아 계속 말한다. 교사: (아무런 대꾸를 하지 않으며) 태경이 보성이 여기 앉아 주세요. 유아 3: 네. 유아 4: (울먹이면서) 네.

	적극적 반응	부정적 반응
조언	교사는 유아이 요구를 잘 이해하지만 실물 화상기를 지금 사용하지 못함에 대해 "어때요? 뜨겁지요? 조금 더 식으면 선생님이 도와줄게요!"라고 말한다. 유아가 빨리 하고 싶다고 재촉하지만 교사는 "조금만 더 참으면 우리 친구들이 안전하게 놀이할 수 있을 텐데…"라고 유아를 안전하게 놀이할 수 있도록 정황을 다시 분명하게 말하는 것이 관찰되었다.	유아 1, 2는 검정색 비행기를 만들어 달라고 여러 차례 교사에게 요청하지만 아무런 반응을 하지 않는다. 유아들의 요구를 받아들이기 어려운 경우에는 그 이유를 알아듣기 쉽게 설명하지 않고, 유아 3, 4의 싸움에만 개입하는 교사의 모습이 관찰되었다. 유아들의 요구를 듣고도 무시하는 교사의 언어적 상호작용으로 해석된다.

출처: 조지은(2008).

(3) 유아의 자유놀이에 교사 참여

자유선택 활동 시간은 무계획 속에서 유아들이 마음대로 놀이하도록 방임하는 시간으로 생각해서는 안 된다. 유아들만 놀이하도록 내버려 두지 않고 교사도 함께 참여해서 안내하고 지원해 주어야 한다. 따라서 교사는 준비된 환경 속에서 유아들이 자신의 흥미와 요구에 따라 활동을 선택해서 실행할 수 있도록 관찰하고, 적절한 시기에 개입하는 노력이 무엇보다 중요하다. 또한 교사의 개입은 유아들에게 관심을 유도하고 흥미를 지속시킬 수 있게 하고 의미 있는 발견과 학습이 이루어질 수 있도록 하는 데 매우 중요하다 하겠다.

교사는 매력적인 놀이 친구이므로 교사가 놀이에 참여하면 유아들이 교사 주위로 모여들게 된다. 어떻게 놀이에 참여하여 개입하고 상호작용하는 것이 효과적인지는 교사의 신중한 관찰에서 시작된다고 할 수 있다.

	긍정적 교사 참여
사례	역할방에서 놀이하는 유아들이 자신의 생각을 교사에게 말을 하고 있는 모습이다. 유아 1: 여기는 자동차예요. 유아 2: 나도 타야지. 유아 1: 빨리 가자!

<table>
<tr><th></th><th>긍정적 교사 참여</th></tr>
<tr><td>사례</td><td>유아 2: 선생님!
교사: 네?

교사는 유아 1, 2를 바라본다.

교사: 사진은 경표가 찍을 거예요?
유아 1: 밤에 불꽃하는데 밤에 가야 되는데…
유아 2: 아기도 데리고 가지요.
교사: 어디로 갈까? 여보!

교사는 유아가 선택한 '아기'라는 말을 주의 깊게 듣고, 새로운 인물(엄마, 아빠 역할)을 바로 역할로 맡아 표현하며 대화한다.

유아 3: 우리 불꽃놀이 가요!
유아 2: 아기도 데리고 가야죠!
유아 3: 불꽃놀이한다.
유아 1: 사진 찍어 빨리.
유아 2: 어 사진이 잘 나왔다.
유아 3: 불꽃, 와!
교사: 김치~! 찍었어요?
유아 2: 네.
교사: 사진 찾아주세요.
유아 2: 김치~
유아 3: 선생님~ 히히히
유아 1: 아~ 엄마, 아빠 다 왔다.
유아 2: 사진은 사진관에 가지고 가서 맡겨야 나와요!
유아 1: 여기 보세요! 잘 나왔죠?
교사: 어머, 너무 잘 나왔어요! 하하하하(웃음소리)
유아 3: 너무 잘 나왔어!</td></tr>
<tr><td>조언</td><td>교사는 "사진은 경표가 찍을 거예요?"라는 말로 유아의 놀이에 참여하고, "사진 찾아주세요." "어머, 너무 잘 나왔어요! 하하하하(웃음소리)"라는 말로 놀이에 참여한 교사 자신도 즐겁다는 것을 느끼게 하는 언어적 상호작용으로 해석된다. 교사는 유아의 놀이에 적극적으로 개입하여 즐거움을 보이며 놀이를 더욱 활성화하고 있음이 잘 나타난다.</td></tr>
</table>

출처: 조지은(2008).

참고문헌

교육과학기술부, 보건복지부(2013). 3-5세 연령별 누리과정 교사용 지침서.

박찬옥, 정남미, 곽현주(2008). 유아놀이지도. 경기: 정민사.

신에드(2013). 실내자유선택활동에서의 보육교사 역할 수행에 관한 연구. 건국대학교 교육대학원 석사학위논문.

이기숙(2000). 유아교육과정. 경기: 교문사.

이숙재(2000). 유아를 위한 놀이의 이론과 실제. 서울: 창지사.

정원정(2012). 어린이집 연령별 자유선택활동의 운영 실태 및 교사 인식. 경남대 교육대학원 석 사학위논문.

조지은(2008). 자유선택활동에 나타난 교사의 상호작용 양상. 경남대 교육대학원 석사학위논문.

조형숙(2013). 영유아를 위한 자유선택활동의 효율적 운영. 한국유아교육협회. 제48회 유아교육교사연수 연수.

제 3 장

바깥놀이 (실외놀이) 활동

1 바깥놀이의 교육적 의미

바깥놀이란, 실외에서 이루어지는 모든 놀이를 말한다. 바깥놀이는 일반적으로 실외놀이와 같은 개념으로 사용되고 있다. 유치원 건물 밖 실외 공간에서 이루어지는 유아들의 놀이 활동을 실외놀이 또는 바깥놀이라고 정의하거나, 다양한 형태의 환경 속에서 확장된 기구를 이용한 실외놀이를 바깥놀이로 정의하면서 실외놀이와 바깥놀이를 같은 개념으로 정의하고 있다.

바깥놀이는 교실 '밖' 의 실외 공간에서 이루어지는 유아의 전인 발달에 기여할 수 있는 자발적인 놀이 활동이다. 바깥놀이 활동을 통하여 유아들은 몸과 마음이 건강해지고 답답한 교실에서 벗어나 넓은 공간에서 자연과 함께 뛰어놀다 보면 정서적으로 안정이 되기도 한다. 자연 속에서 아이들은 자신의 오감을 사용하여 다양한 감각 경험과 학습 경험을 할 수 있으며, 다양한 연령대의 유아들이 함께 어우러져 놀이하면서 사회성 발달에도 긍정적인 영향을 미칠 수 있다. 여러 연구자들이 주장한 바깥놀이의 교육적 가치를 살펴보면 다음과 같다(조성은, 2011).

첫째, 바깥놀이는 신체적 발달을 위한 더 많은 기회를 제공하므로 신체적 건강에 긍정적인 영향을 미친다. 바깥이라는 공간적인 특성은 유아들이 활발하게 움직일 수 있는 것을 허용하고 대근육 사용을 빈번하게 하여 운동 기술 능력을 증진시킨다. 김재숙 등(2004)은 실외에서는 달리기, 뛰기, 오르기 같은 대근육 활동을 많이 하게 되는데, 이 대근육운동 기술은 개인의 발달이나 인간이 행복한 삶을 유지하는 데 결정적인 요소라고 하였다. 또한 실외에서 맑은 공기를 호흡하고 햇빛을 받음으로써 건강에 필수적인 영양소도 만들게 되어 유아의 건강 증진에 도움을 준다(유효순 외, 1994). 그러므로 유아가 바깥에서 활발한 신체 활동과 운동 기술을 도모할 수 있도록 적절한 환경과 활동을 구성하여 제공해야 한다.

둘째, 바깥놀이 활동은 개인적인 신체적 움직임의 욕구를 충족시켜 줌으로써 정서적 발달을 돕는다. 바깥놀이는 실내놀이보다 유아가 제한을 덜 받으며 자유롭게 뛰어놀고, 소리치고, 즐길 수 있는 공간이다. 이기숙(2001)은 실외의 공간은 유아들이 실내에서의 계속적인 집중에서 오는 긴장과 억압으로부터 해방감을 느끼게 한다고 하였다. 유아가 정서적 긴장을 해소하고 운동 기술 능력이 발달하게 되면 자신에 대해 확신을 갖게 되며 새로운 환경에 좀 더 자신감을 갖고 대할 수 있게 된다.

셋째, 바깥놀이는 다양한 사회적 관계를 맺도록 함으로써 사회성 발달을 돕는다. 유아들은 바깥에 있는 다양한 설비와 시설을 선택하여 놀이하는 가운데 서로 교대하기, 협력하기, 나누기, 함께 계획하기 등의 사회적 기술이 더욱 활발하게 나타나고, 실내에서보다 실외에서 더 많은 협동놀이가 나타나며, 사회적 상호작용을 촉진시킨다. 또한 먼 곳에 있는 친구 부르기, 자신들의 생각, 계획 이야기 주고받기, 새로운 친구와 만나서 대화하기 등 언어적 상호작용이 더욱 활발히 일어나면서 다양한 사회적 상호작용을 경험하게 한다.

넷째, 바깥놀이는 유아의 호기심과 탐구심을 자극하여 자연 세계에 대한 물리적 지식을 얻게 함으로써 지적 발달을 도모한다. 바깥의 공간은 계절과 기후의 변화, 동식물 기르기를 통한 성장 변화 등의 관찰을 가능하게 하고, 주변의 여러 가지 사물을 통하여 다양한 감각 경험을 할 수 있게 한다. 또한 유아들은 바깥놀이 활동 시 활발하게 움직이며 자유롭게 탐색 활동을 하는 가운데 자신의 물리적 세계에서 자연물과 기구를 직접 다루고 놀이하면서 신체적 발달은 물론 자연 세계에 대해 많은 것을 학습한다.

다섯째, 바깥놀이에서는 조형 활동, 음률 활동, 목공놀이, 쌓기놀이 등의 구성놀이 외 극놀이, 게임 등을 통해 창의성 발달이 이루어진다. 흔히 이러한 활동들은 실내에서만 이루어지는 경우가 많은데, 다양한 표현 활동들도 실내외 활동의 연장으로 바깥에서 충분히 이루어질 수 있으며, 자연스럽게 바깥으로 이어질 때 더욱 효과적이다. 즉, 실내의 공간적 제약 때문에 표현하지 못한 것을 바깥이라는 넓은 공간에서 더욱 다양하게 표현함으로써 창의적인 표현력이 신장될 수 있다.

이와 같이 바깥놀이는 유아들이 실내 환경에서 얻는 긴장감을 해소하고 다양한 환경의 자극을 통한 신체 발달과 건강뿐 아니라 정서, 사회성, 언어, 인지적 발달 및 창의성을 가져올 수 있는 유아에게 매우 중요한 교육과정이라 볼 수 있다.

2 바깥놀이를 위한 물리적 환경

바깥놀이 환경은 소근육 활동이나 상징 활동뿐 아니라 신체 전반의 활동을 강조하는 특성을 갖는다. 바깥놀이 환경은 유아에게 즐거움을 주는 장소이어야 하며, 유아에게 위험하지 않으면서 모험적이며 도전적인 놀이, 다양하고 창의적인 놀이, 대근육 활동을 위한 운동을 할 수 있도록 구성한다. 바깥놀이 환경은 교실(보육실), 화장실, 개인 물품함과 접근하기 쉽도록 계획하는 것이 좋으며, 울타리나 담장으로 둘러싸이도록 하여 거리의 혼잡으로부터 안전하게 하는 동시에 교사의 감독이 쉽게 이루어질 수 있도록 해야 한다. 바깥놀이 환경은 운동놀이 영역, 모래 · 물놀이 영역, 식물과 동물 기르기 및 다양한 탐구 영역, 휴식을 위한 공간과 놀잇감을 보관할 수 있는 영역 등으로 구성할 수 있다.

실외 환경은 유아들의 정신적 성장 발달을 촉진시키는 복합적인 기능을 수행할 수 있도록 몇 가지 영역으로 구분하여 구성한다. 바깥놀이터는 유아들이 마음껏 뛰어놀 수 있는 장소이며 날씨의 변화와 자연현상을 감각적으로 느낄 수 있는 곳으로, 유아에게 즐거움을 주는 장소이며, 위험하지 않으면서 모험적이며 도전적인 놀이, 다양하고 창의적인 놀이를 할 수 있도록 구성한다. 따라서 바깥놀이 시설은 유아의 안전을 위해 「어린이 놀이 시설 안전 관리법」에 따른 시설 기준을 적용하여 설치하도록 한다. 실외 환경은 정적인 영역과 동적인 영역을 분리하여 달리기, 공놀이, 자전거 타기, 물·모래놀이 등 적극적인 활동은 동적 활동 영역에, 작업하기, 휴식하기, 책 읽기 등은 정적인 활동 영역에 배치한다.

실외 환경의 영역은 운동놀이 영역, 모물·물놀이 영역, 자연 탐구 및 관찰 영역, 작업 영역, 휴식 영역 및 놀잇감을 보관할 수 있는 보관 창고 등으로 구성하며, 외부의 차량이나 사람들로부터 유아를 보호할 수 있도록 울타리나 담장으로 둘러싸이도록 하고, 전체적인 바깥놀이 활동을 교사가 잘 감독할 수 있도록 영역을 구성한다.

1) 운동놀이 영역

(1) 구성

운동놀이에는 미끄럼이나 그네 등과 같은 운동놀이 기구를 이용하는 놀이와 공, 막대와 같은 작은 도구나 몸을 활용하는 놀이가 있다. 운동놀이는 유아의 바른 자세 형성과 운동 기능 발달에 기초가 되며 몸의 균형을 유지하고 몸을 조정하여 움직일 수 있는 과정을 경험하게 한다.

운동놀이 영역은 대근육운동 능력을 기르고 기구를 이용하는 방법을 습득할 수 있도록 하기 위해 기어오르기, 매달리기 등 다양한 운동놀이를 할 수 있는 놀이 시설을 설치한다. 운동놀이 영역은 다른 영역보다 공간을 많이 차지하므로 다른 영역과의 조화를 고려하고 조용한 영역과 떨어진 곳에 배치한다.

(2) 놀잇감 및 교재·교구

- 놀이 기구: 크기가 다른 공, 풍선, 후프, 스카프, 줄 등
- 운동놀이 기구: 그네, 평균대, 뜀틀, 매트 등
- 복합 놀이시설: 시소, 그네, 미끄럼틀, 정글짐 등

2) 모래 · 물놀이 영역

(1) 구성

모래 · 물놀이 영역은 자연물인 모래와 물을 놀잇감으로 마음대로 가지고 놀이하는 영역이다. 모래와 물은 사용 방법이 정해져 있지 않아 부담 없이 마음대로 활동에 몰두하며 이 과정을 통해 성취감과 만족감을 느끼게 되고, 동시에 정서적 안정감과 즐거움을 갖게 된다. 또한 집단 놀이 형태로 이루어지는 경우가 많아 친구들과 자연스럽게 어울리는 기회를 갖게 한다. 모래놀이 영역과 물놀이 영역을 인접하여 배치하면 놀이를 확장할 수 있다. 모래 · 물놀이 영역은 통행이 빈번하지 않은 곳에 배치한다. 모래놀이 영역은 햇빛이 비치면서 그늘이 생길 수 있도록 넝쿨식물을 심거나 지붕 위에 가리개를 덮어 둔다. 모래놀이 영역과 가까운 그늘진 곳에 극화놀이 소품이 있으면 놀이가 더욱 구체화된다. 유아가 상상력을 키울 수 있도록 다양한 형태의 구조물이나 놀이집, 테이블, 의자, 극화놀이 소품

등을 마련한다.

(2) 놀잇감 및 교재·교구

- 모래놀이를 위한 자료: 모래놀이용 기구(다양한 크기와 모양의 그릇과 통, 흙 파기 도구), 모형 자동차(포크레인, 지게차, 트럭 등), 모래놀이 테이블
- 물놀이를 위한 자료: 물놀이 기구(다양한 크기의 그릇, 호스류, 물 뿌리개 등)
- 기타 자료: 측정 도구, 자연물(돌멩이, 나뭇가지, 조개껍데기, 열매 등), 정리함, 청소 도구, 극화놀이로 확장할 수 있는 다양한 소품 등

3) 자연 탐구 및 관찰 영역

(1) 구성

자연 탐구 및 관찰 영역은 식물 기르기 영역과 동물 기르기 영역으로 구성할 수 있다. 동·식물을 기르며 유아들은 관찰하고, 조사하고, 실험하는 등의 탐구 과정에 적극적으로 참여함으로써 탐구를 즐기게 되고 아울러 자연물에 대한 전문 지식을 얻고 개념을 형성하며 자연에 대한 이해와 정서적 교감을 나누게 된다. 식물 기르기 영역은 햇빛이 잘 들고 물을 사용하기 좋은 곳에 배치한다. 유아

가 직접 씨를 뿌리고 재배하고 수확하는 과정을 통해 식물의 성장과 변화를 관찰하고 이해하도록 한다. 또한 유아가 사계절 내내 꽃과 열매를 관찰할 수 있도록 꽃나무와 유실수를 계절별로 적절히 안배하여 심는다. 동물 기르기 영역은 동물의 성장을 관찰하기 쉽고 청결하게 관리할 수 있어야 한다. 동물 기르기 영역은 햇빛이 잘 들고, 바람이 잘 통하며, 배수가 잘 되는 장소에 배치한다. 또한 물과 사료 공급이 쉬운 곳에 설치하여 유아가 직접 먹이를 주고 관찰할 수 있게 한다.

(2) 놀잇감 및 교재·교구

- 자연 세계를 탐색할 수 있는 도구: 돋보기, 곤충 채집통, 카메라, 백과사전, 종이와 크레용, 흙 파는 연장 등
- 기르기에 적절한 식물: 상추, 배추, 무 등
- 기르기에 적절한 동물: 토끼, 닭 등

4) 작업 영역

(1) 구성

작업 영역에는 바깥에서 접할 수 있는 다양한 환경의 특성을 통해 다양한 주제와 활동으로 놀이를 확장하도록 한다. 물감으로 그림 그리기, 큰 블록 쌓기, 목공놀이, 점토놀이 등이 이루어진다.

(2) 놀잇감 및 교재·교구

- 핑거페인팅, 점토놀이, 물감 그림을 할 수 있는 이젤, 종이, 그림물감, 비닐옷, 낮은 책상 등
- 작업용 자료: 종이 박스, 나무 박스, 점토류, 밀가루 반죽, 톱밥, 나무젓가락, 빨대, 고무 밴드, 스티로폼, 모루, 스펀지, 수수깡, 자연물(솔방울, 도토리, 돌멩이, 낙엽) 등
- 각종 도구류: 나무망치, 다양한 그릇, 자, 장갑, 밀기 막대 등

5) 휴식 영역

(1) 구성

휴식 공간은 유아들이 동적 활동 후 휴식을 취하거나 다른 유아들이 놀고 있는 모습을 보며 편안하게 시간을 보낼 수 있는 영역이다. 휴식 영역은 유아들이 편안하게 휴식을 취할 수 있도록 조용한 공간을 마련하여 구성하며, 다양한 종류의 나무 그늘이나 정자, 지붕이 있는 테라스를 설치하거나 텐트나 비치파라솔 등을 활용하여 그늘을 마련한다.

(2) 놀잇감 및 교재·교구

- 의자나 벤치를 마련하거나 바닥에 돗자리를 깔아 주어 편안한 영역으로 구

성하고 책이나 조작놀잇감을 제공한다.

- 조용한 음악을 들을 수 있도록 음악 CD와 CD 플레이어, 이어폰, 스피커 등을 준비한다.

6) 보관 창고

(1) 구성

보관 창고는 바깥놀이 기구를 정리하고 보관하기 위한 곳으로 놀이 기구의 적절한 사용과 보관을 위해 필요하다.

(2) 놀잇감 및 교재·교구

- 여러 가지 놀이 기구를 정리할 수 있는 선반

3 바깥놀이에서의 교사 역할

바깥놀이가 교육적이면서 유아들에게 기쁨을 제공하는 시간으로 운영되기 위해서는 바깥놀이에 대한 교사의 인식과 적절한 역할이 중요하다. Frost와 Henniger(1979)에 의하면, "현명한 교사는 실외 환경을 실내 환경의 자연스러운 확장으로 본다."고 하였는데 실내 환경과 실외 환경이 서로 다르지만 상호 보완적인 것처럼 두 환경에서의 유아의 경험도 모두 필요하고 교사의 역할 또한 똑같이 중요하다고 언급해 바깥놀이에서의 교사의 역할이 중요함을 강조하고 있다(이명덕, 2009 재인용).

이숙재(1998)는 바깥놀이에서의 교사의 역할에 다음과 같이 다섯 가지로 설명하고 있다. 첫째, 관찰자로서의 역할로 교사는 준비된 환경이 유아의 활동에 적절한지에 대한 유아의 놀이 수준을 관찰하여 놀이를 확장시키는 데 필요한 정보를 얻음으로써 효율적인 놀이 지도를 하도록 한다.

둘째, 계획·조직하는 역할로 교사는 유아의 요구와 발달 수준에 알맞은 바깥놀이 환경을 사전에 계획하고 여러 종류의 놀이 활동을 생활 주제, 교육 목표, 난이도 등을 고려하여 조직해야 한다. 또한 유아의 흥미를 유발시킬 수 있는 교육적 놀잇감을 선정, 제작하여 적절한 시기에 알맞은 놀잇감을 제공하고 관리하는 역할도 담당한다.

셋째, 상호작용하는 역할로 교사는 적절한 질문이나 긍정적인 언어표현으로 유아와 상호작용하고, 놀이하는 유아를 보며 웃어 주거나 격려의 말을 해 줌으로써 유아의 놀이를 지켜 주고 인정해 주는 역할도 해야 한다. 때로는 놀이 집단의 일원으로 직접 놀이에 참여하여 놀이 진행을 도와주며 적절한 제안을 하여 놀이를 확장시켜야 한다.

넷째, 감독자의 역할로 교사는 놀이 시 모든 유아가 안전한 환경에서 편안한 마음으로 놀 수 있도록 배려해야 한다. 즉, 바깥놀이에서 무엇보다 우선시되어야 할 것은 안전에 대한 철저한 감독이므로 교사는 각 영역에서 어떠한 놀이가 진행되고 있는지 전체적으로 파악하면서 항상 위험한 상황에 민첩하게 대처할 수 있는 준비를 해야 한다.

다섯째, 평가자의 역할로 교사는 바깥놀이를 감독하고 관찰한 결과를 체계적으로 평가해야 한다.

위에서 살펴보았듯이, 교사는 바깥놀이에 대한 중요성 및 교육적 가치를 충분히 인식하고 무엇을 어떻게 제공할 것인가를 고려하여, 바깥놀이가 가지는 무한한 가능성을 일과 활동에 반영함으로써 유아의 전인적 발달을 도모할 수 있도록 전문적이고 적극적인 역할을 수행해야 한다.

4 바깥놀이 활동의 실제

유아를 위한 실외놀이 활동에 대해 이상은(2007)은 신체 활동, 표현 활동, 탐구 활동, 안전교육 활동으로 분류하고 있으며 표현 활동은 조형놀이 활동, 역할놀이 활동, 음률 활동으로, 탐구 활동은 자연탐색 활동과 실험 활동으로 다시 분류하였다. 그 내용을 표로 정리하면 다음과 같다.

| 표 3-1 | 실외놀이 프로그램 활동 내용 요소

<table>
<tr><th colspan="2">활동 종류</th><th>내용 요소</th></tr>
<tr><td colspan="2">신체 활동</td><td>• 대근육과 소근육을 적절히 조절하기
• 도구를 다양하고 적절하게 활용하여 신체 활동하기
• 기초 운동 능력 기르기(던지기, 잡기, 달리기 등)</td></tr>
<tr><td rowspan="2">표현 활동</td><td>조형놀이 활동</td><td>• 주어진 재료의 성질을 이해하고 활용하여 다양하게 표현하기
• 창의적으로 구성하고 표현하기</td></tr>
<tr><td>역할놀이 활동</td><td>• 놀이 상황에 맞추어 적절하게 표현하기
• 다른 사람을 이해하고 존중하기</td></tr>
</table>

활동 종류		내용 요소
표현 활동	음률 활동	• 다양한 소리 탐색하기 • 음악의 요소에 맞추어 동작이나 악기로 표현하기
탐구 활동	자연탐색 활동	• 자연현상과 사물에 관심 가지기 • 자연현상과 사물을 주의 깊게 관찰하기
	실험 활동	• 자연현상과 주변 사물의 특징을 체험하기 • 주변의 문제 상황에 대하여 다양한 해결 방법을 생각하고 실행하기 • 다양한 수학적, 과학적 활동을 경험하기
안전교육 활동		• 놀잇감, 도구, 시설을 안전하게 사용하기 • 놀이 규칙 지키기 • 자신을 안전하게 보호하기

출처: 이상은(2007)

위의 활동 내용 요소 이외에도 각 활동들에는 교대하기, 협력하기, 나누기, 함께 계획하기 등의 사회성 발달 요소, 실외놀이를 통한 언어적 발달과 정서적 즐거움의 내용 요소들은 활동의 종류와 상관없이 어떠한 활동에서든지 포함되는 요소들이다. 또한, 각 활동들은 통합하여 운영될 수 있기 때문에 활동 종류의 구분 없이 모든 활동 내용 요소가 나타날 수도 있다.

(1) 신체 활동

유아기는 소근육 발달이 급격히 이루어지는 시기이고, 신체 활동의 기회는 대근육운동 기술 발달의 결정적인 영향을 준다. 또한, 이 시기는 신체 활동의 기회를 충분히 경험하여 기초 운동 능력을 길러야 하는 시기이기도 하다. 따라서 신체 활동은 대근육과 소근육을 적절히 조절하기, 도구를 다양하고 적절하게 활용하여 신체 활동하기, 던지기, 달리기와 같은 기본 운동 능력 기르기 등으로 구성할 수 있다. 즉, 유아들이 공이나 풍선채 등 활동에 필요한 도구를 상황에 따라 적절히 사용하여 소근육운동 기술을 발달시킬 수 있으며, 던지고 받고, 달리고 걸으면서 대근육 발달과 기초 운동 능력을 기를 수 있다. 아울러 또래와 친구들과 협력하는 활동을 구성하여 다른 사람의 신체적 움직임과 협응하고, 같은 목표를 성취하기 위해 협동하는 기쁨과 즐거움을 경험하도록 하면 좋다.

다음 〈표 3-2〉는 신체 활동을 구체적으로 명시하고 각 활동이 포함하고 있는 대표적인 내용 요소를 제시한 것이다.

| 표 3-2 | 신체 활동의 실제 예

활동명	활동 내용
막대 사이로 걷기	① 막대를 좁은 간격(유아의 발 크기만큼)으로 길게 늘어놓는다. ② 여러 가지 방법으로 막대를 밟지 않고 건너 본다. - 두 발을 모아 뛰어 보기, 오른발, 왼발 번갈아 뛰어 보기, 한쪽 발로 뛰어 보기 ③ 막대의 간격을 넓혀 길게 늘어놓는다. ④ ②와 같은 방법으로 여러 가지 형태로 막대 사이를 건너 본다. ※ 참고: 막대가 없으면 신문지를 말아서 막대를 만들어 활동할 수 있다.
꼬리 따기	① 고무줄을 허리에 끼우고 종이 리본을 붙여서 꼬리를 만든다. ② 서로 뛰어다니면서 친구의 꼬리를 손으로 잡아 끊는다. ③ 꼬리를 많이 모은 유아가 이긴다. ※ 참고: 지나친 경쟁심보다는 규칙을 잘 지키면서 게임을 하도록 격려한다.
공 운반하기	① 4명의 유아가 한 조가 된다. ② 보자기 위에 공을 올려놓고 4명의 유아가 보자기의 모서리를 잡는다. - 공을 떨어뜨리지 않게 하려면 어떻게 움직여야 할까? ③ 공이 보자기에서 굴러 떨어지지 않도록 조심해서 반환점을 돌아 온다. ※ 유의점: 공이 어려우면 신문지를 구겨서 만든 공으로 사용한다.
풍선채 배드민턴 놀이	① 두 사람이 배드민턴을 치는 것처럼 풍선채를 이용하여 풍선을 주고받는다. ② 풍선을 쳐내지 못하는 쪽이 진다. ※ 참고: 두 사람이 나누어서 할 수도 있지만 여러 명의 유아가 편을 나누어 풍선을 주고받는 게임으로도 응용할 수 있다.
공 넣기 놀이	① 라면상자나 공이 들어갈 수 있는 큰 그릇 등 목표물을 준비한다. ② 목표물과 약간 떨어진 곳에 선을 긋는다. ③ 유아는 선에서 공을 목표물에 던져 넣는다. ④ 여러 가지 규칙을 정하여 활동할 수 있다. ※ 유의점: 공을 던질 때 다른 친구들에게 맞지 않도록 주의시킨다. 목표물을 그릇으로 정한 경우는 공이 다시 튕겨 나오지 않도록 이외의 용도로 사용하지 않도록 바닥에 방석을 넣는 등의 조치를 취한다.

출처: 이상은(2007).

(2) 표현 활동

표현 활동은 조형놀이 활동, 역할놀이 활동, 음률 활동으로 구성할 수 있다.

조형놀이 활동은 재료의 성질을 이해하고, 주어진 재료를 활용하여 다양하게 표현할 수 있는 활동으로 주로 실내에서 이루어지는 경우가 많다. 그러나 활동에 필요한 재료들이 실내보다는 실외에서 다루는 것이 더 용이한 활동들이거나 넓은 공간에서 유아들이 자유롭게 맘껏 표현하는 기회를 가질 수 있게 해 주어야 할 경우, 그리고 새로운 경험으로서의 표현 활동을 유아들에게 제공해 줄 경우에는 바깥에서 해볼 수도 있다. 조형 활동은 모래, 나뭇잎, 꽃잎, 물 등과 같은 자연물을 이용한 조형 활동과 기타 조형 활동으로 나누어 활동할 수 있다.

역할놀이 활동은 놀이 상황에 맞추어 언어나 동작, 표정 등으로 자신을 적절하게 표현하고, 다른 사람을 이해하고 존중하는 내용을 포함하며, 유아들 간의 언어적 상호작용과 함께 나누기, 협력하기, 규칙 정하기 등의 사회적인 요소도 포함 할 수 있다. 역할놀이는 어떠한 주제나 유아들의 관심거리를 중심으로 진행되기도 하지만, 다른 영역의 활동을 하다가 자연스럽게 통합되어 나타나기도 한다. 보통 유아교육기관에서의 역할놀이는 일정하게 구성된 정해진 공간에서 하는 실내 활동이라 연상되기 쉬우나, 실외에서의 역할놀이는 실내에서보다 놀이 내용이 다양하고 활동 범위가 넓으며, 흙이나 돌, 풀과 같은 자연물을 놀잇감 삼아 다양한 역할놀이가 진행될 수 있다.

음률 활동은 다양한 소리 탐색하기, 음악적 요소에 맞추어 동작으로 표현하기라는 내용 요소를 포함하고 있다. 이러한 내용 요소를 반영하여 실내에서 들었던 여러 악기 소리를 실외에서 악기 소리와 비교해 보는 기회를 제공하고, 음악에 맞추어 넓은 공간에서 동작이 큰 신체표현을 할 수도 있다. 다음 〈표 3-3〉은 구체적인 표현 활동과 각 활동이 포함하고 있는 내용 요소를 제시한 것이다.

| 표 3-3 | 표현 활동의 실제 예

<table>
<tr><th colspan="2">분류</th><th>활동명</th><th>활동 내용</th></tr>
<tr><td rowspan="5">조형놀이 활동</td><td rowspan="5">자연물을 이용한 조형 활동</td><td>모래로 정원 꾸미기</td><td>① 정원 만들기를 계획한 후 쟁반에 모래를 담는다.
② 모래에 블록을 이용하여 집을 만들고, 유아가 준비한 꾸미기 재료를 가지고 정원을 자유롭게 꾸민다.
※ 참고: 2-3명의 공동 작업으로 진행될 수 있으며 정원에 필요한 재료들은 교사가 제시하기보다는 유아가 창의적으로 찾아볼 수 있도록 유도한다.</td></tr>
<tr><td>모래 모양 찍기</td><td>① 젖은 모래와 마른 모래를 탐색하고 차이를 알아 본 후 모래에 물을 섞어 젖은 모래를 만든다.
② 준비된 모양 틀에 모래를 찍는다.
※ 유의점: 모양 틀로 사용할 수 있는 충분한 재활용품과 활동 중 물을 사용할 수 있도록 양동이와 바가지도 준비한다.
※ 참고: 겨울에 눈을 이용하여 할 수도 있다. 분무기에 색깔물을 섞어 준비하고 모양을 찍은 후 색깔물을 뿌려 장식한다.</td></tr>
<tr><td>모래를 이용하여 그림 그리기</td><td>〈활동 1: 모래그림 그리기〉
① 마분지에 풀로 원하는 그림을 그린다.
② 마분지에 모래를 골고루 뿌리고 종이를 털어 낸다.
〈활동 2: 흔들리는 추로 그림 그리기〉
① 손가락으로 구멍을 막고 종이컵 추에 모래를 담는다.
② 종이컵을 좌우로 흔들어서 모래를 떨어뜨린다.
③ 모래가 나와서 검은 마분지에 어떤 모양을 만드는지 관찰한다.</td></tr>
<tr><td>분무기 그림</td><td>① 실외에 종이를 넓게 펴놓고 분무기에 물감과 물을 혼합하여 흔들어 섞는다.
② 분무기를 눌러서 혼합한 물감이 나오면 그것으로 종이에 그림을 그린다.
③ 여러 가지 색으로 해볼 수 있으며 완성된 그림을 말린다.
※ 유의점: 물감이 너무 많이 나와 종이가 젖지 않도록 한다.</td></tr>
<tr><td>꽃물로 꾸며서 만들기</td><td>① 떨어진 꽃잎, 나뭇잎을 이용하여 꽃물을 만든다.
② 미리 준비한 여러 가지 모양의 종이에 면봉으로 꽃물을 묻혀서 꾸민다. 사인펜을 이용해서 함께 꾸며 본다.
③ 꽃잎뿐 아니라 보라색 양배추와 부추로도 색을 만들어 꾸밀 수 있다.
④ 꽃즙으로 양이 충분하지 않다면 소량의 물을 섞어 희성하여 사용한다.
※ 유의점: 물로 장난하지 않도록 한다.</td></tr>
</table>

분류		활동명	활동 내용
조형놀이 활동	자연물을 이용한 조형 활동	낙엽 주워 왕관 만들기	① 두꺼운 마분지를 이용해 머리에 둘레만큼의 원 틀을 만든다. ② 낙엽을 주워 마분지에 붙여 꾸민다. ※ 참고: 낙엽을 담을 수 있는 작은 상자나 바구니를 준비한다.
		크리스마스 트리 장식	① 유아들이 직접 크리스마스 장식물을 만든다. ② 상품화된 크리스마스 장식물을 약간 준비하고 나무에 주어진 장식물을 활용하여 크리스마스 트리를 꾸민다.
	기타 조형 활동	스티로폼 고슴도치	① 재료를 탐색하고 스티로폼을 얇은 종이로 싼다. (가루 날림 방지) ② 스티로폼에 나사못, 안전못을 나무망치로 이용하여 박아 본다. ③ 스티로폼 조각을 이용하여 입체적, 평면적으로 꾸민다. ※ 유의점: 안전하게 망치질하는 것을 시범 보인다.
		큰 상자를 이용한 역할놀이 세트장 만들기	① 큰 상자를 블록놀이처럼 이용하여 역할놀이를 위한 공간을 꾸밀 계획을 하여 구성한다. ② 역할놀이를 마치면 상자를 정리한다. ※ 참고: 큰 상자를 충분히 준비하고 상자 모서리를 깔끔하게 정리하여 제공한다.
		벽화 그리기	① 벽화의 주제를 함께 정하고 벽화를 꾸밀 방법에 대해 의논한다. ② 개인별로 16절 도화지에 그림을 그린다. ③ ②를 오려서 전지에 붙여 꾸며 실외놀이 공간의 울타리나 벽에 붙인다. ※ 참고: 실외 공간에서의 벽화 그리기는 여러 가지 방법으로 할 수 있다. 분무기에 색깔물을 담아 뿌려서 꾸밀 수 있으며 스티로폼을 잘라 붙여 입체적인 형태로 꾸밀 수도 있다.
		공으로 그린 그림	① 전지를 펼 수 있는 공간에 5-6명 정도의 소집단을 구성한다. ② 테니스 공에 물감을 묻히고 전지 위에 떨어뜨려 공이 튀긴 자국을 만든다. ③ 여러 방향으로 공을 떨어뜨려 보고 유아가 함께 협동화를 만든다. (한 유아씩 차례로 한다.) ※ 유의점: 공을 너무 세게 떨어뜨리지 않도록 한다.
		야외 스케치	① 실외놀이 시간이나 야외 학습 시간에 그리기 도구를 가지고 나와 밖의 풍경을 그려 본다. ※ 참고: 이 활동은 모든 유아들이 동시에 참여하게 할 수도 있고, 실외놀이 시간에 한 공간(휴식 공간)에 이젤과 그리기 도구를 준비해 두고 활동을 선택하여 참여할 수 있게 한다.

분류	활동명	활동 내용
역할놀이 활동	이삿짐센터 놀이	① 이사해 본 경험을 이야기 나누고 이삿짐센터 놀이를 제안한다. ② 이삿짐센터 놀이를 한 후 옮겨진 짐을 정리한다. ※ 유의점: 제한된 공간에서 실외놀이 활동을 하려 할 때, 실내의 놀잇감을 밖으로 옮겨서 놀이를 할 수 있다. 이때 이삿짐 역할 놀이를 계획하여 놀잇감 옮기는 과정을 유아들과 자연스럽게 체험하며, 물건들의 위치도 활동의 취지에 맞게 유아들 스스로 위치를 정하고 정리하도록 유도한다.
	올림픽 놀이	① 올림픽에 대해 이야기해 보고 경기 종목과 운동선수 및 다른 역할을 정하여 올림픽 놀이를 계획한다. ② 각각의 코너에서 올림픽 놀이를 한다. ③ 운동경기 종목과 역할들을 서로 바꾸어서 해 본다. ※ 유의점: 무리하게 많은 종목을 선정하지 않으며 큰 규모의 행사가 아니라 소규모의 게임 형식으로 된 역할놀이임을 유념한다.
	즐거운 소풍	① 가족의 역할을 정하고 실외놀이 공간에서 소풍 장소를 정한다. ② 소풍 가서 할 일을 계획한다. (도시락 먹기, 놀이기구 타기, 게임하기, 장기자랑하기 등) ③ 가방에 도시락 혹은 간식을 넣고 소풍 장소인 실외놀이 공간으로 간다. ④ 도착한 공간에 돗자리를 깔고 계획한 일정을 진행한다.
	세차장놀이	① 세차장놀이를 계획하고 역할을 정한다. (물로 닦는 사람, 마른걸레로 닦는 사람, 손님, 수세미로 닦는 사람 등) ② 세차장놀이와 함께 주유소놀이도 할 수 있다.
	가장행렬놀이	① 가장행렬에 필요한 것이 무엇인지 의논한다. ② 논의한 것을 협력하여 제작한다. (예: 깃발, 모자, 뿌릴 수 있는 종이, 왕관, 몸에 달 수 있는 장식품, 가면) ③ 준비한 장식물 중 누가, 어떤 것을 사용할지, 어떠한 역할을 할지(예: 악기 치는 사람, 자전거를 타는 사람, 깃발을 드는 사람 등) 의논하여 정한다. ④ 정해진 역할에 맞게 준비한 장식을 몸에 붙이거나 들고 나와서 가장행렬을 한다. ※ 유의점: 특정한 행사가 아니라 일상적인 조형과 실외 활동을 연계한 활동으로 유아에게 새로운 경험을 제공한다는 점에서 의미를 둔다.

분류	활동명	활동 내용
역할놀이 활동	119놀이	① 응급 상황을 설정하고 놀이에 필요한 소품을 준비한다. ② 사고 상황에 필요한 역할을 정하고 구조대놀이를 한다. ※ 유의점: 사고 상황은 유아들에게 쉽게 일어날 수 있는 것을 설정할 수 있게 유도한다. 안전교육과 연계하여 실시할 수 있다.
	무엇이든 깨끗이 만들어요	〈활동 1: 그릇 닦기〉 ① 유아들이 평소에 가지고 노는 장난감 그릇들을 닦는 놀이를 제안한다. ② 그릇을 닦을 준비물을 보며 각각의 용도에 대해 이야기해 본다. ③ 그릇을 닦는다. 〈활동 2: 인형 목욕시키기〉 ① 목욕의 필요성에 대해 이야기하고 인형 목욕시키기를 제안한다. ② 인형을 목욕시킨다. 〈활동 3: 빨래하기〉 ① 유아들과 빨랫감을 찾아본다. ② 빨랫감과 빨래 도구를 준비하여 실외놀이장으로 나간다. ③ 손수건이나 인형 옷을 물에 적신 후, 비누를 묻혀 빨래판에 비빈다. (교사가 시범 보인다.) ④ 교사의 시범대로 활동한 후, 빨래를 깨끗이 헹군다. ⑤ 깨끗이 헹군 빨래를 꼭 짜서 빨랫줄에 널어 말린다. ※ 유의점: 활동을 마친 유아는 손을 깨끗이 씻도록 지도한다. 활동했던 바닥이 비눗물 때문에 미끄러울 수 있으므로 교사가 바닥을 물로 제거한다. 세제가 눈에 들어가지 않도록 주의시킨다.
음률 활동	리듬에 맞춰 동작하기	① 유아별로 충분한 공간을 확보하여 선다. ② 교사가 치는 리듬에 맞추어 동작으로 표현하다. 예) 빠른 리듬: 뛰뛰기, 달리기 등 느린 리듬: 천천히 걷기, 큰 폭으로 걷기 등 ③ 다른 친구의 동작을 서로 따라 해 보는 시간을 갖는다. ※ 참고: 음악에 맞춰 동작으로 하거나, 특정한 상황(동물 흉내, 비행기 되어 보기 등)에 따라 동작하기 활동으로 연장할 수 있다.

출처 : 이상은(2007)

바깥놀이 활동의 예 1

- 활동명: 비눗방울놀이
- 활동 형태: 바깥놀이 활동

목 표	누리과정 관련 요소
• 공기는 눈에 보이지 않지만 우리 주변에 있음을 안다. • 다양한 틀을 이용하여 비눗방울놀이를 한다.	• 신체운동·건강: 신체 조절과 기본 운동하기 – 신체 조절하기 • 자연탐구: 탐구하는 태도 기르기 – 호기심을 유지하고 확장하기
(창의·인성 관련) • 창의성: 성향적 요소 – 독립성 • 인성: 존중 – 생명과 환경에 대한 존중	

- 활동 자료: 동화 『비눗방울이 동동』, 다양한 도구(빨대, 원 모양 채, 원이 여러 개 달린 모양 채, 다양한 모양의 채, 다양한 크기의 링, 빨간색과 초록색의 비눗방울)

- 활동 방법

① 『비눗방울놀이』 동화 표지를 보며 동화 내용을 예상해 본다.
  - 곰곰이와 다람이는 지금 무엇을 하고 있니?
  - 책 속의 곰곰이와 다람이는 어떤 모양의 도구를 이용하여 비눗방울놀이를 하고 있니?

② 『비눗방울놀이』 동화를 듣는다.

③ 동화를 듣고 난 후 회상한다.
  - 곰곰이와 다람이는 무슨 놀이를 했니?
  - 곰곰이는 비눗방울을 크게 만들어서 무엇을 하려고 했어?
  - 곰곰이는 어떤 모양의 비눗방울을 만들려고 했니? 여러 모양의 비눗방울을 만들었니?
  - 곰곰이는 어떤 색의 비눗방울을 만들려고 했니? 비눗방울은 무슨 색이었지?
  - 곰곰이는 비눗방울을 왜 따라갔니? 어떻게 되었니?

④ 비눗방울 놀이에 필요한 여러 가지 도구들을 보고, 놀이할 때 지켜야 할 약속을 정해

본다.

- 비눗방울놀이에 필요한 도구들은 어떤 것들이 있을까?
- 이런 틀을 가지고 어떻게 하면 비눗방울을 만들 수 있을까? 입으로 불지 않고 비눗방울을 만들 수 있는 다른 방법도 있을까?
- 비눗방울 놀이를 안전하고 재미있게 하기 위해 지켜야 할 약속은 어떤 것들이 있을까?

⑤ 빨대와 다양한 모양의 채를 이용하여 공기를 탐색하고 비눗방울놀이를 한다.

- 비눗물을 빨대로 묻혀 입으로 천천히(빨리) 불어 보면 비눗방울이 어떻게 될까? 비눗물을 빨대로 천천히 불어 보자.
- 동그라미 모양의 링에 비눗물을 묻혀 입으로 불어 보면 비눗방울이 어떻게 될까?
- 하트(별) 모양의 채에 비눗물을 묻혀 입으로 불어 보면 어떤 모양의 비눗방울이 될까? 비눗방울의 모양을 잘 살펴보면서 불어 보자.
- 초록색과 빨간색의 비눗물이 있어. 이 색깔 비눗물을 사용해서 비눗방울을 불어 보자.

⑥ 비눗방울놀이를 한 후, 평가한다.

- 비눗방울 놀이를 해 봤는데 어땠어?
- 여러 가지 모양의 틀로 비눗방울놀이를 해 봤는데 어떤 모양이 나왔니?
- 색깔이 있는 비눗물을 비눗방울로 만들었더니 어떤 비눗방울이 나왔니?
- 비눗방울을 만들 때 입으로 불어서 하지 않고 어떤 방법으로 비눗방울을 만들었니?

● 활동의 유의점

① 비눗방울놀이를 통해 공기와 바람의 특성에 대해 관심을 가질 수 있도록 다양한 틀을 제시해 준다.

② 비눗방울 용액은 비눗방울이 쉽게 불어질 수 있는 점성이 큰 것을 사용한다.

③ 빨대를 이용해 비눗방울을 만들 때 유아의 입으로 들어갈 수 있으므로 미리 안전 지도를 한다.

④ 비눗방울 만드는 방법을 다양하게 제시해 준다. (입으로 불기, 바람 이용하기 등)

● 활동 평가

① 공기는 눈에 보이지 않지만 우리 주변에 있음을 아는지 평가한다.

② 다양한 틀을 이용하여 비눗방울놀이를 하는지 평가한다.

● 확장 활동

① 신체를 이용해 비눗방울을 표현해 본다.

② 비눗방울을 이용하여 그림을 그려 본다.

바깥놀이 활동의 예 2

- 활동명: 숨어 있는 나비를 찾아요.
- 활동 형태: 대·소집단활동
- 활동 유형: 바깥놀이

목 표	누리과정 관련 요소
• 나비의 생김새와 특징을 관찰한다. • 주제와 관련하여 함께 이야기를 나눈다. • 바깥에서 자유롭게 신체 활동을 한다.	• 의사소통: 말하기 – 생각, 느낌, 경험 말하기 • 신체운동·건강: 신체 활동에 참여하기 – 바깥에서 신체 활동하기 • 자연탐구: 과학적 탐구하기 – 생명체와 자연환경 알아 보기

- 활동 자료: 나비 모형, 나비 이름 카드

- 활동 방법

① 나비에 대해 자유롭게 이야기를 나눈다.
- 사랑반, 우리 요즘 어떤 것에 대해 배우고 있지?
- 너희들이 알고 있는 나비 있니?
- 실제로 나비를 본 적도 있었니? 어디에서 봤어?
- 그 나비는 어떻게 생겼었어? 또 다른 특징이 있었니?
- 사랑반이 나비에 대해 궁금해하는 것을 알고 나비들이 우리 유치원 운동장에 찾아왔는데 사랑반과 숨바꼭질을 하고 싶어서 구석구석 숨어 있대.

② 나비 이름 카드를 보며 나비의 생김새와 특징을 알아 본다.
- 바깥놀이를 하면서 나비를 찾아야 하는데 우선 어떤 나비들이 왔는지 알아 봐야겠지?
- 여기에 어떤 나비들이 있니?
- 이 나비의 어떤 점이 가장 눈에 띄어?

- 이 나비를 잘 찾으려면 어떤 점을 기억하면 좋을까?
- 어떤 나비들이 비슷하게 생겼니?

③ 활동 방법에 대해 이야기 나눈다.

- 그럼 바깥놀이에서 이 카드를 가지고 어떻게 활동하면 좋을까?
- 나비를 찾았다는 것을 어떻게 확인하면 좋을 것 같니?
- 먼저 찾은 친구는 무엇을 하면 좋을까?

④ 바깥에 나가서 활동을 한다.

- 나비들이 어디에 숨었는지 찾아볼까?
- 와! ○○이가 나비를 찾았구나. 찾은 나비와 함께 사진을 찍어 볼까?
- 다른 친구들이 찾은 나비도 한번 보겠니?
- 찾기 어려워하는 친구들을 도와주겠니?

⑤ 활동을 마무리하고 평가한다.

- 얘들아, 꼭꼭 숨어 있던 나비들을 나가서 찾아봤는데 어땠니?
- 어떤 것이 가장 기억에 남니?
- 어떤 것이 가장 재미있었니?
- 찾으면서 비슷하게 생긴 나비는 무엇이었니?
- 다음에 이 나비들을 가지고 어떤 활동을 해 보면 좋을까?

● 활동의 유의점

① 나비의 이름을 아는 것에 중점을 두는 것이 아닌, 나비의 생김새와 특징을 자세히 관찰하고 그 과정을 즐길 수 있는 데에 중점을 두도록 한다.

② 나비를 찾는 활동이 끝나면 나머지는 자유롭게 신체 활동을 할 수 있도록 한다.

● 활동 평가

① 나비의 생김새와 특징을 아는지 평가한다.

② 주제와 관련하여 함께 이야기 나누는지 평가한다.

③ 바깥에서 자유롭게 신체 활동을 하는지 평가한다.

● 확장 활동

① 나비를 주제로 창의적 신체 활동을 할 수 있다.

② 과학 영역에서 나비의 생김새와 특징을 더 자세히 관찰하고 기록해 볼 수 있다.

바깥놀이 활동의 예 3

- 활동명: 런닝맨 게임을 해요
- 활동 형태: 대·소집단 활동
- 활동 유형: 바깥놀이

목 표	누리과정 관련 요소
• 게임에 알맞은 규칙을 정할 수 있다. • 자유롭게 신체를 움직여 게임에 참여한다. • 게임을 하면서 친구와 사회적 관계를 맺는다.	• 신체운동·건강: 신체 활동에 참여하기 – 자발적으로 신체 활동에 참여하기 • 사회관계: 다른 사람과 더불어 생활하기 – 친구와 사이좋게 지내기 • 사회관계: 다른 사람과 더불어 생활하기 – 사회적 가치를 알고 지키기
(창의·인성 관련) • 창의성: 성향적 요소 – 다양성 • 인성: 존중 – 개인적 책임감	

- 활동 자료: 이름표가 붙어 있는 조끼, 선글라스, 마이크, 매직, 망원경

● 활동 방법

① 다양한 놀이 중 '런닝맨 게임'에 대해 이야기 나눈다.
- 우리 반 어린이들이 모두 나가서 같이 할 수 있는 게임이 어떤 게 있을까?
- 선생님이 어제 TV를 보다가 '런닝맨'을 보게 되었어. 혹시 '런닝맨'을 본 어린이 있니?
- (런닝맨 동영상을 보여 준 뒤) 이 게임의 규칙이 어떤 것 같아?
- 우리가 이 게임을 하게 된다면 영상에서 나온 규칙 말고 또 어떤 규칙이 필요할까?
- 잡으러 다니는 팀과 도망가는 팀을 바꾸는 시간은 (손으로 크기를 나타내며) 이만큼의 시간에서 얼마만큼의 시간이 좋을까?

② '런닝맨 게임'에 필요한 도구와 역할을 탐색한다.
- '런닝맨 게임'을 하려면 어떤 역할의 사람이 있어야 할까?
- ○○역할을 맡은 사람은 어떤 물건이 필요할 것 같아?
- (조끼를 보여 주며) 이 조끼는 등 뒤에 어떤 것이 있을까?
- 한번 나와서 이름표를 떼어 볼 어린이 있니?
- 이 마이크는 어떤 역할을 맡은 사람이 하면 좋을까?
- 어떻게 '아웃'이라고 외쳐 주면 좋을까?
- 다른 방법으로 '아웃'을 외쳐 볼 어린이 있니?
- 방송을 해줄 어린이는 어떤 점을 잘 보아야 할까?
- (선글라스를 보여 주며) 이 선글라스는 어떤 역할을 맡은 어린이가 쓰면 좋을까?
- 아웃된 런닝맨을 경찰들이 어디에 데려다 주면 좋을까?

③ 게임의 역할을 정한다.
- 방송을 해 보고 싶은 어린이 있니?
- 경찰을 해 보고 싶은 어린이 있니?
- ○○이와 △△이 둘 다 방송을 하고 싶대. 어떻게 하면 좋을까?
- 나머지 친구들은 선생님이 바깥놀이를 하러 나갈 때 머리를 짚어 주는 친구가 빨간색 조끼를 입고 나가도록 하자.

④ 게임을 하기 전, 주의점에 대해 이야기한다.
- '런닝맨 게임'을 하기 전에 어떤 약속을 하면 좋을까?
- 규칙을 지키지 않은 어린이가 나오면 어떻게 하는 게 좋을까?

⑤ '런닝맨 게임'을 한다.

- 어떤 팀이 먼저 할지 팀에서 가장 앞에 서 있는 어린이가 나와서 가위바위보해 볼까?
- 운동장에 나와 보니 다른 친구들도 게임을 하고 있네. 우리가 방해가 되지 않도록 (그려진 선을 가리키며) 여기를 넘어가지 않도록 하자.
- 우리 이번에는 도망가는 팀과 잡으러 가는 팀을 바꿔 볼까?

⑥ 활동에 대해 평가한다.
- 런닝맨 게임을 해 보니 어떤 점이 즐거웠니?
- 다음에는 어떤 방법으로 해 보면 더 재미있을까?

● 활동의 유의점

① 유아들이 공격-수비의 개념을 명확하게 이해하지 못할 수 있으므로 충분한 설명을 해 주도록 한다.

② 놀이를 하다 보면 유아들이 흥분할 수 있으므로 교사는 적당히 놀이에 참여하며 유아들이 안전사고가 일어나지 않도록 주변에서 보호, 관찰한다.

③ 양 팀의 유아의 신체 조건의 균형이 비슷할 수 있게 개월 수, 운동 능력 등을 고려하여 팀을 나눈다.

● 활동 평가

① 게임에 알맞은 규칙을 정할 수 있는지 평가한다.

② 자유롭게 신체를 사용하여 게임을 할 수 있는지 평가한다.

③ 게임을 하며 친구와 사회적 관계를 맺을 수 있는지 평가한다.

● 확장 활동

① 이름표를 떼는 것 이외에도 모자를 벗기거나, 몸에 달아 놓은 풍선을 떼는 등 다른 도구로 게임을 한다.

참고문헌

교육과학기술부, 보건복지부(2013). 3-5세 연령별 누리과정 교사용 지침서.

김정수(2002). 유치원 실외놀이 시설 및 운영실태: 서울시 공립 유치원을 중심으로. 연세대학교 교육대학원 석사학위논문.

문미옥(2008). 교육과 보육을 위한 영유아 교육과정. 서울: 창지사.

신동주(2005). 실외놀이활동 및 환경 평가 척도. 경기: 정민사.

유지현(2004). 실내외 자유선택활동에 대한 교사의 인식과 운영실태- 대전광역시 유치원을 중심으로. 배제대학교 대학원 석사학위논문.

이상은(2007). 유아교육기관에서의 실외놀이 활성화를 위한 기초조사 및 프로그램 개발. 덕성여자대학교 대학원 박사학위 청구논문.

이영자, 신동주(2006). 유아교육기관 운영관리. 서울: 창지사.

조성은(2011). 만5세 유아 바깥놀이의 효과적 운영에 관한 실행연구. 이화여자대학교 교육대학원 석사학위 청구논문.

제 4 장

기타 활동

1 등원

유아가 교육기관에 도착하면서부터 하루 생활이 시작된다. 교사는 "안녕하세요."라고 바른 태도로 인사하며 반갑게 유아를 맞이해야 한다. 유아들은 도보나 차량을 이용해 등원하는데, 기관의 차량을 이용할 경우에는 도착 시간을 예측할 수 있으므로 교사가 준비를 하고 맞이하기가 쉽다. 하지만, 도보인 경우에는 등원 시간이 자유로우므로 자칫 잘못하면 유아가 온 것을 모르고 지나칠 수도 있기 때문에 신경을 써야 한다. 유아가 도착하면 이름을 불러 주어 개별적으로 관심을 보이고 안아 주거나 손을 잡아 주며 심리 및 건강 상태를 점검한다.

몸이 아픈 상태로 등원하는 유아는 열이 있는지, 상처가 있는지 등을 세밀히 살펴본다. 심신이 불편한 유아들은 행동에서 불편함이 느껴지므로 관심을 가지고, 기분이 좋지 않아 보이는 유아는 이유를 물어본 뒤 기분을 전환시키기에 적합한 놀이를 하도록 유도한다.

신발과 가방, 겉옷 등을 규칙대로 바르게 정리하고 출석 표시를 한 후, 친구들과 인사를 나누고 교실의 각 영역을 탐색하고 자유롭게 놀이에 참여한다.

2 정리 정돈

정리 정돈은 대부분의 활동 끝부분에 또는 자유선택 활동의 끝에 꼭 이루어져야 하는데, 놀이 후 유아 자신이 사용하던 모든 놀잇감을 제자리에 놓는 것을 말한다. 정리 정돈의 목적은 단지 청결이나 생활 습관의 차원뿐만 아니라 유아들에게 대응하기, 분류하기 등의 개념도 형성시켜 줄 수 있는 좋은 기회가 된다.

정리 정돈은 개별적인 것과 전체적인 것으로 나눌 수 있다. 유아들은 누구의 지시나 권고 없이 스스로 놀이의 교구와 자리를 정돈하여 다른 유아가 그 놀이를 불편함 없이 할 수 있도록 개별적으로 정리하는 습관을 가지는 것이 좋다. 전체적인 정리 정돈은 모든 유아가 동시에 참여하는 것으로 이는 보통 실내 자유선택 활동 시간이 끝난 후에 이루어지게 된다. 유아들이 원활하게 정리 정돈을 하도록 하기 위해서 교사는 다음과 같은 역할을 해야 한다.

첫째, 유아들과 함께 모여 앉아 정리 정돈의 필요성과 방법, 순서에 대하여 토의하고 규칙을 정한다.

둘째, 자유놀이 시간이 끝나기 5분 전쯤 치울 것이 많은 영역(블록, 소꿉, 물 · 모래 놀이 영역 등)에 가서 미리 알려 주어 새로운 놀이를 시작하지 않도록 하고 진행 중인 것을 마무리하게 한다. 정리 시간을 미리 예고함으로써(예: 이제 시계의 긴 바늘이 5자에 가면 놀이 시간이 끝나요) 갑자기 놀이를 중단하는 일이 없도록 준비시킨다. 또한 정돈 후에 어떤 활동을 하게 될 것인지 미리 알려 주는 것(예: 정돈 후에는 실외놀이를 할 거예요)도 정리 정돈을 자극하는 방법이 될 수 있다.

셋째, 정리 정돈 시간임을 알려 주어 약 5~10여 분 동안 각자 자기가 놀았던 곳을 치우게 한다. 자신의 주변을 다 치운 다음, 덜 치워진 곳으로 가서 다른 유아를 도와 함께 치우게 한다.

넷째, 유아가 어떤 것을 정돈해야 할지 몰라서 치우지 못하는 경우도 있으므로 구체적으로 지적하는 것이 효과적이다. 예를 들어, "정돈 시간이다. 우리 모두 나비반을 깨끗하게 치우자!" 라고 이야기하는 것보다는 "○○는 오늘 블록을 가지고 재미있게 놀았지? ○○이가 가지고 놀던 블록을 장에 쌓아 볼까?" 라고 이야기해 주는 것이 좋다.

다섯째, 정리 정돈 하는 것을 관찰한 다음 약속대로 시행되지 않았을 경우 개별 또는 집단 평가 시간을 가진다. 교사는 유아를 개별적으로 관찰하여 약속을 잘 이행하지 못한 부분에 대해서는 개별 지도를 한다. 계속해서 잘 치우지 않는 유아가 있을 때는 함께 의논하여 몫을 정해 주고 책임을 다하도록 개별 지도를 한다.

여섯째, 정리 정돈 하는 것을 놀이처럼 재미있게 제시한다. 예를 들어, 블록을 치우는 경우에 유아들을 일렬로 세우고 블록을 릴레이로 전달하여 정돈하게 한다. 또한 정돈을 하면서 서로 협조하는 것을 배우도록 격려한다.

일곱째, 정리 정돈을 끝나는 시간뿐만 아니라 자유놀이가 진행되는 중에도 이루어지도록 강조한다. 놀잇감을 사용한 후에는 꼭 제자리에 갖다 둔 다음에 다른 놀잇감을 사용하며, 의자에서 일어난 후에는 의자를 책상 안으로 밀어 넣는 등 정돈이 습관화되도록 지도한다.

교사는 환경 구성 시 미리 배려함으로써 정리 정돈이 생활화되도록 할 수 있다. 그 구체적인 방법으로 블록이나 인형 아래에 밑그림을 붙여 주거나, 정리 바구니나 선반에 표시 붙이기, 그리고 책이나 조작 영역 자료에는 신호 그림이나 번호를 붙이는 방법 등이다.

3 화장실 사용하기

화장실 사용하기는 입학 초기에는 개개인의 신체적인 상황과 가정에서의 습관을 참고하여 유아가 편안한 마음을 갖고 임하도록 세심하게 지도한다. 시간이 지나면 교사는 유아들이 규칙적으로 화장실에 가는 시간을 정해 주며, 바깥놀이 중에는 아무 데서나 소변을 보지 않아야 한다는 것도 주지시킨다. 유아들이 스스로 화장실을 다녀올 수 있도록 지도하고 규칙적인 용변 습관, 용변 후에 손 씻는 습관을 생활화하도록 지도한다. 혹시 옷에다 소변을 누는 경우를 대비하여 유아들이 여벌의 속옷과 바지를 각자 집에서 준비해 오도록 하여 장에 보관하였다가 갈아입힌다.

4 간식 및 점심

간식 시간은 유아들이 긴장을 풀고 영양도 보충하며 바람직한 식사 습관을 익히는 소중한 시간이다. 유아들은 다양한 음식들을 맛보면서 편식을 줄이고 먹는 양도 자신이 조절하며 친구와 더불어 먹는 즐거움을 느끼게 된다. 또 간식 당번이 있는 경우에는 친구들의 간식을 준비하면서 공동체 의식과 책임감도 갖게 된다. 교사는 이 시간에 개별적으로 접촉이 부족했던 유아와 상호작용하는 시간을 갖기도 한다.

간식 시간은 점심 식사에 지장을 주지 않는 음식의 종류와 양을 준비한다. 간식을 운영하는 방법은 크게 두 가지로 나누어 볼 수 있다. 한 가지 방법은 간식 영역을 따로 두어 표시판을 보며 그날에 정해진 양만큼을 개인이 자유로운 시간에 각자 먹는 자율 간식 방법이다. 이 방법은 특히 아침밥을 먹고 오지 않는 유아들이 많은 경우에는 효과적이다. 또 다른 방법은 10시와 11시 사이에 간식 시간을 정하여 한반 유아가 모두 같은 시간에 소집단으로 앉아서 먹는 방법이다.

전체 간식인 경우 지도 방법의 예는 다음과 같다.

① 교사가 유아들의 개별적 특징에 대해 이야기하면서 수수께끼를 내면 그 유

아가 누구인지 알아맞혀 본다.

② 알아맞힌 유아가 앞으로 나오면 맞는지 확인하고 교사가 안아 주면 차례로 손을 씻으러 간다.

③ 손을 씻고 와 차례로 줄을 서서 접시에 간식을 담는다.

④ 자기 자리에 가서 앉는다.

⑤ 모든 유아가 준비되면 함께 간식에 대한 감사 노래를 한다.

⑥ 교사가 먼저 먹기 시작한 후 유아들도 맛있게 먹는다.

⑦ 남은 간식과 휴지는 분리수거통에 버리고 그릇을 정리한다.

⑧ 거울을 보면서 음식을 먹고 난 후 입을 청결히 한다.

⑨ 정리한 유아부터 책 보기 및 수 · 조작놀이에 참여한다.

⑩ 정리 신호와 함께 놀잇감을 정리한 후 모인다.

점심은 유아교육기관에 식당이 따로 있거나 부엌에서 전담하는 사람이 있는 경우에는 가정에서 준비하지 않고 급식 형태로 실시하기도 한다. 급식으로 하지 않는 경우에는 도시락 지도가 있는 날 집에서 자기 도시락에 반찬만 담아 가지고 오면 유아교육기관에서 밥을 해서 함께 먹기도 한다. 이때 유아는 각자 준비한 도시락 깔판, 도시락, 수저, 물수건, 물통 등을 꺼내 놓고 교사가 따뜻한 밥을 모듬별로 큰 그릇에다 담아 주면 각자 먹을 만큼씩 덜어 먹는다. 또 다른 방법으로 부모들이 돌아 가면서 도시락을 준비해 주는 경우도 있다. 유아교육기관에서 정해 준 식단표를 보고 메뉴를 선택하여 점심 당번이 된 부모는 해당 반 유아들의 점심을 모두 준비해 온다. 1년에 2~3회 점심 당번이 되므로 큰 부담이 안 되며 도시락을 준비해 주신 어머니가 직접 나와서 오늘 점심 메뉴에 대해 이야기도 하므로 즐거운 경험이 된다.

5 전이 · 주의 집중

하루 일과 중에 한 활동과 다음 활동과의 사이에 발생하는 시간을 전이 시간이라고 한다. 전이 시간은 대체로 매우 짧기 때문에 대수롭지 않게 생각하기가 쉽다. 그러나 교사는 전이 시간을 이용하여 유아의 여러 가지 개념 형성과 기술 발달시킬 수 있기 때문에 매우 중요한 시간이다. 전이 시간을 효과적으로 진행하기 위해서 교사는 다음과 같은 점에 유의하여야 한다.

- 유아들에게 전이 시간이 온다는 것을 미리 알려 준다.
- 유아들에게 전이 시간 동안 해야 할 일이 무엇인지를 명확하게 알려 준다.
- 전이 시간도 하나의 중요한 활동으로 여기도록 하고, 너무 서두르거나 길게 하지 않는다.
- 모든 유아들이 동시에 어떤 활동을 하도록 기대하기보다는 개인차를 고려하여 진행한다.
- 대집단 활동이 끝난 후 다음 활동으로 연결하기 위하여 소집단으로 나누어 보낸다.
- 유아들이 대집단으로 모여서 또는 줄을 서서 아무것도 하지 않고 기다려야 하는 시간이 생기지 않도록 일과 계획을 세밀히 한다.

전이 시간에는 대체로 손 유희나 노래 부르기 등을 주로 사용하게 된다. 그러나 앞서 언급하였듯이 이 시간은 잘 계획하기만 하면 짧은 시간 내에 유아들의 개념 형성과 기술 발달을 도모할 수 있는 귀중한 시간이 될 수 있다. 전이 시간을 적절히 활용하기 위해 사용할 수 있는 방법은 다음과 같다.

① 제스처 게임(gesture game)

어떤 사물의 특징적인 행동이나 사물의 활동에 대한 제스처를 하면 다른 유아들이 그 동작이 의도하는 것을 알아맞히는 게임이다. 예를 들어, 동물원 견학을 다녀온 후 여러 가지 다양한 동물(코끼리)을 몸으로 표현하고 어떤 동물을 표현한 것인지 알아맞혀 본다.

② 기억 게임(memory game)

눈을 가리거나 감고 교실 안의 사물 이름을 듣고 그 위치를 알아맞히는 놀이이다. 알아맞힐 때는 정확한 위치를 말로 상세히 제시하게 한다.

③ 수수께끼 혹은 스무고개

비밀 상자에 여러 장의 그림 카드나 실물을 넣어 두고 유아나 혹은 교사가 질문을 하고 답을 알아맞히는 놀이이다.

④ 연상 게임

교사(또는 유아)가 제시하는 말에 적합한 여러 가지 사물의 이름을 유아들에게 말하게 하는 게임이다. 긴 것, 짧은 것, 찬 것, 더운 것, 매운 것, 달콤한 것, 신 것 등 음식의 맛이나 색상이나 모형이나 감각으로 느낄 수 있는 말을 듣고 연상되는 것을 정확한 언어로 표현해 본다.

6 휴식(낮잠)

휴식 시간은 유아가 긴장을 풀고 새로운 힘과 여유를 갖도록 해 주는 시간이다. 반일제 프로그램의 경우, 평상시에는 동적인 활동과 정적인 활동의 안배로 휴식 시간을 대신하지만, 더운 여름에는 동적인 활동을 한 뒤 15~20분 정도 쉬도록 한다. 낮잠은 반일제의 경우 필요 없지만 종일반인 경우에는 낮잠을 위한 방과 별도의 매트(요)를 준비한다. 매트에는 머리가 닿는 쪽과 발이 닿는 쪽이 구분되도록 표시를 해 준다. 실내화는 발 밑쪽으로 벗어 놓는다. 머리 쪽에는 블라인드나 커튼을 달아 빛을 차단하고 낮잠을 자게 한다. 낮잠을 원하지 않는 유아들은 조용한 활동을 하도록 유도하여 낮잠 자는 유아들에게 방해되지 않게 지도한다. 낮잠 시간은 점심 식사 후 1~2시간 정도가 적당하다.

낮잠 지도의 예는 다음과 같다.

- 놀잇감을 제자리에 정리한다.
- 교사를 중심으로 둘러 앉는다.
- 게임 '코코코코~ 입'을 하면서 손으로 얼굴 각 부분을 짚어 보면서 주의를 집중한다.
- 그림 자료를 보여 주며 낮잠에 대해 알려주고 함께 준비 과정을 이야기해 본다.
- 화장실에 다녀와서 스스로 낮잠 준비를 하고 잠을 자거나 휴식하게 한다.
- 낮잠 자기를 싫어하는 유아에게는 휴식의 필요함을 알리고 남에게 방해가 되지 않도록 한다.
- 요와 이불을 교사와 함께 편다.
- 옷을 벗어서 정리한다(또는 옷을 갈아입는다).
- 교사는 그림책을 읽어 주면서 유아의 낮잠 자기 활동이 안정된 분위기 속에서 이루어질 수 있도록 한다.
- 잠을 잔다(교사는 유아의 낮잠 시간을 잘 조절하여 밤잠에 지장을 주지 않게 한다).
- 낮잠에서 깨어나는 유아부터 이불을 정리한다. 아직 자고 있는 유아에게 방해가 되지 않도록 하며, 교사는 낮잠 시간을 일과 운영에 맞게 조절한다.
- 옷을 갈아입고 바른 몸단장을 한다.

7 하루 일과 평가 및 귀가 지도

하루의 일과를 끝내면서 집으로 돌아가기 전에 반 유아 전체가 모여 앉는 시간을 가지고 하루 일과에 대한 평가와 귀가 지도를 한다. 평가에는 어떤 놀이를 했는가, 놀이가 계획대로 잘 진행되었는가, 만일 계획대로 진행되지 않았다면 그 이유는 무엇인가, 놀이를 할 때 친구 관계는 어떠했는가, 놀이를 하면서 기분 좋았던 일과 기분 나빴던 일은 무엇인가 등에 관하여 생각해 보는 것이 포함된다.

하루 일과에 대한 평가는 반드시 매일 해야 하는 것은 아니며, 꼭 이 시간에만 평가를 하는 것도 아니다. 각 활동 시간마다 필요한 때는 언제든지 평가를 할 수 있다. 평가의 방법은 대집단 활동이나 소집단 활동 또는 개별 활동 등으로 다양하게 실시된다. 집단 활동으로 실시하는 경우, 유아들 앞에서 자신의 놀이를 평가하여 발표할 수 있다(예: 나는 오늘 낚시놀이를 하고 싶었는데 낚싯대가 모자라서 하지 못했어요. 그래서 기분이 안 좋았어요). 그러나 전체 유아를 모두 발표시킬 수 없으므로 발표 순서를 정하거나, 놀이 영역별로 발표하도록 지도한다(예: 오늘은 역할놀이를 한 친구들이 평가를 해 보도록 하자).

이와 같이 집단으로 평가하는 경우, 시간은 많이 소모되지만 다른 친구들의 놀이 경험이나 평가 내용을 들을 수 있어서 자신의 의사 결정과 평가에 많은 도움을 주며, 다른 사람의 말을 주의 깊게 듣는 기술과 많은 사람 앞에서 자신의 의견을 전달하는 기술이 증진되는 잇점이 있다.

일과 평가 및 귀가 지도를 효율적으로 하기 위해서는 다음과 같은 점에 유의해야 한다.

- 일과 시간을 너무 길게 하지 않는다. 필요에 따라 5~10분 정도가 적당하다.
- 하루 일과를 마무리하는 의미를 가지므로 가장 재미있었던 일과 속상했던 일에 대해 이야기 나누고 가능하면 즐거운 마음으로 귀가할 수 있도록 배려한다.

- 일과 평가 후 귀가 지도 시에는 특별한 전달 사항이나 귀가 시 안전 등에 관한 이야기를 할 수도 있고 때에 따라서는 다음 날의 활동(요리, 동극)을 미리 소개할 수도 있다.
- 귀가 시에 소집단으로 나누어(동네, 옷 색깔, 성씨 등) 내보낸다. 이때, 여러 가지 동물의 모양(나비, 사자 등)을 흉내 내며 갈 수도 있고, 여러 가지 다양한 기본 동작(점프, 스킵 등)을 활용하여 귀가시킬 수도 있다.
- 통신문이나 유아의 작품, 도시락 등의 소지품이 있을 경우 잊지 않고 가지고 갈 수 있도록 하고, 옷과 신발을 바르게 착용하는지 확인한다.
- 교사는 유아가 누구와 귀가하는지 잘 확인하고 반드시 보호자에게 인계하여야 한다.
- 특별한 일이 있었던 유아(친구와 싸우다 다쳤거나, 다른 유아를 잘 도와주었거나 등)의 경우 부모님이 데리러 오셨다면 그날 있었던 일에 대해 상황을 잘 설명하며, 그렇지 않을 경우 직접 전화로 자세히 알린다.

저자 소개

고문숙

중앙대학교 사범대학 유아교육학과, 동대학원 석사 및 박사
현재 대구미래대학교 유아교육과 교수
박사논문 '유치원 예비교사의 반성적 사고 적용경험이 교사의 반성적 사고 능력과 유아의 문제해결 능력 증진에 미치는 효과'

김은심

중앙대학교 사범대학 유아교육학과, 동대학원 석사 및 박사
현재 국립 강릉원주대학교 인문대학 유아교육과 교수
박사논문 '통합적 동작 교수 방법이 유아의 기본동작과 창의적 사고 및 표현 능력에 미치는 효과'

유향선

중앙대학교 사범대학 유아교육학과, 동대학원 석사 및 박사
현재 배화여자대학교 유아교육과 교수
박사논문 '어머니와 교사 개입에 의한 상호작용적 문해 프로그램이 유아의 초기 문해능력발달에 미치는 효과'

임영심

중앙대학교 사범대학 유아교육학과, 동대학원 석사 및 박사
현재 경북대학교 생활과학대학 아동학부 교수
박사논문 '주제환상극놀이 교수 방법이 유아의 이야기 이해도 및 자유회상 능력에 미치는 효과'

황정숙

중앙대학교 사범대학 유아교육학과, 동대학원 석사 및 박사
현재 청강문화산업대학교 유아교육과 교수
박사논문 '유아 수학교육의 효과적 지도: 구체물 조작에 의한 활동중심과 학습지에 의한 교사중심 교수 방법의 비교 연구'

누리과정에 기초한

유아 교과교육론

초판 1쇄 발행 2013년 8월 30일
초판 7쇄 발행 2019년 1월 10일

지은이 | 고문숙 · 김은심 · 유향선 · 임영심 · 황정숙
펴낸이 | 김기섭
편집인 | 태선옥
펴낸곳 | 창지사 www.changjisa.com
153-802 서울특별시 금천구 가산디지털 1로 83
파트너스타워1차 (9F, B1F)
전화 (02) 719-2211~3
팩스 (02) 701-9386
등 록 | 1977년 4월 28일 · 제1-421호

ISBN 978-89-426-0734-1 (93370) KOMCA 승인필

값 22,000원